Presse- und Öffentlichkeitsarbeit in der Kommune

Das Praktiker-Handbuch

Joachim Peter

Presse- und Öffentlichkeitsarbeit in der Kommune

Das Praktiker-Handbuch

CIP-Titelaufnahme der Deutschen Bibliothek

Peter, Joachim:
Presse- und Öffentlichkeitsarbeit in der Kommune : das Praktiker-Handbuch / Joachim Peter. – München : Jehle, 1992
ISBN 3-7825-0309-0

1992
ISBN 3-7825-0309-0
Kommunalschriften-Verlag J. Jehle München GmbH
in der
Verlagsgruppe Jehle-Rehm
Vogelweideplatz 10, 8000 München 80

Geleitwort

Das Demokratiegebot nach Artikel 20 des Grundgesetzes verpflichtet die kommunale Selbstverwaltung zu objektiver und umfassender Informationsarbeit, damit auf diese Weise von einer überparteilichen Instanz sowohl die Bürgerentscheidung bei der Kommunalwahl als auch die Bildung einer öffentlichen Meinung als wirksames Korrektiv der mittelbaren Gewaltausübung durch die Gemeindebürger fundiert wird. Das bedeutet im einzelnen:

Die Informationsarbeit der kommunalen Selbstverwaltung soll die Entscheidung des Wählers nicht in eine bestimmte Richtung lenken, sondern nur fundieren, d.h. sie soll dem Wähler Anschauungsmaterial darüber liefern, wie in der Gemeinde verwaltet wurde und wie man in Zukunft zu verwalten gedenkt.

Aber nicht nur zur Fundierung der Bürgerentscheidung bei der Kommunalwahl ist eine objektive und umfassende gemeindliche Informationsarbeit verfassungsrechtlich geboten. Die Bürger üben nach Artikel 20 Absatz 2 des Grundgesetzes die Staatsgewalt mittelbar u. a. auch durch „besondere Organe der vollziehenden Gewalt" aus, zu der die kommunale Selbstverwaltung in ihrer Gesamtheit gehört. Dieser Mediatisierung der bürgerlichen Gewaltausübung steht ein wichtiges Korrektiv in Form der öffentlichen Meinung gegenüber, die vom Grundrecht der Meinungsfreiheit nach Artikel 5 Grundgesetz ermöglicht wird und in der Demokratie unverzichtbar ist. Diese öffentliche Meinung kann in ihrer jeweiligen lokalen Ausprägung auch außerhalb der Kommunalwahlen Einfluß gegenüber der amtlichen Meinung der Kommunalverwaltung gewinnen, und zwar um so mehr, als sie auf den – eben von der Gemeinde mitgeteilten – wesentlichen Tatsachen beruht.

Gerade die beharrliche, authentische Presse- und Öffentlichkeitsarbeit der im Verhältnis zu Bund und Ländern dem Bürger näheren kommunalen Selbstverwaltung hat also die besten Chancen, gleichsam in einem pädagogischen Prozeß dem demokratischen Idealbild des informierten und nicht zuletzt deshalb mündigen Bürgers deutlichere Konturen zu geben.

Soweit im Ergebnis die verfassungsrechtliche Grundlegung kommunaler Presse- und Öffentlichkeitsarbeit.

Die Bürgerinformation gerade der kommunalen Selbstverwaltung hat nach dem zweiten Weltkrieg in der alten Bundesrepublik einen in aller Welt bewunderten Aufschwung genommen. An dieser Entwicklung war und ist der Deutsche Städtetag durch die Arbeit seines Presseausschusses sowie seiner jährlichen Konferenzen und Seminare städtischer Pressereferenten, durch zahlreiche Fachpublikationen und nicht zuletzt durch seine eigene Öffentlichkeitsarbeit maßgeblich beteiligt.

Nach der deutschen Vereinigung hat der Deutsche Städtetag so schnell wie möglich Grundlagenseminare in Sachen kommunale Presse- und Öffentlichkeitsarbeit für seine Mitgliedstädte in den neuen Bundesländern aufgelegt, dazu eine entsprechende gedruckte Arbeitshilfe.

An all diesen Aktivitäten des Deutschen Städtetages, die Rathäuser in Deutschland durchschaubar, „gläsern" zu machen, hat in sage und schreibe 30jähriger, ehrenamtlicher Mitarbeit der Autor des vorliegenden „Praktiker-Handbuchs" hervorragenden Anteil. So lange war nämlich Joachim Peter Pressechef der Stadt Frankfurt am Main gewesen. Die Erkenntnisse und Erfahrungen eines einheitlichen Berufslebens, wie es selten vorkommt, nämlich Mittler zwischen Kommunalverwaltung und Medien zu sein, gibt er jetzt mit diesem Band weiter. Er hat sein Werk so konzipiert, daß er damit nicht nur die Presseämter der großen Städte erreicht, sondern auch die Pressestellen mittlerer und kleiner Städte, der Landkreise, ja sogar den Gemeindebürgermeister, der als Einzelkämpfer den Umgang mit den Medien und seine Öffentlichkeitsarbeit insgesamt effizienter gestalten möchte.

Es handelt sich also um ein Standardwerk, das meiner festen Überzeugung nach für alle kommunalen Gebietskörperschaften in ganz Deutschland für viele Jahre Gültigkeit behalten wird.

Köln, im Februar 1992
Dr. Ewald Müller
Pressesprecher des
Deutschen Städtetages

Inhaltsverzeichnis

Seite

Geleitwort V

Einführung

Was ist das: kommunale Öffentlichkeitsarbeit? 3

Die 12 Gebote für ein Presse- und Informationsamt 11

**I. Stadtwerbung und Stadtinformation
 oder
 Mittel der Eigenpräsentation**

Nur gemeinsam sind wir stark 15

Zentrale Organisation von Öffentlichkeitsarbeit 19

Das einheitliche Erscheinungsbild 23

Das Grundlayout als wichtige Hilfe 26

Wie finde ich den richtigen Adressaten 30

Weniger viel gebracht ist oft mehr 36

Professionalität ist gefragt 39

Nehmen wir uns eine Agentur 42

Die Agenturauswahl 47

Öffentlichkeitsarbeit selbst gemacht 49

Städtische Publikationen 52

Bürgerinfo kann auch Spaß machen 56

Kleine Geschenke erhalten die Freundschaft 59

Einheit von Thema, Werbemittel, Gestaltung und Weg 66

Kommunale Öffentlichkeitsarbeit vor Wahlen 69

**II. Im Gespräch mit dem Bürger
 oder
 Die Möglichkeiten der Direktkommunikation**

Offenheit und Bürgerservice sind gefragt 75

Der Botschafter ist die Message 78

Die Rolle von Personalisierung 83

Kommunale Demokratie lebendig vermitteln 86

  Seite

Die besten Werber sind motivierte Mitarbeiter 92
Wir machen eine Mitarbeiterzeitung 96

Der offene Weg in die Verwaltung 102

Die besonderen Partner des Bürgers 107
Die Bürgerberatungsstelle 110
Das Bürgertelefon 113
Aufgabenbereiche einer Bürgerberatung 116
Kritik wird gefragt 118

Miteinander reden und einander zuhören: die Bürgerversammlung 122
Vorbereitung einer Bürgerversammlung 126
Der Ablauf einer Bürgerversammlung 129

Gemeinsam etwas unternehmen 132
Willkommen lieber neuer Bürger 136
Mach mit beim Stadtwettbewerb 140

Blick hinter die Kulissen der Stadt 145
Die Tage der offenen Tür 148

Gruppeninteresse im Widerspruch 152
Öffentlichkeitsarbeit im Planungskonflikt 155
Öffentlichkeitsarbeit im Umweltschutz 163

Stadt und Partner Hand in Hand 168

**III. Kommunale Pressearbeit
    oder
    Wie sage ich es der Presse**

Pressearbeit wird immer wichtiger 175

Information der Presse durch die Stadt 179

Pressekontakte gehören in eine Hand 185

Die Ausstattung einer Pressestelle 190

Pressebetreuung und Einrichtungen für die Presse 196

	Seite
Vom Pressedienst bis zur Pressekonferenz	202
Wie mache ich eine Pressemitteilung	210
Gestaltung von Pressediensten	216
Die Durchführung einer Pressekonferenz	220
Das Interview	224
Die Presseauswertung	228
Ein Blick auf Presse und Journalisten	234
Hinweise zur Medieneinschätzung	238
Die Presseliste	239
Mit Journalisten kommunizieren	240
Stadt und Presse im Konflikt	246
Die Gegendarstellung	249
Zehn Tips für eine offene Pressearbeit	253
Geschäftsanweisung für die Unterrichtung der Presse	256

IV. Von Stadtimage und Corporate Identity
oder
Etwas Theorie kann nicht schaden

Wer sind wir eigentlich	261
Welche Rolle spielt das Stadtimage	265
Das Image – ein verhaltenssteuerndes Vorstellungsbild	268
Städte haben ihre Gesichter	270
Fernbild und Nahbild einer Stadt	274
Der Meinung auf der Spur	279

V. Anhang

Leitsätze zur städtischen Presse- und Öffentlichkeitsarbeit	287

Einführung

Was ist das: kommunale Öffentlichkeitsarbeit?

Öffentlichkeitsarbeit als Teil der demokratischen Entwicklung

Es ist gar nicht so neu, daß eine Stadt für sich selbst als Gesamtheit oder für einzelne städtische Einrichtungen wirbt. Werbung etwa mit dem stadteigenen Hafen oder einem Eisenbahnanschluß gehören seit langem zum Repertoire der Konkurrenzauseinandersetzung mit anderen Städten. Wie überhaupt Wirtschaftswerbung vergleichsweise früh Städte bekannt machen will. Mit dem beginnenden Massentourismus kommt die Fremdenverkehrswerbung hinzu. Sie vor allem auch wird zum vielgenutzten Instrument historisch interessanter oder landschaftlich reizvoller Gemeinden, für die Tourismus zum wichtigen Entwicklungsfaktor wird. In letzteres oft mit eingebunden entsteht die Kulturwerbung. Festspiele und Kunstausstellungen, Opern- und Theaterpremieren etwa werden über Werbung präsentiert, stellen aber selbst häufig ebenfalls einen Teil der Tourismuskonzepte dar. Vergleichsweise spät entsteht schließlich die Öffentlichkeitsarbeit hin zum Bürger als genuines Instrument der Information und Kommunikation einer Stadtregierung, einer kommunalen Verwaltung.

Ein Obrigkeitsstaat bedarf nicht der breiten Information der Bürger. Beschlüsse der „Stadtregierung" werden verlautbart. Eine argumentative Auseinandersetzung mit den Adressaten derartiger Bekanntmachungen und Verordnungen fehlt. Und auch in totalitären Staaten fehlt Öffentlichkeitsarbeit im Sinne von Information und Argumentation hin zum Bürger. Werbung verkommt in ihnen zur bloßen Propaganda. Sie wird zum Instrument der Herrschaftssicherung, der Vergötzung von Führern und Führungscliquen, der Verherrlichung einer in Wirklichkeit tristen Realität. Öffentlichkeitsarbeit in unserem Sinne ist eng verbunden mit der demokratischen Entwicklung einer Gesellschaft. Erste wichtige Impulse erhält die Öffentlichkeitsarbeit der Kommunen so in den zwanziger Jahren dieses Jahrhunderts. Und in den letzten Jahrzehnten wurde sie zum wesentlichen Bestandteil kommunalen Wirkens.

Dynamische Gesellschaft bedarf der Information und Argumentation

Die Notwendigkeit, Ziele zu verdeutlichen und Antworten auf neue Fragen zu geben wird in Zeiten einer starken Dynamik noch verstärkt. Eine Stadt oder Gemeinde im absoluten Ruhestand bedarf wohl nur einer bescheidenen Öffentlichkeitsarbeit. Die gleichförmig zu wiederholende Message wäre hier ganz einfach: bewahrt das Bestehende. Und was das ist, weiß ja schließlich irgendwann jeder.

Eine boomende oder rezessive Wirtschaft, eine rasante Stadtentwicklung, zunehmender Verkehr, hohe Bevölkerungsfluktuation – kurzum jede Veränderung zum guten oder schlechten bedarf jedoch der Argumentation, der Erklärung, der Umsetzung. Planungsprobleme, Energiefragen, Umweltschutz erfordern geradezu PR-Arbeit und gezielte Informationskampagnen.

Schließlich auch ist die „kommunale Welt" komplizierter geworden. Es gilt, immer schwierigere und umfangreichere Sachverhalte den Bürgern zu vermitteln. Jahr für Jahr etwa wird das Haushaltsbuch einer Kommune dicker. Die zugewiesenen und selbstgewählten Aufgaben nehmen zu und die Leistungen werden differenzierter. Ohne entsprechende „Übersetzungsarbeit" kapiert außer den Politikern und Verwaltern schließlich kaum noch jemand, was da eigentlich im Rat, Magistrat oder Stadtparlament und in der Verwaltung gemacht wird. Werbung als im positiven Sinne „großer Vereinfacher" ist also zum notwendigen Transmissionsriemen hin zum Wahlbürger geworden.

**Werbung
und die
Konkurrenz
der Städte**

Kommunale Öffentlichkeitsarbeit und Pressearbeit ist ein wichtiges Mittel, in der Konkurrenz der Städte sich zu behaupten. Und diese Konkurrenz ist größer geworden. Natürlich gab es auch früher schon den Auf- und Abstieg von Städten durch „objektive" Veränderungen etwa in der Politik, im Handel, in der Natur. Moderne Verkehrsmittel haben aber nicht nur den Unterschied Stadt/Land in vielem eingeebnet. Auch Städte etwa gleicher Größe sind voneinander nicht mehr in gleichem Maße abgehoben wie einst.

Stadtinformation und Stadtwerbung nach außen und hin zum Bürger ist also auch ein Instrument in der Konkurrenz gegenüber den Mitbewerbern auf dem „Markt der Städte". Wer sein Licht heute unter den Scheffel stellt und sein Positivbild nicht ausreichend vermittelt, gehört womöglich morgen zu den Verlierern.

**Kommunen sind
Teil der
Mediengesellschaft**

In einer Medien- und Werbegesellschaft, wie wir sie heute haben, werden Neigungen und Abneigungen, Urteile und Vorurteile, Trends und Tendenzen nicht ausschließlich durch die Fakten selbst, sondern auch durch ihre werbende Umsetzung bewirkt. Wer sich nicht in den vielfältigen Transport von Messages und Information einklinkt, kann leicht auf die unteren Rangstufen der Städtekonkurrenz zurückfallen. Und selbst wenn allgemeine politische Entwicklungen eine oft dominierende Rolle spielen mögen: er hat bei der nächsten Kommunalwahl womöglich die Nase nicht mehr ganz soweit vorn. Die kommunalpolitische Leistung ist wichtig, in einer Mediengesellschaft aber zählt auch, ob und wie sie hin zum Bürger transportiert wird.

Dienstleistungen statt Verwaltung

Nun betrachten sich inzwischen die Kommunen nicht mehr als eine typische „Hoheitsverwaltung", sondern als große Dienstleistungsunternehmen. Der Kommunalpolitiker, der Verwaltungschef, der Stadtdirektor oder Bürgermeister wird gerne und überzeugt dafür eintreten, daß die Zeiten verklausulierter schwerverständlicher Verwaltungsäußerungen vorbei sind und daß seine Gemeinde für eine bürgernahe offene transparente Verwaltung eintritt. Nur: Das ist leichter gesagt als getan. Denn Werbung und PR-Arbeit für eine Kommune stehen vor ganz besonderen Problemen.

Sieht man einmal von einigen kommunalen Betrieben ab, so wird ja in einer Kommune nichts „verkauft", also keine Ware zum Kauf angeboten. Entsprechend besteht auch keine Produktkonkurrenz für eine spezifische definierte erwerbbare „Ware", die „beworben" werden kann wie etwa eine Zigarettenmarke.

Das Produkt Stadt ist vielfältig

Ist also das „Einzelprodukt" nur schwer „greifbar" und oft sinnlich kaum wahrnehmbar, so ist auch die Gesamtheit des „Unternehmens" nicht leicht zu fassen. Eine Kommune übertrifft an Mannigfaltigkeit der „Angebote", „Produkte" und „Aufgaben" wohl jeden Mischkonzern, jeden „Multi", von mittleren Betrieben ganz zu schweigen. Mit welchem „Produkt" also ist denn eine Gemeinde, eine Stadt zu identifizieren? Und wie kann man aus dem „Unternehmen" eine „Markenfirma" machen.

Eine „Produktpalette" von Feuerwehr und Müllabfuhr, Museum und Theater, Kindergarten und Jugendhaus, Altenheim und Seniorenclub, Krankenhaus und Gesundheitsamt, Paßstelle und Ordnungswesen, Sozialhilfe und Wohnungsamt, Stadtplanung und Hochbau, Steuerstelle und Finanzverwaltung, Ehrungen und Empfängen, Marktwesen und Hafenbetrieb, Straßenbau und Verkehrsregulierung und was sonst noch alles dazugehört überspannt den Bogen sonst üblichen Angebots. „Produziert" werden ja auch nicht nur gänzlich verschiedene Dinge für gänzlich verschiedene Zielgruppen: In Kommunen fallen zudem auch quasi staatliche Ordnungsaufgaben mit wirtschaftlichem Handeln zusammen.

Die Öffentlichkeitsarbeit für das „Unternehmen Stadt" stellt also besondere Anforderungen. Sie ist nicht vergleichbar mit der in der Wirtschaft sonst üblichen Werbe- und PR-Arbeit.

**Besonderheiten
zur Identität
zusammenführen**

Dennoch gibt es einige interessante Anknüpfungspunkte. Zunehmend begnügen sich Unternehmen nicht allein damit, Produkte werbend zu präsentieren. Sie versuchen vielmehr darüber hinaus Öffentlichkeitsarbeit für übergeordnete positive Zielsetzungen und für die wichtigen gesamtgesellschaftlichen Funktionen des eigenen Betriebes zu machen. Dahinter steht die Einsicht, daß ein Unternehmen gesellschaftlich vermittelt werden muß, daß sein Ansehen insgesamt sich auch auf die Produkte auswirkt und daß bei einer kritischen Öffentlichkeit etwa im Zusammenhang mit der Forderung nach umweltverträglichen Produkten usw. ein Gesamtvertrauen wichtig ist. Schließlich hat sich auch immer mehr die Einsicht durchgesetzt, daß bei einer größeren Produktenpalette jedes Einzelprodukt ein Stück des Unternehmenimages mit nach draußen transportieren soll, daß also gemeinschaftliche Erkennungszeichen, ein identitätsstiftendes Design sich auf die verschiedensten Produkte positiv mit auswirken kann.

Bei der „Multifunktionalität" einer Kommune ist genau dieser Ansatzpunkt besonders wichtig. In jeder Einzelleistung soll das Gesamte zu erkennen sein. Und die Gesamtheit wiederum ist sinnstiftend für das detaillierte Angebot. Öffentlichkeitsarbeit für eine Stadt, eine Gemeinde muß dementsprechend stets im äußeren Erscheinungsbild, in der „Sinnstiftung" und in der detaillierten Umsetzung miteinander engstens verbunden sein. In jedem Detail sollte die Gesamtheit wiederfindbar sein.

**Einheit
von Mensch und
Produkt**

Eine Stadt ist aber auch noch in anderem Sinne nicht als ein „Unternehmen" oder etwa gar als eine „Ware" zu verstehen. Denn eine Stadt wird letztendlich ja durch ihre Bürger geprägt, sie besteht aus den Bürgern, sie ist ohne Bürger nicht existent. Die Menschen selbst machen eine Kommune aus, sind Produzent und zugleich Produkt. So gesehen zielt die Stadtinformation und die Stadtwerbung also nicht ausschließlich auf ein Drittes, sondern vor allem auch auf die Selbstidentifikation der Bürger ab. Genau wie übrigens in anderen Gemeinschaften wie Staaten, Landsmannschaften, Landschaften wird ja auch bei der Stadt ihr Name zur Gruppenbezeichnung der in ihr lebenden Menschen.

Dadurch ergeben sich einerseits Ansatzpunkte für Öffentlichkeitsarbeit, von denen in der sonstigen Werbung wohl kaum jemand zu träumen wagt. Denn von

Was ist das: kommunale Öffentlichkeitsarbeit

Geburt an oder durch Ortswechsel wird Mann/Frau ja zum X-Städter, zum X-Dörfler. Die „Produktbindung" kann nicht ohne weiteres gelöst werden, sie ist Teil des eigenen Lebens.

Mit bloßer Werbung ist es nicht getan

Andererseits entstehen aus einer derartigen Identifikation auch spezielle Ansprüche an das Produkt. Kommunale Öffentlichkeitsarbeit muß also für die erstrebte positive Daueridentifikation besondere Angebote machen, die über bloße Werbung hinausgehen. Kommunale Öffentlichkeitsarbeit hat breitere und zugleich tiefere Informationen und „Botschaften" zu transportieren als Werbung sonst. Sie muß stets davon ausgehen, daß der Adressat von Werbung zugleich auch Teil des Senders ist, also Produzent und Produkt in einem. So werden Möglichkeiten der Mitwirkung, der ständigen Diskussion, der Rückfütterung Bestandteil einer derartigen Öffentlichkeitsarbeit sein.

Mit bloßen kurzen Werbebotschaften ist es also nicht getan. So spielt denn auch in kommunaler Öffentlichkeitsarbeit die sachliche Darstellung, die Diskussion und die Beteiligung der „Adressaten" am Produkt – also der Gemeinde – eine große Rolle. Über und neben der vereinfachenden reduzierten Form der Übermittlung einiger wichtiger „Grundbotschaften" ist eine differenzierte und gründliche Information wichtig. Ausführliche Textpräsentationen zu ganz bestimmten Themen zum Beispiel sind nötig, die in Werbung „draußen" zumeist vernachlässigt werden können.

Die hohe Anforderung an Stadtinformation

Die Zielgruppenarbeit ist in der kommunalen Öffentlichkeitsarbeit gemeinhin schwieriger als in der Konsumwerbung zum Beispiel. Die anzusprechenden Gruppen sind sehr differenziert und entsprechen der gesamtgesellschaftlichen Palette. Auch von hier aus gesehen ist es nicht damit getan, nur den „gemeinsamen Nenner" zu suchen oder die simpelste Werbebotschaft auszusenden. Einige und oft gerade besonders wichtige Gruppen werden dadurch nicht oder eher negativ angesprochen.

Bürgerinnen und Bürger sind zudem in Vereinen organisiert, die mehr oder minder Einfluß auf das Bild der Kommune nehmen. In ihnen werden Meinungen zentriert und Urteile transportiert. Sie sind wichtige Mittler und Mitwirkende bei der kommunalen Selbstdarstellung. Das Zusammenwirken mit diesen ganz unterschiedlich orientierten Vereinigungen im Interesse eines Stadtimages ist eine weitere besondere Herausforderung an kommunale Öffentlichkeitsarbeit.

Nimmt man noch den steigenden Anspruch auf Mitwirkung an den Entscheidungen zu Stadtentwicklung und Stadtgestaltung, das Anwachsen von Problemthemen wie Umwelt und Verkehr, das gestiegene Bedürfnis nach Information und Ansprache und die hohe Mobilität der Bürgerinnen und Bürger hinzu so wird die ganz besonders hohe Anforderung an Stadtinformation und Stadtwerbung deutlich.

Die „Öffentlichkeit" ernst nehmen

Bestimmte Bürgerinnen und Bürger haben heute durch berufliche Vorbildung, gesellschaftliches Interesse, politisches Engagement oder Mitarbeit in Bürgergruppierungen einen hohen Informationsstand in Bereichen kommunaler Arbeit, kommunaler Aufgaben und kommunaler Politik, der durchaus dem der mit gleichen Themen befaßten eigenen städtischen Mitarbeiterinnen und Mitarbeiter oder Kommunalpolitiker manchmal gleichkommen kann. Stadtpolitik mit Sachkunde und Überzeugung zu vermitteln ist also eine Grundvoraussetzung. Eine auf Halbwissen und Teilwahrheiten aufbauende Informationsarbeit bewirkt nichts oder eher Negatives.

In besonderem Maße gilt dies auch für die Pressearbeit einer Kommune. Der Informationsstand des Journalisten in der kleinen Stadt kann durch umfangreiche Recherchen und durch Kenntnis von der Verwaltung und dem Politiker nicht zugänglichen oder nicht bekannten Quellen über dem der „Stadtregierung" liegen. Keine gute Ausgangsposition also beim möglichen Schlagabtausch, bei einem „heißen" Thema, bei einer wichtigen Entscheidung. Und in den großen städtischen Metropolen gibt es eine Arbeits- und Themenspezialisierung in den Lokalredaktionen, die den Journalisten zum sachkundigen Partner aber auch zum „gefährlichen" Kritiker macht.

Arroganz und blindes Vertrauen auf überlegene Sachkunde, stolz auf den eigenen großen Wissensvorsprung und Herabblicken auf eine minder kenntnisreiche Öffentlichkeit sind also keine gute Voraussetzung für eine erfolgreiche städtische Öffentlichkeitsarbeit. Ratsamer ist es, die Partner in ihrer ganz spezifischen Qualität und in ihrem besonderen Informationsbedürfnis abzuschätzen und ernst zu nehmen, die jeweils geeignete Sprache für eine notwendige Kommunikation zu finden und „die andere Seite" nicht für „dumm zu verkaufen". Alles in allem also möglichst „professionell" und selbst gut informiert mit Presse- und Bürgeröffentlichkeit umzugehen.

Kommunale Pressearbeit als besondere Aufgabe

Die Ansprüche an die kommunale Pressearbeit als einem wesentlichen Bereich der Informationsarbeit einer Stadt sind zudem ständig gewachsen. Pressestellen und Presseämter werden erstmals in großen Städten zu Beginn des Jahrhunderts angedacht und vereinzelt eingerichtet. Im ersten Weltkrieg und dann in den zwanziger Jahren schließlich etablieren sich Pressestellen und Presseämter zunehmend als die für alle Presseangelegenheiten zuständige kommunale Stelle. Dabei beschränkt sich ihre Aufgabe zumeist auf die Übermittlung und Vermittlung von Presseinformationen und die Herausgabe von Amtsblättern als den Amtlichen Bekanntmachungen einer Stadt. Soweit bereits Pressemeldungen formuliert werden geschieht dies unregelmäßig. Auch Pressekonferenzen werden zwar veranstaltet, gehören aber noch nicht zum sozusagen „alltäglichen" Geschäft der Presseunterrichtung. Die Hauptform der Kommunikation hin zur Presse ist die „Amtliche Presseerklärunng" als Verlautbarung und Stellungnahme einer Stadt.

**Heute ein
größeres
Medienspektrum**

Kommunale Pressearbeit heute bietet ein ungleich größeres Spektrum der Information und Kommunikation. Und sie hat einen größeren und technisch entwickelten Kundenkreis zu bedienen. Neben den „Printmedien", also Zeitungen, Zeitschriften, Magazinen und Illustrierten spielen Hörfunk und Fernsehen mit auf dem großen Klavier der Unterhaltung, Information und Kommentierung. Und auch zahlenmäßig gilt es mehr Redaktionen, Journalisten und Medien überhaupt zu versorgen.

Insbesondere hat auch Regionales und Kommunales in der Berichterstattung zugenommen. Zwar gibt es die Pressekonzentration: viele früher selbständige Lokalzeitungen laufen als Kopfblätter eines größeren Verlages weiter, sind also kein „eigenständig" kommunales Blatt mit heimischem Verleger mehr. Der Anteil an Lokalem freilich blieb dennoch zumeist erhalten, ja wuchs sogar oft an, wollen doch auch heute die Bürger zuerst einmal über ihr näheres Umfeld, über ihre eigene Heimat informiert werden. Zudem sind Anzeigenblätter als „Lokale Zeitungen" neu entstanden, die zwar keinen umfangreichen redaktionellen Teil anbieten aber doch ein lokales Image pflegen. Und auch die vielen Stadtteilzeitungen in den Großstädten sind ein Teil dieser neuen Tendenz hin zum Lokalen in der Presse.

Nicht zu vergessen Hörfunk und Fernsehen. War in den Zeiten der öffentlichrechtlichen Anstalten das Lokale hier eher ein Randgebiet und stand im Vordergrund die bundespolitische und landespolitische Berichterstattung so hat die Konkurrenz der „Privatsender", die ganz gezielt regionale Berichterstattung pflegten, auch ARD und ZDF das Lokale und Regionale als berichtenswerten Bereich entdecken lassen. Diese insgesamt noch nicht abgeschlossene Entwicklung in Presse, Funk und Fernsehen, fordert eine moderne, umfangreiche, spezifizierte Pressearbeit der Kommunen. Presseinformation läßt sich heute nicht mehr nebenher erledigen.

Auch „historisch" war Pressearbeit einst ja der erste Ansatz der Städte zur Öffentlichkeitsarbeit. Aus der Pressestelle oder aus dem Presseamt wurde die

Presse- und Informationsstelle oder das Presse- und Informationsamt und die Presseabteilung durch die Abteilungen für Öffentlichkeitsarbeit und Bürgerkommunikation ergänzt. Geblieben ist ein besonderer Rang für Presseinformation innerhalb der gesamten Informationsarbeit einer Stadt. Die Stadt kann sich über eigene Medien wie Filme und Dias, Broschüren und Plakate, Schaukästen und Ausstellungen selbst darstellen und die Bürger informieren. Sie kann in Beratungseinrichtungen und auf Bürgerveranstaltungen mit den Bürgern kommunizieren. Stets ist die Stadt dabei Absender und Transporteur zugleich. Sie vertritt sich selbst, sie beurteilt sich selbst. Und entsprechend auch ordnen die Adressaten solche Botschaften ein. Der Empfänger weiß, daß die Stadt in eigener Sache auftritt. Das beeinflußt sein Urteil.

**Der besondere Rang
kommunaler Pressearbeit**

Bei der Presse ist das anders. Sie berichtet über „Dritte". Dabei ist sie ganz gewiß nicht immer objektiv. Und nicht jeder Bericht auch basiert auf ausreichend zuverlässiger Information. Dennoch trauen Leser, Hörer und Zuschauer zumeist Presse, Funk und Fernsehen auch in kommunalen Dingen eine zwar kritische aber insgesamt doch richtige Berichterstattung jenseits eines Eigeninteresses zu. Und dementsprechend ist ein Pressebericht über eine Stadt, ein Presseinterview mit dem Bürgermeister, eine Pressemeldung zu einem kommunalen Thema in der Wirkung zumeist größer als die bloße städtische Eigenveröffentlichung.

Kommunale Pressearbeit mit einem positiven Kontakt zu Redaktionen und Journalisten, mit einer breiten Information hin zur Presse, mit einer soliden und zuverlässigen Unterrichtung über gute und schlechte Sachen, mit einer grundsätzlichen Anerkenntnis der Presse als ein die Kommunalpolitik begleitendes Organ, mit dem Wissen um die meinungsbildende Rolle von Presse sind Voraussetzung und Ziel zugleich einer offenen kommunalen Pressearbeit.

Die zwölf Gebote
für ein Presse- und Informationsamt

Je nach Größe der Stadt und unterschiedlichen Anforderungen werden dem für die Betreuung der Presse- und Öffentlichkeitsarbeit zuständigen Presse- und Informationsamt (PIA) oder der Pressestelle die Aufgaben zuzuweisen sein. Auch wird es Unterschiede in den Gliederungsprinzipien und Formulierungen entsprechend der geltenden Kommunalverfassung oder der besonderen Entwicklung einer Stadt geben. Die folgende Auflistung ist also als Anregung und nicht als verbindliches Ordnungsschema zu verstehen.

Aufgabengliederungsplan

Information von Presse, Rundfunk, Fernsehen, Nachrichtenagenturen und anderen Medien

1. Auskünfte an die Presse, Vermittlung und Vorbereitung von Interviews, Betreuung und Kontaktpflege zu den Redaktionen sowie den Journalistinnen und Journalisten.
2. Vorbereitung, Durchführung und Leitung von Pressekonferenzen, Pressebesichtigungen und sonstigen Veranstaltungen für die Presse.
3. Herausgabe und Redaktion des städtischen Pressedienstes, der Presseeinladungen, von Pressetexten und Presseunterlagen.
4. Herausgabe und Redaktion eines Presse- und Medienspiegels, Presseausschnittdienstes sowie Kopierdienstes von Fernseh- und Hörfunksendungen zur Binneninformation.
5. Publizistische Beratung des Rates oder Magistrates sowie der städtischen Ämter und Betriebe in allen presserelevanten Fragen.
6. Verbindungs- und Kontaktstelle zu anderen Pressestellen in Verwaltung, Wirtschaft, Vereinigungen usw. sowie zu den Verleger- und Journalistenvereinigungen.

Planung, Koordination und Durchführung der städtischen Öffentlichkeitsarbeit

7. Erarbeitung von Imagekonzepten und eines gemeinsamen Erscheinungsbildes. Erstellen von Werbeplänen und Werbekampagnen.
8. Koordination städtischer Werbe- und Öffentlichkeitsarbeit, unter anderem Geschäftsführung der „Arbeitsgruppe Stadtwerbung und Stadtinformation" als der für die zentrale Vorbereitung und Umsetzung der städtischen Öffentlichkeitsarbeit zuständigen Stelle.

9. Information der Bürgerinnen und Bürger über Angebote, Absichten, Leistungen und Zielsetzungen der Stadt durch Publikationen, Audiovision, Ausstellungen oder sonstige Werbe- und Informationsmittel.
10. Vorbereitung und Durchführung von Bürgerversammlungen und anderen Informationsveranstaltungen insbesondere auch der „Tage der offenen Tür".
11. Zentraler Auskunfts- und Beratungsdienst der Stadt über „Bürgertelefon" und „Bürgerzentrum".
12. Wahrnehmung aller Aufgaben der Stadtwerbung, soweit sie nicht dem Bereich Fremdenverkehr und Wirtschaftsförderung gesondert zugeordnet sind.

I

Stadtwerbung und Stadtinformation
oder
Mittel der Eigenpräsentation

Nur gemeinsam sind wir stark

**Nötig ist eine
zentrale Vorbereitung
von städtischer
Öffentlichkeitsarbeit**

Eine erfolgreiche städtische Öffentlichkeitsarbeit soll zentral vorbereitet, abgestimmt, gewichtet, gestaltet, umgesetzt und ausgewertet werden. Selbstverständlich müssen dabei Eigeninitiative und Fachkenntnisse der unterschiedlichen Organisationseinheiten nicht nur genutzt, sondern von vornherein positiv einbezogen und motiviert werden. Dieser Grundsatz einer zentralen Vorbereitung bei Eigeninitiative von und Abstimmung mit den dezentralen Einheiten gilt im übrigen auch für die anderen Bereiche von Information und Werbung einer Stadt.

Nur so ist grundsätzlich sicherzustellen, daß gleiche Beurteilungen und gleiche Ziele hin zu den Adressaten von Öffentlichkeitsarbeit transportiert werden. Nichts ist schlimmer als einander widersprechende Werbebotschaften oder Werbeinhalte. Und selbst in kleineren Verwaltungen kann es hier ja sehr oft Differenzen über den richtigen Weg oder die richtige Maßnahme geben. Solange dies untereinander in den zuständigen Gremien ausgetragen, ja sogar zwischen Kommunalpolitikern öffentlich diskutiert wird und seinen Niederschlag in der Presse oder anderen öffentlichen Reaktionen findet, gehört der Widerspruch durchaus zur kommunalen Demokratie und somit zum Bild einer offenen abgewogenen Entscheidungsfindung. Falsch jedoch ist es, unwissentlich oder absichtlich solche unterschiedlichen Auffassungen, unterschiedlichen Entscheidungen, unterschiedlichen Darstellungen in die geronnene Form von Werbeaktivitäten zu bringen und letztlich damit einen Kampf gegeneinander zu führen anstatt eine gemeinsame Öffentlichkeitsarbeit zu konzipieren und umzusetzen.

**Verdeutlichung
unterschiedlicher Auffassungen
und gegensätzlicher Interessen
als Ausnahme**

Keine Regel jedoch ohne Ausnahme. Es gibt wichtige grundsätzliche Themen, die die Bürgerinnen und Bürger in hohem Maße betreffen und die vorhersehbar zu Auseinandersetzungen führen werden. Etwa im Spannungsfeld von Industrieansiedlung und Umweltschutz, Verkehrsangebot und ruhigem Wohngebiet, Neubauviertel und angrenzender alter Bebauung stecken oft Widersprüche, die zu erheblichen Konflikten führen können. Hier soll Öffentlichkeitsarbeit durchaus in möglichst frühem Verlauf die gegensätzlichen Interessen verdeutlichen und eventuell sogar unterschiedliche Auffassungen von Kommunalpolitikern oder auch Verwaltung mit nach draußen transportieren. Da mit Sicherheit erhebliche Gruppenwiderstände zu erwarten sind ist es besser, die Diskussion sozusagen „vorwegzunehmen" mit der Möglichkeit, eigene Entscheidungen an ihr mit zu orientieren oder zumindest die nach der Entscheidung notwendige Öffentlichkeitsarbeit auf dem Diskussionsergebnis mit aufzubauen. An anderer Stelle wird die Notwendigkeit dieser Form von Öffentlichkeitsarbeit am Beispiel verdeutlicht.

Dennoch, auch eine gewollt kontroverse Präsentation erfordert eine rechtzeitige Abstimmung. Gerade in einem solchen Fall muß ja vermieden werden, daß durch unabgestimmte Äußerungen nach draußen Verfestigungen und Selbstbehauptungsmechanismen von Teilen der Verwaltung oder der Verwaltungsspitze eintreten. Nur die rechtzeitige Abstimmung hält die Möglichkeit der Korrektur schließlich offen.

Statt Verzettelung eine richtige Gewichtung

Aber nicht nur die Ausschaltung von widersprechenden Werbeinhalten oder die notwendige Abstimmung bei der Präsentation gegensätzlicher Ansichten oder Lösungsvorschläge erfordern die zentralisierte Öffentlichkeitsarbeit. Zuerst einmal geht es bei zentraler Öffentlichkeitsarbeit um den zweckvollsten und sinnvollsten Einsatz der finanziellen Mittel. Selbstverständlich gibt es eine dezentrale kontinuierliche Öffentlichkeitsarbeit, die einer solchen Konzentration nicht bedarf. Die Stadtbücherei wird jedes Jahr einen neuen Angebotskatalog herausbringen, das Bürgerhaus das Wochenprogramm plakatieren und das Schwimmbad geänderte Öffnungszeiten annoncieren. Welche besonderen Akzente aber in der Öffentlichkeitsarbeit gesetzt werden müssen kann und darf nicht dem jeweiligen Einzelbereich überlassen bleiben. In diesem Jahr mag ein Programm zum Denkmalschutz in der Altstadt im Vordergrund stehen, im nächsten womöglich der „Grünplan", der neue Park- und Erholungsgebiete schaffen will. Gerade in mittleren oder kleineren Gemeinden mit geringeren finanziellen Möglichkeiten bei dennoch mannigfaltigen Aufgaben ist eine solche Gewichtung und Konzentration notwendig. Eine Verzettelung in der Öffentlichkeitsarbeit trägt zu einem eher diffusen Bild bei.

Frühzeitige Koordination und nicht isolierte Vorbereitung

Eine frühzeitige Koordination ist auch vom Thema selbst her gerechtfertigt. Schließlich gibt es nur wenige isoliert darstellbare Probleme, Leistungen, Vorhaben, Ziele. Will ich also zum Beispiel etwas über die Wohnsituation nach draußen transportieren ist es mit der Bestandsaufnahme nicht getan. Die Zukunftsplanungen, bisherige Leistungen oder auch Versäumnisse, historische Anknüpfungspunkte, die soziale Einbindung des Wohnungsbaus und was sonst noch alles mit dem Thema zusammenhängt gehört mit dazu. Selbst in einem solch speziellen und umrissenen Bereich ist also Öffentlichkeitsarbeit nicht ohne Einbeziehung von Stadtarchiv, Kulturinstitutionen, Planungsamt usw. möglich.

Alle Einzelaktivitäten der Öffentlichkeitsarbeit dienen letztendlich ja auch immer dem Zweck, die Gesamtheit Stadt darzustellen. Hier bringt es wenig, wenn eher zufällig in unterschiedlicher Form einmal von diesem Amt und dann wieder von jenem Betrieb eine werbende Anzeige aufgegeben wird. „Die Stadt" zusammen mit ihren detaillierten Leistungen wird da schon eher in einer Anzeigenserie, einer Plakatserie, einer Prospektreihe präsentiert. Eine solche Anzeigenserie etwa in der Lokalzeitung, die zu den verschiedensten Bereichen Aussagen macht und zum Beispiel jeweils am Samstag mit gleichem Hauptslogan und differenziertem Nebenslogan erscheint kann beides transportieren: Gesamtheit und besonderes Angebot.

Richtige Terminierung von Werbeaktionen

Die Terminierung von Werbeaktionen sollte auf keinen Fall isoliert erfolgen. Bestimmte Aktivitäten sind eindeutig jahreszeitlich gebunden. Bei der Tourismuswerbung ist dies ganz klar. Und auch eine Publikation zu den kommunalen Freibädern wird nicht unbedingt im November erscheinen. Vermieden werden sollte aber eine Häufung der Terminierung dadurch, daß rechtzeitig eine entsprechende Reihenfolge der Werbeaktivitäten festgelegt wird. Diese zeitliche Abstimmung gibt zudem die Möglichkeit, miteinander verbundene Themen gemeinsam zu präsentieren oder sogar zusammenzufassen. Dabei ist zu beachten, daß je nachdem eine Entzerrung oder eine Verdichtung von werbenden Aktivitäten sinnvoll sein kann.

Im „Omnibusverfahren" die verschiedenen Botschaften mitnehmen

Isolierte Öffentlichkeitsarbeit versäumt die Möglichkeit, im „Omnibusverfahren" oder im „gemeinsamen Boot" das eigene Angebot, die eigene Message zu transportieren. An einem Einzelbeispiel mag hier verdeutlicht werden, was gemeint ist. Für einen eng umrissenen Stadtbereich ist die Sanierung beschlossene Sache. Die Stadtplanung gibt eine „Sanierungszeitung" heraus, die in alle Haushaltungen verteilt wird. Darin wird im einzelnen dargelegt, wo man sich beraten lassen kann, wie die Sanierungsschritte aussehen, warum die Sanierung nötig ist und ähnliches. Wenn nun schon aber finanzielle Mittel für Redaktion, Produktion und Verteilung aufgewendet werden und zudem eine flächendeckende Zustellung sichergestellt ist, dann könnte dieser „Omnibus" als Passagiere ja auch noch ein paar andere Informationen mitnehmen. Das kann von Kultur bis Grün, von Kindergärten bis zum Jugendhaus, von Altenwohnung bis zu Seniorenstammtisch, von Brunnenpflege bis Fassadengestaltung und von Sporteinrichtungen bis zu Volksbildungsangeboten reichen.

Zentrale Entscheidungs- und Koordinierungsstelle

Eine solche in der Regel auch noch interessantere weil abwechslungsreichere Information wird nur durch eine zentrale Öffentlichkeitsarbeit möglich. Und auch etwa die Entscheidung für ein gemeinsames Erscheinungsbild der Stadt in allen ihren Eigenpräsentationen trägt nur bei stetiger gegenseitiger Abstimmung. Ohne eine verantwortliche Entscheidungs- und/oder Koordinierungsstelle geht die gemeinsame Typographie und das verbindliche Grundlayout bald verloren. So wird denn die zentrale Organisation von Öffentlichkeitsarbeit zu einer Grundvoraussetzung für eine erfolgreiche Stadtdarstellung und Stadtvermittlung nach draußen.

Zentrale Organisation von Öffentlichkeitsarbeit

Unterschiedliche Zuordnung von Öffentlichkeitsarbeit

In kleineren Städten mag es manchmal leicht sein, die Öffentlichkeitsarbeit in einer Hand zu konzentrieren. Aber es wird schon schwierig, wenn es sich etwa um eine „Tourismusgemeinde" handelt. Denn in ihr wird der Fremdenverkehr von einer besonderen Abteilung, einem eigenständigen Büro oder einem speziellen Verkehrsverein organisiert. Und die sonstige Öffentlichkeitsarbeit wird, wenn sie denn in nennenswertem Umfang stattfindet, woanders angesiedelt sein.

Mit Sicherheit aber werden in den Mittel- und Großstädten Aufgaben der Öffentlichkeitsarbeit an ganz unterschiedlichen Stellen wahrgenommen. Die Skala reicht von der Pressestelle oder dem Presse- und Informationsamt über Wirtschaftsförderung, Verkehrsamt, Kommunalbetriebe bis hin zu den verschiedensten kulturellen Einrichtungen. Und auch Stadtplanung und Bauverwaltung, Grünamt und Stadtreinigung und viele andere neigen zu eigenen unabgestimmten Selbstdarstellungen.

Anbindung an die Stadtspitze

Eine konzentrierte, gewichtete, professionelle, themengerechte Öffentlichkeitsarbeit bedarf jedoch, wie bereits erwähnt, der zentralen Vorbereitung und Abstimmung. Deshalb sollte auch grundsätzlich die Öffentlichkeitsarbeit der Stadtspitze, also dem Dezernat und Aufgabenbereich des Bürgermeisters oder Oberbürgermeisters oder des Stadtdirektors oder Oberstadtdirektors zugeordnet sein. Und sie sollte zusammenfassend bei einer Stelle, einem Amt angesiedelt werden. Dafür bietet sich die Pressestelle oder das Presse- und Informationsamt an als einzige Einrichtung, die in einem wesentlichen Teil von Öffentlichkeitsarbeit, nämlich der Presseinformation und Pressebetreuung, ja bereits übergeordnet zuständig ist und die zudem auch organisatorisch der Verwaltungsspitze zugeordnet ist.

Besondere Geschäftsanweisung als Mittel der Koordination

Nun gibt es allerdings besonders herausgehobene Bereiche, die nicht nur in den großen Städten einer originären Öffentlichkeitsarbeit bedürfen, ja deren Aufgabe zu einem guten Teil in Öffentlichkeitsarbeit besteht. Dazu gehören vor allem die

Fremdenverkehrswerbung und die Wirtschaftswerbung. Wer Touristen oder Unternehmen in die Stadt holen will muß eine spezifische und oft in einem eigenen Rats- oder Dezernatsbereich verantwortete Öffentlichkeitsarbeit betreiben.

Eine Geschäftsanweisung für die Öffentlichkeitsarbeit einer Stadt hat hier die notwendigen Regelungen zu treffen. Sie sollte die generelle Zuständigkeit der kommunalen Spitze und eines Amtes fixieren. Sie sollte die begrenzten Ausnahmen auflisten, zugleich aber diese Ausnahmen einbinden in die Vorbereitung und Umsetzung der gesamten Öffentlichkeitsarbeit der Stadt.

Arbeitsgruppe für Öffentlichkeitsarbeit

Es empfiehlt sich zudem die Bildung einer Arbeitsgruppe, der die Leiter der vor allem mit Öffentlichkeitsarbeit befaßten Ämter angehören, als Vorbereitungs-, Abstimmungs- und Entscheidungsinstrument. Das letzte Wort bei allen größeren Aktivitäten liegt freilich dann bei den Räten und Magistraten. Dieser Arbeitsgruppe sollten unter dem Vorsitz des Presseamtsleiters die Chefs der Fremdenverkehrs- und Wirtschaftswerbung, des Kulturamtes und des zentralen Verwaltungsamtes angehören. Je nach Schwerpunktthemen und entsprechend der jeweils besonderen Akzente in den Städten können weitere Amtsleiter hinzugezogen werden.

Der zentrale Werbeplan der Stadt

Die Abstimmung der einzelnen Wünsche und Anregungen für öffentlichkeitswirksame Aktivitäten erfordert ihre Zeit. Auch die Vorbereitung von Werbekampagnen geht nicht von heute auf morgen. Alle Planungen und Vorhaben sind deshalb jeweils für das nächste Jahr in einem ausreichenden Vorlauf in die Arbeitsgruppe einzubringen. Auf dieser Grundlage kann ein zentraler Werbeplan erarbeitet werden, in den die Zielsetzungen der kommunalpolitisch verantwortlichen Spitze eingearbeitet sind. Es können durch einen solchen Werbeplan auch die unterschiedlichen Werbethemen und Werbemittel miteinander verbunden, vorbereitet und eingesetzt werden. Die frühe Sichtung der beabsichtigten Werbeaktivitäten und ihr Vergleich ermöglicht des weiteren eine Gewichtung nach ihrer Bedeutung für die Darstellung der Stadtpolitik insgesamt. Nebensächliches kann ausgeklammert oder verschoben, notwendiges aktuell und verstärkt umgesetzt werden.

Der durch das zuständige Amt zentral erarbeitete und in der Arbeitsgruppe abgeklärte jährliche Werbeplan soll nicht die bloße Auflistung gemeldeter Vorhaben sein. Er wird sie vielmehr in einen Zusammenhang bringen, nach Schwerpunkten geordnet präsentieren und in ihrer Bedeutung gewichten. Auch sollte der Werbeplan bereits Hinweise auf die jeweilige Umsetzung enthalten, also die Form des „Transportes" soweit möglich aufführen.

**Zustimmung
und
Mittelfreigabe**

Ohne Anmeldung für und dann Aufnahme in den Werbeplan darf keine Aktivität der Öffentlichkeitsarbeit weiter vorbereitet und durchgeführt werden. Ausnahmen, die wegen einer unabweisbaren aktuellen Notwendigkeit zur Information im laufenden Werbejahr entstehen, bedürfen der besonderen Zustimmung des zentral verantwortlichen Amtes, der Arbeitsgruppe und der kommunalpolitischen Spitze. Um sicherzustellen, daß eine koordinierte abgestimmte und themengewichtete Öffentlichkeitsarbeit nicht umgangen wird ist außerdem festzulegen, daß die Freigabe von vorhandenen Mitteln und die Erteilung der Aufträge der Zustimmung des zuständigen zentral verantwortlichen Amtes und im Fall größerer Kampagnen auch zusätzlich der Arbeitsgruppe bedarf. Wird eine noch bessere Abstimmung auf das gesamte Erscheinungsbild der Stadt angestrebt sollte sichergestellt werden, daß auch die Auftragserteilung an Werbeagenturen, Texter, Graphiker und überhaupt alle mit der werbenden Aktivität befaßten Auftragnehmer nur durch das für die Öffentlichkeitsarbeit zuständige Amt oder zumindest in genauer Absprache mit ihm zu erfolgen hat.

**Erfolgskontrolle
nicht vergessen**

Öffentlichkeitsarbeit lernt auch aus den positiven Ergebnissen oder Fehlschlägen. Gerade sie hat es ja mit einem in der Wirkung schwer einschätzbaren Produkt und mit dem sehr unterschiedlichen „Konsumenten" Bürger zu tun. Deshalb ist die Auswertung von Erfolg oder Mißerfolg wichtig. Die einzelnen zuständigen Ämter sollten nicht nur Belege von Publikationen an die Arbeitsgruppe oder das Presseamt geben, sondern nach Abschluß der Werbeaktivität auch Daten über Verteilung, Nachfrage, Beschwerden und Lob sammeln und soweit möglich auswerten. In ganz besonderen Fällen mag auch eine Wirkungsanalyse einmal angebracht sein. Aus solcher Rückfütterung können Schlüsse auf andere Werbeansätze und weitere notwendige Aktivitäten gezogen werden.

**Städtische
Binnenkommunikation
in Werbefragen**

In jedem Amt, Dezernat, Betrieb mit großer Außenwirkung sollte ein Mitarbeiter neben seinen anderen Aufgaben speziell für Fragen der Öffentlichkeitsarbeit zuständig sein. Es versteht sich von selbst, daß eine gewisse Affinität für diese Aufgabe vorausgesetzt werden muß. Durch derartige Kontaktpersonen in den unterschiedlichen Bereichen der Verwaltung ist eine stete Binnenkommunikation in allen Fragen der Information und Werbung gegeben. Ein Ansprechpartner „vor Ort" erleichtert die Koordinationsarbeit der zentral verantwortlichen Stelle.

Gespür für Themenbedeutung, ein wenig Kreativität und hohe Aufnahmefähigkeit sind gute Voraussetzungen für eine solche Mitwirkung an der Stadtpräsentation. Fachkenntnisse im eigenen Arbeitsbereich etwa der Planung, Verwaltung, Organisation können nützlich sein. Sie dürfen allerdings nicht verabsolutiert werden, denn dann verstellen sie eher die Chance zur allgemeinverständlichen Umsetzung einer Sache hin zum Bürger oder Fremden.

Vermittlung von
Minimalkenntnissen

Ein Minimalwissen über Voraussetzungen und Mittel von Öffentlichkeitsarbeit sollten die teilweise damit betrauten Mitarbeiter aber haben. Die Teilnahme an geeigneten Seminaren, die von den unterschiedlichsten Fortbildungseinrichtungen veranstaltet werden, kann hier hilfreich sein. Aber auch die eigene Pressestelle sollte in der Lage sein, Grundkenntnisse zu vermitteln etwa durch Zusammenstellung von Texten aus Fachzeitschriften, durch Überlassung von allgemeinverständlicher Literatur zum Thema oder durch Erläuterung wichtiger Voraussetzungen von kommunaler Öffentlichkeitsarbeit für die neben anderem damit befaßten Mitarbeitern.

Das einheitliche Erscheinungsbild

Stadtwerbung in „Corporate Design" einbinden

Ganz unabhängig davon, wie weit eine Gemeinde auf wenige „Werbebotschaften" hin zurückgeführt und akzentuiert werden kann, auf jeden Fall sollte sie ein gemeinsames Erscheinungsbild in ihren Werbemitteln anstreben. Dieses Corporate Design ist ein wesentliches Mittel, Einzelprodukte, mögen sie auch noch so vielfältig sein, miteinander zu verbinden und auf einen gemeinsamen Nenner zurückzuführen. Die identitätsstiftende Wirkung solcher äußeren Präsentationsformen darf auf keinen Fall unterschätzt werden.

Auch heute ist es noch oft üblich, daß ein Amtsleiter oder Dezernent nach eigenem Gusto Prospekte und Plakate gestaltet oder gestalten läßt, eine Schrift heraussucht oder heraussuchen läßt, die Formate festlegt oder festlegen läßt – kurzum eine vielleicht gute und interessante, mit der Gesamtdarstellung der Stadt nach draußen aber in keiner Weise verbundene Werbung macht.

Das „Erkennungszeichen" einer Stadt

Die meisten Gemeinden haben ein geschichtlich vermitteltes gemeinsames Erkennungszeichen, das Stadtwappen. Für Werbung heute allerdings ist dieses historische „Signet" in unveränderter Form oft nicht voll geeignet. Dennoch: Das Stadtwappen kann der sinnvolle Anknüpfungspunkt für ein allgemein verbindliches „Logo" sein, das als „Firmenzeichen" alle „Produkte", also Veröffentlichungen, Bekanntmachungen usw. die Stadt kennzeichnet.

Stadtwappen haben im Laufe der Geschichte Änderungen erfahren. Durchaus auch dem Zeitgeschmack und der Mode unterworfen, sieht kaum ein Stadtwappen heute noch so aus, wie zum Beispiel im Mittelalter. Es kann also durchaus angebracht sein, das Stadtwappen zu „modernisieren" und dadurch „logogeeignet" zu machen, also einzubinden in eine moderne gesamtgraphische Darstellung. Vorsicht ist hier dennoch angebracht. Etwa in den zwanziger Jahren unseres Jahrhunderts wurden, basierend auf Stadtwappen, neue Lösungen für Stadtsignets gefunden.

Stadtwappen als „Logo" oder „Signet"

Sie waren gestalterisch oft ausgezeichnet, konnten sich jedoch nicht durchsetzen. Zu sehr dem Zeitgeschmack verhaftet wurden sie nicht mehr mit der Tradition und Geschichte einer Stadt in Verbindung gebracht. Wird also das Stadtwappen zum Ausgangspunkt für ein Logo gemacht, dann sollte es zwar auf die graphische Gesamtgestaltung Rücksicht nehmen, mit der traditionellen Gestaltungsentwicklung jedoch nicht total brechen.

Besonders geeignet ist ein Stadtwappen als Logo oder Signet dann, wenn es spezifisch und inhaltlich eine Aussage zu der ganzen Gemeinde macht oder wenn es durch einen bestimmten Bestandteil bis in die Gegenwart hinein mit dieser Gemeinde besonders verbunden ist. Oft aber gibt es überhaupt keinen Bezug des Stadtwappens zur Stadt, das Wappen gleicht zudem ähnlichen heraldischen Formen unserer Städte oder ist ganz allgemein gehalten. Hier sollte überlegt werden, ob nicht ein herausragendes Kennzeichen der Stadt, ein ganz besonderer Inhalt, eine bestimmte Gewichtung sich besser für ein „Firmenzeichen" eignet. Die Beratung mit dem Historiker, das Gespräch mit einem Werbefachmann und der Rat eines Designers oder Graphikers sollten einer solchen Entscheidung jedoch vorausgehen. Auch empfiehlt es sich, ein neues Logo in Konkurrenz entwickeln zu lassen, also etwa drei geeigneten Graphikern einen Entwurfsauftrag geben der bereits mit einigen inhaltlichen Voraussetzungen verknüpft werden.

**Verknüpfung
mit weiteren
Besonderheiten**

Ob altes Stadtwappen, modifiziertes Stadtwappen oder neues Logo: für sich allein sind sie meist nicht aussagekräftig genug. Das Logo ist ja schließlich nicht nur Identifikations- und Werbeelement, sondern auch die „Firmenbezeichnung", der Herkunftsnachweis, das Impressum. Es sollte deshalb stets in geeigneter Weise durch die „Firma", also die Stadt, die Gemeinde, den Kreis usw. ergänzt werden. Schließlich auch spricht einiges dafür, es womöglich mit einem treffenden Slogan zu verbinden. Dies kann die Hervorhebung einer „einmaligen" Attraktion oder der Hinweis auf eine unverwechselbare Eigenschaft sein. Aber auch wechselnde Ergänzungen können vorgenommen werden. „Neuhausen. Die Stadt. Mit den Burgfestspielen", kann durchaus ergänzt werden durch „Neuhausen. Die Stadt. Mit dem Freizeitangebot", „Neuhausen. Die Stadt. Das Einkaufszentrum". usw. Die serielle Verknüpfung des Grundproduktes „Neuhausen" mit verschiedenen Angeboten und Lebensäußerungen überträgt die Grundidentifikation auf spezifische, aktuelle oder vorgeformte Anmutungen und Ableitungen.

In ähnlicher Weise läßt sich das Grundlogo mit anderen „Signets" verbinden. So etwa mag auf allen Plakaten, Broschüren, Prospekten usw. des städtischen Theaters neben dem „Grundlogo" auch noch eine Maske (oder die bekannten zwei Masken) auftauchen. Entsprechend beim Schwimmbad dann ein paar Wellenlinien, beim Straßenbau ein Straßenkreuz, bei der Stadtbücherei ein Buch: der Fantasie sind hier lediglich Grenzen durch die jeweilige Funktionsbezogenheit gesetzt.

Ein gemeinsames Logo muß den einzelnen Veröffentlichungsformen anpaßbar sein, also in verschiedenen Ausfertigungen nach Größe und innerer Anordnung vorliegen. Schließlich soll es auf der Visitenkarte eines Kommunalbeamten genauso auftauchen, wie auf einem Plakat, den Briefkopf ebenso schmücken wie die Titelseite einer städtischen Broschüre. Allein schon aus diesem Grunde ist es notwendig, einen geeigneten Gebrauchsgraphiker zu beauftragen, wenn man denn schon nicht gleich eine Werbeagentur einschaltet.

Festlegung verbindlicher Gestaltungselemente

Mit einem solchen Logo allein ist es freilich nicht getan. Das gesamte Erscheinungsbild der Stadt in allen Veröffentlichungen muß leicht identifizierbar sein. Und das heißt: Festlegung der jeweiligen Formate, Festlegung grundsätzlicher Gestaltungselemente und Festlegung einer bestimmten Typographie.

Die gewählte Schrifttype soll zwar alle Publikationen miteinander verbinden, sie muß jedoch auch ausreichende Differenzierungsmöglichkeiten lassen. Hier empfiehlt es sich, neben einer der „modernen" Schriften auch noch eine Antiquaschrift auszuwählen, die für bestimmte Veröffentlichungen etwa historischer Art eben doch geeigneter ist. Auf jeden Fall sollte die verbindlich ausgewählte Grundschrift mit der für das Logo verwendeten identisch sein oder zumindest „benachbart".

Layoutraster und Titelgestaltung

Ein gleicher Layoutraster, der auf die jeweiligen Größen bezogen eine gestalterische Norm setzt und eine auf einen Gestaltungsmaßstab bezogene Anordnung von Text und Bild garantiert, ist ein weiteres Mittel zum gemeinsamen Erscheinungsbild. Nicht zu vergessen ist die möglichst gleiche Titelplazierung des verbindlichen Stadtlogos bzw. seine möglichst gleiche Anordnung bei allen Publikationen.

Ein solches gemeinsames Erscheinungsbild auch im Detail der verschiedensten Veröffentlichungen und werbenden Maßnahmen ist heute für große und kleine Gemeinden in gleicher Weise ein unbedingtes Muß, stärkt es doch über die Möglichkeit der Wiedererkennbarkeit die Identifikation mit der Stadt.

Das Grundlayout als wichtige Hilfe

Der praktische Tip

Für die Umsetzung eines solchen gemeinsamen Erscheinungsbildes bedarf es eines verbindlichen Grundlayouts mit möglichst detaillierten Hilfen für alle, die in Öffentlichkeitsarbeit und Stadtwerbung eingebunden sind. Und natürlich ist ein Grundlayout auch den Grafikern und Textern, den Druckereien und Werbeagenturen Leitlinie und Vorlage für ihre Umsetzungsarbeit.

☑ Das Logo

Wichtig ist dabei das Logo als gemeinsames Erkennungszeichen der Stadt nach draußen. Ein solches Logo ist eine attraktive graphisch gestaltete Kombination zwischen Stadtnamen, einer möglichen Beifügung zur besonderen Charakterisierung der bestimmten Stadt und einem „Signet", also Wappen oder anderem Zeichen, Symbol oder Bild. Es wird in einer allgemein gültigen Form fixiert. Von diesem Logo sind reproduktionsfähige Muster in verschiedenen Größen anzufertigen. Festzulegen ist, falls das Logo auch in einer Mehrfarbversion verwendbar sein soll, die Scala der benötigten Druckfarben. Den Nutzern sind Schneidebögen mit Logo-Mustern in 3 bis 4 verschiedenen Normgrößen sowie Farbmusterbögen mit abtrennbaren Musterstreifen zur Verfügung zu stellen. Das Logo sollte in zwei oder drei Grundversionen angeboten werden, die jeweils auf einen bestimmten Größenbereich abstellen. Denn für ein Logo auf einer Postkarte bedarf es anderer Buchstabenabstände im Verhältnis zueinander als für das Logo auf dem Großplakat. Sinnvoll ist es, das Logo auch in „Negativform", also weiß auf farbigem oder grauem Hintergrund, als Alternative zur „Normalform" anzubieten. Für bestimmte Veröffentlichungen ist diese Version besser geeignet.

☑ Die Plazierung

Dieser „Firmenmarke" einer Stadt kommt als Erkennungszeichen besondere Bedeutung zu. Entsprechend auch ist das Stadtlogo gut sichtbar und gut wahrnehmbar zu plazieren. Es soll bei Broschüren, Prospekten, Kommunalzeitungen etwa auf der Titelseite, und zwar möglichst jeweils gleich angeordnet oben oder unten, rechts oder links stehen. Eine Mindestgröße darf dabei nicht unterschritten werden, denn schließlich soll man ja dieses Markenzeichen wahrnehmen können. Zu achten ist darauf, daß das Logo auf oder vor einem ruhigen Hintergrund steht und sich von den anderen Gestaltungselementen absetzt, also nicht „untergeht". Und schließlich sollte es auch das Impressum innen in der Stadtpublikation als „Kopf" noch einmal zieren.

☑ Die Schrift

Mit ständig wechselnden Schriften ist kein einheitliches Erscheinungsbild nach draußen zu transportieren. Deshalb werden alle Publikationen einer Stadt grundsätzlich nur in einer ganz bestimmtem Schrifttype gedruckt. Gewählt werden sollte eine gut lesbare Schrift, die sich auch für Überschriften mit eignet. Das Logo braucht nicht unbedingt, kann aber ebenfalls auf der einmal grundsätzlich gewählten Schrift basieren. Diese Schrift sollte „solide" und nicht „altmodisch" sein, transportiert sie doch die Stadt im sozusagen alltäglichen Geschäft nach draußen. Daneben empfiehlt sich die Festlegung einer zweiten Grundschrift von „feinerem" und „eleganterem" Charakter. Sie wird nicht so sehr im Informations- und PR-Geschäft verwendet sondern dient mehr der Repräsentation und der Übermittlung von „weichen" Themen. Einladungen der Stadt, Kulturpublikationen, historische Texte und städtische Urkunden etwa können in einer derartigen Schrift produziert werden. Aber auch hier gilt: es hat der gesamte einmal dafür vorgesehene Bereich dann auch nur diese ganz bestimmte Schrift zu verwenden.

☑ *Das Format*

Neben Logo und Schrifttype sind für ein möglichst einheitliches Erscheinungsbild die Gesamtanordnung von Texten, Bildern, Graphiken, Überschriften in den städtischen Veröffentlichungen wichtig. Hier wird Einheitlichkeit durch ein verbindliches Gestaltungsraster erreicht. Grundlage ist das übliche DIN-Format. Innerhalb dieses Papierformates gibt es die unterschiedlichsten Möglichkeiten von schmalen hohen bis zu quadratisch gleichseitigen Publikationsformaten. Denn zuerst einmal sind es ja nur die Druckbogen und Papierrollen, die sich in DIN formatieren, ihre Einzelaufteilung kann relativ frei gewählt werden. Dennoch: es sollten Grundformate für die verschiedensten Zwecke festgelegt werden, die dann auch einzuhalten sind. Zu berücksichtigen sind dabei Verteilungs- und Versandnotwendigkeiten, die Wiedererkennbarkeit bei „Serien" wie etwa Prospekten im gleichen Themen- und Zielgruppenbereich und die Gebrauchsnotwendigkeiten, die zum Beispiel für einen kurzen Überblick ein „handliches" Format erforderlich machen.

☑ *Der Satzspiegel*

Der Satzspiegel mit seinen Spaltenaufteilungen wird sich dem gewählten Format jeweils anpassen müssen. Auch hier aber sollte, was Seitenränder, Spaltenabstand, Absätze und Zeilenformation betrifft ein verbindlicher Raster für alle Publikationen gewählt werden. Selbstverständlich werden dabei Ausnahmen nötig sein und für Plakate etwa ein anderer Maßstab gelten als für die sonstigen Veröffentlichungen. Zu berücksichtigen sind bei diesem Rasterangebot auch die Verwendungszwecke. Material, das in Ordnern abgeheftet werden soll bedarf zum Beispiel am linken Rand eines breiteren Freiraums als ihn der sonstige Raster vorgibt.

Dennoch: grundsätzlich sind die Vorgaben zu beachten. Es empfiehlt sich im übrigen, entsprechende „Spaltenraster" für die unterschiedlichsten Formate und Zwecke als Muster anzufertigen, zu kopieren und bei Bedarf an die Hand zu geben. Wenn irgend möglich ergänzt um Hinweise über die geeigneten Anwendungsgebiete und auf den Zusammenhang zwischen Schrift und Spaltenbreite. Denn natürlich kann eine sehr große Schrift nicht auf eine schmale Spalte etwa gebracht werden. Der Rat von Graphikern, Typographen oder PR-Leuten ist im übrigen für die Grundsatzentscheidung und das Grundraster sowie das Anfertigen der Muster hilfreich.

Sonderbeispiele

Für Plakate, Broschüren und Prospekte reichen die gemeinsamen Gestaltungsgrundsätze aus. In ihrem Rahmen wird und muß sich dann die besondere und individuelle Gestaltung entfalten. Es gibt aber einige Bereiche, in denen die Umsetzung von Stadtlogo und Stadttypographie nicht ganz so leicht ist aber doch besondere Beachtung verdient.

☑ *Stadtbriefe*

Die Stadtbriefbögen müssen Informationen über den Absender transportieren, den Adressaten aufführen und noch genügend Platz für den eigentlichen „Brief" lassen. Zudem soll dies alles übersichtlich sein. Zu empfehlen ist hier ein besonderes „Maßblatt" für den städtischen Briefbogen, auf dem die Einstellungsabstände für Schreibmaschine oder Computer angegeben und zudem auch Briefkopf, Logo, Anschrift usw. eingegliedert sind. Das Stadtlogo sollte im übrigen oben den Briefkopf zieren. Raum ist womöglich auch für ein weiteres „Signet", also Zeichen vorzusehen, denn manche kommunale Einrichtungen wie etwa ein Zoo oder eine Kindertagesstätte haben ja eigene „Symbole". Und schließlich ist auch das Amt oder der persönliche Absender hervorgehoben im Briefkopf anzuführen. Das alles nimmt einigen Platz weg und so empfiehlt es sich, die detailliertere Eigenanschrift mit ihren Einzelheiten wie Straße, Nummer, Telefon und Telefax am unteren Seitenrand unter einer Linie unterzubringen.

☑ *Visitenkarten*

Mitarbeiter mit viel Publikumskontakt oder in einer herausgehobenen und kommunikativen Position sollten mit Visitenkarten ausgestattet werden. Das Stadtlogo ist gestalterisch einzubeziehen als ein wesentliches Element. Und neben Amt, Anschrift, Telefon und Telefax wird auch die Funktion kurz angeführt und erläutert. Ähnlich der Visitenkarte kann eine „Komplimentkarte" angefertigt werden. Sie wird unter dem Text „Freundlich überreicht von..." oder „Mit den besten Empfehlungen Ihr..." nicht nur mit Blumensträußen oder kleinen Geschenken übergeben, sondern dem erbetenen Informationsmaterial, dem übersandten Antragsformular oder den überreichten Unterlagen beigefügt. Das kostet nicht viel, stimmt den Empfänger freundlich, hebt das Selbstwertgefühl des Mitarbeiters und transportiert natürlich auch das „Stadtlogo".

☑ *Stadtschilder*

Die Beschriftung von Fahrzeugen und von „Amtsschildern" sollte mit in das gesamte Erscheinungsbild einbezogen werden. Die Stadtreinigung wird auf ihrem Auto die gleiche Schrift verwenden wie der Bücherbus der Stadtbücherei. Für alle Schilder ist ein gemeinsames Grundraster zu entwickeln, das neben dem Stadtlogo Raum für die jeweilige Aufgabe vorsieht. Und ganz ähnlich sollten auch die vielen „Amtsschilder" mit einbezogen und nach einem gleichen Muster und gleichen Raster gestaltet werden. Mit dem Ziel, die kommunalen Einrichtungen deutlich als Leistungen dieser ganz besonderen Stadt erkennbar zu machen und sie miteinander in Verbindung zu bringen. Ein weites Feld, das bestellt werden kann.

Wie finde ich den richtigen Adressaten

Die zielgruppenspezifische Ansprache ist wichtig

Interessante Informationen, gut gestaltete Werbemittel, eine überzeugende Präsentation allein garantieren noch nicht den Erfolg von Öffentlichkeitsarbeit. Denn wichtig ist, daß die „Message", also meine Botschaft, auch den gewünschten Adressaten erreicht. Auf ihn, den in ganz bestimmter Weise betroffenen und interessierten Bürger, sollte ein Teil der kommunalen Öffentlichkeitsarbeit möglichst zielgenau abgestellt sein. Und da ist das Adressatenspektrum, etwa verglichen mit der Bundes- und Landespolitik, wesentlich breiter, hat man es doch in einer Kommune mit so ziemlich allen Bedürfnissen und dementsprechend auch notwendigen Angeboten zu tun. Themenbezogene Zielgruppenansprache ist also gerade für die kommunale Öffentlichkeitsarbeit besonders wichtig.

Derartige Zielgruppen sind unter qualitativen und quantitativen Aspekten zu sehen und auszuwählen. Themen der Stadtplanung interessieren natürlich besonders Architekten, Bauunternehmer und Stadtplaner unter einem eher professionellen Gesichtspunkt. Daneben aber auch die große Zahl der Bürger, auf die die Planung künftig einwirkt, deren Verkehrsanbindung und Wohnumfeld, Arbeitsmöglichkeit und Umwelt, Erholung und Freizeit sie letztendlich betrifft.

Die „Fachleute", die oft auch meinungsbildend in der Öffentlichkeit wirken, wird man jedoch in anderer Form ansprechen können und müssen, als die Bürger. Wobei auch hier zu differenzieren ist, denn eine Bürgerinitiative etwa zu einem ganz bestimmten Straßenprojekt kann sich in der fachlichen Qualifikation auf Grund intensiver Beschäftigung mit dem Thema und möglicher Eigenberatung oft durchaus mit den „Experten" in Sachkunde und Detailwissen messen.

Je kleiner die Zielgruppe, desto spezialisierter die Information

Zielgruppenansprache heißt, stets auf den engen Zusammenhang von Transportmittel, also Medium, Gestaltung, Umfang und Textwahl auf der einen und vorgegebenen Informationsgrad, gesellschaftliche Einbindung, besonderes Interesse, Verständnisniveau der anzusprechenden Gruppe auf der anderen Seite zu achten.

Grundsätzlich gilt dabei: je kleiner und spezieller die Zielgruppe, desto spezialisierter und fachorientierter in Form und Inhalt sowie in der Wahl des Mediums die Information. Und je breiter sie zusammengesetzt ist, bis hin zur Gesamtheit aller möglichen Empfänger überhaupt, desto allgemeinverständlicher und zugleich reduzierter sollte die Aussage sein.

Die Durchmischung von Zielgruppen

Dabei sind die Zielgruppen natürlich nicht immer genau voneinander abzugrenzen. Sie überschneiden sich. Der Facharbeiter mag zugleich im Kleingartenvereinsvorstand sitzen, in der örtlichen Gewerkschaft eine Rolle spielen und in der Bürgerinitiative für eine Umgehungsstraße zur Entlastung seines Ortsteils kämpfen. Der Rechtsanwalt ist womöglich in einem Sportverein besonders aktiv, wirkt als Theaterbesucher in einer Volksbühnenorganisation mit und ist Mitglied in einem Beirat für Fragen der Verkehrssicherheit.

Die Beispiele ließen sich fortsetzen. Jeder gehört in irgendeiner Weise zugleich den verschiedenen Zielgruppen an, und zwar in der unterschiedlichsten Mischung. Dies schließlich erlaubt neben der detaillierten Ansprache auch stets den Transport anderer Informationen. Denn der Vater lebt nicht nur in seinem geliebten Briefmarkenverein, sondern ist zugleich auch an Schulfragen interessiert, und die Mutter arbeitet nicht nur in einem Diskussionskreis der Volkshochschule mit, sondern kämpft auch für die Einrichtung eines Kinderhorts.

Eine Zielgruppe ist also nicht immer etwas festgefügtes, denn neben den vorgegebenen Zuordnungen etwa durch den Beruf, soziale Stellung oder überragendes Interesse gibt es die vielfältigsten Überschneidungen. Und dennoch hat auch hier eine möglichst genaue Zielgruppenansprache ihren Sinn, denn die Menschen reagieren durchaus jeweils anders nach ihren verschiedenen Interessen, also einmal unter dem Vater- oder Mutterinteresse, dann unter dem Hobby- oder Vereinsinteresse und so fort.

Dominante Themen für „Alle"

Das oft sehr ins einzelne gehende und manchmal geradezu „egoistische" Zielgruppeninteresse kann allerdings kompensiert werden durch „dominante" Themen, an denen unabhängig von besonderen Einbindungen und Engagement alle oder zumindest der größere Teil der Adressaten von Öffentlichkeitsarbeit interessiert sind. Und hier nun ist neben, anstatt oder trotz Zielgruppenorientierung eine „Gesamtansprache" an den Adressaten Bürgerschaft nicht nur möglich, sondern auch der notwendige richtige Weg.

Etwa die Kriminalität und der Wohnungsmangel

Solche allgemeine Themenbestimmtheit im Negativen hat in unseren Städten etwa die wachsende Kriminalität. Ein besonderes Zielgruppeninteresse gibt es sicher bei Polizisten, Richtern, Lehrern etwa. Aber da Bürger zwar nicht wirkliche, so aber doch potentielle Opfer sind und dieses auch so empfinden sind sie insgesamt interessierte und themenengagierte Zielgruppe.

Ähnlich verhält es sich mit dem Thema Wohnungsbau. Hier sind natürlich erst einmal die Architekten, Bauunternehmer und Hausbesitzer die „Experten". Und dann sicher auch noch die Wohnungssuchenden, die besonders interessiert sind in Zeiten von Wohnungsmangel. Da aber fast alle eine Wohnung haben, irgendwann einmal eine suchten, gerne eine größere oder kleinere hätten ist die Gesamtheit der in einer Stadt wohnenden Menschen kompetent und betroffen, also auch Zielgruppe.

**Differenzierung
der großen Zielgruppe
in Untergruppen**

Und beim Thema Verkehr sind schließlich alle Teil der großen Oberzielgruppe der Verkehrsteilnehmer. Aber doch in einem ganz unterschiedlichen Sinne: als Autofahrer, der einen Parkplatz direkt vor dem Haus oder seiner Arbeitsstätte will, als Radfahrer, der sich den Radfahrweg wünscht, als Fußgänger, der sich von Autofahrern und Radfahrern bedrängt sieht, als Kind, das es auf dem Schulweg schwer hat die Straße zu überqueren und als Berufspendler, der jeden Morgen mit dem Nahverkehrszug zur Arbeit fährt. Und oft genug bündeln sich die verschiedenen Arten der Teilnahme am Verkehr in einer Person, die zugleich Fußgänger, Autofahrer, Radfahrer und Bahnreisender ist. Hier aber auch zeigt sich, daß die Zugehörigkeit zu einer großen Zielgruppe nicht die Differenzierung in Untergruppen ausschließt. Und auch daran ist bei der Konzeptionierung von Öffentlichkeitsarbeit zu denken.

Denn der absolute Nichtautofahrer, der das Fahrrad benutzt oder ein öffentliches Verkehrsmittel, ist sicher bei der Diskussion um Straßenbau eine andere Zielgruppe als der Autofahrer, der, weil er auswärts wohnt und es bis zur nächsten Bushaltestelle sehr weit ist, womöglich garnicht oder nur sehr schwer auf das Auto verzichten kann.

**Manche Themen
wirken über die
eigentliche Zielgruppe
hinaus positiv**

Gerade aber auch im Bereich positiver Anknüpfungen für eine Stadtwerbung gibt es Beispiele für eine Dominanz der Themenansprache neben und über die Zielgruppenansprache. Eigentliche Adressaten einer Werbung für Kultureinrichtungen wären ja als Zielgruppe erst einmal die sowieso schon Kulturinteressierten oder die auf Grund von Bildung, Neigung, Interesse dafür motivierbaren Menschen. Nur sie vor allem gehen ins Theater, besuchen die Museen, nutzen die Bibliotheken oder können dafür interessiert werden. Und dennoch hat das Kulturimage einer Stadt einen hohen und in keiner Weise auf diesen Personenkreis beschränkten werbenden Wert.

Kultur wird insgesamt in einer Scala der Werte weit oben angesiedelt, eine Kulturnation ist eben nicht nur ein Land, in dem es viel „Kultur" gibt, sondern in dem kultiviert gelebt wird und was der Assoziationen mehr sind. Und eine Kulturstadt erhebt sich sozusagen aus den Niederungen der bloß wirtschaftlichen oder sonstigen profanen Bedeutung zu den Höhen der Kultur und Bildung. Und das ist auch über die eigentliche Zielgruppe hinaus ein allgemein anerkannter positiv eingeschätzter Wert.

**Werbung mit
Kultur und Geschichte
als Ansatz für die
„positive Positionierung"**

Werbung nicht so sehr für, sondern mit Kultur kann also sowohl hin zum eigenen Bürger als auch nach draußen über die Stadt hinaus unabhängig von jeder Zielgruppenorientierung ein guter Ansatz für die angestrebte Positivpositionierung der eigenen Stadt sein. Die Bürger sind stolz darauf, daß ihre Stadt Kultur hat. Und die Fremden siedeln eine Stadt mit Kulturimage, auch ohne detaillierter informiert zu sein, nicht gerade in der unteren Rangfolge der Städte an.

Ähnlich über Zielgruppenorientierungen hinaus reichen andere „Generalthemen" negativer oder positiver Art. Eine bedeutende und zudem auch noch in einem geschlossenen mittelalterlichen Stadtkern, einer großen Schloßanlage oder in gelebten Traditionen sichtbare Stadtgeschichte spricht die Identifikation der eigenen Bürger mit ihrer Stadt positiv, weil durch Jahrhunderte gefestigt und gewachsen, an und vermittelt die Stadt nach draußen als besonderes durch Tradition geadeltes Wesen. Und da Geschichte in einer Zeit schnellen Wandels, ob zu Recht oder nicht, ebenfalls in der Wertskala nach oben gewandert ist kann sie im eigenen Stadtmarketing denn auch voll verwertet werden.

**Auffüllung von
Positivthemen durch das
eigene Handeln**

Derartige Positivthemen, wenn sie denn schon mit einer Stadt verbunden sind, können als zentrale Bezugspunkte genutzt werden. Darüber darf freilich nicht vergessen werden, sie auch gezielt ganz bestimmten Gruppen zu vermitteln. Denn ein auf Geschichte und Kultur konzentriertes Positivbild kann leiden, wenn nicht stets der Anspruch auch durch eigenes Handeln und durch Einbindung von „Experten" und „opinion-leadern" bestätigt wird. Dies gilt im übrigen für alle Stadtpräsentationen über ein „Generalthema", sei es „die idyllische", „die internationale", „die menschliche" oder wie auch immer begrifflich und inhaltlich gefaßte Stadt. Erfolgt keine Vermittlung des Begriffes mehr im einzelnen und wird er nicht gruppenspezifisch ausgefüllt so wird er zuerst in der eigenen Bevölkerung und dann auf lange Sicht auch nach draußen keine Akzeptanz mehr finden.

Negativhaltung von Neubürgern zur neuen Heimatstadt

Eine besondere Zielgruppe, deren Ansprache sich bei dem Bemühen um ein Positivbild der eigenen Stadt ganz gewiß lohnt, sind die Neubürger. In den Städten, die „draußen" nicht gerade einen guten Ruf haben, sehen sie ihre neue Heimat eher negativ. Wenn auch in manch anderen Städten die Neubürger sich nicht im gleichen Ausmaß fremd am neuen Wohnort fühlen mögen: auch dort haben sie zumeist eine stärker negative Haltung als die altansässige Bevölkerung zur Heimatstadt. Eine repräsentative Befragung des Instituts für Demoskopie Allensbach in den bundesdeutschen Großstädten mit über 100 000 Einwohnern etwa führte zu dem Ergebnis, daß die Neubürger zu 61 Prozent gern in der neuen Heimatstadt wohnen, die Altbürger dagegen zu 80 Prozent. Berücksichtigt man, daß es sich hier um einen Durchschnittswert handelt, in den auch besonders außenattraktive Städte mit einbezogen sind, kann man bei vielen Städten wesentlich kritischere Werte ansetzen.

Bei den Neubürgern sind im übrigen die negativ in der neuen Stadt eingeschätzten Faktoren relativ breit gestreut und nicht nur auf einen Aspekt beschränkt. Die Fremdheit in und mangelnde Vertrautheit mit der neuen Umgebung werden also auch sozusagen im Detail deutlich. Es zeigen sich gehäuft Hinweise auf ganz bestimmte Informationsdefizite und verfestigte Vorurteile als Teile des vorherigen „Fremdbildes" von der weitgehend unbekannten neuen Heimatstadt.

Ansätze für eine Änderung des Nahbildes der Neubürger

Das „Nahbild" des Neubürgers läßt sich jedoch leichter als jenes „Fremdbild" der woanders lebenden Menschen ins Positive verändern. Die Zielgruppe ist mit Information und Werbung der Stadt ohne großen Sonderaufwand erreichbar, etwa über die jeweiligen Meldestellen zu Beginn des Aufenthalts. Auch ist der Neubürger ansprechbar in einem Zeitpunkt, zu dem ein großes Orientierungsbedürfnis vorhanden ist. Eine Ansprache durch die neue Heimatstadt, Hilfen beim Zurechtfinden, eine personalisierte Zuwendung durch die Stadtspitze werden ein erster Schritt zu einer besseren und schnelleren Integration in das Gemeinwesen sein und eine positive Beurteilung stärken. Eine Neubürgerkampagne kann zudem den „Begrüßungseffekt" nutzen. Die freundliche Aufnahme in fremder Umgebung prägt sich ein und bewirkt guten Willen für die Zukunft.

**Diese Gruppe wird
zumeist noch
unzureichend angesprochen**

Es ist erstaunlich, daß bislang nur wenige Städte die besondere Neubürgeransprache praktizieren. Jedes Wirtschaftsunternehmen weiß, daß Werbung in hohem Maße auf die Gewinnung neuer Kunden und ihre Bindung auf Dauer abstellt. Dementsprechend wichtig ist für eine Stadt die Gewinnung der Neubürger als positive Kunden. Und das erfordert ein größeres Engagement und einen gezielteren Aufwand als die „Kundenpflege" des Altbürgers, der in seiner Grundbindung an die Stadt nicht erst gewonnen, sondern „nur" noch bestätigt werden muß.

Weniger viel gebracht ist oft mehr

Jede Stadt, ob groß oder klein, könnte sich nahezu ununterbrochen auf den unterschiedlichsten Bühnen der Öffentlichkeit präsentieren. Selbst große Konzerne haben kein so mannigfaltiges Angebot, haben nicht so verschiedenartige Aufgaben, haben kaum so weit voneinander entfernte Funktionen aufzuweisen.

Öffentlichkeitsarbeit mit der Streubüchse?

Da werden Straßen und Wege gebaut und gereinigt, Kindergärten betreut, Krankenhäuser betrieben, Museen bestückt, Touristen angelockt, Paare getraut und Geburten registriert, Friedhöfe gepflegt und Tote beigesetzt, Müll gesammelt und verwertet, Wasser gereinigt und tranportiert, Nahverkehr ausgebaut, Märkte organisiert und vieles vieles mehr. Und alles könnte beworben werden.

Und es wird oft auch alles beworben. Jedes Amt und jeder Betrieb, jeder Dezernent und jedes Ratsmitglied hat seinen eigenen kleinen Werbetopf und macht damit seine besondere Öffentlichkeitsarbeit. Meist ohne sie einzubinden in das angestrebte Gesamtbild seiner Stadt. Und meist auch ohne den besonderen Sinn einer separaten Werbeaktivität zu hinterfragen. Denn nicht alles eignet sich für eine Positivpräsentation einer Stadt.

Sieht man von der selbstverständlichen Information über Termine, Adressen, Abläufe im Zusammenhang mit diesen voneinander so verschiedenen Angeboten einer Stadt ab: Öffentlichkeitsarbeit sollte gewichtet und nicht mit der Streubüchse erfolgen.

Die Themenaktualität einer Kampagne

Ein wichtiger Ausgangspunkt ist die Themenaktualität ganz bestimmter Bereiche der städtischen Dienste und Angebote, der kommunalpolitischen Entwicklung und ihrer Ziele. Die Themen brauchen dabei nicht nur offensichtlichen Neigungen und Gewichtungen der Bürger folgen, sie können auch aus gesetzten Schwerpunkten projektiv abgeleitet werden.

Eine derartige inhaltlich und zeitlich begrenzte Werbekampagne ermöglicht den konzentrierten Einsatz von Mitteln. Sie ist, trotz womöglich im einzelnen aufwendiger Teile, insgesamt sparsamer, weil effektiver. Sie ist zudem einheitlich in Inhalt und Form gestaltbar, denn sie will ja nicht alles in allem transportieren, sondern eines in vielem. Und das bedeutet zugleich auch vieles in einem.

Vom zentralen Ansatz her andere Bereiche einbeziehen

Eine solche zentrierte Werbekampagne kann etwa aus dem „aktuellen" Anlaß eines tausendjährigen Stadtjubiläums, der Einweihung des neuen Rathauses, der Übergabe der langersehnten Umgehungsstraße oder der festlichen Premiere im neuen Theaterbau genauso durchgeführt werden wie zu eher allgemeinen aktuellen Zielsetzungen in Kultur, Verkehr, Wirtschaft, Tourismus. Wichtig ist jedoch, sich eines thematisch fixierten Ansatzes zu bedienen und von ihm ausgehend dann andere Bereiche mit einzubeziehen.

So wird die Werbekampagne zum Stadtjubiläum unter diesem Thema laufen und ihre Erkennung und Identität von daher beziehen. Sie wird aber zugleich auch alle oder die meisten anderen Facetten der Stadt aus diesem aktuellen Anlaß mit transportieren. Und die Kulturkampagne einer Stadt, die ein Imagedefizit auf diesem Gebiet auffüllen will, wird auch mit einbeziehen die vorzügliche Gastronomie nach dem Theaterbesuch, die ausgezeichnete Verkehrsanbindung der Museen und die kunsthistorisch bedeutende Rolle der Stadt überhaupt.

Öffentlichkeitsarbeit darf nicht zerfasern

Öffentlichkeitsarbeit darf aber auf keinen Fall zerfasern. Nicht die bloße Menge bringt den Erfolg, sondern die Themenselektion und Themenverdichtung. Natürlich will jeder seine wichtige Aufgabe herausstellen, seine Leistung besonders präsentieren, seine schwierige Arbeit verdeutlichen.

Nur: draußen ist gerade seine Präsentation womöglich gar nicht gefragt. Es gibt Leistungen der Verwaltung, die der Bürger als selbstverständlich ansieht und Angebote, die niemanden vom Hocker reißen. Mit ihnen kann und sollte keine besondere Kampagne gemacht werden. Und es gibt Probleme, die klein sind und klein bleiben. Sie brauchen nicht in der Öffentlichkeitsarbeit aufgegriffen zu werden.

Wie immer in solchen Fällen gibt es die grundsätzliche Ausnahme. Soweit es sich um allgemeine Sympathiewerbung handelt können und sollen die verschiedenen Facetten einer Stadt aufgezeigt werden als Ausschnitte aus dem Gesamtbild der Stadt, die sich dann wieder zu einem Gesamten zusammenfügen.

Stimmige Darstellung der Ganzheit einer Stadt

In der Tourismuswerbung aber auch in der Imagewerbung zum Bürger hin ist die stimmige Darstellung der Ganzheit Stadt eine neben den Werbekampagnen sicher nötige Form der Öffentlichkeitsarbeit. In der richtigen Gewichtung können themenspezifische Kampagnen und identitätsorientierte übergreifende Stadtdarstellung einander vorzüglich ergänzen. Ja, die einzelne Kampagne kann manchmal herausgehobener Teil der Gesamtdarstellung und diese wiederum wichtiges Element der ansonsten begrenzten Kampagne sein.

Die themengewichtete Kampagne transportiert eine Message eindeutiger, macht sie merkbarer und faßbarer. Die Wiedererkennung durch gleiche Gestaltung und gleichen Ansatz, der Verbund verschiedener Medien in einem Zusammenhang, die Anbindung weiterer „Stadtanmutungen" an das umrissene Thema sind ihre Stärke. Eine sorgfältige Vorbereitung und Aufarbeitung des Leitthemas, die richtigen Themenergänzungen und die abgestimmte Medienauswahl für den Transport zum Adressaten sind für ihren Erfolg Voraussetzung.

Professionalität ist gefragt

Nicht jeder kann Werbung umsetzen

Für Öffentlichkeitsarbeit „partiell" angelernte Mittler in den verschiedenen Bereichen einer Verwaltung können also durchaus nützlich sein und zu einer besseren zentral organisierten Werbe- und Informationsarbeit beitragen. Sie werden aber kaum diese Öffentlichkeitsarbeit im Einzelnen selbst machen können. Dazu bedarf es in der Regel der Hilfe von draußen oder des größeren „Fachverstandes" einer eigenen städtischen Stelle speziell für diese Aufgabe.

Viel mehr noch gilt diese Einschränkung für die Mitarbeiter der Verwaltung insgesamt. Die Vorstellung, jeder könne in seinem Sachgebiet schon ausreichend etwas verständlich und werbend nach außen umsetzen ist zwar in bestimmten Bereichen der öffentlichen Verwaltung verbreitet. Nichtsdestotrotz ist sie falsch. Und selbst berufliche Erfahrungen mit der Darstellung und Umsetzung bestimmter Themen oder sonst erworbene Kenntnisse befähigen allein kaum zu einer gelungenen und vom Adressaten akzeptierten Stadtdarstellung.

Fachqualifikation und Hobby reichen nicht

Der Oberbaurat in der Stadtverwaltung hat während seines Studiums natürlich auch gelernt, Bau- und Architekturzeichnungen zu machen. Und darin ist er womöglich sogar gut. Liegt es also nahe, daß er selbst für die Ausstellung „X-Stadt auf dem Weg in die Zukunft" die Planungen illustriert, das Tafellayout macht und die Typographie festlegt? Der Hobbyfotograf im Jugendamt ist ein Star in einem Fotoclub. Hin und wieder hat er auf Fotoausstellungen sogar Preise gewonnen. Ist er deshalb geeignet, die Fotos für die neue Jugendbroschüre zu machen und sie dann auch noch zu layouten? Der engagierte Leiter des Kulturzentrums kann sich in Rede und Schrift bestens ausdrücken. Und ein gutes Kulturprogramm stellt er sowieso auf. Kann er deshalb aber auch den Kulturprospekt, mit dem für seine Einrichtung geworben wird, gut texten?

Im Einzelfall mag ja eine spezifische Begabung oder ein ausgeprägtes Hobby durchaus in die kommunale Öffentlichkeitsarbeit mit einzubinden sein. Grundsätzlich aber gilt: professionelle Werbe- und Informationsarbeit ist nicht durch spezielle Fachkenntnisse im eigenen Arbeitsbereich, persönliches Hobby und individuelle Begabung zu ersetzen.

Kommunale Öffentlichkeitsarbeit bedarf des Sachverstandes Dritter

In der Regel soll man sich in der kommunalen Öffentlichkeitsarbeit des Sachverstandes und der Professionalität Dritter bedienen. Der Experte in der Verwaltung mag von seinem Sachgebiet außerordentlich viel verstehen. Er kann mit Berufskolleginnen und -kollegen, mit anderen Fachleuten auf seinem Gebiet auch bestens kommunizieren. Nur: ein Werbe- und Kommunikationsfachmann ist er deshalb noch lange nicht.

Zuerst einmal ist der mit einer bestimmten Aufgabe befaßte Mitarbeiter nur schwer in der Lage, deren Inhalte nach draußen verständlich umzusetzen. Teil seines Expertentums ist ja, daß er bis ins Detail hinein Bescheid weiß und so kaum Zugang zu vereinfachenden Formen der Übermittlung hat. Wer stolz ist auf seine Arbeit und Leistung wird sie auch in der Einzelheit und in der eigenen Fachsprache übermitteln. Nur ein vergleichsweise kleiner Kreis kann aber dann den Wert, ja sogar den Inhalt begreifen. Der Transport der eigenen Sache hin zu den Adressaten draußen fällt schwer, weil man die Fähigkeiten des Empfängers überschätzt und die Möglichkeiten der einfachen Übermittlung unterschätzt.

Das Schreiben geeigneter Texte, das Herauskristallisieren der eigentlichen „Message", die Verbindung mit dem „Stadtimage", die Terminierung einer Informationsaktivität, die Gestaltung von Publikationen, die Auswahl der richtigen Transportmittel wie Foto, Broschüre usw., die Abgrenzung von Zielgruppen – um hier nur einige Beispiele zu nennen – sind nun einmal eine spezifische Aufgabe.

Auch die Wirtschaft bedient sich der professionellen Werber

Große Unternehmen haben natürlich eine Werbeabteilung für die Koordination werbender Maßnahmen im eigenen Hause, zur Zusammenstellung notwendiger Materialien für Werbeaktionen, für die Vorbereitung und Auswahl von Werbeagenturen, für die Zusammenarbeit mit diesen Agenturen oder auch mit im einzelnen beauftragten Werbeleuten. Kaum aber machen sie selbst „die Werbung" des Unternehmens. Ein ähnliches gilt auch für die großen Städte.

Und das hat seinen guten Grund. Auch der „Werbeprofi" wird sehr schnell betriebsblind. Der nötige Abstand, der es ermöglicht kritisch, selektiv und „übersetzungsorientiert" mit ausreichender Naivität und Fremdheit an ein Produkt heranzugehen fehlt dem hauseigenen Team. Der Werber draußen hat zudem ständig die Hand „am Puls" der Werbeentwicklung, wird durch andere Kunden stets aufs neue mit Kreativanforderungen konfrontiert und muß sich der Konkurrenz der eigenen Branche aussetzen. Genau dies ist aber in der Werbe- und Informationsarbeit wichtige Voraussetzung.

**Der geeignete
„Werbekontakter"
der Stadt**

Kleine und mittlere Kommunen können sich sowieso keinen eigenen Werbeapparat leisten. Dennoch ist auch hier eine organisatorische Einbindung von PR-, Werbe- und Informationsaufgaben wichtig. Und es ist ratsam, zumindest einen Mitarbeiter zu haben, der sich einigermaßen in diesen Bereichen auskennt. Es sollte bei einem solchen Mitarbeiter oder auch bei einer ganzen Abteilung natürlich Kenntnis von „drinnen", also der eigenen Kommune und ihrer vielfältigen Bereiche, Aufgaben, Probleme usw. vorhanden sein. Für die Zusammenarbeit mit „Werbern" ist aber auch Wissen von deren Metier von Vorteil. Denn mit der Auswahl des geeigneten Partners wird sehr oft bereits über den Erfolg von Informations- und Werbearbeit mitentschieden. So ist denn die Fähigkeit, Material geeignet vorzubereiten, die richtigen Kontakte zu vermitteln, urteilsfähig bei Vorschlägen des beauftragten Werbepartners zu sein, notwendige Wege in die Verwaltung hinein zu öffnen wichtige Voraussetzung für die Qualifikation geeigneter Mitarbeiter.

Wer aber ist nun der geeignete Partner draußen, der Professionalität garantiert und die eigene Kommune, sei es als Ganzes oder im Detail, in der jeweils geeigneten Form zielgruppengerecht präsentiert? Derjenige der, obwohl er womöglich wenig von kommunalen Dingen versteht, eine gute „Übersetzungsarbeit" leistet.

Nehmen wir
uns eine Agentur

Was Agenturen
leisten können

Die Werbung hat Instrumente entwickelt, mit denen Anschauungen und Meinungen beeinflußt, Informationen und „Botschaften" besser transportiert und geeignete Objekte und Zielgruppen selektiert werden können. Werbeagenturen und Public Relation Agenturen bringen eine Menge Erfahrung aus der Verkaufswerbung und oft auch aus der Imagewerbung in Stadtwerbung ein, kennen sich in Marktforschung, Konzepterstellung und werbender Umsetzung aus und haben die unentbehrlichen Werbegestalter wie Texter, Graphiker, Fotografen, Layouter wenn schon nicht im eigenen Hause, so doch bei der Hand.

Aber Agenturen kosten auch ihren Preis. Und so ist denn erst einmal zu überdenken, in welchem Umfang sie in der Öffentlichkeitsarbeit einer Kommune eingesetzt werden. Grundsätzlich zu unterscheiden ist bei einer solchen Entscheidung zwischen einer zeitlich und inhaltlich begrenzten Werbekampagne auf der einen und der Vergabe von Jahresetats für die gesamte Stadtwerbung oder auch nur einen bestimmten Sektor wie etwa die Fremdenverkehrswerbung, die Bürgerinformation oder die Wirtschaftswerbung auf der anderen Seite.

Jahresetats
oder begrenzte
Kampagnen

Große Wirtschaftsunternehmen vergeben häufig Jahresetats. Die Werbung für eine Zigarettenmarke oder ein Auto etwa läuft so zentral bei einer Agentur. Der Vorteil: ein auch in der Umsetzung im einzelnen immer wieder auf ein Konzept rückbezogenes Erscheinungsbild der „Marke", koordinierte Werbe- und Informationsmaßnahmen, aufeinander abgestimmtes Timing der verschiedenen Aktivitäten und für den Auftraggeber nur ein einziger Verhandlungspartner. Jedoch ein solcher umfassender Jahresetat muß schon recht hoch sein, soll eine Agentur die ganze Palette von Werbemöglichkeiten ansetzen. Dementsprechend gibt es nicht viele Städte, die ihre gesamte Werbung über eine Agentur erarbeiten und umsetzen lassen. Wohl aber haben Städte für den Bereich Wirtschaftswerbung oder Fremdenverkehrswerbung Jahresetats vergeben.

Anders sieht es bei einer einzelnen zeitlich und thematisch begrenzten Kampagne aus. Sie kann jeweils den finanziellen Möglichkeiten angepaßt werden, handelt es sich doch um eine überschaubare Aufgabe mit einem gemeinsamen Ansatzpunkt. Und schließlich verpflichtet sich die Stadt nur für diese eine Kampagne und ist in allen weiteren Entscheidungen frei. Bei einem Jahresetat, der womöglich mit Verlängerungsoption vergeben wird, ist die Bindung umfangreicher und im fixierten Zeitraum nicht einfach auflösbar.

Denn große Werbeagenturen sind für „kleinere" Aufträge nicht unbedingt der richtige Partner. In ihrer Kundenrangordnung rangieren die Zig-Millionen-Etats verständlicherweise ganz oben, denn ihr umfangreicher Apparat erfordert entsprechende Großkunden. Der eher bescheidene Einzelauftrag wird so mehr am Rande abgehandelt, wenn er denn überhaupt zu einem fairen Preis übernommen wird.

**Interessant
die kleineren und mittleren
Agenturen**

Für kommunale Öffentlichkeitsarbeit interessanter sind also die kleinen und mittleren Agenturen. Gerade sie haben häufig ein ganz besonderes Interesse daran, eine Stadt zu ihren Kunden zu zählen. Es ist durchaus eine Empfehlung bei den „privaten" Kunden, wenn die Agentur für die „öffentliche Hand" gearbeitet hat. Kleine und mittlere Agenturen sind außerdem oft auf ganz bestimmte Werbebereiche konzentriert. Sie bieten zwar womöglich nicht den „Full-Service" der Großagentur, dafür aber manchmal spezielle Erfahrungen und Leistungen.

**Die
Public Relation Agentur
oft besonders geeignet**

Besonders zu erwähnen sind hier die Public Relation Agenturen. Nicht auf die direkte Produktwerbung ausgerichtet bieten sie eine zielgruppenorientierte PR-Arbeit an. Die Betreuung einer Pressekampagne oder eines regelmäßigen Pressedienstes, einer Veranstaltungsreihe, der Kontakte zu potentiellen „Stadtfreunden" zum Beispiel sind bei ihnen zumeist besser aufgehoben als in der „normalen" Werbeagentur. Und zudem sind nicht nur die mittleren und kleinen, sondern auch die größeren PR-Agenturen überschaubare Einheiten, erreichen sie doch nicht im entferntesten die Megainstitute der Werbebranche.

Den eigentlichen Werbeagenturen sind zumeist die Besonderheiten kommunaler Öffentlichkeitsarbeit fremd, denn Werbung für ein „greif- und kaufbares" Produkt reduziert auf wenige attraktive Botschaften und Reize. Werbung für eine Stadt kann dies im Angebot als Fremdenverkehrsort durchaus auch. In der Präsentation gegenüber dem Bürger aber, der ja in hohem Maße selbst Teil des Produktes und zudem in einem gewissen Sinne auch „fachkundig" ist, reichen reduzierte Slogans allein nicht aus.

**Stadtwerbung muß
eine große Produktpalette
transportieren**

Seife und Waschmittel, Sonnenöl und Lippenstift, Suppentüte und Gefrierpackung können verbal verkürzt und visuell aufgemotzt präsentiert werden. Das

Produkt ist eindeutig und eine Erklärung kaum nötig. Genuß ist sozusagen alles in der Werbebotschaft. Und ein Text von mehr als fünf Worten ist bereits zu lang.

Ganz anders bei der Stadtwerbung. Es gilt eine große Produktpalette zu transportieren. Sie muß mit dem „Unternehmen" Stadt in positive Verbindung gebracht werden. Sie soll nicht zum „Konsum" angeboten werden, sondern als „Wert an sich" begreifbar sein. Die Dienstleistungen sollen zudem auch erklärt und erläutert werden. Und schließlich gilt es, Leistungen herauszustellen, die die Adressaten bislang als selbstverständlich angesehen haben. Müllabfuhr und Straßenreinigung, Nahverkehr und Stadtbeleuchtung, Straßen und Kindertagesstätten sind im Bewußtsein der meisten Menschen eben die alltägliche „Pflicht" einer Stadt.

**Fähigkeit
zu argumentierender
und informierender
Werbung gefragt**

Werbeagenturen nun tun sich hier manchmal schwer mit einer argumentativen und informativen Werbung. Werbetexter mögen kreativ einen zündenden Slogan für die Banane gebären. Einen lesbaren Text, der Informationen transportiert können sie deshalb noch lange nicht schreiben. Ähnlich auch verhält es sich mit Teilen der äußeren Gestaltung. Eine witzige Werbefigur zu kreieren fällt der Agentur nicht allzu schwer. Probleme aber gibt es, wenn Bauvorhaben attraktiv und interessant in einer Zeichnung dargestellt werden sollen. Bei der Auswahl einer Agentur sollte also unbedingt auf Beispiele aus diesen „argumentierenden", „informierenden", „erläuternden" Bereichen geachtet werden.

**Auftragsumfang
und
Agenturhonorar**

Das Agenturhonorar bemißt sich nach dem Auftragsvolumen und/oder nach dem ausgesetzten Werbeetat. Vor jedem Auftrag und vor jeder „Ausschreibung" ist diese Frage zu klären und zum Bestandteil der späteren Beauftragung zu machen. Auch ist von vornherein festzulegen, ob Unteraufträge für Druck, Layout, Plakatierung, Verteilung von der Agentur vergeben werden, oder direkt vom Auftraggeber nach dem üblichen Verfahren. Auf jeden Fall sollte die Agentur verpflichtet werden, solche Drittleistungen im einzelnen nachzuweisen.

Ein Sonderfall ist die Anzeigenkampagne, also etwa eine Insertionsserie zu verschiedenen kommunalen Themen im Lokalteil der Heimatzeitung oder auch eine bundesweite Aktion zur Stärkung des Außenbildes in überregionalen Zeitungen, Illustrierten oder Zeitschriften. In solchen Fällen gewähren die Publikationsorgane auf die Insertion einen Agenturrabatt von bis zu 3o Prozent. Und ist das Auftragsvolumen groß genug, so kann die Agentur durchaus damit einverstanden sein, daß ihre Honorierung aus diesem Rabatt erfolgt. Auf jeden Fall aber sollte man sich die Insertionsabrechnung vorlegen lassen, denn diese Rabattierung mindert ja erheblich die Gesamtkosten.

Die Agenturpräsentation
und das Agenturkonzept

Wer dafür sorgen soll, daß sich ein Produkt auf dem Markt durchsetzt und gekauft wird, der muß schließlich auch sich selbst gut anbieten können. Dies sollte bei allen Kontakten mit Agenturen klar sein: die „Geschäftspartner" in Sachen Werbung verstehen sich ganz gut zu verkaufen. Das fängt mit bunten magazinartigen Broschüren an, in denen die eigenen Werbeaktivitäten glänzend vorgestellt werden und endet in der großen Präsentationsschau mit Multimediaeffekten. Zumindest bei den größeren Agenturen. Die kleineren müssen mangels Masse und Mitteln bescheidener auftreten. Hier tut es dann auch die Präsentationsmappe mit Kopien und Originalen der bislang betreuten Objekte.

Aber auch beim vorgelegten Agenturkonzept für die Werbekampagne gilt „mehr scheinen als sein". Es umfaßt in der Regel zwischen fünfzehn und dreißig Seiten, wenn nicht sogar mehr. Das ergibt ein stattliches Heftchen und läßt auf eine Fülle von Ideen, Vorschlägen und Anregungen schließen. Wer näher hinsieht entdeckt freilich schnell, daß die größte Schrifttype des Computerdruckes gewählt wurde und auf jeder Seite nur zwischen fünf und fünfzehn Zeilen stehen. Es empfiehlt sich, dieses „umfangreiche" Konzept einmal in Normalschrift abschreiben zu lassen, um die reale Menge festzustellen. Außerdem ist es so möglich, auf den dann nur noch zwei bis vier Seiten die einzelnen Konzeptteile leichter in Beziehung zueinander zu setzen.

Die Auswahl einer
geeigneten Agentur

Doch nun zur Auswahl einer Werbeagentur. Werbekampagnen oder Jahresetats größeren Umfangs sollten nicht ohne die Vorlage eines detaillierteren Konzeptes der Agentur oder womöglich einen Agenturwettbewerb und eine Agenturpräsentation vergeben werden.

Die Agenturen werden unter Hinweis auf die beabsichtigte Werbekampagne gebeten, Informationsmaterial und Beispiele ihrer Arbeit einzuschicken. Denkbar, daß sich bereits in der Sichtung dieser Materialien eine Agentur als besonders geeignet herauskristallisiert, etwa weil zum gleichen oder ähnlichen Thema eine erfolgreiche Werbearbeit geleistet wurde. Es mag aber auch eine Wettbewerbspräsentation notwendig werden. Dafür sollten mindestens drei Agenturen ausgewählt werden. Diesen Agenturen ist die Zielsetzung, der wesentliche Inhalt, der finanzielle Rahmen der Werbekampagne in einem Forderungskatalog zu übermitteln mit der Bitte, ein Konzept zu erarbeiten und dieses in Textform, um Visualisierungen ergänzt vorzulegen und in einer Präsentation auch vorzustellen.

**Die Werber
werben für sich selbst
am stärksten**

Eine solche Wettbewerbspräsentation vor den Stadtspitzen aus Rat und Magistrat und natürlich auch den Vertretern der beteiligten Ämter und Institutionen ist immer auch eine Schauveranstaltung. Für sie gilt schließlich, daß Werber besonders intensiv natürlich für ihr eigenes Produkt werben. Aber man bekommt immerhin einen persönlichen Eindruck vom möglichen künftigen Partner. Manche Agenturen schicken zur Präsentation jene Mitarbeiter, die besonders gut etwas im persönlichen Kontakt rüberbringen können. Ganz wichtig deshalb, daß auch die Agenturmitarbeiter auftreten, die später die Kampagne betreuen sollen. Sonst hat man es nachher bei der Umsetzung womöglich nur mit der zweiten Garnitur zu tun. Und stets sollte bei einer derartigen Präsentation bedacht werden, daß die dabei gezeigte Kreativität und Professionalität noch nicht unbedingt einen Schluß auf die spätere wirkliche Leistung zuläßt. Der Aufwand für die „große Schau" vor dem möglichen Auftraggeber mag riesengroß und beeindruckend sein. Ob die praktische Umsetzung es dann auch ist muß sich erst noch zeigen.

Die Agenturauswahl

Der praktische Tip

Die Auswahl einer Agentur für eine Werbekampagne oder auch zur Übernahme des Jahresetats Werbung und Öffentlichkeitsarbeit sowie die entsprechende Umsetzung sollte in den folgenden Schritten geschehen:

☑ *Themenvorschlag*

Vorschlag für das Kampagnenthema oder die Jahresschwerpunkte Öffentlichkeitsarbeit durch die Arbeitsgruppe Öffentlichkeitsarbeit.

☑ *Beschluß*

Beschluß der kommunalen Spitze dazu. Bewilligung der notwendigen finanziellen Mittel.

☑ *Abstimmung und Beteiligung*

Beteiligung betroffener Ämter, Detaillieren des Kampagnenthemas und Auflistung von Zielgruppen, Kontaktstellen und Ämtern, Zusammenstellung von vorhandenem und Erarbeitung zusätzlich notwendigen Basismaterials, Abstimmung mit bereits laufender Öffentlichkeitsarbeit und mit anderen Werbevorhaben.

☑ *Zusammenstellung von Agenturen*

Zusammenstellung von in Frage kommenden Werbeagenturen auf der Grundlage der Verzeichnisse des BDW (Bund Deutscher Werbeagenturen), der DPRG (Deutsche Public Relations Gesellschaft) oder auch des Branchenverzeichnisses Werbeagenturen.

☑ *Vorauswahl und Bewerbung*

Vorauswahl nach gewünschter Agenturgröße und Regionalbezug sowie Unterrichtung der vorausgewählten Agenturen über das Kampagnenthema oder die Vergabe eines Jahresetats und Bitte um Übersendung von Informationsmaterial zur Agenturarbeit einschließlich von Arbeitsbelegen durch die jeweilige Agentur sowie um Angabe von Referenzen.

☑ *Engere Auswahl*

Auswahl von mindestens drei Agenturen für eine Wettbewerbspräsentation durch die Arbeitsgruppe unter Einbeziehung der besonders betroffenen Fachämter und entsprechender Beschluß durch Rat/Magistrat.

☑ *Wettbewerbsaufforderung*

Aufforderung an die ausgewählten Agenturen zur Wettbewerbspräsentation unter Zusicherung eines dem Arbeitsaufwand gemäßen Präsentationshonorars und Übersendung des erarbeiteten Grundmaterials für die Werbekampagne an die aufgeforderten Agenturen, Festsetzung eines Präsentationstermins.

☑ *Vorstellung der Konzepte*

Konzeptpräsentation vor den Vertretern des Rates/Magistrates, der Arbeitsgruppe Öffentlichkeitsarbeit und den besonders betroffenen Fachamtsleitern.

☑ *Entscheidung*

Vorschlag der Arbeitsgruppe für die Beauftragung der geeignet erscheinenden Agentur und Entscheidung des Rates, des Magistrates, der Verwaltungsspitze darüber.

☑ *Fixierung der Zusammenarbeit*

Festlegung der laufenden Zusammenarbeit der Agentur mit den betroffenen Ämtern, der zentral für Öffentlichkeitsarbeit zuständigen Stelle und der Arbeitsgruppe.

☑ *Freigabe*

Freigabe der einzelnen Werbemaßnahmen der Kampagne oder des Werbejahres.

☑ *Bilanz*

Schlußbilanz nach Ende der Werbekampagne oder des Werbejahres, insbesondere Wirkungsanalyse.

Öffentlichkeitsarbeit selbst gemacht

**Kenntnisse in
PR- und Informationsarbeit
als Voraussetzung**

Brauchen wir aber immer eine Agentur? Bei umfangreichen und komplizierteren Werbekampagnen mag sie unentbehrlich sein, im alltäglichen Werbegeschäft vor allem der kleineren und mittleren Städte ist sie jedoch manchmal durchaus entbehrlich. Voraussetzung ist freilich eine klare Regelung der Verantwortlichkeit in der Vorbereitung und schließlichen Umsetzung der kommunalen Öffentlichkeitsarbeit bei einem Mitarbeiter oder einem entsprechenden Amt. Sachkenntnisse in Öffentlichkeitsarbeit – seien sie selbst angeeignet oder in der engeren beruflichen Laufbahn erworben – sollten bei einer Selbstproduktion allerdings vorhanden sein.

Eigengestaltung kommunaler Öffentlichkeitsarbeit wird also nicht dem jeweiligen Fachamt oder dem speziell fachlich zuständigen Planungsexperten, Bauingenieur, Verwaltungsfachmann zugeordnet. Dort sind die notwendigen Unterlagen vorzubereiten und auch fachliche Anregungen und Urteile mögen wichtig sein. Wie wir aber bereits gesehen haben, verstellt besondere Sachkunde oft die verstehbare Umsetzung hin zum Adressaten von Werbung. Denn der ist ja zumeist ein Laie und des besonderen Fachjargons in gar keiner Weise mächtig.

**Und ein fester
Gestaltungsrahmen
gehört dazu**

Eine weitere wichtige Voraussetzung für die sozusagen „selbstgestrickte" Öffentlichkeitsarbeit ist ein vorweg fixierter Gestaltungsrahmen, in den sich die einzelnen Projekte einpassen. Ein für die Gesamtverwaltung verbindliches Grundlayout und ein in allen Bereichen wiederkehrendes „Logo" als Erkennungszeichen und die einzelnen Teile verbindendes Signet geben einen festen Halt und verhindern ein zu weites auseinanderdriften der jeweiligen Einzelgestaltung. Diese Grundlage für alle Öffentlichkeitsarbeit einer Stadt nun sollte allerdings professionell und das heißt von einer Agentur oder einem besonders geeigneten graphischen Büro erarbeitet werden.

Unter solchen Voraussetzungen kann sich die Öffentlichkeitsarbeit im einzelnen dann durchaus eigenständig entfalten. Eine zu starke Individualisierung der einzelnen Werbeaktivitäten wird verhindert und für eine jeweils wiedererkennbare Stadtdarstellung und einen fachlichen Rahmen auch für die Eigenproduktionen ist ja gesorgt.

**Graphiker und Fotografen,
Kamerateam und Journalisten
als freie Mitarbeiter**

Aber auch für die selbstgemachte Öffentlichkeitsarbeit bedient man sich der einzelnen Profis als freier Mitarbeiter. Der Text für eine Broschüre wird von einem dafür geeigneten Lokaljournalisten im Auftrag angefertigt, bei rein werbenden und nicht stark informatorischen Aktivitäten von einem freien Werbetexter. Ein Gestaltungsentwurf innerhalb des Grundlayouts kommt von einem Graphiker. Das Bildmaterial liefert ein Werbefotograf oder sonstiger Berufsfotograf, bei bestimmten aktuellen Publikationen ein Bildjournalist. Die illustrativen Teile steuert der Graphiker, ein Illustrator oder ein Karikaturist bei.

Bei Videofilmen sollte man sich im Bereich der kleineren für das Fernsehen arbeitenden Produktionsfirmen umsehen oder, wenn es sich nicht um einen umfangreichen Auftrag handelt, auch einmal ein Fernsehteam – Kamera, Ton und Licht – direkt engagieren. „Nebenberuflich" arbeiten derartige Teams ganz gern einmal und ihre Preise sind passabel.

Manche Eigenproduktionen erfordern nur geringe Koordinierung. So wird ein Plakat zumeist das Werk eines einzelnen Graphikers sein. Und eine Textinformation ohne jegliche Illustration bedarf lediglich des guten Texters, denn die graphischen Zutaten regeln sich nach dem Grundlayout sozusagen von selbst.

**Vorbereitende
Arbeit in
der Verwaltung**

Von einem freilich entlastet die Vergabe an freie Mitarbeiter draußen die in der Verwaltung für Öffentlichkeitsarbeit zuständige Stelle nicht. Sie muß für jede Werbeaktivität eine Aufgabenstellung erarbeiten, das nötige Informationsmaterial sammeln und sichten, den gewünschten Transportweg hin zum Adressaten festlegen und entsprechend die Auswahl geeigneter Medien treffen. Es sind die verschiedenen Beteiligten aus Verwaltung und Umsetzung zusammenzuführen in der Konzepterarbeitung und Realisierung und schließlich ist dann auch die Produktion und Verteilung zu regeln. Eine ganze Menge Arbeit: mindestens ein Öffentlichkeitsarbeiter kann sich auch in einer nicht so großen Stadtverwaltung durchaus rentieren.

**Hilfe durch
einen
„Werbeberater"**

Ganz ohne jegliche Hilfe braucht der Öffentlichkeitsarbeiter bei der Einzelkonzeption nicht zu bleiben. Auch ohne eine Agentur mit der Gesamtbetreuung des Werbeetats oder der Vorbereitung und Durchführung einer einzelnen Werbeaktivität zu betrauen kann man sie zur „Beratung" bei der Vorbereitung der eigenen

Werbearbeit mit heranziehen. Das Beratungshonorar wird nach Stundensatz abgerechnet, die einzelnen Umsetzungsarbeiten werden dann von einem selbst oder von den beauftragten Textern, Graphikern usw. durchgeführt. Es ist aber sichergestellt, daß auch bei der eigenständigen Öffentlichkeitsarbeit der fachliche Rat nicht fehlt. Gerade kleinere Agenturen oder auch ein einzelner PR-Berater, der aus dem Geschäft der Großagenturen ausgestiegen ist und sich selbständig gemacht hat, sind für diese fachliche Hilfe gut geeignet.

Städtische Publikationen

Der praktische Tip

Es wird eine ganze Menge an Publikationen von den deutschen Städten herausgebracht. Fremdenverkehrsprospekte genauso wie Faltblätter über Sozialeinrichtungen, Veranstaltungskalender genauso wie stadthistorische Werke und der Farbbildband genauso wie das Handbuch der heimischen Wirtschaft. Sicher hat das alles seine Berechtigung, seine bestimmte Zielgruppe und seinen zufriedenen Nutzer. Der Informationsbreite sind kaum Grenzen zu setzen und die Informationsbedürfnisse sind in den verschiedenen Städten ganz unterschiedlich. Hier soll nun versucht werden, einige Bürgerinformationen aufzulisten, die zur „Basisausstattung" einer Stadt gehören sollten.

☑ Daten und Fakten

Der Besucher aber auch der Bürger, der Journalist oder der Ansiedlungsinteressierte kann sich umfangreiches Informationsmaterial über eine Stadt besorgen, wenn er denn in die Tiefe und Breite gehen will. Für den alltäglichen Gebrauch und für die Grundinformation aber genügt ein kleines Faltkärtchen mit den möglichst aktuellen „Daten, Fakten, Zahlen". Aufgeführt sind die neuesten statistischen Angaben über Bevölkerung, Wirtschaft und Verkehr, über Schule, Kindergarten, Krankenhaus und überhaupt alle wichtigen Einrichtungen. Fehlen dürfen auch nicht Angaben über die Stadtregierung und die Vertretungskörperschaften, die Theater und Museen und deren Besucherzahlen, den Sport und seine Einrichtungen. Und die Auflistung der drei bis vier Stadtwahrzeichen und der wichtigsten historischen Bauten braucht genauso wenig fehlen wie die Erwähnung einer „Einmaligkeit", also des Ältesten, Kleinsten, Höchsten was es weit und breit gibt sowie von den drei bis vier herausragenden Daten der Stadtgeschichte. Im Kleinstformat DIN A 6 auf Kartonpapier gedruckt und als Leporello, also wie eine Ziehharmonika gefaltet läßt sich der ganze Datenschatz in jeder Brieftasche bequem unterbringen und durchaus heimlich nutzen, wenn denn einmal Zahlen gebraucht werden. Und viel kostet so ein kleines Faltblättchen auch nicht.

☑ Ämterwegweiser

In der kleinen Stadt mag es wenig Orientierungsprobleme im Verkehr mit den Ämtern geben. Aber selbst wenn man ein Amt oder eine Dienststelle dort leichter als in der Metropole finden kann: was für eine Hilfe oder welchen Rat der Bürger oder Fremde dort erhalten kann steht damit noch lange nicht fest. Ratlos aber sollten wir die Menschen auf ihrer Suche nach einer Information oder einem Hinweis nicht lassen. Ein Ämterwegweiser, ein Verwaltungsführer oder wie immer das Heftchen heißen soll kann Abhilfe schaffen. Er listet nicht nur sämtliche städtische Dienststellen mit Adresse und Sprechzeit auf und gibt Informationen über deren Aufgaben und die dort erhältlichen Hilfen, sondern informiert zugleich über andere nichtstädtische Behörden. Und schließlich kann der Ämterwegweiser mit genutzt werden um die Selbstverwaltungskörperschaft darzustellen, die Aufgabengliederung der Verwaltung zu erläutern und einige aktuelle Stadtprobleme und Stadtabsichten anzusprechen. Empfehlenswert auch die Anschriften und Sprechzeiten von Verbänden und wichtigen Körperschaften mit aufzunehmen wie Kammern etwa und kurz über deren Arbeit zu informieren. Wirtschaft und Einzelhandel werden es zu danken wissen und sich vielleicht mit Anzeigen beteiligen, so daß ein solcher Wegweiser gar nicht so teuer kommen muß.

☑ *Stadttelefonheft*

Ganz ähnlich ist die Aufgabe des Stadttelefonheftes oder des Stadttelefonbüchleins. Hier freilich sind nicht nur die Behörden und Ämter aufgeführt sondern alle Sachbearbeiterinnen und Sachbearbeiter mit ihren jeweiligen Telefonanschlüssen präsent in ihrer Zuordnung zu Abteilungen und Sachgebieten: der Bürger aber auch der Mitarbeiter der Stadtverwaltung selbst bekommt also den gewünschten Partner direkt an die Strippe. Wenn er denn gerade hinter seinem Schreibtisch sitzt. Der Wert eines solchen Telefonverzeichnisses ist kaum zu unterschätzen. Es hilft der eigenen Verwaltung bei der Innenkommunikation, es ist aber auch ein wichtiges Arbeitsmittel für alle Institutionen, Einrichtungen und Verbände, für alle Unternehmen und Behörden in der eigenen Stadt und darüber hinaus. Genau wie der Ämterwegweiser sollte ein solches Telefonbüchlein regelmäßig auf den aktuellen Stand gebracht werden.

☑ *Vereinsspiegel*

Von der Kommune unterstützt, zumeist auch stolz auf ihre Stadt und nach außen Repräsentanten des eigenen Gemeinwesens spielen Vereine in der engeren Heimat eine wichtige Rolle. Sie helfen Neubürger in die Gemeinschaft zu integrieren, sie bieten Bindungen über den familiären Kreis hinaus und erfüllen eine soziale Funktion. Mit einem „Vereinsspiegel" wird nicht nur ihre Arbeit unterstützt. Eine solche Publikation liegt auch im Interesse der Stadt selbst. Ein derartiger Vereinsspiegel gibt einen Überblick über das Vereinswesen in der Stadt, stellt die Angebote der verschiedenen Vereine dar und listet die Informations- und Anlaufmöglichkeiten für den Interessierten auf. Ein Anfragecoupon für eine weitergehende Information durch den interessierenden Verein kann beigefügt sein. Und natürlich sollte auch die Stadt ihr Licht nicht unter den Scheffel stellen und ihre Vereinsförderung einmal darstellen. Auch hier kann es möglich sein, über einen geeigneten Verlag den Vereinsspiegel mit über Insertionen oder auch Sponsoren zu finanzieren.

☑ *Seniorenzeitung*

Nicht nur an Zahl haben sie zugenommen, auch ihr Selbstbewußtsein ist gestiegen: unsere Seniorinnen und Senioren sind eine wichtige Gruppe in der Bürgerschaft. Seniorenpolitik ist nicht mehr allein Vor- und Fürsorge für die älteren hilfsbedürftigen Menschen, sondern Beteiligung an einer Integration in eine lebendige sich stets wandelnde Stadtgemeinschaft. Und wenn man weiß, daß gerade die älteren Bürger besonders stark mit ihrer Stadt verbunden sind gewinnen die Senioren auch als gute positive Botschafter einen Wert. Ein Seniorenblatt in Form eines Magazins, einer Zeitung oder einfach nur eines bescheidenen „Blattes" mit wenigen Seiten kann die älteren Bürger über das Geschehen in der Stadt und die sie besonders interessierenden Dinge informieren, sie aber auch daran beteiligen. Denn die Senioren können selbst an der Gestaltung und am Inhalt mitwirken und über einen Redaktionsbeirat ihre Interessen und Erfahrungen mit einbringen. Solch eine Seniorenzeitung kann in größeren Zeitabständen von etwa einem Vierteljahr erscheinen. Wo es keine stadteigene direkte Verteilungsmöglichkeit gibt sollte sie über Apotheken, Arztpraxen, Sozialeinrichtungen, Seniorentreffs, Altenheime etwa vertrieben werden.

☑ *Behindertenführer*

Eine weitere Gruppe, die besonderer Aufmerksamkeit bedarf sind die behinderten Bürgerinnen und Bürger. Sie sind auf Hilfe in der verschiedensten Weise angewiesen und für sie ist wichtig zu wissen, wie und wo sie als Behinderte noch gut zurechtkommen können. Etwa wo es benutzbare Wege für die Rollstuhlfahrer gibt oder wo man mit einem Aufzug an den Bestimmungsort gelangen kann. Hilfreich ist hier ein Behindertenführer, möglichst mit einem speziellen Stadtplan für Behinderte. In ihm sind aufgelistet alle für die Behinderten gedachten Einrichtungen mit Adresse und Öffnungszeit, die Vergünstigungen für die Behinderten und wie man sie in Anspruch nehmen kann und die Kontaktstellen und Treffen für diese Gruppe.

☑ *Info-Blatt*

Behinderte sind eine feste umrissene Gruppe, die ein besonderes Schicksal und Handikap miteinander verbindet. Andere Bürger benötigen aber ebenfalls spezielle Informationen zu ganz bestimmten Fragen und Bedürfnissen. Für sie sollten Informationsblätter, Prospekte oder Broschüren, sobald ein Bedarf erkennbar ist, angefertigt und an sie abgegeben werden. Da sind etwa gerade heute Wohnungssuchende und Mieter, die auf eine Beratung und Information angewiesen sind. Und Bürger, die selbst bauen wollen oder eine Eigentumswohnung erwerben möchten und Informationen über die städtischen und sonstigen Hilfen suchen. Da gibt es Eltern, die an dem Angebot und an den jeweiligen Inhalten von Kindertageseinrichtungen, Kinderferienprogrammen und überhaupt an allem, was die Kinder betrifft ein Interesse haben. Und über Sozialberatung und soziale Hilfen suchen viele Menschen auf die jeweilige Stadt bezogene Informationen. Weitere Informationsbedürfnisse ließen sich je nach Ort und Situation sicher noch aufführen. Empfohlen wird hier in Form einer aufeinander abgestimmten und im Erscheinungsbild und Format einheitlichen Serie solche „Spezial-Infos" für interessierte Bürger herauszubringen.

☑ Info-Texte

In nahezu allen Verwaltungsstellen mit Publikumsverkehr aber auch sonst gibt es Aushängetafeln, auf denen für Bürger oder Mitarbeiter gedachte Informationen angeheftet werden. Zumeist wird es die Verfügung oder Anweisung einer Behörde sein. Genutzt werden aber kann eine solche Tafel auch für extra verfaßte Kurzinformationen über die unterschiedlichsten städtischen Angebote und Ereignisse. Mit einem entsprechenden Info-Text, der auch mal um ein Bild oder eine Graphik ergänzt werden kann, ist es möglich mal wichtige Ereignisse, mal besondere Termine oder ganz einfach die Nachricht über die Einweihung einer Schule oder eines Krankenhauses hin zu den Besuchern der Dienststelle zu transportieren. Und wer am Rathaus, in den Ortsteilen oder in den Straßen weitere Schaukästen zur Bürgerinformation stehen hat hängt natürlich solch ein monatlich herausgebrachtes Infoblatt auch dort mit aus.

☑ Stadtzeitung

Aus einem besonderen Anlaß, etwa zu den „Tagen der offenen Tür", bei einem Stadtjubiläum oder zum Jahresabschluß kann eine von der Stadt herausgegebene Stadtzeitung gute Dienste leisten. Oder, wo dies machbar und ausreichende Möglichkeiten bestehen, sogar als regelmäßig alle Monate, alle Vierteljahr oder halbjährig erscheinende Publikation. Natürlich sollte eine solche Zeitung in alle Haushaltungen verteilt werden, denn nur mit solch einer Verbreitung lohnt sich der doch erhebliche redaktionelle und finanzielle Aufwand. Profilierung und Präsentation von „Stadtpersönlichkeiten" und Stadtspitze, Transport von Stadtangeboten und Stadthilfen, Darstellung von Stadtplanung und Stadtentwicklung, Anbindung an Stadthistorie und Stadtgestalt sind einige mögliche Themenbereiche. Wobei auf Aktualität geachtet werden sollte. An die Stelle einer Stadtzeitung kann auch die Stadtillustrierte treten. Als farbiges Heft wird sie ohne Zweifel attraktiver sein. Eine derartige Stadtzeitung oder Stadtillustrierte dient auch zum Transport von ganz gezielten Stadtaktivitäten hin zum Bürger, die sozusagen vom redaktionellen Teil ummantelt werden. So etwa kann ein Bürgerwettbewerb über eine städtische Illustrierte mit angeboten werden. Auch Anforderungscoupons für Informationsmaterial oder für Beratungswünsche sollten mit aufgenommen werden. Und eine Einladung zum Bürgergespräch mit dem Bürgermeister mit anschließendem Essen, wobei die sich meldenden Teilnehmer natürlich ausgelost werden, lockert das Stadtblatt auf und erhöht das Interesse. Wenn die Herausgabe einer eigenen „Zeitung" zu schwierig ist sollte geprüft werden, ob nicht die lokale oder regionale Zeitung sie als Beilage mit aufnimmt und an ihre Leser transportiert. Und schließlich ist hier bei der eigenproduzierten und eigenverteilten Zeitung oder Illustrierten genauso wie bei der Beilage in der Ortszeitung zu versuchen, über einen Anzeigenteil die Kosten zu reduzieren. Übrigens: auf jeden Fall sollte man sich für die Redaktion und Gestaltung eines derartiges Blattes der Hilfe und Sachkenntnis von „Profis" versichern.

*Bürgerinfo
kann auch
Spaß machen*

Der praktische Tip

☑ *Sachinformation ist nötig...*

Gewiß: die sachliche Information wird stets im Vordergrund kommunaler Öffentlichkeitsarbeit stehen. Und das ist sicher auch richtig, denn der Kommunalpolitiker, die Kommunalverwaltung und eine Stadt insgesamt sollten nicht in den Verdacht kommen, unseriös zu werben und zu informieren. So wird der Informationsprospekt zur Erläuterung von Planungsvorhaben, der Faltplan mit detaillierter Darstellung einer Ortsteilentwicklung, das Programmheftchen zum Kultursommer und was sonst immer an laufender oder vertiefender Information gedruckt wird sich der „traditionellen" Darstellungs- und Textform bedienen. Der speziell am Thema interessierte oder vom kommunalen Handeln im Einzelfall betroffene Bürger wird von derartigen Publikationen auch seinen Nutzen haben. Die kommunalpolitische Diskussion wird versachlicht, der Informationsstand von Betroffenen verbessert und ein Stück Offenheit der Stadtspitze gegenüber den Bürgern demonstriert. Und das ist gut so.

☑ *...aber auch Originelles ist gefragt*

Besonders originell freilich kann diese Informationsform kaum sein. Und sie gibt für den nicht direkt Interessierten auch wenig Anreiz, sich mit Stadtthemen zu befassen. Zumindest für den Transport hin zu kommunalpolitisch weniger engagierten Menschen bedarf es hier attaktiverer Ansprechformen und reduzierter Inhalte. Und gerade die kleinste Werbebotschaft kommt in der geeigneten spielerischen oder originellen Form bei Vielen und nicht nur einigen Wenigen an. Als Anregung hier einige „ausgefallene" Transportmittel. Sie können durch eigene Ideen ergänzt werden.

☑ *Guckis*

Die kleinen bunten Plastikkästchen ähneln jenen Mini-Boxen, in die man ein Dia hineinschiebt und es dann betrachtet. Nur ist hier in dem geschlossenen Kästchen ein kurzer „Film" mit bunten Bildern „eingespannt". Drückt man auf den Knopf wird mechanisch jeweils das nächste „Bild" transportiert. Vor das Auge gehalten sieht man bei hellem Hintergrund das jeweilige Bildmotiv vergrößert. Natürlich kann man auf diese Art schöne Farbfotos der Stadt präsentieren. Interessanter aber ist etwa ein kleiner „Trickfilm" mit einer lustigen gezeichneten „Stadtfigur", die in Sprechblasen vor entsprechendem Hintergrund etwas sagt oder eine Abfolge von „Stadtkarikaturen". Die bunten Zeichnungen können dann immer wieder durch zwischengeschobene Texte mit Informationen, Daten, Hinweisen unterbrochen werden. „Gucki" regt den Spieltrieb an, wird in fernöstlichen Billigländern hergestellt und ist „mal was anderes".

☑ Comics

Sie sind sind ja eigentlich keine amerikanische Erfindung. Max und Moritz, der Struwwelpeter etwa sind unsere einheimischen Vorläufer. Besonders junge Menschen fahren auf Comics ab. Aber nicht nur zu ihnen transportieren „Stadtcomics" etwas über die eigene Stadt. Die jeweilige „Story" kann man sich von den üblichen Comicheftchen, Zeitungscomics usw. abgucken: Der Besuch aus dem Weltraum entdeckt die Besonderheiten und tollen Sachen in der eigenen Stadt, die „Love Story" wird dank hilfreicher Bürger und Stadtleute zu einem guten Ende geführt und das neueste kommunale Vorhaben setzt sich mit Hilfe von Superman gegen alle Widerstände durch. Wichtig ist der richtige Zeichner und richtige Texter. Man kann allerdings auch einen existierenden Comic einfach umtexten und um Lokalkolorit ergänzen. Bei begrenzter Verwendung nur in der eigenen Stadt, entsprechendem Urhebernachweis und einer „Angebotsseite" für weitere Comics ist der Comicverlag womöglich bereit, gegen ein bescheidenes Nachdruckhonorar seine Zustimmung zu geben.

☑ Daumenkino

Früher einmal war sie in, die mechanisch bewegte Trommel mit den gezeichneten Einzelphasen, die dann über einen Spiegel die bewegte Figur ergaben. Das war damals, als der Kinematograph noch nicht die Welt erobert hatte. Ähnlich das „Daumenkino", in dem die Bewegung durch das schnelle Blättern von Seiten zwischen Daumen und Zeigefinger entsteht. Wie beim richtigen Zeichentrickfilm müssen einzelne Phasen gezeichnet werden. Das Format sollte etwa einem Kartenspiel entsprechen. „Farbfilm" braucht das Daumenkino nicht zu sein. Die Schwarz-weiß-Zeichnung genügt. Eine für die Stadt wichtige Person, eine symbolische Figur, ein historisches Ereignis oder ähnliches auswählen. Und daraus dann eine einzelne lustige Scene machen lassen. Auf der Titelseite oder am Schluß werden Textinformationen über die Stadt untergebracht.

☑ Drehscheibe

Wer kennt nicht die „Drehscheibe", mit der man bestimmte Zahlenwerte oder auch Ereignisse und Daten durch Drehen der „äußeren" hinter der „inneren" Scheibe miteinander in Verbindung bringen kann. Eine solche „doppelte Scheibe" kann auch Daten, Berühmtheiten, Bauten, Geschichte, Leistungen der eigenen Stadt in jeweils gewünschter Form miteinander zusammenfügen. Das macht Spaß, informiert über Geschichte und Gegenwart und regt den Spieltrieb an.

☑ Telefönchen

Jede, auch die kleinere Stadt sollte über eine zentrale Telefonnummer die Bürger beraten, ihnen Auskunft geben, zur Hilfe bereit sein. Ob dies nun ein „Bürgertelefon" oder ganz einfach die qualifizierte Rathausvermittlung ist, wird wohl mehr von den finanziellen und personellen Möglichkeiten abhängen. Und für dieses

Angebot einer Direktansprache läßt sich trefflich mit einem kleinen „Telefönchen" werben. Ebenfalls in Fernost hergestellt kostet es eher weniger als ein Farbprospekt. Auf der Wählscheibe wird die Nummer des „Stadttelefons" präsentiert. Zieht man das Telefönchen an dem kleinen seitlichen Knopf auf, beginnt es eifrig umherzulaufen. Bürgernähe einmal wieder spielerisch transportiert.

Kleine Geschenke erhalten die Freundschaft

Der praktische Tip

Öffentlichkeitsarbeit einer Stadt ist nicht nur die geeignete Information von Bürgerinnen und Bürgern, von besonderen Zielgruppen innerhalb und außerhalb der Stadt und von Touristen, sie ist auch Sympathiewerbung und PR-Arbeit. Und da kann manchmal ein bescheidenes „Geschenk", ein reizvolles Souvenir oder eine kleine Aufmerksamkeit mehr in der Imagewerbung bewirken als seitenlange Texte.

☑ Firmenpräsente nicht unbedingt Vorbild

Jedes Jahr vor Weihnachten verschicken ja viele Firmen an ihre Kunden entsprechende Werbepräsente, zum Neuen Jahr kommt dann der Kalender und das Notizbuch und kaum ein Vertreter, der nicht bei seinem Besuch einen Kugelschreiber oder sonst eine Kleinigkeit hinterläßt. Immer mit einem Firmeneindruck und dem Firmensymbol, versteht sich. Sonst freilich sind in Form und Inhalt diese Art von kleinen Geschenken kaum voneinander zu unterscheiden und es kann passieren, daß einem von zwei ganz verschiedenen Firmen genau das gleiche Werbegeschenk zugeschickt wird, nur mit einem anderen Eindruck. Besonders originell ist das nun mal nicht gerade.

☑ Eine Stadt sollte eigene Wege gehen

Werbearbeit einer Stadt sollte hier eigene Wege gehen. Dies ist um so eher möglich, als ja eine große Zahl von Anknüpfungs- und Bezugsthemen gegeben ist. Berühmte Leute, geschichtliche Bauten, kulturelle Leistungen, differenzierte Servicebereiche etwa bieten genug Stoff für eine Umsetzung. Das Produkt Stadt ist so vielfältig und dennoch immer wieder auf einen zentralen Begriff bezogen, daß es die unterschiedlichsten Assoziationen ermöglicht.

☑ Der Bedarf an Werbegaben

Schließlich auch bedarf eine Kommune in größerem Maße derartiger kleinerer Werbegaben. Die Besuchergruppe aus der Partnerstadt, der Sportverein beim Freundschaftsspiel, die Teilnehmer an der Unternehmenstagung, die Aussteller auf der sommerlichen Messe werden im Rathaus empfangen, auf ihrer Veranstaltung begrüßt oder mit einem Brief des Oberbürgermeisters oder Bürgermeisters in ihrem Hotelzimmer willkommen geheißen. Ein wenn auch bescheidenes Gastgeschenk tut hier seine Wirkung. Kommen noch die eigenen Bürger und Bürgerinnen hinzu. Die Jubilargruppe, die Neubürger, die Gewinner eines Spiels, die für Verdienste besonders Geehrten – kurzum all jene, denen die Stadt danken oder die sie anerkennen möchte.

☑ *Auch für andere Zwecke geeignet*

Aber nicht nur der Begrüßung von Gästen oder der Ehrung verdienter Mitbürgerinnen und Mitbürger dienen derartige Aufmerksamkeiten. Sie sind auch Gewinne bei den unterschiedlichsten Bürgerwettbewerben oder Spielen. Und schließlich können einige davon auch bei Veranstaltungen wie etwa den „Tagen der offenen Tür" der Stadt regelrecht verkauft werden. Der Erlös geht an einen „guten Zweck" oder wird zur Finanzierung weiterer Öffentlichkeitsarbeit verwendet. Einen Gewinn allerdings sollte man dabei nicht machen. Der Preis ist nach den Gestehungskosten zu bemessen.

☑ *Partner der Gestaltung*

In den meisten Fällen gibt es keine Schwierigkeiten, die entsprechenden Partner für Gestaltung und Produktion zu finden. Manchmal kann man sich an existierende spezialisierte Firmen anhängen. Da nahezu alle „Geschenke" ja nicht aktuell sind können sie über Jahre hinweg abgegeben werden. Entsprechend auch kann die Produktionsmenge angesetzt werden. Wegen der größeren Zahl heißt dies niedrige Stückkosten.

Hier nun einige Anregungen für solche „selbstgemachten" Aufmerksamkeiten:

☑ *Aufkleber*

Sie können in den unterschiedlichsten Formen und Motiven und entsprechend auch für die verschiedensten Zwecke, etwa als Autoaufkleber, zum Schmuck der Akten- oder Einkaufstasche, in kleinerem Format als bunter Tupfer für Briefe oder Zukleber bei Geschenkverpackungen vorgesehen werden. Je nachdem kann der Name der Stadt, eine ihrer Besonderheiten, das Grundsignet oder auch eine aktuelle Thematik für die Aussage auf dem Aufkleber gewählt werden.

☑ *Streichhölzer*

Es gibt immer noch viele Raucherinnen und Raucher, und auch sonst muß man ja manchmal etwas anzünden. Streichhölzer werden nicht nur zu Hause benutzt. Und sie sind sogar ein Sammelobjekt. Ein gutes Werbemittel also. Bei Streichholzbriefchen sollte eine „Serie" mit verschiedenen Motiven aufgelegt und auch in kleinen Päckchen abgegeben werden. Die Streichhölzer können im übrigen natürlich auch bei Empfängen und Festen mit „serviert" werden. Die Motive von vornherein so auswählen und gestalten, daß sie als „Miniatur" wiederzugeben sind. Die Themenscala reicht von der Geschichte der Stadt über die heutigen städtischen Einrichtungen und Aufgaben bis zu Stadtoriginalen und Stadtanekdoten.

☑ *Notizblock*

Er läßt sich bei allen Konferenzen und Sitzungen auslegen, einer Mappe mit Informationsmaterial beifügen und auch als „Trostpreis" verwenden. Die Titelseite des DIN-A 5-Blocks bringt einfarbig oder bunt das Stadtmotiv oder auch verschiedene Stadtbilder. Und jede Seite zeigt oben rechts jeweils ein interessantes Motiv aus und von der Stadt, womöglich mit wenigen erklärenden Worten.

☑ *Ansichtskarte*

Im Leporello wie eine Ziehharmonika gefaltet, in einem Päckchen zusammengefügt oder auch einzeln sind die bunten Ansichtskarten ein gutes Transportmittel des Stadtbildes nach draußen. Nun werden natürlich Ansichtskarten sowieso verkauft und angeboten. Deshalb muß die Stadt schon etwas Besonderes bieten. Zum Beispiel eine Nostalgieserie, ein Päckchen mit zeitgeschichtlichen Stadtbildern, eine Zusammenstellung bedeutender Leute oder auch eine Ansichtskarte in Manier der naiven Maler. Und schließlich wird jede Karte mit einem kurzen gedruckten Text ergänzt, der die eigene Stadt unter Bezug auf das jeweilige Motiv in Zahlen, Daten, Geschichte, Kultur, Persönlichkeiten usw. transportiert.

☑ *Briefset*

Für diese Briefmappe können die gleichen oder ähnlichen Motive verwendet werden wie für den Notizblock. Ebenfalls rechts oben angeordnet ist das kleine „Stadtsignet". Der Block mit den Briefbögen kann auf der ersten Seite mit dem gleichen nur größer reproduzierten Titel wie der Notizblock versehen werden. Die zehn Kuverts werden dem Elf-Bogen-Block beigefügt. Eine teure Mappe ist nicht vonnöten. Eine Klarsichthülle genügt.

☑ *Kugelschreiber*

Wer schreibt braucht dafür ein Instrument. Nichts einfacher als das, denn viele auf Werbepräsente spezialisierte Firmen bieten Kugelschreiber oder sonstige Utensilien an. Auf einem Kugelschreiber, Filzstift oder auch Füller ist wenig Platz. Stadtname und ein ganz klares einfaches Symbol, Signet, oder graphisches Element müssen genügen. Beim Filzstift oder Kugelschreiber macht sich der Stadtname übrigens gut auf der Ansteckhalterung.

☑ *Bastelbogen*

Gar nicht so teuer ist ein „Bastelbogen", aus dem sich jeder selbst ein Stück der Stadt bauen kann. Denn der buntbedruckte Bogen aus festem aber biegsamen Papier kostet kaum mehr als irgendein Plakat, und die Gebrauchsanweisung kann man mit draufdrucken. Der Phantasie sind keine Grenzen gesetzt: der bekannte Hexenturm oder das mittelalterliche Rathaus, ein altes Schiffchen mit dem Stadtnamen oder ein historisches Ereignis sind nur Beispiele. Denn alles, was sich positiv und eindrucksvoll mit der Stadt verbindet kann als Sujet dienen. Einzige Voraussetzung ist, daß es sich gut für den „Eigenbau" eignet und ein schönes „Modell" abgibt.

☑ *Figurbogen*

Eine Variante des vorherigen Beispiels. Hier werden allerdings „Figuren" ausgeschnitten. Etwa die „Stadtkapelle" mit ihren schönen Uniformen. Auch die Bürgerin und der Bürger in der typischen Landestracht können als „Vorlage" dienen. Denkbar sind außerdem Mischformen zwischen Stadt und Mensch wie etwa der Marktplatz mit den Händlern, die Belagerung der Stadt, der Einzug berühmter Leute, der Brand der Stadtkirche usw. Da können denn Feuerwehr und Stadtgardisten, Jubeljungfern und Stadtautoritäten in der jeweiligen Umgebung auftreten. Auf dem Bogen, versteht sich.

☑ *Poster*

Das eigene Heim schmückt fast jeder gern. Und ob im Partykeller oder auf dem Flur – irgendwo ist meist eine Wand noch frei. Das übliche Werbeplakat einer Stadt ist vielleicht für die Außenplakatierung, kaum als Präsent geeignet. Anders das besondere Poster. Die naive Malerei eines Stadtfestes oder eines Stadtmotives findet, weil bunt, nett und lustig, Anklang. Und ein schöner alter Stich der Stadt ist, möglichst dem Original an Patina ähnlich reproduziert, ein hochwertiges Geschenk. Wenn freilich einer der bekannteren – durchaus auch neuzeitlichen – Maler die Stadt auf die Leinwand gebannt hat, dann ist sein Werk womöglich als Farbposter die beste Dekoration für den Beschenkten.

☑ *Farbbildband*

Ein gut geeignetes Geschenk vor allem für auswärtige Gäste ist der Band mit Farbansichten der Stadt. Ein Grußwort oder ein Vorwort des Bürgermeisters zu Beginn, ein kurzer erläuternder Text und entsprechende Bildtexte gehören dazu. Nur sollte der Textteil nicht lang sein. Von einem Bildband erwartet der Empfänger die optische Präsentation einer Stadt und nicht eine ausführliche Beschreibung. Entsprechend auch sollte der Bildband gestaltet, also im Layout auf das Bild abgestellt werden. Bildbände brauchen übrigens nicht immer dick und teuer gebunden daherkommen. Auch ein schmalerer Bildband mit einem attraktiven Hochglanztitel ist repräsentativ genug.

☑ *Kartenspiel*

Mit einem „X-Stadt-Kartenspiel" kann man gewiß Freunde gewinnen. Im vergangenen Jahrhundert, beginnend mit dem Biedermeier, wurden Kartenspiele mit Stadtmotiven und mit berühmten Leuten aus dem Stadtleben herausgebracht. Wo so etwas vorhanden ist lohnt eine Replik. Aber auch heute können „Kartenspiele einer Stadt" erfunden werden. Ein Quartettspiel wird berühmte Bauten, Menschen, Plätze, Kunstwerke, geschichtliche Ereignisse der Stadt einander zuordnen. Und ein Skatspiel kann sich bei König, Dame, Bube bekannter Stadtpersönlichkeiten, Stadtfiguren, Stadtdenkmäler bedienen.

☑ Puzzle

Ein Stadtmotiv, am besten „das" Stadtsymbol, wird zum Puzzle gemacht. Nötig ist dafür keine besondere Verpackung, das bunte Stadtpuzzle wird auf einer Pappscheibe geordnet einfach in eine Zellofanhülle eingeschweißt. Ein Beizettel mit Erläuterung und natürlich einem informativen Text über Puzzlemotiv und Stadt darf nicht fehlen.

☑ T-Shirt

Jugendgruppen und Sportler, Touristen und Stadtfans tragen ihn gern, den besonderen Stadt-T-Shirt. Firmen, die preiswert die Produktion von „Werbe-T-Shirts" anbieten, gibt es viele. Und zumeist ist die Firma auch daran interessiert, das Produkt nicht nur für die Geschenkbedürfnisse einer Stadt zu produzieren, sondern zusätzlich selbst auf den Markt zu bringen. Hier ist manchmal ein „Deal" möglich, der ein preiswertes Werbeangebot draußen garantiert. Und auch daran hat eine Stadt ja Interesse, denn jeder Mensch, der mit dem T-Shirt die eigene Stadt spazieren trägt, wird zum Stadtwerber.

☑ Servierbrett

Originell auch das Servierbrett mit lustigen oder historischen Stadtmotiven. Preiswert aus Blech gepreßt und farbig „bedruckt", zum Schutz mit Klarlack überzogen kann es dekorativer Wandschmuck oder geeignetes Serviermittel für den kleinen Drink sein. Zusammen mit „Stadtgläsern" oder „Stadttassen" auch ein gewichtigeres Geschenk für besondere Anlässe.

☑ Stadtspiel

Wohl jeder hat als Kind und viele auch als Erwachsener ein derartiges Spiel schon einmal gespielt. Jeder Teilnehmer hat einen andersfarbigen „Stein" und je nach dem Ergebnis beim Würfeln kann er auf einer vorgeschriebenen Route über das Spielfeld. Dort hat er, bevor er das Ziel erreicht, viele Stationen zu durchlaufen. In unserem Fall ist die Stadt das bunte und gezeichnete Spielfeld, wichtige Bauten, bekannte Plätze, Denkmäler und Märkte – kurzum was interessiert in und an der Stadt sind die Stationen. Dort auch gibt es kurze Informationen und „Situationsdarstellungen". Es empfehlen sich zwei Versionen: die einfache Verpackung in einer Plastikhülle und die aufwendige in einem Karton, letztere für das Geschenk aus herausragendem Anlaß.

☑ Zinnfigur

Früher waren es vor allem die „Zinnsoldaten", heute formen Sammler und Bastler selbst die kleinen Zinnfiguren und bemalen sie bunt. Sie sehen hübsch aus, sind eine nostalgische Erinnerung an eine Zeit, als noch keine Roboter die Spielzimmer bevölkerten. Und weil für ein Stadtimage auch das Heimatgefühl und die

Geschichte eine Rolle spielen, kann das „Zinnfigürchen" mit Lokalkolorit ein geeignetes Werbegeschenk und Werbemittel sein. Vielleicht gibt es in der eigenen Stadt ja sogar einen „Zinnfigurenfan", der hilfreich ist. Oder es findet sich in der städtischen historischen Sammlung eine geeignete Zinnfigur für den Nachguß. Wer's aufwendiger haben kann: es lassen sich natürlich auch ganze geschichtliche Szenen in Zinnfiguren nachbilden. Nicht den Beitext über die eigene Stadt vergessen.

☑ *Besondere Geschenke*

Über derartige kleine oder größere Werbegeschenke hinaus benötigt jede, auch die kleinste Stadt, repräsentative Geschenke. Für den „Staatsbesuch" oder ein ganz seltenes Jubiläum wird ein solches Präsent womöglich individuell und dem Anlaß entsprechend auszuwählen oder anzufertigen sein. Aber auch in anderen Fällen ist ein besonderes und auch kostbares Geschenk nötig. Vase, Krug, Kanne, Kaffeeservice, Wandteller und Leuchter können, vor allem wenn sie Bezug auf die Stadt oder das Umfeld haben, hier richtig sein. Auch die an ältere Vorbilder angelehnte künstlerisch oder folkloristisch geprägte spezielle Produktion eines solchen „Stückes" in einer begrenzten Auflage kann sinnvoll sein. Die Reproduktion eines alten Buches über die Stadt, einer Sammlung von alten Stichen oder eines Dokumentes über Stadtprivilegien mit Siegel mag ebenfalls geeignet sein.

☑ *Replikate*

Wohl jede Stadt hat zudem Stücke, von denen sich relativ einfach Replikate anfertigen lassen. Da sind die Rosette an der gotischen Kirche, der Wasserspeier am Brunnen, der Türknopf am Rathaus, der Knaggenkopf am Fachwerkbau, von denen ein Gipsabdruck gemacht werden kann. Und daraus läßt sich eine Form fertigen, die zu einem Abguß in Gips oder Metall dient. Natürlich empfiehlt sich hier eine kleine Serie, denn für ein Unikat, also ein Einzelstück, wäre der Aufwand zu groß. Und damit solch ein Stück auch ausreichend gewürdigt wird sollte auf dem Beizettel nicht nur Geschichte und Herkunft der Kopie vermerkt, sondern auch die geringe Gesamtzahl der Stücke und die Exemplarnummer des Präsentes selbst angegeben werden.Und schließlich kann man sich auch im eigenen Heimatmuseum einmal umsehen. Dort finden sich fast immer mit der Stadt verbundene Objekte, die sich für eine Nachbildung eignen. Wegen ihrer Besonderheit und weil es sie woanders nicht oder nur in abgewandelter Form gibt wird der herausragende Adressat eines solchen Geschenkes sich besonders geehrt fühlen.

☑ *Geschenkpapier*

Damit all die kleinen und großen „Stadtgeschenke" auch werbegerecht verpackt werden können legt sich die Kommune eigenes Geschenkpapier zu. Mit Stadtmotiven bedruckt und in der Gestaltung an dem handelsüblichen Geschenkpapier orientiert ist eine solche Papierrolle preiswert anzufertigen. Auch hier gilt, daß Aktualität nicht nötig ist und deshalb ein Vorrat angefertigt werden kann. Zudem braucht das Papier auch nicht in Bogen geschnitten, sondern kann auf der Rolle belassen werden. Je nach Bedarf wird es abgetrennt.

☑ *Tragetasche*

Nicht nur die kleinen Werbepräsente, auch das städtische Informationsmaterial will abtransportiert sein. Jeder Supermarkt bietet die mit Eigenwerbung bedruckte Tragetasche an. Die Stadt sollte dies ebenfalls tun. Denn jeder Tourist oder Bürger, der mit einer solchen „Stadttasche" umherläuft ist eine kleine wandelnde Werbebotschaft. Im Supermarkt ist die Tasche auf den Transport von Lebensmitteln usw. ausgerichtet und muß sich entsprechend seitlich ausbeulen können. Im Textilgeschäft wird sie groß und mit festem Bügel angeboten, soll doch ein Anzug oder Mantel hineinpassen. Für den Transport von Informationsmaterial sollte die Tasche aus festem Material und entsprechend breit und hoch genug sein. Ein fester Griff, der in einen stabilen oberen Bügel übergeht sorgt dafür, daß das flache quadratische Format gewahrt wird und die Werbebotschaft von der Seite deutlich lesbar bleibt. Auf jeden Fall sollte der Stadtname groß beidseitig die Tragetasche schmücken. Und schön bunt kann sie auch sein.

Einheit von Thema, Werbemittel, Gestaltung und Weg

Oft klappt der Transport von Information schlecht

Die Produktion von interessantem Werbe- und Informationsmaterial allein bringt einer Stadt wenig oder nichts. Genauso wichtig ist, daß dieses Material den richtigen Adressaten auch erreicht. Und das klappt dann oft nicht.

Da bleiben Stapel von Broschüren liegen, Stadtzeitungen werden in die Mülltonne und nicht in den Briefkasten gesteckt, bei Produktionsschluß schon veraltete Werbefilme finden keinen Abnehmer und die zu kleine Schrift auf dem Plakat hoch oben an der Litfaßsäule kann keiner lesen. Alles in allem also viel Arbeit und viel Geld für nichts.

Nun wird wohl keine Werbung jemals die gesamte Zielgruppe oder sogar alle Bürgerinnen und Bürger erreichen, mag sie noch so professionell, noch so zielgruppenorientiert, noch so aktuell eingesetzt, noch so gut transportiert sein. Ihre Effektivität läßt sich aber durchaus steigern, berücksichtigt man von vornherein einige Regeln.

Das Werbemittel themenkonform auswählen

Erste Voraussetzung: Das einzelne Werbemittel ist themenkonform auszuwählen. Denn nicht jeder „Transporter" eignet sich für die spezifische Werbefracht. So etwa wird bei der Präsentation von Planungsobjekten eine Modellschau, bei der Veranstaltungsankündigung das Plakat, bei der Nahverkehrsaktion der Bus ein passender Werbeträger sein. Hinzu kommen Werbeträger, die sich für nahezu alle Themen nutzen lassen. Etwa Zeitungsanzeigen, Prospekte oder Broschüren gehören hierher.

Die Information werbemitteladäquat umsetzen

Zweite Voraussetzung: Die Gestaltung und Umsetzung der Information soll werbemitteladäquat erfolgen. Der Stadtfilm muß bunt bewegte Bilder bringen und keine Diaschau sein, das veröffentlichte Foto die werbende Aussage bringen, die keiner seitenlangen Erläuterung bedarf, die Anzeige nicht ein Amtsblatt werden, sondern auffällig gestaltet, richtig plaziert und kurz betextet ein Blickfang für den Leser, und die Stadtillustrierte Bilder und nicht nur lange Textriemen bringen. Es gibt also einen engen Zusammenhang zwischen dem gewählten Informations-

oder Werbemittel und der gewählten Ausdrucksform. Im amtlichen Bekanntmachungsblatt einer Stadt ist ein raffiniertes Foto deplaziert, in einer Anzeige mag es der richtige „Eye-Catcher" sein.

Die Botschaft zielgruppenorientiert transportieren

Dritte Voraussetzung: Das Werbemittel und die Gestaltung muß zielgruppenkonform sein. Will ich junge Menschen ansprechen so wähle ich die Anzeige in einer Jugendzeitschrift, sollen Frauen erreicht werden eine solche in einem typischen „Frauenmagazin" und richtet sich meine Botschaft an die älteren Leute eine in der Seniorenzeitung. Entsprechend auch sind jeweils die Informationen gestaltet: jugendgemäß, frauengerecht, seniorenadäquat. Zielgruppen lassen sich unter den verschiedensten Gesichtspunkten auswählen und dann ansprechen. Wichtig ist etwa die Schichtzugehörigkeit und damit zusammenhängend das Bildungsniveau. Die „Gebildeten" werde ich durch überregionale Zeitungen und andere anspruchsvolle Publikationen erreichen, die breite „Masse" eher über Boulevardblätter zum Beispiel oder kleine bunte Heftchen.

Die Absatzchancen richtig einschätzen

Vierte Voraussetzung: Um bei Publikationen die Auflagenhöhen festzulegen ist die Zahl möglicher Adressaten nach der vorgesehenen Zielgruppenorientierung möglichst genau einzuschätzen. Allgemein zugängliche Daten aus Telefonbuch, Adreßbuch oder Statistik, Angaben der als „Unterverteiler" vorgesehenen Ämter, Organisationen und Verbände, abgefragte Anforderungen interessierter Gruppen und Institutionen sind hierbei eine Hilfe. Eine Auflistung aller eigenen Vertriebsmöglichkeiten und Präsentationsmöglichkeiten kommt hinzu. Im übrigen sind oft auch Erfahrungen mit thematisch und im Werbemittel und Thema ähnlich gelagerten früheren Aktivitäten eine Hilfe bei der Einschätzung der Absatzchancen und damit der Auflagenhöhe.

Die geeigneten Übermittlungswege festlegen

Fünfte Voraussetzung: Bei einem Informationstransport über Fremdmedien sollten reale Auflagenhöhe der vorgesehenen Presseorgane, Besucherfrequenz bei Filmwerbung und Ausstellungspräsentation der Zuschauerzahlen bei Fernsehwerbung mit in die Planung einbezogen werden. Bei den Eigenmedien sind die Transportwege hin zum Adressaten vorweg zusammenzustellen und festzulegen. Die Seniorenzeitung geht über die Apotheken, Arztpraxen, Altenheime, Altenclubs an diese Zielgruppe, der Stadtfilm mit dem Filmdienst an interessierte Gruppen, der Bürgerbrief durch den Postversand in alle Haushaltungen und der

Neubürgerset wird jedem neuen Ankömmling auf der Meldestelle in die Hand gedrückt. Vertiefendes und spezielles Informationsmaterial findet den Interessierten jedoch nicht so leicht. Die Insertion dieses Angebotes in den auf derartige kleinere Zielgruppen abstellenden Medien mit Anforderungscoupon, Hinweise in anderen Eigenpublikationen, Presseveröffentlichungen und die Verteilung solchen Materials über thematisch besonders interessierte Gruppen sind hier hilfreich.

**Eigenveranstaltungen
als Verteilungsmöglichkeit
nutzen**

Sechste Voraussetzung: Es gibt ja nicht nur die gedruckte Information und Selbstdarstellung, die zum Bürger hin transportiert werden muß. Städte können sich auf Bürgerfesten und Bürgerversammlungen, mit Bürgerbus und Bürgertreff, über Planungsschau und Modellpräsentation ebenfalls präsentieren. Die Stadt kommt zu den Leuten oder die Leute kommen zur Stadt. Ort und Termin sind wichtig für den Erfolg. Und natürlich eine ausreichende Vorweginformation. Alle diese Veranstaltungen sind aber auch ideale Verteilungsmöglichkeiten für die in Bild und Wort sozusagen geronnene Werbung und Information der Kommune. Denn die Bereitschaft sich weitergehend zu informieren ist gerade bei einem solchen Anlaß groß.

**Aus eins
mach zwei
und vier**

Alles in allem ist zu beachten: Stets bereits vor der Produktion von Information und Werbung die spätere Verteilung festlegen. Die Gestaltung und das Medium auf die Zielgruppe und auf den Verbreitungsweg abstimmen. Alle Möglichkeiten zum Angebot der Information nutzen. Und, wo möglich, die unterschiedlichen Werbeaktivitäten miteinander verknüpfen, denn aus eins kann hier leicht zwei und womöglich vier werden. Die Stadt transportiert sich sozusagen hin zum Bürger in den verschiedensten Facetten des gleichen Bildes.

Kommunale Öffentlichkeitsarbeit vor Wahlen

Selbst wenn es in den Städten keine „Regierung" wie im Bund und in den Bundesländern gibt: natürlich sind Kommunalwahlen in ihren Ergebnissen von Bedeutung für Rat oder Magistrat und wirken sich auf künftige Kommunalpolitik aus. Dies zwar mit gewissen Unterschieden, aber grundsätzlich doch auch nach den verschiedensten Kommunalverfassungen. So hat das Urteil des Bundesverfassungsgerichtes vom 2. 3. 1977 zur staatlichen Öffentlichkeitsarbeit vor Wahlen durchaus seine wenn auch abgewandelte Bedeutung für die Städte.

Es gibt einige Grundsätze, die aus dem seinerzeitigen Urteil des Bundesverfassungsgerichtes abgeleitet werden können und die für die Öffentlichkeitsarbeit der Kommunen sinngemäß gültig sind. Ohne Anspruch auf Vollständigkeit seien sie hier kurz und reduziert wiedergegeben:

- Von Verfassungs wegen ist es den Staatsorganen untersagt, sich in bezug auf Wahlen mit politischen Parteien oder Wahlbewerbern zu identifizieren und sie unter Einsatz staatlicher Mittel zu unterstützen oder zu bekämpfen. Insbesondere gilt dies auch für den Einsatz von Werbung, mit der die Entscheidung des Wählers beeinflußt werden soll.

- Auch in Form von Öffentlichkeitsarbeit ist ein parteiergreifendes Einwirken auf die Wahlen nicht zulässig. Die Öffentlichkeitsarbeit der Regierung findet dort ihre Grenze, wo offensichtlich Wahlwerbung beginnt.

- Ein Anzeichen dafür, daß die Grenze von der normalen Öffentlichkeitsarbeit zur unzulässigen Wahlwerbung überschritten wird kann in der reklamehaften Aufmachung einer Druckschrift oder Anzeige gesehen werden, hinter der eindeutig der informative Gehalt zurücktritt.

- Insbesondere ist eine Grenzüberschreitung hin zur unzulässigen Wahlwerbung auch in dem Anwachsen von Öffentlichkeitsarbeit in Wahlkampfnähe zu sehen. Etwa durch die größere Zahl von Einzelmaßnahmen ohne akuten überzeugenden Anlaß und in dem gesteigerten Einsatz öffentlicher Mittel für Maßnahmen der Öffentlichkeitsarbeit.

- Daraus folgert ein Gebot äußerster Zurückhaltung in der Vorwahlzeit und vor allem auch das generelle Verbot von besonderer Öffentlichkeitsarbeit in Form von Erfolgs-, Arbeits- und Leistungsberichten der Regierung.

- Und schließlich soll Vorsorge getroffen werden, daß im Rahmen der Öffentlichkeitsarbeit herausgegebene Publikationen und andere Werbemittel nicht von den Parteien selbst oder anderen Organisationen oder Gruppen zur Wahlwerbung eingesetzt werden.

Entsprechend gilt dies alles natürlich auch für die kommunalen Gebietskörperschaften, wenn sich auch trefflich darüber streiten ließe, ob denn nun Kommunalwahlen mit den Bundes- und Landeswahlen gleichzusetzen sind. Wobei selbstverständlich die grundsätzlich ja zulässige und sogar geforderte Öffentlichkeitsarbeit der Städte und Gemeinden mit dem Ziel der objektiven Information und einer aktiven Beteiligung der Bürger am kommunalen Geschehen nicht etwa wegen einer bevorstehenden Kommunalwahl unterbrochen werden muß. Denn eine kontinuierliche Öffentlichkeitsarbeit ist eine wichtige Aufgabe der Kommunen im Interesse der Bürger. Wie sonst sollten sie über das Dienstleistungsangebot ihrer Stadt fortlaufend informiert werden.

Ab wann jeweils die „Einschränkungen" der Öffentlichkeitsarbeit in der Vorwahlzeit gelten ist nicht fest umrissen. Es wird aber davon ausgegangen, daß etwa ein halbes Jahr bis vier Monate anzusetzen sind. Von da an also sollte keine Steigerung kommunaler Öffentlichkeitsarbeit stattfinden und ist besondere Zurückhaltung gefragt.

Bei der Überlassung von städtischem Informations- und Werbematerial an Parteien oder andere Einrichtungen empfiehlt sich im übrigen eine Verpflichtung des Empfängers, dieses nicht im Zusammenhang mit Wahlwerbung oder überhaupt zur politischen Werbung zu verwenden. Es wird auf das hier anschließend wiedergegebene Beispiel einer solchen Verpflichtungserklärung verwiesen.

Merkblatt für
den Bezug von
Informationsmaterial

Nicht nur Bund und Länder, auch die Kommunen sind gehalten, vor Wahlen in ihrer Öffentlichkeitsarbeit bestimmte einschränkende Regeln zu beachten. Besonders gilt dies auch bei der Ausgabe von Informationsmaterial. Das folgende Merkblatt dient der entsprechenden Unterrichtung der Bezieher.

Die Stadt X hat die Aufgabe, die Bürger umfassend über ihre Dienstleistungen sowie alle Vorgänge in der Verwaltung zu informieren und sie damit an der Entscheidungsfindung zu beteiligen. Eigeninitiative und politisches Engagement erleichtern wesentlich die Erfüllung dieser Informationspflicht. Daher herzlichen Dank für ihre Bestellung und das damit gezeigte Interesse an unserer Arbeit und unseren Angeboten.

Mit unserer Informationsarbeit wollen wir aber keinesfalls in einseitig parteiergreifender Weise zugunsten oder zu Lasten politischer Gruppierungen oder einzelner Bewerber um ein Mandat tätig werden.

Es wird daher gebeten, bei der Verwendung unseres Informationsmaterials folgendes zu beachten:

– Für die Öffentlichkeitsarbeit hergestelltes Informationsmaterial darf weder von Parteien noch von Wahlbewerbern oder Wahlhelfern während des Wahlkampfes zum Zwecke der Wahlwerbung benutzt werden.

– Auch ohne zeitlichen Bezug zu einer bevorstehenden Wahl darf dieses Informationsmaterial nicht in einer Weise verwendet werden, die als Parteinahme zugunsten einzelner politischer Gruppen verstanden werden könnte.

– Die genannten Beschränkungen gelten unabhängig davon, wann und auf welchem Weg die Publikationen dem Empfänger zugegangen sind und auch unabhängig von deren Inhalt, Aufmachung und Anzahl.

– Den Parteien ist es jedoch gestattet, Informationsmaterial zur Unterrichtung ihrer eigenen Mitglieder zu verwenden.

Bitte die Empfangsbestätigung abtrennen und unterschrieben an _____ (Amt und Adresse) zurücksenden.

Empfangsbestätigung

Der Empfang von _____ Exemplaren

der Publikation _____

sowie des Merkblattes für den Bezug von Informationsmaterial der Stadt X werden bestätigt.

den _____   _____
                                                Unterschrift

Absender: _____

II

Im Gespräch mit dem Bürger oder Die Möglichkeiten der Direktkommunikation

Offenheit und Bürgerservice sind gefragt

Werbung und Informationsarbeit über eigene Medien wie Broschüren, Publikationen, Filme, Plakate, Ausstellungen oder über Fremdmedien wie die Presse ist eine wichtige Möglichkeit, Leistungen, Angebote und Probleme einer Stadt wirksam darzustellen und ein positives Bild nach draußen zu vermitteln. Doch noch soviel Öffentlichkeitsarbeit und noch so viel dafür aufgewandtes Geld kann nicht die reale Präsentation einer Kommune durch ihr Handeln und vor allem durch das Verhalten der Verwaltung gegenüber den Bürgerinnen und Bürgern ersetzen. Ganz im Gegenteil wirkt ein Widerspruch zwischen dem nach draußen vermittelten Bild der Stadt und der Wirklichkeit im alltäglichen Geschäft negativ verstärkend.

Die Städte sind die primären Ansprechpartner der Bürger

Mit einer Landesregierung und mit der Bundesregierung und ihren Verwaltungen haben die Bürger keinen oder nur einen geringen persönlichen Kontakt. Die kommunalen Verwaltungen sind es, in denen ihnen „der Staat" begegnet. Und dabei spielt es kaum eine Rolle, ob eine Stadt im Auftrag einer anderen Institution oder aus Eigenem heraus handelt.

Ob im Sozialbereich, bei der Kraftfahrzeugzulassung, in der Müllabfuhr, auf dem Wochenmarkt, bei der Baugenehmigung, Straßenreinigung, Kinderbetreuung, Sozialhilfe, Altenhilfe, Stadtplanung und in dutzenden weiteren Bereichen von Genehmigungen, Subventionierungen, Hilfen ist die Kommune tätig. Und der primäre Ansprechpartner der Bürger.

Aufgabenzuwachs und kompliziertere Verwaltung

Derartige Leistungen und Aufgaben haben eher noch zugenommen. Der „verwaltete Bürger" ist weitgehend der „kommunalverwaltete Bürger". Dementsprechend auch haben sich die kommunalen Verwaltungen vergrößert, zusätzliche Aufgaben bedingen auch neue Verwaltungseinheiten. Je umfangreicher aber eine Verwaltung ist und je differenzierter, um so anonymer und unüberschaubarer wird sie für den Bürger. So sind gerade die Städte gefordert, den Zugang für die „Kundschaft", also die Bürger zu erleichtern und Barrieren abzubauen.

Es ist nicht leicht, diesen Widerspruch zwischen den gerade in den letzten Jahren verstärkten Forderungen nach Bürgerbeteiligung und Bürgermitwirkung zum einen und den zunehmend komplizierteren und wachsenden „bürokratischen"

Abläufen in der kommunalen Verwaltung aufzulösen. Je nach Stadtgröße und Aufgabenbereichen ergeben sich unterschiedliche Schwierigkeiten, die Bürger in Entscheidungsfindungen mit einzubeziehen, kommunales Wirken transparent zu machen und in direktem Kontakt mit engagierten und interessierten Bürgern planerisches Handeln zu verdeutlichen und abzustimmen.

**Offenheit und Bürgerservice
gerade heute gefragt**

Aber auch im „Alltagsbetrieb" der Verwaltung ist gerade heute Offenheit und Bürgerservice gefragt. Denn viele Bürger messen die äußere Darstellung einer Verwaltung und das Verhalten der kommunalen Angestellten und Beamten an ihren Erfahrungen in der täglichen Konsumwelt, wo die Freundlichkeit des Verkäufers, die Überredungskunst des Versicherungsvertreters, kurzum die ganz persönliche Präsentation des Kaufangebotes und die kundenorientierte Verkaufsatmosphäre in Mobiliar und Umgebung entsprechende Vorstellungen vom „Kunden als König" prägen. Die Zeiten, in der Beamte gewährten, genehmigten, ablehnten, verweigerten und dies wie ein Urteil sozusagen vom Bürger hinzunehmen war sind vorbei. Und wenn auch eine Stadtverwaltung natürlich noch immer nicht zu einem Wirtschaftsunternehmen üblicher Art geworden ist und kommunale Leistungen im üblichen Sinne nicht verkauft werden, sie müssen und sollen in einer demokratischen Gesellschaft durch die städtischen Bediensteten als Gemeinschaftsleistungen vermittelt werden.

**Das äußere Erscheinungsbild
der Verwaltung verbessern**

Für eine solche „kundenfreundliche" oder besser „bürgerfreundliche" Verwaltung sind das „äußere Erscheinungsbild" der von Bürgern frequentierten Verwaltungsräume und das aufgeschlossene Verhalten der Mitarbeiterinnen und Mitarbeiter die wichtigste Voraussetzung. In Zeiten zunehmender Komplizierung und Unüberschaubarkeit von Verwaltung sind außerdem zentrale Orientierungsangebote eine große Hilfe bei dem Bemühen um ein bürgerfreundliches Erscheinungsbild einer Stadt.

**Direktkommunikation
über Bürgerveranstaltungen**

Neben dem Einzelkontakt mit den Bürgerinnen und Bürgern aber gehört zu einer öffentlichkeitswirksamen Umsetzung und Vorbereitung städtischen Handelns auch die direkte Kommunikation über besondere Veranstaltungen. Auf Bürgerdiskussionen und Bürgerversammlungen, bei Bürgerbegehungen und Bürgerrundfahrten, mit Bürgerbesichtigungen und Bürgerberatungen können Kommunalpolitiker, Verwaltungsleute und Bürger persönlich zusammengeführt werden und Meinungen und Gedanken, Kritik und Zustimmung, Wünsche und Vorbehalte austauschen und voneinander womöglich profitieren.

Bedürfnisse und Auffassungen der Bürger kennenlernen

Und auch hier wie in allen anderen Fällen sollte die kommunale Spitze genauso wie die kommunale Verwaltung die Direktkommunikation mit dem Bürger nicht als ein bloßes Instrument zur Umsetzung und Durchsetzung des bereits vorgeprägten kommunalpolitischen Handelns und der Verwaltungsabsichten sehen, sondern als eine gute Möglichkeit, Bedürfnisse und Auffassungen der Bürger kennenzulernen und in die eigenen Absichten und Planungen mit einzubeziehen. Dies sollte neben dem wichtigen Ziel derartiger Veranstaltungen, dem Bürger die eigenen Absichten zu erklären und darzustellen und ihn zur Mitwirkung bei deren Umsetzung oder zumindest zum Verständnis für ihre Notwendigkeit zu gewinnen, mit Aufgabe sein. Nur so schließlich kann und wird die persönliche Aussprache und Information letztlich zu einer positiven Einbeziehung des Partners und nicht zu einer weiteren Abgrenzung und womöglich Gegnerschaft führen.

Bürgeroffene Verwaltung auch in den kleineren Städten

In welcher Form und in welchem Umfang gezielte Maßnahmen in Richtung auf eine bürgerfreundliche Verwaltung notwendig sind hängt auch mit von der Größe, von den ganz speziellen Aufgaben und von der Struktur einer Stadt selbst, von der Mentalität und der gesellschaftlichen Zusammensetzung der Bürgerschaft, vom Informationsstand und Informationsverhalten und vielen weiteren Faktoren ab. So wird eine kleinere Stadt sicher weniger „äußerliche" und organisatorische Maßnahmen in Richtung auf Bürgerkommunikation treffen müssen als eine Metropole. Dafür aber mag sie mit anderen Problemen wie fehlender Schulung der Mitarbeiter im Umgang mit Menschen und hoher Erwartungshaltung der Bürger gegenüber „ihrer Stadt" konfrontiert sein und von daher zwar andere, aber nicht gerade geringere Kommunikationsschwierigkeiten haben. Auch mag sich für kleine Kommunen nur begrenzt die Chance bieten, durch einen modernen zentralen Bürgerservice viele Schwierigkeiten im Vorfeld abzufangen. Auch von daher wird für Klein- und Mittelstädte der Aufbau einer bürgernahen und bürgeroffenen Verwaltung wohl genauso wichtig sein wie für die „anonyme" Großstadt.

Der Botschafter
ist die Message

Personalisierung
wirkt auf
das Stadtimage ein

Richtige Zielgruppenansprache, geeignete Identifikationsobjekte und Professionalität in der Werbung sind wichtige Voraussetzung kommunaler Öffentlichkeitsarbeit. Eine Sonderrolle für die Binnenidentifikation mit einer Stadt oder die Außenanerkennung einer Stadt kann hier die herausgehobene Persönlichkeit spielen.

„Der Bürgermeister", „der Oberbürgermeister", „der Stadtdirektor", „der Oberstadtdirektor" aber auch ganz bestimmte Dezernenten und Ratsmitglieder können erfolgreich „die Stadt" oder Teile von ihr „personalisieren" und zu wesentlichen positiven Identifikationssubjekten werden. Wobei anzumerken ist, daß auch herausragende Sportler oder Künstler zum Beispiel oder andere „Prominenz" personalisierend für das Stadtimage wirken können. Ein Boris Becker etwa hat seine Heimatgemeinde draußen sicher bekannter gemacht als noch so viele sonstige Öffentlichkeitsarbeit.

Sympathien für Persönlichkeit
werden auch auf
die Politik übertragen

Von besonderer Bedeutung ist die Identifikation von Institution und Sache mit einer kommunalpolitisch handelnden Person zuerst einmal für diese selbst. Sympathien, Anerkennung, Achtung, Vertrauen, Respekt und Zuneigung zu einem herausragenden Kommunalpolitiker werden auf die vertretene Politik genauso übertragen wie Distanz, Unverständnis, Abneigung, Kälte, Mißtrauen, Ablehnung und Gleichgültigkeit ihm gegenüber. Und spätestens bei der nächsten Kommunalwahl kann sich dieses auf die eigene politische Zukunft auswirken.

Eine Persönlichkeit, die in Auftreten und Handeln für die Bürgerinnen und Bürger ihre Meinungen, Gefühle und Forderungen glaubwürdig ausdrückt, macht auch das Produkt Stadt entsprechend identifizierbar. Dies trifft im übrigen für kleine und mittlere Städte oft noch häufiger zu als für Großkommunen, in denen die Distanz zwischen Spitze und Bürgern größer ist. Allerdings gibt es auch hier andere Beispiele.

Natürlich gibt es einige sozusagen objektive Voraussetzungen für die Personalisierung. Was immer das „Charisma" sein mag: Abweisend, fremd, unzugänglich, arrogant und was solch negativer Adjektive mehr sind sollte ein Kommunalpolitiker nicht gerade wirken.

Ein Bürgermeister kann draußen zum „Symbol" für eine Stadt werden

Aber auch von draußen wird, und hier gerade bei großen Städten, eine hohe Identifikation von Personen und Stadt oder Region durchaus wahrgenommen. Nach innen personalisierter Träger der Eigenidentität, kann so ein Kommunalpolitiker, und das wird wohl fast immer der Bürgermeister oder Oberbürgermeister sein, nach draußen zum „Symbol" für eine ganz bestimmte Stadt und deren Wesen werden.

Öffentlichkeitsarbeit kann zwar nicht die Persönlichkeitsstruktur verändern. Sie kann aber dennoch hilfreich beim Transport von Persönlichkeitsmerkmalen und bei ihrer Verbindung mit der Aufgabe Stadt sein. Dabei sind viele und einander oft widersprechende Qualitäten mit der Person positiv zu verbinden wie etwa „Nähe", also Heimat und „Weite", also Weltläufigkeit, Eigenentscheidung und Entschlußfreude, Verständnis und Härte, Stärke und Mitgefühl und was noch derartige ganz unterschiedliche Erwartungen der Menschen sein mögen. Solche Teile eines Persönlichkeitsprofils sind nicht einfach herstellbar. Sie können aber entwickelt und einem Persönlichkeitsbild hinzugefügt werden. Vor allem gilt es, sie sichtbar nach draußen zu transportieren und den Menschen bewußt zu machen.

Eher zufällige Verhaltensweisen werden kaum von draußen als persönlichkeitsimmanent wahrgenommen. Richtiges Handeln in wichtigen Situationen, Stetigkeit in Grundfragen, glaubwürdige Kommunikation mit Menschen können Schritte bei der Verbindung von Subjekt Politiker mit Objekt Stadt sein. Es gilt, Menschen und Ereignisse so mit der „Persönlichkeit" etwa des Bürgermeisters zu verbinden, daß sie wenn schon nicht kongruent, so doch in größter Dichte zueinander wahrgenommen werden.

Persönlichkeit und Stadt „quantitativ und qualitativ" zusammenführen

Und dies sollte sowohl in quantitativer als auch in qualitativer Weise geschehen. Viele kleine und eigentlich nicht herausgehobene Begegnungen mit Menschen genauso wie mit „Dingen" führen auf Dauer zu einer in Einssetzung einer Person mit der Aufgabe, mit der Stadt. In einem verstärkendem Sinne muß dies ergänzt, sozusagen überhöht werden durch die Verbindung mit herausragenden Persönlichkeiten, mit wesentlichen Entscheidungen, mit Einbindung in besondere Traditionen. Akzentuiert der „alltägliche" Umgang mit der Stadt und ihren Bürgern den Kommunalpolitiker sozusagen als „Nachbarn", „Mitbürger" und „Partner" verständnisvollen und gleichgeordneten Typs so ist die „qualitative Seite" über herausragende Kompetenz, überregionale Anerkennung, stringentes Handeln, also kurzum eher „elitäre" abgehobene Verhaltensweisen gekennzeichnet, die der besonderen Persönlichkeit zugeordnet werden. Ein so positiv zwar mit Umfeld und Menschen verbundener, in wesentlichen Eigenschaften aber herausgehobener Kommunalpolitiker ist als Identifikationsobjekt von Stadt und Person besonders geeignet, ihm wird Personalisierung am ehesten gelingen.

Eine Verbindung zwischen Person und positiven Ereignissen herstellen

Solche grundsätzliche Voraussetzung genügt allein freilich nicht. Personalisierung in einem positiven Sinne ist ja auch eine alltägliche Arbeit, ein „Transportunternehmen", das auf die unterschiedlichste Weise das „Identifikationsobjekt" zu übertragen hat.

Da ist zuerst einmal die richtige Verknüpfung einer Person mit Ereignissen durch entsprechende Selektion, Vorbereitung und Umsetzung. Die Auswahl und Bewertung wird schon durch das ausgeübte Amt selbst mitbestimmt, auch ist klar, daß herausragende und besonders wichtige Termine sowieso wahrgenommen werden müssen. Und wenn man darauf achtet, daß man bei dem Besuch einer wichtigen Persönlichkeit immer an der richtigen Stelle für das Pressefoto steht, daß man bei der Grundsteinlegung selbst die Maurerkelle schwingt, beim Richtfest ein paar Dankesworte spricht und dann schließlich die Einweihungsrede hält, wenn die grundsätzlichen Äußerungen zur Kommunalpolitik mit dem eigenen Namen verknüpft werden, wenn man Gratulationsschriften zum Geburtstag oder aus anderen Anlässen von Prominenten und womöglich noch wichtigeren Persönlichkeiten bekommt – kurzum, wenn man jede derartige sich bietende Gelegenheit wahrnimmt hat man schon viel für die Eigenprofilierung getan.

Ein wichtiges Medium für die Verbindung von Person und Objekt Stadt ist natürlich die Presse. Nicht jede Kleinigkeit, aber doch alle wichtigen Stellungnahmen oder Erklärungen sollten mit der Person verbunden werden. Näheres ist in dem entsprechenden Kapitel über die Pressearbeit ausgeführt.

Berühmte Leute erhöhen Bekanntheitsgrad und Sympathiewert einer Stadt

Eine Stadt wird, genauso wie übrigens auch Länder, nicht nur durch ihre politische Spitze personalisiert wahrgenommen. Wissenschaftler, Maler, Forscher, Bildhauer, Wirtschaftsbosse, Dichter, Originale, kurzum alle herausragenden und bekannten Persönlichkeiten können mit ihr in besonderem Maße identifiziert werden.

Nach innen vermitteln sie Stolz auf das eigene Gemeinwesen, das einen derart bedeutenden Menschen hervorgebracht hat. Nach außen verstärkt der Bekanntheitsgrad der berühmten Frau oder des berühmten Mannes jenen der Heimatstadt und akzentuiert zudem vorhandene Positiveinstellungen oder korrigiert Negativbilder.

Solche Verbindung zwischen Berühmtheiten und Herkunfts- oder Lebensort wird nicht allein gegenwartsbezogen hergestellt. Vor langem verstorbene Persönlichkeiten bieten da oft sogar die beliebteren Anknüpfungen, sind sie doch sozusagen durch Geschichte geadelt und inzwischen unumstritten. Wie weit solche Verknüpfung von Stadt und Einzelperson gespannt sein kann wird an der „Wagnerstadt Bayreuth" und dem „Trompeter von Säckingen", an der „Goethestadt Weimar" und dem „Rattenfänger von Hameln", an der „Fuggerstadt Augsburg" und dem „Schneider von Ulm" deutlich. Nicht nur die konkrete historische Person, sondern auch die Märchen- und Sagengestalt kann schließlich eine Stadt sozusagen personalisiert vermitteln.

„Bekennerstatements" der Prominenten als Teil der Stadtwerbung

Die Personalisierung von Informationen über eine „aktuelle" Berühmtheit ist im übrigen in der Werbung alltägliches Geschäft. Wer kennt nicht die Anzeigen und Fernsehspots, in denen der Tennisstar oder der Fernsehkommissar, der Fußballprofi oder die Filmdiva eine Ware anpreisen und ihr mit ihrer Bekanntheit zum Erfolg verhelfen wollen. Solche Bekennerstatements sind natürlich auch für Stadtwerbung eine positive Möglichkeit. Prominente aus den öffentlichkeitswirksamen Bereichen, die sich in einer Anzeigenserie in Bild und Wort zu einer Stadt bekennen und ihre positiven Seiten würdigen transportieren mehr Sympathie als seitenlange Informationen. Und wenn diese Prominenz nicht nur aus der eigenen Stadt kommt sondern bundesweit oder sogar international ausgewählt werden kann: um so besser, denn ihre Botschaft erhält so den Hauch der großen weiten Welt.

Öffentlichkeitsarbeit sollte solche gegenwärtigen oder vergangenen Anknüpfungen an Menschenschicksale, Menschenleistungen, Menschenwerk nutzen, läßt sich doch die Stadt in ihrer steingewordenen Gestalt so zugleich vermenschlicht und herausgehoben darstellen.

Personalisierung über bestimmte Gruppen

Schließlich erwähnt werden sollte noch die Rolle, die eine Personalisierung von ganz bestimmten Gruppen in der Öffentlichkeitsarbeit und Bürgerkommunikation spielen kann. Wenn etwa „die Eltern" als so sich selbst bezeichnende Gruppe von Bürgern und „die Kinder" ein Handeln der kommunalen Spitze wie den Bau einer Kindertagesstätte oder die Erweiterung einer Schule durch die Stadt öffentlich bejahen so gibt dies einen positiven personalen Bezug, genauso wie umgekehrt die ablehnende Äußerung negativ einzuordnen wäre. Und „die Sportler", „die Theaterbesucher", „die Kleingärtner" und schließlich sogar „die Bürger" werden in solch bejahendem oder ablehnenden Sinne ja ebenfalls zitiert oder bringen sich selbst als Personengruppe in Diskussionen ein.

Genauso wie Interessengruppen Kritik über derartige Gruppenpersonalisierung zu verstärken versuchen kann auch Zustimmung auf diese Art an Gewicht in der öffentlichen Meinung gewinnen. Wer in seiner Arbeit von „den Sportlern", „den Theaterbesuchern", „den Kleingärtnern" zum Beispiel öffentlich Lob und Anerkennung findet, der kann daraus Positivwirkung bezogen auf die allgemeine Öffentlichkeit ableiten. Und ganz in diesem Sinne auch ist Public-Relation-Arbeit und Öffentlichkeitsarbeit stets besonders mit auf solche personalisierten Gruppen hin auszurichten. Und das bedeutet, den Gruppenvereinigungen der verschiedensten Art besondere Aufmerksamkeit zu widmen.

Die Rolle von Personalisierung

Der praktische Tip

Nicht von ungefähr wird mancher Kommunalpolitiker mit „seiner" Stadt identifiziert und umgekehrt diese mit ihm. Seine große Kommunikationsfähigkeit, Erfolge der Arbeit als Bürgermeister oder auch Stadtdirektor, als Ratsmitglied oder Dezernent und ein gewinnendes Wesen spielen sicher eine wichtige Rolle. Insbesondere aber auch die Nähe zum Bürger, der häufige Kontakt mit den Menschen, das persönliche Kennenlernen. Im Folgenden einige Beispiele, wie dies ergänzt werden kann.

☑ *Stellungnahmen aus geeignetem Anlaß*

Stellungnahmen gegenüber der Öffentlichkeit bei sich bietender Gelegenheit oder über die Presse nicht nur im Lauf der Dinge der kleineren kommunalen Welt sondern auch zu Ereignissen und Entwicklungen draußen, wobei die Themen natürlich aktuell sein sollten und die Menschen interessieren müssen.

☑ *Eigenpräsentation in Wort und Bild*

„Eigenpräsentation" für den Bedarf der Presse und andere qualifizierte „Nachfragen" in einer Zusammenstellung von Lebenslauf mit Bild, Liste der wichtigsten Eigenveröffentlichungen und der wichtigen Ehrungen usw., einem Text über Hobbys und Familie, Vorlieben und Sympathien, Vorbilder und Wünsche, kurzum mit einem Blick in die Details und in die „Tiefe".

☑ *Zugehen auf die Menschen*

Zugehen auf die Menschen, also auf der Straße oder im Rathaus, bei der Vereinsfeier oder der Jubiläumsveranstaltung möglichst viele Leute ansprechen, Hände schütteln und Fragen entgegennehmen.

☑ *Persönliche Bürgersprechstunde*

Persönliche Bürgersprechstunden, auf denen in bestimmten Orts- oder Stadtteilen die Menschen Gelegenheit haben, allein oder im kleinsten Kreise ihre Wünsche und Kritik vorzutragen. Eine Vorweganmeldung ist je nach besonderer Situation womöglich erforderlich.

☑ *Würdigung von Verdiensten*

Was immer an Personen, Ereignissen oder auch historischen Daten in einem bestimmten Zusammenhang wichtig ist wird „persönlich" gewürdigt. Wer einen Kultur- oder sonstigen Preis von draußen erhält, wem eine Verdienstmedaille verliehen wird, wer eine herausragende Leistung vollbracht hat etwa im Sport oder in anderen Bereichen: sie oder er erhalten ein dann veröffentlichtes Anerkennungsschreiben oder werden aus diesem Grunde ins Rathaus eingeladen.

☑ *Vorworte und Einleitungen*

Wo die Chance zu einem Vorwort in Büchern, Zeitungsbeilagen, Eigenpublikationen, Fremdveröffentlichungen und ähnlichem besteht: sie sollte wahrgenommen werden. Mit solchen „Einleitungen" wird ein breites Interesse, womöglich sogar Fachkunde demonstriert und auch gezeigt, wie wichtig ein Autor, eine Publikation genommen wird.

☑ *Namensartikel*

Möglichst viele Namensartikel in den verschiedensten Zeitschriften, Zeitungen und anderen Publikationen, die durchaus ja auch von „Ghostwriters" vorbereitet werden können. Wobei nicht vergessen werden darf, diese Artikel dann in Kopien der Öffentlichkeit, also vor allem der Presse, zu vermitteln. Auch dies ist eine Möglichkeit, breites Interesse und breites Wissen zu demonstrieren.

☑ *Briefe an Prominente*

Briefe an wichtige Persönlichkeiten des öffentlichen Lebens aus den verschiedensten möglichen Anlässen, die natürlich an die Presse weitergegeben werden. Es kann dem Minister für seine Hilfe gedankt oder für sein „falsches Handeln" auch einmal eine Rüge erteilt werden genauso wie man dem inzwischen prominenten in der Stadt geborenen „Kulturschaffenden" seine Meinung zum letzten Roman mitteilt.

☑ *Grußworte*

Grußworte in Vereinsbroschüren, Jubiläumsheften, Veranstaltungsprogrammen usw., stets natürlich versehen mit einem Bild und der „persönlichen" Unterschrift. Das hierfür auch für andere Zwecke gültige „Standardfoto" sollte durch den allerbesten Fotografen gefertigt werden, denn es prägt schließlich mit das Personenimage draußen.

☑ *Gratulationen*

Gratulationen zu herausragenden Geburtstagen, Hochzeiten und Jubiläen von Bürgerinnen und Bürgern persönlich oder mit Brief.

☑ *Porträtpostkarten*

Verteilung von Postkarten mit einem Eigenporträt bei allen sich bietenden Gelegenheiten, etwa an die Besucher eines Volksfestes, an die Teilnehmer eines Vereinstreffens oder einfach an Bürgerinnen und Bürger auf der Straße. Das Bild handsignieren oder die gewünschte Widmung draufschreiben. Es kann allerdings auch schon vorher mit dem Unterschriftenautomaten vorsigniert werden.

☑ *Eigenhändige Unterschrift*

Möglichst alle Schreiben, auch solche vervielfältigter Art, mit „eigenhändiger" Unterschrift versehen. Dafür Anschaffung eines Unterschriftenautomaten, der täuschend echt die Briefe signiert und das mühevolle eigene Unterzeichnen erspart.

☑ *Jahreszeitlich gegliederte Aktivitäten*

Jahreszeitlich und „kalendarisch" orientierte Personalisierungsaktivitäten. Vor Weihnachten persönliche Besuche in Altenheimen, Krankenhäusern und Einrichtungen für Kinder, zu Sylvester bei Feuerwehrleuten, Polizisten und Bahnhofspersonal die Dienst haben, im Winter bei den Schneereinigern und in Wärmestuben und im Sommer bei Leuten im Straßenbau oder dem Schwimmpersonal in den Bädern usw., je nach der besonderen Verknüpfung von Menschen mit dem Jahresablauf in der Stadt.

Kommunale Demokratie
lebendig vermitteln

Der praktische Tip

Repräsentant einer Stadt ist aber nicht nur der Bürgermeister. Und Stadtdirektor und Verwaltung sind zwar Mittler hin zum Bürger und nach draußen, verkörpern jedoch in einer Demokratie ebenfalls nicht „die Stadt". Denn schließlich ist die gewählte Vertretung der Bürgerschaft verantwortlich für die wichtigen Entscheidungen und prägt so weitgehend die kommunale Entwicklung.

Die Rolle der gewählten Gemeindevertretung ist in den Bundesländern in unterschiedlicher Weise geregelt. Das reicht von der Magistratsverfassung mit quasi Unterscheidung in „Regierung" (Magistrat) und „Parlament" (Stadtverordnetenversammlung) hin zur Ratsverfassung mit dem einen verantwortlichen Vertretungsorgan und von der Direktwahl der Bürgermeister über deren Wahl durch das Stadtparlament bis hin zur funktionalen Trennung zwischen Bürgermeister als Repräsentant der gewählten Vertretung und Stadtdirektor als gewählter Chef der Verwaltung. Nicht leicht also, für alle diese unterschiedlich gewählten und auch zusammengesetzten Bürgerrepräsentationen gleich gültige Anregungen zu geben. So sollten die folgenden Ausführungen jeweils nach den eigenen Voraussetzungen interpretiert, abgewandelt und auch ergänzt werden.

Gleich wichtig aber ist es in allen Städten, über der Öffentlichkeitsarbeit durch und für die Frau oder den Mann an der Spitze und einige weitere Leute in der Verantwortung nicht die Vermittlung der durch Wahlen legitimierten Bürgervertretung zu vernachlässigen. Und dies heißt zugleich, den Ablauf demokratischer Entscheidungsprozesse zu verdeutlichen und umzusetzen.

Das ist nicht immer einfach, denn eigenständige „Parlamente" sind ja in den Gemeindeverfassungen nicht die Regel. Und zudem auch sind die Bürgerinnen und Bürger oft mehr an der Diskussion mit den einzelnen Entscheidern und Umsetzern interessiert als an der Auseinandersetzung mit dem politischen „Vorlauf". Gerade deshalb aber sollte versucht werden, über die eigene besondere Form und Tradition der städtischen Unabhängigkeit und Selbstverwaltung zu informieren und die Vertretungskörperschaft als ein offenes Forum der Auseinandersetzung und Entscheidungsfindung anzubieten. Hier einige Tips, wie dies mit ganz konkreten Angeboten versucht werden kann.

Stadtdemokratie im Rathaus präsentieren

Da bietet sich erst einmal an, die Stadtdemokratie im Rathaus selbst, das ja zumeist auch mit historisches Zeugnis für die städtische Selbständigkeit und die Entwicklung von Bürgerrechten ist, zu präsentieren. Und dies in der unterschiedlichsten Weise durch auf Dauer bezogene Aktivitäten und einzelne besonders konzipierte Ansätze. Neben den allgemeinen Rathausbesuchern können hier auch einzelne ausgewählte Zielgruppen angesprochen werden.

☑ *Eine Ausstellung*

Im Eingangsbereich des Rathauses, im Vorraum des Ratssitzungssaales, womöglich in diesem selbst oder an anderer geeigneter Stelle wird in einer Dauerpräsentation die kommunale Selbstverwaltung der eigenen Stadt dargestellt. Verknüpft mit der Stadtgeschichte, aber auch in ihrer heutigen Form und Bedeutung. Der aktuelle Teil kann auswechselbar und ergänzungsfähig sein und die Kurzvorstellung der Mitglieder der gewählten Gemeindevertretung umfassen. Je nach Möglichkeit und Stadtgröße kann eine solche Präsentation eine richtige kleine Ausstellung mit Dokumenten, Vitrinen, Schautafeln, Originalstichen, Ratssiegeln und ähnlichem sein oder sich auf eine einzige Tafel oder Schauwand mit kurzen Informationen beschränken.

☑ *Gruppenführungen*

Diese Ausstellung bietet sich als Ausgangspunkt für Gruppenführungen zum Thema „unsere Stadtdemokratie" an. Zuerst einmal kommen dafür all jene Bürgerinnen und Bürger in Frage, die an den öffentlichen Sitzungen von Rat oder Stadtverordnetenversammlung teilnehmen. Aber auch besonders eingeladenen Gruppen wird auf einem Rundgang die spezifisch eigene stadtdemokratische Entwicklung vorgestellt. Auf jeden Fall sollten die Schulen einen Besuch mit Erläuterungen mit in ihre entsprechenden Unterrichtsteile aufnehmen, wobei hier wie bei den anderen interessierten Gruppen sich an den „Ausstellungsbesuch" dann die Führung durch den Ratssaal und andere mit Geschichte und Gegenwart der Selbstverwaltung verbundene Teile des Rathauses anschließt.

☑ *Information der Sitzungsbesucher*

Die Besucherinnen und Besucher der öffentlichen Sitzungen der Vertretungskörperschaften werden im Vorraum oder im Sitzungssaal selbst durch vorhandene Modelle für geplante Bauten, durch Aushang von Skizzen und Plänen, durch Bild und Text über die Verhandlungsgegenstände informiert. Ein kurzer Einführungsvortrag erläutert die anstehenden Entscheidungen. Ein Kurztext zu den wichtigsten Tagesordnungspunkten erleichtert das Verständnis der Diskussion und Entscheidung. Und daß weiteres vorhandenes Informationsmaterial verteilt wird ist selbstverständlich.

☑ *Illustrative Publikation*

Eine kleine Publikation über die Selbstverwaltung von X-Stadt ist nützlich. Damit aber braucht es nicht sein Bewenden zu haben. Die Geschichte von Selbständigkeit und Selbstverwaltung der Städte, oft in Auseinandersetzung mit den Ansprüchen von Landesherren und Einzelinteressen, kann sich ja durchaus sehen und lesen lassen. So mag denn eine umfangreichere Broschüre oder sogar ein „Buch" mit Illustrationen, Fotos, alten Dokumenten und natürlich Text von Interesse sein. Von Interesse auch als Arbeitsunterlage für Lehrer und Schüler im Sozialkunde-/Gemeinschaftskundeunterricht oder auch in der Geschichtsstunde.

*Unsere
künftigen Bürger
ganz besonders
ansprechen*

Die künftigen Jungbürger sollten eine besonders gepflegte Zielgruppe in der Öffentlichkeitsarbeit für Stadtdemokratie sein. Sie werden die künftige Stadt mitgestalten und sie auch werden mit ihrem Engagement oder mit ihrem Desinteresse die Zukunft von Demokratie sichern oder gefährden. Der Transport von Wissen und Information über die Stadtregierung, die kommunale Selbstverwaltung und die Kommunalverfassung konkret bezogen auf die eigene Heimatstadt ist hier eine wichtige Aufgabe.

☑ *Lehrer als Helfer*

Die Schule kann dabei wesentliche Hilfestellung leisten. Schließlich gibt es ja den Gemeinschafts- oder Sozialkundeunterricht und auch im Geschichtsunterricht hat die Information über das Entstehen von Selbstverwaltung und Stadtfreiheit durchaus ihren Platz. Lehrer und Schulleiter sind die Mittler hin zu den jungen Leuten und die Klassensprecher oder Schulsprecher und die Macher der Schulzeitung sind als Schülerrepräsentanten weitere wichtige Ansprechpartner. In einem Gespräch verbunden mit einem Empfang im Rathaus sollten sie für eine Zusammenarbeit gewonnen werden. Dabei wird ihr Rat genauso gebraucht wie ihre Hilfe in Unterricht und Veröffentlichung.

☑ *In die Schule gehen*

Die Kommunalpolitiker, also Ratsmitglieder oder Stadtverordnete, Bürgermeister oder Stadtdirektoren sollten in die Schule gehen und dort aus ihrer Praxis berichten sowie mit den Schülern diskutieren. Das kann in einer größeren Veranstaltung geschehen aber auch durch Einzelbesuche im Rahmen des entsprechenden Unterrichtsteils. Die jeweiligen Themen werden vorher mit den Lehrern abgesprochen. Eingebunden werden können in eine derartige Veranstaltungsreihe auch Mitarbeiter der Verwaltung, so etwa kann der Stadtarchivar oder Stadthistoriker über die historische Entwicklung von Bürgerfreiheit etwas sagen und der Leiter des Kulturamtes über den Zusammenhang von Bürgerkultur und politischer Stadtentwicklung referieren. Zu achten ist darauf, daß Themen und Materialien jahrgangsgeeignet ausgewählt werden. Auch deshalb ist eine gute Abstimmung mit den Lehrern nötig.

✓ Materialien bereitstellen

Gleich, ob man selbst die künftigen Jungbürger in der Schule besucht, sie im Rathaus zu Gast hat oder die Schule im Unterricht selbst über die Stadtdemokratie informiert: geeignetes Material für den Referenten und für die Schüler ist nötig. Es empfiehlt sich die Zusammenstellung von vorhandenen Unterlagen wie Auszügen aus der Gemeindeordnung, die selbstgegebene Geschäftsordnung für Sitzungen von Rat und Ausschüssen, die Auflistung der verschiedensten Einrichtungen und Organe der Selbstverwaltung in der eigenen Stadt usw. als „Unterrichtsmaterial" für die Vortragenden und Unterrichtenden. Für Lehrer und Schüler gleichermaßen interessant sind eine Kurzzusammenstellung historischer Daten zur Entwicklung kommunaler Selbstverwaltung und ein verständlicher Text über die gegenwärtigen Einrichtungen und Organe der Selbstverwaltung in der eigenen Stadt mit Erläuterung ihrer jeweiligen Funktion. Ergänzt werden können diese Unterlagen noch um graphische Darstellungen der Ergebnisse der Kommunalwahlen, um Fotos oder Dias aus Räumen und Sitzungen der Stadtorgane, um Portraits bekannter Kommunalpolitiker und ähnliches.

✓ An der Ratssitzung teilnehmen lassen

Am überzeugendsten ist noch immer die direkte Teilnahme an der Diskussion und an den Entscheidungen über die Angelegenheiten der Heimatstadt. Wo dies noch nicht geschieht sollten künftig insbesondere auch Schulklassen in die öffentlichen Ratssitzungen eingeladen, vorbereitet und betreut werden. Natürlich müssen die Mädchen und Jungen nicht an der ganzen ja oft stundenlangen Sitzung teilnehmen. Mal eine Stunde reinschauen genügt durchaus, um einen Eindruck zu vermitteln. Zeit sollte besser für Vorbereitung und Nacharbeit aufgewendet werden, denn nicht die Teilnahme sondern das Verständnis dessen was geschieht ist wichtig.

✓ Aufsatzwettbewerb

Nicht nur ein derartiger Besuch sondern viele andere auf die Selbstverwaltung bezogene Themen können Gegenstand eines Aufsatzwettbewerbes für die Schüler in der eigenen Stadt sein. Abgestimmt auf einen bestimmten Jahrgang wegen der Chancengleichheit und in der Endauswahl von einer „Jury" beurteilt, in der auch städtische Vertreter Mitglied sind und der der Bürgermeister vorsitzt. Solch ein Wettbewerb kann jährlich zu einem jeweils wechselnden Thema stattfinden. Es sollte nicht nur einen Preisträger geben, sondern auf jeden Fall einen ersten, zweiten und dritten Preis und dann noch einige nette kleine Trostpreise. Und selbstverständlich findet die Preisverleihung im Rathaus statt.

*Den Rat
ins Gespräch bringen*

Daß „die Stadt" Empfänge gibt und der Bürgermeister sie draußen vertritt ist selbstverständlich. Und auch die Information über Leistungen und Angebote der Kommune gehören zum Alltag städtischer Öffentlichkeitsarbeit. Es empfiehlt sich, in diese ständige allgemeine Informations- und PR-Arbeit auch immer wieder Daten und Fakten sowie Informationen über Aufgaben und Bedeutung der Vertretungskörperschaft aufzunehmen. Stadtzeitungen und Stadtillustrierte sollten aktuelle Themen dazu bringen, Informationsprospekte und Verwaltungswegweiser die Aufgaben erläutern und überhaupt soweit möglich in allen städtischen Publikationen ein Hinweis auf die gewählten Bürgervertreter nicht fehlen. Das schließt weitere „eigene besondere" Publicity-Aktionen freilich nicht aus.

☑ *Der Ratsabend*

So etwa wird ein „Ratsabend" oder, wo es eine Stadtverordnetenversammlung gibt ein „Parlamentarischer Abend" veranstaltet, zu dem zuerst einmal die Angehörigen aller „Fraktionen" eingeladen sind, in den größeren Städten natürlich ebenfalls die gewählten Vertreter in den Ortsteilen. Dann aber auch die unterschiedlichsten Repräsentanten des öffentlichen Lebens, kommunalpolitisch besonders aktive Bürger, Vertreter von Wirtschaft, Kultur usw. Dieser jährlich stattfindende Treff kann unter ein jeweils anderes Grundthema gestellt werden, auch empfiehlt es sich, eine Gruppe Bürger besonders dazu zu laden. Werden viele Leute eingeladen, so sollte die Form der abendlichen Gartenparty im Spätsommer gewählt werden.

☑ *Das Ratsgespräch*

Zu wechselnden möglichst aktuellen Diskussionen mit den gewählten Bürgervertretern werden die Repräsentanten von Parteien und Gewerkschaften, Wirtschaft und Gesellschaft, Kirche und Kultur und alle sonstigen wichtigen Gruppierungen in der Stadt eingeladen, je nach dem gestellten Thema akzentuiert. Das Forum solcher „Parlamentsgespräche" oder „Ratsgespräche" gibt Gelegenheit zur Darstellung der auch unterschiedlichen Ansichten innerhalb der Vertretungskörperschaft, also zu einer Präsentation von „Fraktionsmeinungen", dient aber auch der Information über komunalpolitische Strömungen innerhalb der Stadt überhaupt. Auf jeden Fall wird hierbei wie auch bei den anderen derartigen Veranstaltungen eine Presseresonanz erreicht, die für die „Popularisierung" der Vertreterkörperschaft nützlich sein kann.

Ganz in die gleiche Richtung zielt auch der Ratsrundgang, bei dem zusammen mit Vereinsvorsitzenden und weiteren örtlichen Repräsentanten bestimmte Stadtbereiche begangen und deren Probleme vor Ort besprochen werden. An anderer Stelle ist dazu im Zusammenhang mit der Öffentlichkeitsarbeit insgesamt weiteres ausgeführt.

☑ *Die Ratspräsentation*

In einer Anzeigenserie in den Lokalblättern wird der Rat vorgestellt. Dabei können jeweils neue Ansätze gewählt werden: Einmal werden Wahlverfahren erläutert, ein andermal die Ratsmitglieder in Bild und Text präsentiert, das Beschlußverfahren kurz dargestellt oder etwas zur Geschichte des Rates erzählt. Verbunden ist jede der gleichgestalteten Anzeigen mit der Einladung zu einer Ratssitzung oder zu einem anderen Ratstermin und mit einem Angebotscoupon für die Übersendung von Informationsmaterial.

☑ *Die Straßendiskussion*

Bei geeigneten Anlässen bieten sich die Ratsvertreter an einem Stand den Bürgern zum Gespräch und zur Diskussion an. Das kann bei einem Volksfest genauso geschehen wie bei einer großen Sportveranstaltung etwa. Im letzteren Fall wäre bereits das Thema „Sport in der Stadt" vorgegeben. Und natürlich darf solch ein Ratsstand an den städtischen „Tagen der offenen Tür" nicht fehlen. Ergänzt werden kann dieses Diskussionsangebot durch die Möglichkeit von persönlichen Einzelgesprächen im Rathaus selbst etwa nach dem Muster des Bürgergesprächs mit dem Bürgermeister.

Die besten Werber sind motivierte Mitarbeiter

Da ist nun die Identität einer Stadt gefunden, auch das Erscheinungsbild wurde attraktiv gestylt und in Werbe- und Imagekampagnen umgesetzt. Und darin wird, auf „Corporate Identity" und „Corporate Design" aufbauend, unter anderem die Stadt gewiß auch als ein offenes, freundliches und stets kommunikationsbereites Gemeinwesen dargestellt. „Die liebenswerte Stadt", „Die Stadt für den Bürger", „Die Stadt im Gespräch" oder „Die Stadt als Partner" sind nur einige Slogans aus Kampagnen, die Gesprächsbereitschaft signalisieren und Verwaltung vermenschlichen sollen.

Positiveinstellung der Mitarbeiter Voraussetzung für bürgerfreundliche Verwaltung

Umgesetzt wird dies dann im einzelnen über Anzeigen und Plakate, Eindrucke in Formulare und Briefe, Aufkleber und Stempel und was sich sonst noch anbietet. Ob immer mit Erfolg ist freilich fraglich, denn nicht die Werbung allein macht die Wirklichkeit, die Wirklichkeit muß gerade bei der auf die Qualität zwischenmenschlicher Begegnung abstellenden Werbung ihr auch entsprechen.

Die Mitarbeiterin und der Mitarbeiter, die mufflig oder ungehalten den nachfragenden Bürger abfertigen, wirken nicht im geringsten sympathischer, wenn sie dies hinter einem Tresen mit einem plakativen Aufkleber „Wir sind für Sie da" tun. Ganz im Gegenteil: der Widerspruch zwischen Anspruch einer bürgerfreundlichen Verwaltung und Realität des Auskunftsgeschäftes wird erst hier so richtig deutlich.

Will sich eine Stadt als modernes bürgerfreundliches Dienstleistungsunternehmen anbieten ist eine entsprechende innere Kommunikation mit dem Ziel einer grundsätzlichen Positiveinstellung der „eigenen Leute" zur Stadt insgesamt und zur „Kundschaft" im besonderen die wichtigste Voraussetzung.

Mitarbeiterinnen und Mitarbeiter mit einbeziehen und so motivieren

Die Mitarbeiterinnen und Mitarbeiter müssen in den Prozeß der Findung einer solchen Gruppenidentität intensiv mit einbezogen werden. Nur so ist eine Motivation erreichbar, die den oft schwierigen Situationen standhält und im Konfliktfall weiterhin die offene und bürgerfreundliche Stadt personalisiert darstellt.

Zuerst zu vermitteln ist der Wert und die Bedeutung der jeweiligen Aufgabe. Wer einen Sinn in seiner Arbeit sieht und eine Anforderung, die über die bloße Sicherung der materiellen Notwendigkeiten des eigenen Lebens hinausgeht, verhält sich entsprechend auch gegenüber jenen, die auf seine qualifizierte Hilfe angewiesen sind. Ist eine solche Bejahung zudem eingebunden in eine verbindende gemeinschaftliche Zielsetzung der Stadt wird zusätzlich das Eigenengagement mit einer „höheren Weihe" versehen, findet eine tiefere Sinngebung statt.

Mit solcherart „ideologischer" Aufarbeitung ist es im Arbeitsalltag allein natürlich nicht getan. Auch die psychologische Schulung und die ständige Verbesserung beruflicher Qualifikation sowie schlicht materielle Anreize sind für kundenfreundliches Verhalten wichtig.

**Die Distanzierung von der
eigenen „Firma Stadt"
gefährdet das positive Image**

Erschwert wird die Bildung von Positiveinstellungen jedoch dadurch, daß zwischen dem Bild, das sich Kommunalpolitiker und Behördenchefs von der Stadt und von der Verwaltung machen und jenem, das die Mitarbeiterinnen und Mitarbeiter davon haben erhebliche Unterschiede bestehen. Die Kommunikation zwischen „oben" und „unten" klappt nicht immer. Während die Spitze überzeugt ist, daß sie richtig handelt und insgesamt alles bestens läuft, ist das gemeine Verwaltungsvolk der Meinung, daß es im Stich gelassen wird und der Karren ganz schön tief im Dreck steckt. Für den Mitarbeiter an der vorderen „Verwaltungsfront" ist eben oft nicht verständlich, warum etwas so und nicht anders gemacht wird. Kommen Frustrationen über geringe Aufstiegsmöglichkeiten, schlechte Arbeitsbedingungen und so weiter hinzu wird er sehr schnell zum Mitkritiker am eigenen Unternehmen Stadt. Vorwürfen der Bürger an die Adresse der Stadt wird er zustimmen unter Hinweis, daß dafür nicht er, sondern andere die Verantwortung tragen.

Solche Separation von den „Produkten" der „eigenen Firma" ist gerade in Kommunalverwaltungen ein das Image stark gefährdendes Mitarbeiterverhalten, denn als Dienstleistungsbetrieb sind die kommunikativen Kontakte hin zu den „Kunden" vielfach größer als in einem Produktionsbetrieb zum Beispiel. Wobei die schlechte Meinung der eigenen Mitarbeiter in ganz besonders starkem Maße wirkt, äußern sich doch „Fachkundige" zum Thema, die aus der Sicht der Bürgerinnen und Bürger den größeren Durchblick haben und selbst mehr über die Qualität der Verwaltung wissen als die Außenstehenden.

**Einbindung
in Stadtkommunikation und
in Stadtidentität**

Vor aller Selbstdarstellung einer Stadt hin zu den Bürgerinnen und Bürgern oder auch nach draußen gegenüber Wirtschaft und Verbänden, im Tourismus oder im Kontakt zu anderen besonders wichtigen Zielgruppen steht daher die Einbindung der Mitarbeiterinnen und Mitarbeiter in eine positive Stadtidentität. Sie als gute „Botschafter" zu gewinnen ist wichtig, bringt die Bestätigung von Offenheit und Servicebereitschaft durch die damit betrauten Menschen und vervielfacht personifiziert die Stadtmessages. Dabei werden all die Mitarbeitergruppen, die Außenkontakte haben und vor allem jene, die speziell in der Bürgerberatung und Bürgerbetreuung tätig sind besonders einzubeziehen sein.

Ansatz in der Kommunikationsarbeit zu ihnen hin ist die argumentative Vermittlung von Entscheidungen, Schwerpunktumsetzungen, Zielen der „Stadtregierung". Damit verbunden eine verstärkte Kommunikation mit „denen da oben". Ziel ist, die Mitarbeiter davon zu überzeugen, daß es sich lohnt, für die eigene Stadt zu arbeiten, daß dies im guten Sinne eine besondere Aufgabe für die Gemeinschaft ist, herausgehoben aus bloß materiellen Orientierungen. Die freundliche Telefonistin in der städtischen Telefonzentrale oder der freundliche Beamte in der Paßstelle sind und werden die freundliche Stadt.

Derartige Einstellungsänderungen sind freilich nicht schnell und kurzfristig zu erreichen. Sie setzen voraus, daß die Mitarbeiter ernst genommen werden, daß sie in hohem Maße in die „interne" Stadtkommunikation einbezogen sind, daß ganz bestimmte Informations- und Gesprächsmöglichkeiten für sie geschaffen werden und daß sie in ihrer Bedeutung als Positivträger von Stadtimage anerkannt werden.

In kleineren Städten einfacher und in den großen besonders wichtig

In den kleineren Städten wird die Binnenkommunikation in der Verwaltung kaum große Schwierigkeiten bereiten. In ihnen ist die Distanz zwischen „oben" und „unten" nicht groß und die persönliche Begegnung und Information jederzeit möglich. Anders in den Großstädten. Gerade aber in ihnen kommt der Meinung von Mitarbeitern zu Personen der kommunalen Spitze und sowieso zum Handeln derer „da oben" große Bedeutung zu, hängen doch in einer Großverwaltung an den mehrere tausend Mitarbeitern ein Vielfaches an Angehörigen und Bekannten, die ebenfalls in ihrer Meinung mit beeinflußt werden. Hier mag es sich auch lohnen, in einer – natürlich anonymen – Befragung festzustellen, was denn die eigenen Beschäftigten eigentlich von ihrer Stadt, etwa von der Stadtspitze, von dem Bürger und von ihrer Aufgabe halten, ob sie sich ausreichend beachtet und informiert fühlen, was sie besser machen würden und wo sie Defizite in der Stadtdarstellung sehen.

Mitarbeiterzeitung, Mitarbeitertreffen, Mitarbeitersprechstunden, Mitarbeiterwettbewerbe

Einer besseren Information und Kommunikation kann eine „Mitarbeiterzeitung" dienen, die nicht nur auf eine Selbstdarstellung der Spitze, sondern auch auf eine offene Diskussion mit und zwischen den Beschäftigten abstellt. Rundbriefe, „persönliche" Anschreiben durch Bürgermeister oder Stadtdirektor, „Verwaltungsnachrichten", Schaukästen können in eine solche Verbesserung der stadtinternen Corporate Communication mit einbezogen werden.

Die persönlichen Kontakte gilt es über die üblichen Jubilarehrungen hinaus zu erweitern durch Besuche vor Ort, Treffen mit Mitarbeitervertretern, offene Sprechstunden für Mitarbeiterprobleme und ähnliches. Schließlich ist die Verbesserung der „Querinformation" über die anderen Bereiche der Stadtverwaltung wichtig als Voraussetzung für eine bessere Kenntnis von und größeren Stolz auf das eigene ja so vielfältige Produkt.

Zur Motivation beitragen können außerdem Mitarbeiterwettbewerbe, mit denen der „Höflichste Busfahrer", der „Freundlichste Beamte" oder der „Tüchtigste Amtsbote" gesucht und prämiert werden. Um den Neid der „Nichtgewinner" zu mildern sollten allerdings immer mehrere Mitarbeiter erste Preise erhalten oder eine nach Plätzen gestaffelte Prämierung erfolgen. Aber auch unabhängig von solchen Wettbewerben sind Heraushebungen und Anerkennungen denkbar aus den verschiedensten Anlässen.

Stadtwerber
im Direkteinsatz

So können in Ideenwettbewerben wie „Besserer Bürgerservice" Vorschläge gemacht werden. Bei allem möglichen Erfolg der Angebote und Aktivitäten mit dem Ziel einer positiven Einbindung der Mitarbeiterinnen und Mitarbeiter in die Außendarstellung der Stadt muß dennoch davon ausgegangen werden, daß zwischen dem erstrebten „Schönbild" einer Stadt und dem „Realbild" des Mitarbeiters von ihr und von der eigenen Stadtverwaltung weiterhin wesentliche Unterschiede bestehen. Wirklichkeitsauffassungen können schließlich nicht ausgetauscht werden. Möglich aber ist es, sie zu ergänzen und zu erweitern. Eine ehrliche Kommunikation kann viel bewirken, wollen doch die meisten Mitarbeiterinnen und Mitarbeiter sich ja durchaus mit ihrer Aufgabe mehr identifizieren, eine Genugtuung in ihrer Arbeit finden und darin anerkannt werden. Von diesem Ansatzpunkt her auch können sie zumindest partiell als „Stadtwerber im Direkteinsatz" gewonnen werden.

Wir machen eine Mitarbeiterzeitung

Der praktische Tip

Wozu eine Mitarbeiterzeitung?

Kaum ein größeres Unternehmen in der Bundesrepublik, das sich heute nicht einer Betriebszeitung oder Mitarbeiterzeitschrift zur Kommunikation zwischen Betriebsleitung und Belegschaft, aber auch zwischen den Betriebsangehörigen untereinander bedient. Städte tun dies bislang kaum und wenn, dann in bescheidenem Umfang und mit dürftigem Erfolg. Dabei kann eine Mitarbeiterzeitung gerade in einer Kommunalverwaltung mit ihrem breiten Spektrum von Arbeits- und Dienstleistungen unzweifelhaft eine wichtige Aufgabe erfüllen.

☑ *Instrument der Binneninformation*

Eine derartige städtische Mitarbeiterzeitung oder Mitarbeiterzeitschrift dient zuerst einmal einer besseren Information innerhalb der Stadtverwaltung. Nicht nur größere Städte haben ja heute eine Fülle differenzierter Aufgaben zu bewältigen und dementsprechend unterschiedlich spezialisierte Mitarbeitergruppen. Auch in Mittelstädten und selbst in kleineren Kommunen weiß man oft im einen Organisationsbereich nicht mehr so genau, was im anderen geschieht.

☑ *Verbesserung des Betriebsklimas*

Neben zusätzlicher Information über andere Teile der Verwaltung zielt eine Mitarbeiterzeitung aber auch auf eine Verbesserung des Betriebsklimas ab. Das Betriebsklima in einem Dienstleistungsbereich ist von besonderer Bedeutung, da an vielen Stellen der direkte Kontakt mit den „Kunden", sprich Bürgern, gegeben ist. Ein schlechtes Betriebsklima setzt sich in Fehlverhalten und Unfreundlichkeit nach draußen um. Auch wird die Einstellung von Mitarbeiterinnen und Mitarbeitern zur „Stadt" als Arbeitgeber fördernd oder hemmend durch das Betriebsklima mit bestimmt.

☑ *Wirkung über Mitarbeiter hinaus*

Eine Mitarbeiterzeitung kann darüber hinaus die Identifikation der Mitarbeiterin oder des Mitarbeiters mit der Stadt, mit ihren Leistungen und Aufgaben, beeinflussen. Dieses wirkt sich auf das Stadtimage aus. Nimmt man die Angehörigen, Freunde und Bekannten hinzu, die indirekt über die Mitarbeiter in ihrer Einstellung zur Stadt beeinflußt werden, so ergibt sich eine hohe Zahl von Bürgern, die mit der Verwaltung direkt oder vermittelt durch städtische Arbeitnehmer verbunden sind. Dieses Potential wurde bislang im Interesse einer städtischen Imagewerbung nur wenig genutzt. Die Schiene „Mitarbeiter als Bürger" und umgekehrt sowie „über die Mitarbeiter zum ihm verwandten oder befreundeten Bürger" könnte im Rahmen der Imagewerbung durch eine besonders auf die Mitarbeiterinnen und Mitarbeiter abstellende periodische Publikation einer Stadt verstärkt werden.

Veränderung von Negativhaltungen

Unter diesen Gesichtspunkten gesehen, kann eine Mitarbeiterzeitung ein wichtiges Instrument zur Veränderung von Negativhaltungen sein. Wie etwa: Die Mitarbeiterin oder der Mitarbeiter wendet sich nicht gegen ungerechtfertigte Kritik an der Stadt, sondern stimmt im Gegenteil mit in sie ein und lädt seine Unzufriedenheit im engeren Arbeitsbereich nach außen auf „die Stadt" ab. Er gibt Fehlinformationen, Klatsch, Mutmaßungen usw. weiter, die zu einem schlechten Bild von der Stadtverwaltung draußen führen. Und er zeigt sich uninformiert über die Verwaltung, seine Unkenntnis wird von außen als Unkenntnis der Verwaltung selbst gesehen.

Eine Mitarbeiterzeitung könnte hier einiges ändern und zum Beispiel

☑ *Information*

die Information der Mitarbeiterin und des Mitarbeiters über andere Bereiche der Verwaltung verbessern (und so vorhandene Defizite sowie Vorurteile abbauen),

☑ *Verständnis*

das Verständnis der Mitarbeiterin und des Mitarbeiters für Entscheidungen des Magistrats wecken (und damit die Arbeitsmoral erhöhen),

☑ *Aktivität*

zur eigenen Aktivität der Mitarbeiterin und des Mitarbeiters innerhalb der Verwaltung ermutigen (etwa durch Leserbriefe, Wettbewerbe und Verbesserungsvorschläge),

☑ *Meinungsträger*

die Rolle der Mitarbeiterin und des Mitarbeiters als Meinungsträger für die Stadt verdeutlichen (weil jeder Bedienstete der Stadt draußen auch immer als die gesamte Stadtverwaltung gesehen wird),

☑ *Selbstwertgefühl*

das Selbstbewußtsein der Mitarbeiterin und des Mitarbeiters als Angehöriger des großen gemeinschaftlichen Betriebes Stadt stärken (über positive Beispiele von Wertigkeit und Bedeutung, durch die Selbstdarstellung von Bediensteten und entsprechende Anreize),

☑ *Zusammengehörigkeit*

das Zusammengehörigkeitsgefühl der Mitarbeiterinnen und der Mitarbeiter der Verwaltung festigen (wobei es gilt, Gemeinsamkeit über unterschiedliche Aufgabenstellungen, die räumliche Entfernung der Ämter, die Trennung in Beamte, Angestellte und Arbeiter hinaus aufzuzeigen und „die große ganze Verwaltung" zu präsentieren),

☑ *Kontinuität*

die Kontinuität der gemeinschaftlichen Arbeitsaufgabe den Mitarbeiterinnen und Mitarbeitern vermitteln (über stadtgeschichtliche und verwaltungshistorische Themen etwa).

Ein Redaktionsprogramm

Wie diese aufgezeigten positiven Wirkungen erzielt werden können, mögen die folgenden Vorschläge zeigen, wobei je nach Bedarf noch weitere Themen mit aufgenommen werden können.

☑ *Interne Information und Diskussion*

Durch Veröffentlichungen zur Organisation der Verwaltung, durch Darstellung der Aufgabenbereiche, durch Erläuterung von Strukturänderungen bei der Stadt wird ein breiteres Wissen und ein größeres Verständnis bewirkt. Auch werden Vorurteile über andere Zweige der Verwaltung, die man nur ungenügend kennt, abgebaut. Insgesamt bewirkt dies eine bessere Zusammenarbeit und ein positiveres Betriebsklima. Die Mitarbeiterzeitung soll außerdem ein Diskussionsforum zwischen Verwaltungsspitze und Mitarbeiter werden. In ihr können Kritik, Beschwerden, Verbesserungsvorschläge, Anregungen usw. behandelt werden.

☑ *Instrument kommunalpolitischer Bildung*

Das Wissen bei Mitarbeiterinnen und Mitarbeitern über die gewählte Stadtspitze ist vermutlich nicht gerade groß. Die Mitarbeiterzeitung kann hier Grundkenntnisse über Bedeutung, Arbeit und Funktion der gewählten Organe vermitteln und insgesamt die Rolle der Gemeinden in unserem demokratischen Staat darstellen.

☑ *Die aktuelle Verwaltungsinformation*

Breite interessierende neue Verwaltungsgrundsätze und Verwaltungsthemen werden, auch in Form etwa von Interview und Reportage, abgehandelt. Zudem kann die Mitarbeiterzeitung kurze Hinweise auf Fundstellen der Veröffentlichungen zu aktuellen Verwaltungsfragen, und zwar in allgemein verständlicher Form, geben.

☑ *Arbeitsplatz und Arbeitswelt*

An Veränderungen, an der Einführung neuer Techniken oder einer vorgesehenen Umorganisation im Bereich des eigenen Arbeitsplatzes oder in der Arbeitswelt der Verwaltung insgesamt sind Mitarbeiterinnen und Mitarbeiter naturgemäß besonders interessiert. Die Mitarbeiterzeitschrift kann hier frühzeitig auf Wandlungen, absehbare Notwendigkeiten und mögliche Vorteile hinweisen.

☑ *Fachliche Weiterbildung*

Technische Entwicklungen aber auch Änderungen von Verwaltungsvorschriften stellen neue Anforderungen an die Mitarbeiterinnen und Mitarbeiter. Die Mitarbeiterzeitschrift kann außer den Weiterbildungsangeboten der Stadt selbst solche anderer Institutionen gezielt an die Gesamtheit der Angehörigen der Stadtverwaltung transportieren.

☑ *Information über besondere Leistungen an Mitarbeiter*

Im öffentlichen Dienst werden eine Vielzahl von besonderen Leistungen an die Mitarbeiterinnen und Mitarbeiter gegeben. Etwa in Form von verbilligtem Mittagessen, Jubiläumsgaben, Zusatzversorgungen usw. Eine Darstellung dieser zusätzlichen Hilfen der Stadt kann mit Bestandteil einer Mitarbeiterzeitung werden.

☑ *Unterrichtung über Personalveränderungen*

Erheblich interessiert sind Mitarbeiterinnen und Mitarbeiter an Personalveränderungen in der Verwaltung, also daran, wer wo wann eine neue Aufgabe übernimmt oder wer aus dem Dienst ausscheidet. Von derartigen Veränderungen ist oft ein großer Kreis der Verwaltungsangehörigen direkt mitbetroffen. Daher sollte dies ein wesentlicher Bereich der Information sein.

☑ *Ehrungen, Jubiläen und Todesfälle*

Einzelne und besonders verdiente Mitarbeiter werden in der Mitarbeiterzeitung aus besonderem Anlaß herauszustellen sein. Außerdem informiert eine Zusammenstellung über anstehende bedeutsame Geburtstage, Jubiläen und Ehrungen. In einer „Gedenktafel" wird der verstorbenen Mitarbeiterinnen und Mitarbeiter gedacht.

☑ *Die Mitarbeiter kommen zu Wort*

Die Angehörigen der Stadtverwaltung sollen in „ihrer Zeitschrift" mit eigenen Beiträgen – vor allem Leserbriefen, aber auch geeigneten Artikeln – möglichst häufig und vielfältig zu Wort kommen. Die Auswahl aus entsprechenden Einsendungen soll unter dem Grundsatz, daß das Thema allgemeines Interesse finden dürfte, erfolgen. Durch Wettbewerbe der Zeitschrift kann zudem eine weitere Beteiligung erreicht werden. So zum Beispiel durch Foto- und Zeichenwettbewerbe, deren beste Ergebnisse dann veröffentlicht werden.

☑ *Hilfe bei persönlichen Problemen*

In Form einer „Briefkastentante" gibt die Mitarbeiterzeitung Beratung bei persönlichen Problemen. Insbesondere werden die auszuwählenden Fälle auf die Konflikte zwischen Angehörigen der Verwaltung am Arbeitsplatz oder in der Verwaltung generell abgestellt sein.

☑ *Freizeiteinrichtungen und Vereine*

Die Mitarbeiterzeitung soll sich der verschiedenen Freizeiteinrichtungen für die Bediensteten besonders annehmen und darüber hinaus städtische oder der Stadt nahestehende Vereine aber auch einzelne Sportclubs herausstellen. Der „Arbeitsplatz Stadtverwaltung" soll so in Bezug gesetzt werden zu der überwiegend positiv empfundenen Sphäre der „privaten Freizeit".

☑ *Entwicklung in anderen Städten*

Über eine Auswertung von Zeitungszitaten sollen die Mitarbeiterinnen und Mitarbeiter über vergleichbare oder widersprüchliche Entwicklungen in anderen großen Städten informiert werden, soweit sie einen Bezug zu den eigenen personellen und kommunalen Situationen haben.

☑ *Unterhaltsamer Teil*

Je nach Platzmöglichkeiten sollte die Mitarbeiterzeitung einen Unterhaltungsteil mit zum Beispiel Beamtenwitz, Schachecke, Kreuzworträtsel und ähnlichem mit umfassen.

☑ *Mögliche Basis für den Personalrat*

Die Mitarbeiterzeitung kann auch die Arbeit der Personalräte verdeutlichen. Ein besonderer Teil der Zeitschrift kann dem Personalrat die Möglichkeit geben, die Mitarbeiter in eigener Verantwortung direkt anzusprechen. Voraussetzung ist natürlich, daß der Personalrat in einer „Arbeitgeberzeitschrift" vertreten sein möchte.

☑ *Regelmäßige Erscheinungsweise*

Ob man nun eine nur wenige Seiten umfassende „Mitarbeiterzeitung", eine umfangreichere und in unterschiedliche redaktionelle Bereiche gegliederte „Mitarbeiterzeitschrift" oder sogar eine mehrfarbige reichlich bebilderte „Mitarbeiterillustrierte" herausbringt hängt mehr von den finanziellen und personellen Möglichkeiten einer Stadt ab. Erscheinen soll sie regelmäßig, mindestens einmal monatlich, denn ein vierteljähriger Abstand erlaubt keine kontinuierliche und einigermaßen aktuelle Information.

☑ *Druck und Anzeigenaquisition*

Zumindest zu überprüfen wäre, ob nicht ein Teil der Kosten über die Aufnahme von Anzeigen in die Mitarbeiterzeitung abgedeckt werden kann. Die ortsansässige Zeitung übernimmt womöglich gerne diesen Auftrag gegen die übliche Anzeigenprovision. Auf jeden Fall sollte man sich für die Redaktion einer Mitarbeiterzeitung fachlichen journalistischen Beistand sichern. So bietet sich womöglich an, die Mitarbeiterzeitung in Druck, Anzeigenaquisition und Redaktion an den ortsansässigen oder regionalen Zeitungsverlag zu geben. Vorsicht aber, wenn in der eigenen Stadt mehrere konkurrierende Zeitungen erscheinen. Hier eine bevorzugen heißt den Kampf mit dem anderen Lokalblatt aufzunehmen.

Der offene Weg
in die Verwaltung

Zum freundlichen Mitarbeiter gehört
das freundliche Umfeld

Auch die motiviertesten Mitarbeiterinnen und Mitarbeiter werden es schwer haben, das Bild einer bürgerfreundlichen offenen Verwaltung „in Person" zu verkörpern, wenn sie in einem abweisenden Umfeld agieren müssen. Denn zu einem aufgeschlossenen, informierten, hilfsbereiten und freundlichen Verwaltungsbeamten oder Verwaltungsangestellten gehört ein entsprechendes Milieu, eine passende Umgebung und die notwendige Ausstattung. Und die sympathische „personale Präsentation" gegenüber dem Rat oder Hilfe suchenden Besucher kommt dann hinzu.

Namensschilder an jede Tür
und auf jeden Schreibtisch

Von der unbekannten Frau A. oder dem anonymen Herrn B. beraten zu werden ist nicht so attraktiv wie von einem namentlich vorgestellten Partner. Der Bürger kann ihn mit Namen anreden, er kann ihn identifizieren, zitieren und bei Nachfrage anschreiben, und zwar eben „ganz persönlich". Deshalb sollte an der Bürotür jedes Mitarbeiters dessen Name stehen, bei größeren Büros jene der gesamten „Besatzung". Auf den Tisch des Mitarbeiters oder der Mitarbeiterin gehört ein Namensschild. Und bei Veranstaltungen oder anderen Formen derartiger Bürgerkommunikation tragen die Vertreter der Verwaltung und die Repräsentanten der Stadt Namensschilder am Revers. Die Stadt tritt auf diese Art aus der Anonymität heraus und wird zu einem greifbaren anfaßbaren Menschen, also „menschlich". Auf die Schilder gehören Vorname und Nachname und je nach Notwendigkeit auch ein Funktionshinweis, Titel, Amt, usw.

Die Visitenkarte
nicht vergessen

Visitenkarten für jeden Mitarbeiter, der häufig Kontakte mit Bürgern und anderen Partnern draußen hat, ersparen dem Gegenüber das lästige Aufschreiben von Name und Adresse und sind zudem eine Geste besonderer Aufmerksamkeit. Sie sollte neben dem Namen auch Amt und Behörde sowie besondere Funktion, Dienststellung und den Telefonanschluß sowie, falls nötig, die Sprechzeiten aufführen.

Hochfrequentierte
Verwaltungsstellen zu ebener Erde

Ein offener Weg in die Verwaltung hinein bedeutet aber auch im direkten Wortsinne, daß der gesuchte Partner leicht zu finden und zu erreichen ist. Grundsätzlich gilt, daß alle Verwaltungsstellen mit starkem Publikumsverkehr zu ebener Erde, weil dadurch auch etwa für Behinderte besser zugänglich und mit möglichst direkter Eingangssituation „an der Straße" untergebracht werden sollten. Große gläserne Türen, die Offenheit signalisieren, sind eine schöne Ergänzung. Zudem sollten die hoch frequentierten Einrichtungen auch möglichst zentral liegen und mit öffentlichen Nahverkehrsmitteln gut erreichbar sein, wenn sie denn schon im Rathaus selbst keinen Platz mehr finden.

Orientierungspläne erleichtern das Auffinden der Behörde

Aber es gibt ja auch speziellere Informationsbedürfnisse, Nachfragen und Besprechungsnotwendigkeiten, die des Kontaktes mit dem Sachbearbeiter oder Abteilungsleiter, mit dem Amtsleiter oder Kommunalpolitiker bedürfen. Pförtner sind oder sollten hier nicht nur die Kontrolleure der Zugangsberechtigung zum Rathaus sein, sondern auch erläuternde Helfer bei der Wegweisung. Ein ergänzender kleiner Lageplan, auf dem der „Torwächter" das Zimmer des gewünschten Partners ankreuzt, kann auch in einfachster Form hilfreich sein und Irrwege durch die Rathausgänge ersparen. Wird er noch um ein paar freundliche Worte der Stadt oder des Bürgermeisters ergänzt, daß man sich über den Besuch des Bürgers in der Verwaltung freut und ihm Erfolg bei seinen Bemühungen um Information und Hilfe wünscht, ist die „Wegekarte" auch noch ein Werbemittel. Was hier in bescheidener Form in jeder auch kleineren Stadt den Weg durch das Rathaus erleichtert sollte bei größeren Städten, deren Verwaltungseinheiten an verschiedenen Stellen untergebracht sind, als größerer Orientierungsplan helfen. An Stelle eines Gebäudeplanes tritt hier der Stadtplan, in dem die Ämteradressen unter gleichzeitigem Hinweis auf Funktion, Öffnungszeiten und Verkehrsverbindungen gekennzeichnet sind.

Wegweisende Leitsysteme im Gebäude

Zusätzlich sollten aber auch in den Gebäuden selbst Orientierungshilfen angebracht werden. Wer sich bereits einmal in dem Labyrinth langer Gänge und vieler Treppen bei den oft in sich nicht logischen Zuordnungen verirrt hat weiß, wie dankbar jeder Besucher für Hinweise auf Sachgebiete und ihre Erreichbarkeit zur glücklichen Beendigung seiner Verwaltungsodyssee ist. Farbmarkierungen je nach Aufgabe und Gliederung, Orientierungstexte an Gangkreuzungen, Treppenabsätzen und in Fahrstühlen helfen weiter. Besonders dabei zu berücksichtigen ist, was gerade die große Zahl der Bürger als Besucher interessieren könnte. Darauf sollte ein solches Leitsystem abstellen. Der spezielle Besucher der Verwaltung wie etwa ein Architekt oder ein Auftragnehmer weiß in der Regel ganz gut Bescheid, wo er seinen Ansprechpartner finden kann. Der „normale" Bürger hingegen bedarf hier der Hilfe.

**An der Informationstheke
begegnen sich Kunde und Verwaltung
auf „gleicher Ebene"**

Ist das gesuchte Büro oder Amt erreicht, fühlt sich der Bürger womöglich noch längst nicht willkommen. Harte primitive Wartestühle, kalte häßliche Neonbeleuchtung, abweisende Schalter und überhaupt eine ganz und gar ungemütliche „Behördenatmosphäre" bestätigen seine Auffassung, daß er, der angeblich so wichtige Bürger und auch Wähler, hinter den Toren der Verwaltung wie ein eher lästiger Bittsteller und Nachfrager behandelt wird.

Der Schalter mit der tief plazierten Durchreiche ermöglicht dem Beamten dahinter das Sitzen, der draußen davorstehende Bürger aber muß sich niederbeugen, will er denn etwas fragen. Geradezu ein Symbol obrigkeitlicher Arroganz gegenüber den Menschen, die auf eine Behörde angewiesen sind. Ein solcher Schalter sollte, wo vorhanden, schnellstens abgeschafft werden. An seine Stelle kann nun nicht in jedem Falle das individuelle Beratungszimmer treten, in dem sich Beamter und Bürger bequem gegenübersitzen. Fluggesellschaften und Banken machen es vor, wie heute ein „Schalter" für die Bedienung von Kunden aussehen kann: an einer Art Bartheke begegnen sich „Verkäufer" und Kunde auf Gesichtsebene. Zwischen dem stehenden Kunden und seinem Partner aus der Verwaltung gibt es keinen Niveauunterschied, denn der Drehstuhl steht auf einem Podest und das Gespräch mit dem Besucher findet auf gleicher Augen- und Sprechhöhe statt. Versteht sich von selbst, daß, wenn nicht Sicherungsgründe etwa am Geldausgabeschalter dem entgegenstehen, es auch keine Glasscheibe oder sonstige Trennung gibt. Die entwürdigende „Verneigung" vor dem tiefer sitzenden Behördenvertreter wird an einer solchen „Infobar" genauso vermieden wie die zumeist unnötige totale Abtrennung von dem Bürger „da draußen". Die Kommunen sollten ihre stark frequentierten Dienststellen in derartige moderne Beratungszentren umwandeln.

**Den Besuchern die
notwendige Wartezeit
versüßen**

Für die individuelle Beratung und Auskunft freilich sind einzelne Beratungsräume nötig, die übrigens auch als eine Ergänzung für besondere Fälle an der „Informationstheke" vorgesehen werden können. Wichtig ist hier stets, geeignete Wartemöglichkeiten zu schaffen. Wartezimmer von Rechtsanwälten und Ärzten etwa geben Hinweise, wie Wartezeiten wenn schon nicht verkürzt so doch versüßt werden können. Neue und bequeme Stühle, Bänke, Sessel und Tische, angenehme Leuchtkörper, Zimmergrün, Wanddekoration mit Bildern oder Fotos, die einen Bezug zur eigenen Stadt haben, die aktuelle Lokalzeitung im Zeitungshalter, Informationsmaterial über die Stadt zum Durchblättern oder auch zum Mitnehmen und für die Kinder vielleicht Spielzeug und der besondere Kinderstuhl machen nicht nur Wartezeiten erträglicher, sondern signalisieren zugleich auch, daß die Stadt den Bürger als Partner schätzt und achtet. Es ist immer wieder erstaunlich, welche erheblichen Mittel Städte oft für repräsentative Veranstaltungen und zur Unterstützung der unterschiedlichsten Vereinigungen aufwenden und wie wenig verglichen damit für die optimale Gestaltung ihres Service- und Verwaltungsbereiches getan wird.

Bürgerfreundliche Sprech- und Öffnungszeiten

Wichtig ist neben der Gestaltung bürgeroffener Behördenräume auch das Angebot bürgerfreundlicher Sprechzeiten. Hier ist anzustreben, daß möglichst alle städtischen Einrichtungen zu gleichen Zeiten geöffnet sind. Dies erspart dem Bürger Recherchen nach der jeweiligen Öffnungszeit, gibt die Möglichkeit gleich mehrere Behördengänge miteinander zu verbinden und ist auch für die Verwaltung von Vorteil, denn an den sprechfreien Zeiten kann sie die notwendige Kommunikation untereinander pflegen und platzt mit internen Nachfragen nicht in die belasteten Öffnungszeiten hinein. Auch wenn sich gezeigt hat, daß Abendsprechstunden nicht in dem eigentlich erwarteten Umfang angenommen werden sollte eine große Stadtverwaltung einmal in der Woche bis etwa gegen 18.00 Uhr geöffnet sein und so vielen Berufstätigen, die sich nicht die Zeit für einen Ämtergang zu den üblichen Zeiten nehmen können, die Möglichkeit zu ihrem Behördengang geben.

Individuelle Terminvereinbarungen helfen beiden Teilen

Und schließlich sollte der Bürger auch die Chance erhalten, soweit irgend möglich Gesprächstermine außerhalb der Sprechzeiten vereinbaren zu können. Durch ein solches vorheriges „Timing" kommt es nicht zu unerwarteten oder etwa wegen der bevorstehenden Ferien und des Wochenendes absehbaren Massierungen von Nachfragen in den normalen Sprechzeiten und damit zu langen Wartezeiten. Wer einen abgesprochenen Termin hat wird außerdem nach einer passablen Wartezeit seine Angelegenheit besprechen und erledigen können. Und sein Partner bei der Stadt kann sich, falls notwendig, auf das Gespräch vorbereiten und es zudem auf einen ihm genehmen Termin legen.

Geeignete Publizierung der Öffnungs- und Sprechzeiten

Die Verbesserung der Direktkommunikation durch gleiche Sprechzeiten, Terminabsprachemöglichkeiten und besondere Beratungsangebote sind wichtiger Teil der Öffentlichkeitsarbeit einer Stadt. So versteht sich von selbst, daß die verschiedenen Angebote zum Kontakt mit dem Partner Stadt von Sprechzeiten bis zu Wegweisungen, von Beratungsangebot bis zu Ämterzuständigkeit Bestandteil jeder Öffentlichkeitsarbeit sind und zusammengefaßt in einer Übersicht oder speziell auf einzelne Bereiche abstellend dem Bürger immer wieder angeboten werden sollten. Die Möglichkeiten reichen von der einfachen gedruckten Information über Öffnungszeiten der städtischen Einrichtungen mit Erläuterung der jeweiligen Sachbereiche und Ansprechpartner über die Aufnahme der Sprechzeiten in andere städtische Publikationen bis hin zu ihrer wiederholten Veröffentlichung im jeweiligen Lokalblatt. Letzteres ist häufig bereit, im redaktionellen Teil entsprechende Hinweise immer wieder einmal mit aufzunehmen, handelt es sich doch schließlich auch um einen gefragten Leserservice.

Ganz in diesem Sinne auch sind viele weitere Möglichkeiten denkbar, mit denen etwa auch über Veröffentlichungen anderer Behörden und Einrichtungen das städtische Angebot transportiert wird. Besonders zu nennen sind freie Kultureinrichtungen und solche staatlicher Art, die immer wieder auch auf die kommunalen kulturellen Angebote und Termine mit hinweisen könnten.

Die besonderen Partner des Bürgers

Es ist nicht leicht, den richtigen Partner zu finden

In größeren Städten ist es die Unübersichtlichkeit der umfangreichen kommunalen Verwaltung, die den Bürger irritiert und seinen Umgang mit der „Behörde" erschwert. In kleineren Städten wiederum das genaue Gegenteil, nämlich die Unmöglichkeit den speziellen Partner für eine komplizierte Nachfrage zu finden, denn den gibt es in der kleineren Verwaltung nicht. In allen Städten gleichermaßen aber fehlen dem Bürger Helfer und Ratgeber, die ihm den Umgang mit Behörden überhaupt, also auch solchen des Staates etwa, erleichtern, ihn an die für seine besonderen Anliegen geeigneten Institutionen vermitteln und an die „richtige Adresse" weiterleiten.

Die Einrichtung einer Bürgerberatung und Bürgerinformation bietet sich überall an

So bietet sich denn eigentlich für jede Stadt die Einrichtung einer „Bürgerberatung und Bürgerinformation" an, mag sie mit mehreren Mitarbeitern ausgestattet sein oder auch nur durch einen einzigen Bürgerberater oder eine Bürgerberaterin verkörpert werden, die womöglich sogar noch andere Teile von Öffentlichkeitsarbeit mit zu verantworten haben. Nicht die Größe einer solchen Einrichtung aber ist entscheidend, sondern ihre Offenheit für nahezu jedes Bürgeranliegen, ihre Fähigkeit zum Umsetzen von Anregungen und zum Beheben von Beschwerden, ihre Verbindung in die Stadtverwaltung hinein und zu anderen Institutionen, ihr Engagement in Sachen Bürgervertretung und ihre auf der Unterstützung auch durch die kommunale Spitze beruhende Durchsetzungsfähigkeit nach draußen und in die Verwaltung hinein. Eine Bürgerberatung, die nicht in einer solchen Weise bei den Menschen der Stadt Vertrauen gewinnt, wird unglaubwürdig bleiben und ihren Zweck verfehlen.

Eine zentrale Aufgabe

Bürgerberatung ist also eine zentrale Aufgabe, die der kommunalen Spitze zugeordnet sein sollte und im kritischen Einzelfall auch ausreichende Einwirkungsmöglichkeit in die Gesamtverwaltung hinein haben muß. Nur so wird sie in der Lage sein Hemmnisse zu überwinden, Verwaltungswiderstände, so es sie denn im Einzelfall gibt, zu beseitigen und ein geachteter Moderator zwischen Verwaltung und Bürger zu werden und zu bleiben.

Auskünfte über andere Institutionen sind ebenfalls gefragt

Eine Bürgerinformation, Bürgerberatung, Stadtauskunft oder wie immer auch die zentrale Kommunikationsstelle der Kommune mit den Bürgern benannt werden mag bleibt in ihrer Arbeit im übrigen nicht auf die Vermittlung zwischen Bürger und Verwaltung beschränkt und hat auch Beratung und Information nicht nur in den die Kommune betreffenden Fragen zu leisten. Wo immer derartige Einrichtungen in Städten existieren wurden sie stets auch zur Anlaufstelle für viele andere Behörden betreffende Auskünfte. Ob es um ein Problem mit der Angestelltenversicherung, eine arbeitsrechtliche Frage, die Festsetzung der Einkommenssteuer oder den Wunsch nach einer Vermögensberatung geht: eine gut funktionierende Bürgerberatung wird damit konfrontiert werden. Denn die Bürgerinnen und Bürger einer Stadt meinen offensichtlich, daß ihre Stadt für so ziemlich alles zuständig ist oder doch zumindest auf so ziemlich alles eine Antwort weiß.

Nicht nur, weil ein solches Vertrauen in die Allwissenheit der eigenen Stadt ja auch ein Kompliment ist und die Verwaltung ehrt, sondern weil tatsächlich den Bürgern geholfen werden soll kann und darf sich die Bürgerberatung derartigen Nachfragen nicht entziehen. Zumindest wird sie für eine Antwort sorgen, wenn sie sich denn nicht selbst kundig macht oder bereits firm in dem abgefragten Bereich ist. Denn das Ansehen einer Bürgerberatung steht und fällt mit der unentwegten ungebrochenen Bereitschaft, dem Bürger zu einer Antwort auf seine Fragen zu verhelfen.

Vieles ist Routine

Ein guter Teil vor allem der telefonischen Nachfragen kann routinemäßig beantwortet werden und erfordert keine oder nur geringere weitere Nachforschungen. Jahreszeitlich bedingt oder auf Grund ganz bestimmter Ereignisse häufen sich Fragen und Beratungswünsche in bestimmten Zeiten zu bestimmten Themen. Wenn es schneit kommen Anrufe wegen des Winterdienstes, wird es im Sommer heiß solche nach den Öffnungszeiten der Schwimmbäder und beginnt der Herbst nehmen die Beschwerden wegen mangelnder Straßenbeleuchtung zu, zum Beispiel. Änderungen im Wohngeld oder in der Altenhilfe, im Nahverkehr oder in der Straßenführung, in der Müllabfuhr und bei der Schadstoffsammlung führen zu verstärkter Nachfrage, von besonderen Einzelereignissen einmal ganz abgesehen.

Nicht nur die Bürger nutzen den Service

Und natürlich wird eine solche persönliche Bürgerberatung und ein zugehöriges Bürgertelefon auch nicht etwa nur von Bürgern genutzt. Jede Stadt, die einen derartigen Service einrichtet wird feststellen, daß Informations- und Beratungswünsche sehr schnell auch aus dem Umland, aus der ganzen Bundesrepublik und womöglich sogar aus dem Ausland kommen.

**Eher kuriose Beispiele
aus der Praxis**

Langweilig wird den Bürgerberatern ihre Arbeit ganz gewiß nicht, denn es gibt kaum etwas, was nicht nachgefragt wird. Wie hoch der Kirchturm oder der Schornstein einer Fabrik ist mag ja noch eine stadtbezogene Frage sein, aber wenn jemand anruft, wie der Balljunge beim Golf heißt, ob der TSV München oder der FC Bayern mehr Mitglieder hat, welche Oper zur Einweihung des Suezkanals gespielt wurde, was es kostet um eine Katze im Zug von Hamburg nach Frankfurt mitzunehmen und welchen Wert das Abschlußzeugnis der US-Highschools in Deutschland hat dann hat dies natürlich mit der eigentlichen kommunalen Zielsetzung und Beratungsaufgabe nichts mehr zu tun. Alle diese Beispiele, die aus einer Zusammenstellung von „besonderen" Fragen an eine real exstierende Bürgerberatungsstelle ausgewählt wurden, sind natürlich nur ein kleiner Prozentsatz verglichen mit den stadtbezogenen Auskunfts- und Beratungswünschen. Sie zeigen aber doch den hohen Bekanntheitsgrad und das starke Vertrauen in die Arbeit einer solchen Einrichtung.

**Bürgerberatungsstelle
entlastet die Verwaltung**

Eine Bürgerberatung bringt im übrigen nicht etwa eine Mehrbelastung der Verwaltung. Ganz im Gegenteil wird die Fachverwaltung sogar von Routinefragen entlastet. Denn viele Informationswünsche können direkt vom Bürgerberater beantwortet werden und nehmen also nicht zusätzlich Zeit eines „Spezialisten" in Anspruch. Auch sorgt die Möglichkeit der ständigen telefonischen oder der persönlichen Nachfrage für ein Abebben schriftlicher Anfragen, die in den Verwaltungsablauf eingefüttert werden müssen und ihren langwierigen Rundweg machen, bis sie dann endlich schriftlich beantwortet werden. Neben der allgemeinen Werbewirksamkeit einer Bürgerberatungsstelle, die ja Bürgernähe und Hilfe für den Bürger deutlich sichtbar nach draußen darstellt und dann in jedem Einzelfall ja auch leistet, ist dieser Entlastungseffekt nicht zu unterschätzen. Dies besonders in einer Zeit, in der die Bürger in zunehmenden Maße die Kommunalverwaltung mit Bürgerkritik und Bürgerfragen fordern.

Die Bürgerberatungsstelle

Der praktische Tip

Angebot und Aufgabe einer Bürgerberatung

☑ *Beschwerdestelle*

Anregungen für Verbesserungen, Kritik an Unzulänglichkeiten, Hinweise auf Mängel und Beschwerden über Ämter und Mitarbeiter werden entgegengenommen und bearbeitet.

☑ *Kontaktstelle*

Nachfragenden Bürgern werden die geeigneten Gesprächs- und Verhandlungspartner in der Stadtverwaltung und auch darüber hinaus vermittelt und die notwendigen persönlichen Kontakte zu Mitarbeiterinnen und Mitarbeitern der Stadt hergestellt.

☑ *Beratungsstelle*

Bei den verschiedensten Problemen wird Rat und Hilfe angeboten, oder bei schwierigen Fällen der spezielle Partner in der Verwaltung ausfindig gemacht.

☑ *Auskunftsstelle*

Über alle die Stadt und soweit möglich auch andere Institutionen betreffende Angelegenheiten werden Auskünfte erteilt.

☑ *Informationsstelle*

Städtisches Informationsmaterial wird ausgegeben sowie auf Wunsch speziell besorgt.

☑ *Formularstelle*

Die verschiedensten Formulare der Verwaltung sind erhältlich und können mit Hilfe der Mitarbeiterinnen und Mitarbeiter anforderungsgerecht ausgefüllt werden.

☑ *Koordinationsstelle*

Mitwirkung bei der Zusammenfassung der Informations- und Beratungsarbeit der städtischen Dienststellen und entsprechender besonderer Aktivitäten.

☑ *Werbestelle*

In der äußeren Gestaltung der Bürgerberatung, aber auch durch einzelne besondere Werbeaktionen Mitarbeit an einem positiven Transport von Stadtimage.

Die Ausstattung der Beratungsstelle

☑ *Gestaltung*

Die möglichst zu ebener Erde und zentral gelegene Bürgerberatungsstelle sollte freundlich und attraktiv gestaltet werden, am besten hinter einer „Ladenfront", die bereits von außen den Blick in das Innere ermöglicht. Bei einer größeren ständigen Nachfrage sollte in der Beratungsstelle auf jeden Fall neben dem allgemeinen „Infobereich", auch ein abgeschirmter „persönlicher Beratungsbereich" vorgesehen werden für notwendige Einzelgespräche.

☑ *Verhalten und Outfit*

Gerade für das Team einer Bürgerberatung ist die Schulung im Umgang mit Menschen besonders wichtig. Wie ich eine Information hin zum Bürger persönlich transportiere, wie ich mich im Konfliktfall verhalte, wie ich Beschwerden entgegennehme und in die Verwaltung hinein weitertransportiere wirkt sich entscheidend mit auf Glaubwürdigkeit und Ansehen einer solchen Einrichtung aus. Und auch das „Outfit" der Mitarbeiterinnen und Mitarbeiter, also ihr äußeres Erscheinungsbild, beeinflußt die Akzeptanz durch die Bürgerinnen und Bürger. Nicht von ungefähr sind ja die Beraterinnen in den Stadtbüros von Fluggesellschaften aber auch Serviceeinrichtungen in schicke „Uniformen" gekleidet. Ein Gleiches wäre auch bei Bürgerberatungsstellen und städtischen Verkehrsämtern durchaus denkbar. Zumindest aber sollte auf ein attraktives gepflegtes Äußere, auf modische aber nicht übertriebene Kleidung, gepflegte Frisur Wert gelegt werden.

☑ *Infothek*

Selbstverständlich ist neben der Auslage aller allgemeinen Informationsschriften der Stadt auch die Einrichtung einer Infothek, an der sich die Bürger selbst aus Adreßbuch und Stadttelefonverzeichnis, Planungskompendien und historischen Werken, Straßenverzeichnissen und Firmenadreßbuch, kurzum aus allen über die Stadt verfügbaren Dateien, Adressensammlungen und Zusammenfassungen informieren können.

☑ *Datei*

Inzwischen möglich und manchmal verwirklicht ist die Abfrage elektronisch gespeicherter Stadtdaten durch das Beratungspersonal und auch direkt durch die Besucher. Aktuelle Veranstaltungstermine, Ämterangebote, Adressen und Telefonnummern, Funktionsbeschreibungen aus dem kommunalen Bereich und womöglich auch darüber hinaus können so für den Nutzer schnell „greifbar" gemacht und jeweils auf dem neuesten Stand gehalten werden.

☑ *Orientierungplan und Telefonecke*

Auf keinen Fall vergessen werden sollte der große hinterleuchtete Stadtplan an der Wand, der die Lage der verschiedensten kommunalen Einrichtungen verdeutlicht und um ein entsprechendes Verzeichnis und die jeweiligen Öffnungszeiten ergänzt ist. Auch eine kleine „Telefonzelle" oder Telefonecke sollte mit eingeplant werden. Von ihr aus kann der Bürger auf Vermittlung der Bürgerberatung ungestört mit den zuständigen Sachbearbeitern in der Verwaltung sprechen, Termine ausmachen oder Informationen einholen.

☑ *Öffnungszeiten*

Im übrigen sollte eine Bürgerberatung montags bis freitags möglichst ganztägig bis in die späten Nachmittagsstunden hinein – um gerade den Berufstätigen auch zur Verfügung zu stehen – geöffnet sein. In kleineren Städten ist dies so sicher nicht nötig, aber eine jeweils gleiche Sprechzeit des Bürgerberaters etwa jeden Nachmittag sollte vorgesehen werden.

Das Bürgertelefon

Der praktische Tip

Das Bürgertelefon erfüllt ähnliche Aufgaben wie die Bürgerberatungsstelle. Es kann mit letzterer zusammengefaßt sein oder auch als eigenständige und unabhängige Einrichtung geschaffen werden. Wenn grundsätzlich also ähnliche Voraussetzungen wie für die direkte persönliche Bürgerberatung gelten, Abweichungen gibt es doch. Über ein Bürgertelefon werden häufiger recht einfache und zudem nicht ausschließlich die Kommune betreffende Dinge abgefragt. Viele Leute greifen eben eher zum Telefon, wenn sie eine Frage haben und scheuen den Weg in eine Beratungsstelle. Auch können die Anfrager oder Beschwerdeführer am Telefon oft „ungemütlicher" sein als bei dem persönlichen Besuch. Sozusagen „anonym" benimmt man sich anders als wenn man dem Gesprächspartner direkt gegenübersteht.

Bei der Einrichtung eines Bürgertelefons sollten die folgenden Voraussetzungen berücksichtigt werden:

✓ *Leicht zu merkende Nummer*

Das Bürgertelefon muß eine leicht merkbare Telefonnummer haben, möglichst kurz und in einer gleichförmigen und rythmischen Zahlenkombination. Und es sollte auf jeden Fall in Direktwahl geschaltet sein, also nicht über die Rathausvermittlung laufen.

✓ *Besonderes Telefon-Signet*

Es sollte mit einem spezifischen Signet, also einem graphischen Erkennungszeichen verbunden werden. Ein stilisiertes „Rotes Telefon", ein „Telefonmädchen" oder „Telefonmännchen", die „Wählscheibe" mit der Nummer etwa können solche einfachen Symbole sein. Zusammen mit der Telefonnummer taucht dieses Signet an der Tür der Bürgerberatung, im Informationsmaterial der Stadt, auf dem Briefkopf des Bürgertelefons usw. auf.

✓ *Rund um die Uhr auf Empfang*

Das Bügertelefon ist rund um die Uhr anrufbar. Während der normalen Dienstzeiten mit dem „persönlichen Partner", sonst und vor allem natürlich auch an den Wochenenden als Anrufmöglichkeit mit Aufzeichnung der Anfragen, Beschwerden und Wünsche der Bürgerinnen und Bürger. Ein Ansagetext informiert den Anrufer darüber, daß er seine Fragen und seine Kritik auf Band sprechen kann, wieviel Zeit ihm dafür zur Verfügung steht und daß er eine telefonische oder schriftliche Antwort in angemessener Frist erhält.

☑ *Mitschnitt für weitere Recherche*

Direktanrufe, die kompliziertere Themen ansprechen oder Fragen, die nicht direkt beantwortet werden können werden auch während der normalen Betriebszeit des Bürgertelefons aufgezeichnet. Dies erleichtert entsprechende Recherchen, verhindert Mißverständnisse und ermöglicht die originale Weitergabe des Anruftextes an die zuständige Stelle.

☑ *Tägliche Sofortauswertung*

Jeden Morgen werden noch vor oder direkt nach dem Umschalten auf die Direktantwort die über Nacht oder am Wochenende aufgelaufenen Anfragen abgehört. Ein Auswertungsbogen mit Name, Adresse und womöglich mit Telefonnummer des Anrufers und mit einer Kurzfassung der Fragen und Probleme geht an das zuständige Amt mit der Aufforderung, bis zu einem bestimmten Termin Stellung zu nehmen. Dies natürlich nur in den Fällen, in denen keine direkte telefonische oder schriftliche Antwort durch das Bürgertelefon erteilt werden kann.

☑ *Termingarantie für die Antwort*

Gegenüber jedem Anrufer wird eine terminlich begrenzte Antwortgarantie von vornherein gegeben. Sie sollte bei etwa vierzehn Tagen liegen. Ist diese Antwortgarantie wegen länger dauernder Recherchen in der Verwaltung nicht termingerecht einzuhalten, so sollte brieflich oder per Telefon eine entsprechende Zwischenantwort gegeben werden. Der Erfolg des Bürgertelefons hängt entscheidend mit davon ab, daß der Bürger sein Anliegen gut aufgehoben sieht und termingerecht Nachricht erhält.

☑ *Zentrale Übermittlung der Auskünfte*

Sämtliche Antworten aus den Ämtern sind über das Bürgertelefon an die Anrufer zu leiten. Dies gibt zum einen die Möglichkeit, eine schwer verständliche oder zu sehr fachlich formulierte Ämterauskunft noch einmal bürgergeeignet umzuformulieren oder durch Nachfragen zu ergänzen. Vor allem aber auch prägt es das Image des Bürgertelefons als einer zentralen für den Bürger wichtigen Einrichtung mit positiver Funktion.

☑ *Nachkontrolle erforderlich*

Nach der Weitergabe von Anruftexten in die Verwaltung hinein ist eine Nachkontrolle unbedingt notwendig. Soll eine Antwort nicht Wochen auf sich warten lassen oder nie gegeben werden muß die verantwortliche Stelle in der Verwaltung in kurzen Zeitabständen „zum Vollzug" aufgefordert werden. Eine „Checkliste" mit den Antwortterminen wird jeden Tag durchgegangen .

☑ *Auswertung für Themenüberblick*

Es empfiehlt sich, über einen bestimmten Zeitraum hinweg „Strichlisten" zu führen, mit denen die Hauptthemenbereiche in Zahl und Qualität der Anrufer festgehalten werden. Dies ist nützlich, um einen Überblick über herausragende Probleme zu gewinnen und sich darauf entsprechend einrichten zu können. In ähnlicher Weise sollten auch die Nachfragen, Beschwerden und Beratungen in der Bürgerberatungsstelle „kontrolliert" werden.

Aufgabenbereiche einer Bürgerberatung

Der praktische Tip

Für die Einrichtung einer zentralen Bürgerberatung und eines Bürgertelefons ist zumeist ein Rats- oder Magistratsbeschluß nötig. Außerdem ist es wegen der notwendigen Kontakte in die städtische Verwaltung hinein auch angebracht, alle Ämter und Dienststellen über die Aufgabe dieser Einrichtung zu informieren. Im Folgenden wird ein entsprechender Textvorschlag gemacht.

1. In der Bürgerberatung/Bürgerauskunft werden direkte Kontakte und Verabredungen mit zuständigen Sachbearbeitern vermittelt. Dadurch wird erreicht, daß die richtigen Partner zusammenkommen und durch Terminabsprache lange Wartezeiten vermieden werden.

2. Es gibt eine Vielzahl gleichlautender Fragen und Anregungen, die entweder aus aktuellem Anlaß oder ständig wiederkehrend auf die Verwaltung zukommen. Hier kann die Bürgerberatung/Bürgerauskunft direkt dem Bürger Antworten geben und insofern die Verwaltung entlasten.

3. Soweit dem nicht besondere Bestimmungen entgegenstehen werden sämtliche städtischen Formulare vorrätig gehalten und an den Bürger ausgegeben. Auch wird ihm, soweit es sich nicht um außerordentlich komplizierte Tatbestände handelt, beim Ausfüllen der Formulare geholfen.

4. Möglichst viele Informationen über die Stadt, ihre Bürger und das Gemeinschaftsleben werden angeboten. Der Bürger kann Adreßbücher nachschlagen, sich in einem Verzeichnis über Ziele und Aufgaben der verschiedenen kulturellen Vereinigungen sowie der Sportvereine informieren und die Kontaktmöglichkeiten zu politischen Parteien, Verbänden, Gewerkschaften usw. erfahren. Dieser allgemeine Informationsservice ergänzt die speziell verwaltungsbezogenen Auskünfte und macht die Beratungsstelle zusätzlich attraktiv.

5. An Einzelbesucher wird städtisches Informationsmaterial abgegeben. Auch solches anderer Behörden und Institutionen kann bei Bedarf in einem begrenzten Umfang mit in die Verteilung aufgenommen werden. Aufwendige umfangreiche besondere Broschüren werden auf Nachfrage überreicht. Allgemeines einfaches Informationsmaterial wird zur Selbstbedienung offen ausgelegt.

6. Mit einer Bürgerberatung/Bürgerauskunft kann dem Mangel abgeholfen werden, daß die Dienststellen einer Stadtverwaltung nur in begrenztem Maße für den Publikumsverkehr geöffnet sind und die Gesamtverwaltung relativ früh Dienstschluß hat. Eine längere Öffnungszeit der Bürgerberatung zumindest an einem Tage in der Woche bietet Berufstätigen die Möglichkeit, sich Formulare zu besorgen, Auskünfte oder auch eine Beratung zu erhalten oder sich über die richtige Dienststelle für einen späteren Besuch zu informieren. Zu empfehlen

ist auch, insgesamt die Öffnungszeiten mit einem späteren Beginn am Morgen und einem entsprechend auch späteren Ende des nachmittags festzulegen.

7. Das in die Bürgerberatung/Bürgerauskunft eingegliederte Bürgertelefon eröffnet zusätzliche Informations- und Kontaktmöglichkeiten für den Bürger. Durch ein Aufzeichnungsgerät ist es zudem auch außerhalb der Öffnungszeiten stets dienstbereit für die Entgegennahme von Anfragen und Informationswünschen, die aufgezeichnet und ausgewertet werden.

8. Durch eine/n qualifizierte/n Leiter/in und/oder entsprechende/n Mitarbeiter/in soll eine derartige Einrichtung nicht nur einfache Auskünfte anbieten sondern auch und gerade in schwierigen Fällen eine individuelle und sachkundige Information und Beratung gewährleistet werden.

Kritik wird gefragt

Der praktische Tip

Öffentlichkeitsarbeit versucht grundsätzlich ein positives Bild der Stadt nach draußen darzustellen. Und wenn dies mit Sachinformation und nachweisbaren Leistungen geschieht werden die jeweiligen Adressaten auch durchaus die „Message", also die Werbenachricht aufnehmen und in Teilen akzeptieren. Werden aber auch Schwierigkeiten und Mängel nicht verschwiegen, präsentiert sich die Stadt in ihrer Werbung um so glaubwürdiger.

☑ *Die Stadt als Anlaufstelle von Kritik*

Kommunale Öffentlichkeitsarbeit wird also gewiß nicht die Kritik am eigenen Produkt Stadt als Hauptinhalt hin zu den verschiedenen Zielgruppen transportieren. Genausowenig wie etwa ein Unternehmen die eigene Ware draußen abwertet. Gerade aber eine Stadt muß auch Anlaufstelle für die Kritik von Bürgern und Fremden sein. Denn Kritik, die ihren Adressaten nicht erreicht, verfestigt sich und vertieft das Negativbild von einer Stadt draußen. Jede, auch die kleinste Stadt, sollte deshalb Artikulationsmöglichkeiten für Kritik anbieten und geäußerte Kritik beachten und soweit nötig und möglich darauf reagieren.

☑ *Negativäußerungen ernst nehmen*

Bei den sozusagen „institutionalisierten" kritischen Äußerungen geschieht dies ja auch zumeist. Parteien und Wirtschaft, Bürgeraktionen und Vereine werden, weil von Einfluß und Zahl her von Bedeutung, in ihren Negativäußerungen mehr oder weniger ernst genommen. Will eine Stadt aber sich bürgeroffen und fremdenfreundlich darstellen, dann sollte auch die individuelle Kritik beachtet werden. Sie ist im übrigen zumeist sowieso ebenfalls Ausdruck allgemeiner Trends und gemeinsamer Probleme, allerdings mit einer individuellen Schwierigkeit oder Erfahrung verbunden.

☑ *Angebot von Beschwerdemöglichkeiten*

Viele der Beschwerden erledigen sich durch die Möglichkeit, sie direkt anbringen zu können sozusagen von selbst. Allein die Chance, Kritik zu äußern und einen geduldigen Partner dafür zu finden verändert oft bereits die negative Haltung. Weil die Kritik eben häufig mehr in Mißstimmung und Ärger als in realen Erfahrungen und Gegebenheiten ihre Ursache hat. Und auch bei subjektiv berechtigter Kritik kann das verständnisvolle Zuhören oder die entsprechende schriftliche Antwort Ärger abbauen, selbst wenn sich an der bemängelten Sache objektiv womöglich wenig oder nichts ändern läßt. Denn bereits das Gefühl, ernst genommen zu werden stellt in gewisser Weise zufrieden. Angebote zum „Meckern" sind also wichtiges Ventil für den Ärger im Umgang mit Verwaltung und mit Kommunalpolitikern. Daß man zudem etwas über Stimmungen und Meinungen der

Menschen erfährt und bestimmte Trends ablesen kann ist ein weiteres positives Ergebnis derartiger Aktivitäten.

Über das Bürgertelefon als Beschwerdestelle und Sammelpunkt für Kritik oder über die Bürgerversammlung wird an anderer Stelle bereits eingehend informiert. Hier nun einige weitere Anregungen für besondere zeitlich begrenzte oder auch andauernde Angebote, Beschwerden loszuwerden und die eigene negative Meinung zu sagen.

☑ *Meckerecke oder Meckerkoje*

Sie kann zum Beispiel im Rathaus, in der Bürgerberatungsstelle oder im Verkehrsbüro auf Dauer oder zeitlich begrenzt etwa an den „Tagen der offenen Tür" oder in einer Informationsausstellung der Stadt eingerichtet werden. Jeder kann von einer Rolle oder einem Papierbündel einen Zettel abreißen und darauf seine Kritik äußern, anonym oder auch mit Namen und Adresse. Ein Stehpult mit Schreibunterlage und Kugelschreiber an der Kette gehört neben dem Meckerkasten, in den dann der Meckerzettel geworfen wird, mit zur Ausstattung der „offenen Ecke" oder der durch einen Vorhang abgeschlossenen „Koje". Und es empfiehlt sich eine entsprechend graphisch oder karikaturistisch gestaltete Aufforderung wie „...darüber habe ich mich in dieser Stadt schon grün geärgert" oder „Das geht mir bei der Stadtverwaltung auf den Wecker" oder bei den Touristen „Das hat mir bei meinem Besuch nicht gefallen". Neben dem Meckern kann auch nach Anregungen, wie man es denn besser machen könnte, gefragt werden mit Aufforderungen wie „Und das würde ich anders machen" oder „Hier könnte noch was verbessert werden". Wer immer auch seine Meinung, seine Kritik oder seine Forderungen namentlich mit Adresse äußert sollte auch eine Antwort bekommen.

☑ *Meckerkasten und Meckerbefragung*

Ein Meckerkasten kann in den verschiedensten Dienststellen einer Stadt, am Rathaus, in einem Ortsteil aufgestellt oder angebracht werden. Draußen als eine Art „Briefkasten" für entsprechende Kritik, drinnen als Ergänzung zu einer „Meckerbefragung", in der die Stadt die Bürger auffordert, ihre Kritik zu äußern. Eine derartige Meckerbefragung kann nach Schwerpunkten des Mißmuts gegliedert etwa zu Verkehr, Einkauf, Wohnen, Verwaltung usw., nach dem negativen oder positiven Bild und nach Vorschlägen für Verbesserungen fragen. An die Stelle der nur thematisch angeregten „Meckerei" kann hier der Fragebogen oder die Fragekarte treten, in denen die Kritik im einzelnen abgefragt wird. Das erleichtert die systematische Auswertung und erbringt eine größere Zahl von Meinungsäußerungen, da es auch für den „Meckerer" einfacher ist in einem strukturierten Fragenkatalog Antworten zu geben als selbst frei seine Meinung zu formulieren. Allerdings sollte auch bei einer solchen „Meckerbefragung" am Schluß die sogenannte „Open-end-Question" gestellt werden, in der sich der Bürger zu all den nicht angesprochenen Dingen ausmeckern kann.

Eine solche nicht repräsentative Umfrage bedarf natürlich keiner Antwort an die einzelnen „Meckerer". Dies allerdings sollte im Fragebogen oder in der Fragekarte erwähnt werden mit dem Hinweis, daß man generell erfahren möchte, wo die Leute „der Schuh drückt", wo etwas geändert werden müßte und wo die Stadt was falsch macht.

☑ *Touristenbefragung*

In ähnlicher Form können die Touristen befragt werden. Dabei sollte hier natürlich nicht nur die Kritik im Mittelpunkt stehen, sondern auch Fragen zu Positiverfahrungen und Verbesserungsmöglichkeiten unbedingt mit aufgenommen werden. Nicht allein im Verkehrsbüro besteht die Möglichkeit zur Ausgabe und zum Einsammeln von Fragekarte oder Fragebogen. Auch die Hotels und Pensionen können in die Gästebefragung mit einbezogen werden.

☑ *Meckercoupon*

Mit dem anderen oder auch eigenen Veröffentlichungen beigefügten Meckercoupon wird pauschal oder in Einzelfragen detailliert nach Kritik gefragt unter dem Motto „Was mir bei uns nicht gefällt" und „Was bei uns besser werden muß". Der Antwortcoupon kann über eine Anzeigenaktion in der Lokalzeitung angeboten oder in kleineren Städten auch als „Antwortkarte" direkt in den Haushaltungen verteilt werden. Schließlich kann er auch Teil von Eigenveröffentlichungen sein. Etwa indem in Publikationen über Sporteinrichtungen nach Mängeln und Änderungswünschen in diesem Bereich, entsprechend auch bei Kultur, Bildung, Kinderbetreuung usw. gefragt wird. Um eine möglichst gute Rücklaufquote zu erreichen können solche zeitlich begrenzten Aktionen mit Gewinnmöglichkeiten verbunden werden. Jede Antwort nimmt entweder an einem Wettbewerb oder an einer Verlosung teil.

☑ *Bürgermeisterbrief*

Auf Beschwerden der Bürger eingehen, ihre Kritik aufgreifen und womöglich Abhilfe zu schaffen ist gut für das positive Image eines Bürgermeisters. Und so kann es sich für sein Ansehen genauso wie für das der Stadt durchaus rentieren, wenn die hier dargestellten Aktivitäten mit seinem Namen verbunden werden, auf seine Initiative zurückgehen und sich auf ihn beziehen. Die Kritik ist ja gerade auf die Unzugänglichkeit und die Bürgerfremdheit der Verwaltung gerichtet. Die Personalisierung ist hier bereits ein erster Schritt, die Fremdheit abzubauen durch einen greifbaren Partner. Neben der „Schirmherrschaft" über derartige Aktivitäten kann hier eine auf die Stadtspitze abgestellte „Frage-Antwort-Aktion" wirksam sein. Die Bürger werden aufgefordert, dem Bürgermeister Kritik und Anregungen zu schreiben. Er antwortet darauf mit einem „persönlichen" Schreiben oder auch durch eine Einladung zum Gespräch mit den Kritikern im Rathaus.

✓ Spezielle Kritik

Zu ganz bestimmten Maßnahmen der Stadt und zu besonderen Entwicklungen gibt es oft spezielle Kritik und ein spezielles Informationsbedürfnis. Gezielte und themenorientierte Aktivitäten sind hier gefragt. Über das Bürgertelefon als Ansprech- und Beschwerdemöglichkeit hinaus oder auch, wo sich die Einrichtung eines Bürgertelefons auf Dauer nicht rentiert kann als begrenzte Aktivität zu einem bestimmten Themenbereich ein besonderes Meckertelefon den Bürgern das Gefühl vermitteln, daß er mit seinen Sorgen ernst genommen wird. Dabei kann es sich um die Behinderung durch eine große Baumaßnahme genauso handeln wie um die Unsicherheit durch die Zunahme von Kriminalität. In gleicher Weise können hier die bereits angeführten anderen „Meckermöglichkeiten" mit eingesetzt werden.

✓ Leserbriefe und Pressekritik

Ganz wichtig sind auch jene Beschwerden, die als Leserbriefe an die örtliche Presse und manchmal darüber hinaus an auswärtige Medien gehen. Sie sollten unbedingt ernst genommen werden, haben sie doch öffentliche Wirkung über den Einzelfall hinaus. Nicht zu vergessen die in der Presse selbst geäußerte Kritik. Sie aufgreifen und durch positive Lösungen beantworten ist eine wichtige Aufgabe der Öffentlichkeitsarbeit. Womöglich bietet sich auch eine gemeinsame Aktion von Stadt und Lokalzeitung an, mit der die Bürger zur kritischen Artikulation aufgefordert werden. Eine solche Aktivität zeigt, daß die Stadt Vorwürfe und Anregungen ernst nimmt und sich ihnen öffentlich stellt. Zudem ist die Presse dadurch positiv mit eingebunden in das Bestreben, die Bürger zu hören und aus ihren Erfahrungen und Meinungen Konsequenzen zu ziehen. Soviel aber steht fest: je mehr eine Kommune eigene Möglichkeiten für kritische Äußerungen des Bürgers anbietet und je mehr diese ernst genommen werden und die Stadt darauf eingeht, um so niedriger wird die Zahl der kritischen Leserbriefe in der Lokalpresse. Denn warum soll der Bürger den Umweg über die Presse einschlagen, wenn auch der direkte Weg über die Meckerangebote der Stadt möglich ist und Erfolg verspricht.

Miteinander reden
und einander zuhören:
die Bürgerversammlung

Ob in der Gemeindeordnung vorgesehen oder nicht, nach dem Planungsrecht notwendig oder nicht, kommunalpolitisch gerade opportun oder nicht: Bürgerversammlungen sollte jede Stadt häufig anbieten. Sie sind die geeignete Möglichkeit, miteinander zu diskutieren und einander zu informieren.

Bürger und Stadt präsentieren einander ihre Auffassungen

Für den Bürger bieten sie Gelegenheit, Forderungen anzumelden, Kritik am Handeln und an Absichten der Stadt vorzubringen, Auskunft über Planungsabsichten einzufordern und Änderungen von Mißständen zu verlangen. Der Stadtspitze und der Stadtverwaltung geben sie die Chance zur Erläuterung eigener kommunalpolitischer Absichten, zur Präsentation von Erfolgen, zur Zusage von Verbesserungen, zur Verteidigung notwendiger Eingriffe, zur direkten und detaillierten Information und insgesamt zur Selbstdarstellung überhaupt. Und da Ratsmitglieder, Dezernenten und der Bürgermeister sich auf derartigen Veranstaltungen den Fragen der Bürger stellen, sind sie auch ein Mittel zur Personalisierung und Popularisierung der Stadtspitze.

Gefragt sind nicht Verlautbarungen sondern die Diskussion

Grundsätzlich dürfen Bürgerversammlungen keine Verlautbarungsveranstaltungen sein, auf denen die Spitzen der Stadt in langen Fachvorträgen die Bürger langweilen und das Bürgerinteresse bereits erloschen ist, bevor die eigentliche Diskussion beginnt. Die Bürger sind auf ihnen nicht bloße Adressaten kommunaler Botschaften, sie sind gerade hier der kritische Partner, dessen Argumente und Fragen ernst zu nehmen und dessen Themenwünsche zu respektieren sind. Das heißt aber durchaus auch, daß die Verwaltung Anregungen zur Diskussion stellt und bereits vor der Bürgerversammlung öffentlich darüber informiert, damit sich die Bürger darauf vorbereiten können.

Bürgerversammlungen für Ortsteile, für die Gesamtstadt, zielgruppenorientiert und themenspezifisch

Bürgerversammlungen in kleineren Städten werden sich wohl immer an die Gesamtheit aller Bürger wenden. Anders in den mittleren und größeren Kommunen. Hier mag es bei übergeordneten Themen ebenfalls entsprechende Informations-

und Diskussionsangebote an alle Bürger geben. Der größere Teil der Bürgerversammlungen aber wird in den Stadtteilen oder Ortsteilen durchgeführt werden, dort also, wo den Bürger direkt der Schuh drückt und wo er in seinem engeren Lebensumfeld betroffen und zudem auch sachkundig ist.

Natürlich sind auch zielgruppenorientierte Bürgerversammlungen notwendig, die vom Thema her nur ganz bestimmte Teile der Bürgerschaft ansprechen. Wer etwa mit Bürgerinnen und Bürgern über Änderungen und Planungen des kulturellen Angebotes diskutieren will wird die Kulturinteressierten einladen und wer über Jugendarbeit informieren möchte die darin Engagierten.

Die allgemeine Bürgerversammlung

Sie findet je nach Stadtgröße für die Ortsteil-, Stadtteil- oder Stadtbewohner insgesamt statt. Auf ihr werden alle die Bürger interessierenden Fragen diskutiert, sie ist also thematisch offen und lediglich durch besondere aktuelle Probleme, Wünsche, Planungen usw. des Ortsteils, des Stadtteils oder der Stadt akzentuiert. In ihr werden auch viele „kleine" Fragen behandelt. Entsprechend groß ist der Verwaltungsaufwand in der Vorbereitung und der Umsetzung der Veranstaltung, denn es kann ja zu „allem" eine Antwort gewünscht oder eine Anregung gegeben werden. Auch die Präsenz der Stadt muß umfangreich sein, sind doch womöglich alle Rats- oder Magistratsmitglieder gefragt und die Amtsleiter zudem als hilfreiche Experten nicht zu entbehren. Diese in regelmäßigen Abständen stattfindende Bürgerversammlung ist die wichtige direkte Kommunikationsmöglichkeit der Stadtspitze und der Verwaltung mit den Bürgerinnen und Bürgern und mit den verschiedensten Vereinigungen.

Die themenspezifische Bürgerversammlung

Eine solche Bürgerversammlung kann aus einem besonderen aktuellen Anlaß, aber auch etwa zur Information und Diskussion über eine grundsätzliche Planung durchgeführt werden. Ein Umweltskandal in einem bestimmten Stadtbereich zum Beispiel mag eine solche Veranstaltung notwendig erscheinen lassen. Es muß schnell gehandelt, aber auch schnell informiert werden. Und das Interesse der Bürgerinnen und Bürger, die sich von möglichen Folgen betroffen wähnen, ist gewiß vorhanden. Umgehende Terminierung, thematische Begrenzung und hohe fachliche Qualität sind in einem solchen Fall die Erfordernisse an die Verwaltung. Die gesamte Stadt und Verwaltungsspitze freilich braucht nicht aufzutreten, denn etwa der Kulturdezernent wird zum Thema kaum etwas beitragen können. Ähnlich auch bei der nicht aus direktem aktuellen Anlaß aber ebenfalls zu einem bestimmten Themenbereich veranstalteten Bürgerversammlung. Sehr häufig geht es dabei um Fragen der Stadtentwicklung und Stadtplanung. Hier wird die Information und Diskussion sich etwa auf den Bebauungsplan und seine Folgen, das neue Wohngebiet und seine Auswirkungen auf die Anwohner, die vorgesehene

Verkehrsplanung und ihre Umsetzung konzentrieren. Der Teilnehmerkreis mag durch das jeweilige besondere Thema mit geprägt sein, insgesamt wird er aber doch wie bei der allgemeinen Bürgerversammlung die Gesamtheit der Bürgerinnen und Bürger in einem bestimmten Ortsbereich oder der Gesamtstadt repräsentieren. Denn als „Betroffene" sehen sich hier ja alle.

Die zielgruppenorientierte Bürgerversammlung

Noch immer zu selten genutzt wird die Möglichkeit einer auf bestimmte Zielgruppen abgestellten Bürgerversammlung, auf der man die besonderen Probleme einer in der einen oder anderen Weise abgegrenzten Gruppe miteinander diskutiert. Etwa die Zielgruppe „Bürgerinnen", also Frauen mit ihren spezifischen Bedürfnissen, Ängsten und Ansprüchen wäre hier zu nennen. Aber auch Eltern können zu einer Bürgerversammlung mit dem Thema Kindertagesstätten, Kinderspielplätze, Kinderkrippen, Kinderbetreuung eingeladen werden. Eine Bürgerversammlung nur für Neubürger, auf der deren Probleme angesprochen werden ist genau so denkbar wie eine für ausländische Bürger zur Diskussion der speziell sie betreffenden Fragen. Wird ein Radwegenetz geplant, können die Radfahrer zu einer Bürgerversammlung eingeladen werden und geht es um den großen zentralen Sportplatz so ist eine Versammlung mit den Mitgliedern der Sportvereine womöglich hilfreich, um rechtzeitig Wünsche und Bedürfnisse dieser Gruppe von Bürgern zu erfragen und mit in die Planung einzubeziehen. Die Liste ließe sich fortsetzen. Bei all diesen Zielgruppenveranstaltungen sind jene Vertreter der Stadt gefragt, die zu ihnen die dauernden Kontakte unterhalten und über ihre Probleme und Ansprüche informiert sind. Wie bei allen anderen derartigen Veranstaltungen sollte, wenn irgend möglich, der Bürgermeister oder Oberbürgermeister teilnehmen, auch wenn der Fachdezernent die detaillierten Auskünfte geben wird.

Informationsunterlagen für die Bürgerversammlung

Bei allen diesen Bürgerversammlungen – jenen für die Bürgerinnen und Bürger ohne thematische oder gruppenbezogene Begrenzung und den sozusagen „spezifizierten" – gibt es die Gefahr von Mißverständnissen und des aneinander Vorbeiredens. Der Informationsstand von Bürgern und von Verwaltung ist unterschiedlich. Die Ausgangspositionen gleichen oft nicht einander. Und die „Fachsprache" der Ämtervertreter und manchmal auch des Kommunalpolitikers, also des Ratsmitgliedes, versteht der interessierte Laie nicht unbedingt. Deshalb sollte zu Beginn der Veranstaltung an alle Teilnehmer eine Information zu den möglichen Themen oder zu dem besonderen Thema der Bürgerversammlung verteilt werden. Sie sollte kurz und verständlich formuliert sein und die wichtigsten notwendigen Daten neben dem erläuternden Text aufführen. Auf diese Information

Die Bürgerversammlung

kann sich dann jederzeit in der Diskussion der Repräsentant der Stadt aber auch der Bürger als sein Partner beziehen. Auch kann die Gelegenheit zur Verteilung weiteren Informationsmaterials genutzt werden. Ein solches „Infopäckchen" wird gerne entgegengenommen. Und zu jeweiligen besonderen Themen können im Saal oder auch im Vorraum in Modellen und auf Tafeln nähere Erläuterungen gegeben werden.

Zentrale und fachorientierte Betreuung

Die Vorbereitung, Durchführung und Auswertung der allgemeinen Bürgerversammlungen sollte zentral durch die Presse- und Informationsstelle erfolgen, selbstverständlich mit der Unterstützung und Zuarbeit der Fachämter. Dort, wo die Pressestelle für eine solche Koordinierungs- und Umsetzungsaufgabe personell nicht ausreichend besetzt ist kann auch das zentrale Verwaltungsamt oder Hauptamt einspringen. Die zielgruppenorientierten und themenspezifischen Bürgerversammlungen können durch die besonders zuständigen Fachämter betreut werden. Bei der werbenden Vorbereitung dieser Veranstaltungen, der Erarbeitung von Informationstexten, der Gesamtorganisation des Ablaufs, der Betreuung der Presse und der Umsetzung der Ergebnisse empfiehlt sich jedoch die Beteiligung der für Presse- und Informationsarbeit zuständigen Stelle.

Die Vorbereitung einer Bürgerversammlung

Der praktische Tip

☑ Festlegung von Termin und Ort

Wegen der langen Vorbereitungszeit muß eine „multithematische" Bürgerversammlung so früh wie nur irgend möglich terminlich festgelegt werden. In großen Städten, die vor allem ja auch ortsteil- und stadtteilbezogene Bürgerversammlungen durchführen als Mittel der örtlichen Nähe zu den Fragen und Themen sollte ein halbes Jahr im voraus die Veranstaltung für jeweils einen durch die Ferienzeit getrennten Halbjahreszeitraum fixiert werden. Und auch kleinere Städte, die womöglich einmal jährlich die gesamte Bürgerschaft zu einer derartigen Veranstaltung einladen tun gut daran, frühzeitig mit den notwendigen Vorbereitungen zu beginnen. Bei ortsteilbezogenen Bürgerversammlungen sollte sich die Reihenfolge grundsätzlich an einem möglichst gleichen zeitlichen Abstand orientieren, also jeder Ortsteil nach etwa dem selben Zeitraum wieder drankommen. Natürlich ergeben sich auf Grund aktueller Entwicklungen Verschiebungen und der eine oder andere Stadtbezirk muß dann eben vorgezogen oder zurückgestellt werden.

Übrigens: besonders geachtet werden sollte darauf, daß am Abendtermin der Bürgerversammlung nicht gerade das hochinteressante Bundesligaspiel oder ein anderes attraktives Ereignis über den Bildschirm läuft oder nahebei stattfindet!

☑ Vorbereitende Recherchen

Am Anfang der Vorbereitungen steht die Recherche in der Verwaltung. Sämtliche Dezernate und Ämter erstellen einen aktuellen Problem- und Leistungskatalog für den Stadtbereich oder Ortsteilbereich. Diese Auflistungen werden vom zentral verantwortlichen Amt miteinander verglichen und abgestimmt und falls nötig zur Ergänzung nachrecherchiert. Zugleich werden Informationen vor Ort bei Vereinen und Bürgergruppen eingeholt und wenn die Stadt auch in Orts- und Stadtteilen eigene Verwaltungseinheiten oder Vertretungskörperschaften hat auch bei diesen.

☑ Vorherige Ortsbegehung

Eine Ortsbegehung zusammen mit kundigen Repräsentanten der Bürger oder auch nur durch Vertreter der Stadtverwaltung bringt direkte Einblicke und ist wichtige Hilfe bei der Vorbereitung. Es empfiehlt sich, daß auch Bürgermeister und Fachdezernenten an einer solchen Begehung teilnehmen. Auf der Bürgerversammlung zahlt es sich in der Diskussion aus, wenn die Vertreter der Stadt Ortskenntnis zeigen und an direkten eigenen Eindrücken anknüpfen können.

☑ Gegliederte Themenliste

Aus den Recherchen und Texten der verschiedenen Ämter wird eine Themenliste zusammengestellt, die nach Sachgebieten gegliedert die wahrscheinlichen Diskussionsbereiche ordnet. Sie wird ergänzt durch die detaillierte Darstellung der seit der letzten Bürgerversammlung erbrachten besonderen Leistungen, durch Vorschläge für die Lösung aktueller Probleme und durch einen Abriß der Planungen der Stadt. Dies alles geschieht thematisch gegliedert, wobei auf den vorgesehenen Ablauf der Bürgerversammlung von vornherein Rücksicht genommen werden sollte. Ein besonders brennendes Problem kann aus der allgemeinen Gliederung herausgenommen und sehr eingehend vorbereitet werden, wenn davon auszugehen ist, daß es eine dominierende Rolle spielen wird.

Die gegliederte und getitelte Zusammenfassung ist Unterlage für den Bürgermeister oder Oberbürgermeister, geht aber natürlich auch allen anderen Hauptgemeindebeamten zu, die auf der Bürgerversammlung zu dem jeweils von ihnen zu verantwortenden Bereich Rede und Antwort stehen müssen.

☑ Werbung und Einladung

Selbstverständlich wird die Bürgerversammlung über die Presse angekündigt, und in der Meldung an die Redaktionen sollten nicht nur Ort und Zeit aufgeführt, sondern auch die voraussichtlichen Themen und Probleme kurz erläutert werden.

In der Stadt bei der zentralen oder im Ortsteil bei der begrenzten Bürgerversammlung werden in jeden Haushalt Handzettel mit der Einladung zur Bürgerversammlung verteilt. Ein Informationsplakat wird an Anschlag- und Werbeflächen ausgehängt. Aber auch der ortsansässige Einzelhandel ist hier ansprechbar und meist gerne bereit, das Plakat im Schaufenster auszuhängen und die Einladungszettel auszulegen.

Bereits vor dieser Werbeaktion werden außerdem die Vereinsvorstände, die Schulleitungen, die Kirchenvorstände und überhaupt alle „Honoratioren" und einflußreichen Gruppen mit einem besonderen Schreiben zur Bürgerversammlung eingeladen und gebeten, diese Einladung auch an die Mitglieder ihrer Vereinigung oder ihren Bekanntenkreis in geeigneter Form weiterzuleiten, also etwa in das Vereinsblättchen aufzunehmen oder im Schaukasten auszuhängen.

☑ Informationsmaterial für die Teilnehmer

Für die Teilnehmer an der Bürgerversammlung soll einfaches Informationsmaterial vorbereitet werden. Eine Zusammenstellung statistischer Daten über den Ortsteil mit kurzer Erläuterung gibt eine allgemeine Grundlage. Daneben ist auch eine Zusammenfassung der in jüngerer Zeit ausgeführten Bauten, der alten und neuen Einrichtungen im Ortsteil wie Kindertagesstätten, Schulen, Krankenpflege usw. eine gute Grundlage für die Veranstaltung, möglichst verbunden mit Angaben über Kosten und ergänzt durch eine Terminvorschau auf den zeitlichen Ablauf der geplanten Maßnahmen.

Ebenfalls in einfacher Form sollte den Bürgern eine Art „Ablaufprogramm" auf den Platz gelegt werden, das für alle derartigen Veranstaltungen in gleicher Weise gültig ist.

Der teilnehmenden Presse werden darüber hinaus neben den Materialien, die alle Teilnehmer erhalten auch Schwarzweißkopien der Dia-Pläne und eine Zusammenfassung der erwarteten Hauptthemen auf ihren Platz gelegt.

Der Ablauf einer Bürgerversammlung

Der praktische Tip

✓ Auf der Bühne die Stadtregierung

Die „Stadtregierung" nimmt an einem langen Tisch auf erhöhtem Podium an der Saalfront, also „auf der Bühne" Platz. Der Hintergrund kann mit einem großen Stadtwappen oder mit Stadtfahnen dekorativ gestaltet werden. Auf keinen Fall vergessen, den Tisch unten mit einer Stoffbespannung abzudecken, damit man nicht die mehr oder weniger schönen Beine der hin- und herrutschenden Ratsvertreter sehen kann und muß. Nach Möglichkeit mehrere Mikrophone auf den langen Tisch stellen, damit die Vertreter der Stadt jeweils von ihrem Platz aus direkt antworten können. Ein zusätzlich neben dem Tisch frei stehendes Mikrophon gibt Gelegenheit für womöglich ausführlichere Einführungen und Erläuterungen.

✓ Die Presse überblickt alles

Die Presse wird schräg seitlich vorne plaziert, so daß die Journalistinnen und Journalisten sowohl die Bürgerinnen und Bürger als auch die Repräsentanten der Stadt sehen können. Die Bürgerinnen und Bürger sind im Saal wie „Zuschauer" in Reihen gegenüber der Bühne oder an Tischen sitzend „quer" plaziert. Wo möglich sollte die Lösung mit Tischen gewählt werden, weil dies eine Bewirtung zuläßt und so zu einer besseren Atmosphäre beiträgt. In einem freien Gang in der Mitte sind zwei bis drei Standmikrophone aufgestellt, von denen aus die Bürgerinnen und Bürger in Richtung Podium ihre Fragen stellen können. Die Mikrophone mit großen Schildern numerieren, damit die Tonaufzeichnung sich bei der Umschaltung orientieren kann. Die Diaprojektion sollte auf eine Leinwand links oder rechts vom Podium erfolgen, die seitlich eingewinkelt ist.

✓ Eröffnung der Veranstaltung

Der Bürgermeister eröffnet als Versammlungsleiter die Bürgerversammlung, begrüßt namentlich die örtliche Prominenz und stellt die Repräsentanten der Stadt vor. Insbesondere weist er noch einmal auf die schon verteilten „Regeln" hin wie Redezeit, Saalmikrophone, Diaabruf usw.

✓ Themenaufruf und Themenfolge

Der Bürgermeister teilt die Themenabfolge mit. Dabei sollten am Anfang Fragen der Planung und des Verkehrs stehen. Sie sind erfahrungsgemäß am meisten gefragt und diskutiert. Aber auch ein Sonderthema, das die Bürgerinnen und Bürger aktuell beschäftigt, kann an den Beginn gesetzt werden. Auf Planung und Verkehr folgen dann Kinder und Jugend, Schule und Sport, Soziales und Gesundheit, Versorgung und Entsorgung, Kultur und Sonstiges als gegliederte Themen. Die Themenaufgliederung verhindert chaotische langdauernde Diskussionen, gibt der Stadt Gelegenheit zu kurzen einführenden oder abschließenden Darstellungen und erleichtert auch die damit vorstrukturierte Auswertung.

☑ *Worterteilung und Veranstaltungsschluß*

Zu Fragen und Diskussionsbeiträgen erteilt der Bürgermeister das Wort. Ebenfalls fordert er die Vertreter des Rates oder der Verwaltung auf zu Erläuterungen und Ergänzungen. Der Bürgermeister schließt die Veranstaltung, wobei sie soweit irgend vertretbar als „Open-end-Diskussion" geführt werden sollte. Wenn allerdings die Teilnehmer zunehmend den Saal verlassen und die wichtigsten Themen behandelt sind sollte etwa durch eine „Abstimmung" aller Versammelten die Bürgerversammlung beendet werden.

☑ *Auswertung der Bürgerversammlung*

Die Auswertung des Tonbandmitschnitts erfolgt zentral durch kurze wörtliche Auszüge der nicht beantworteten Fragen oder durch systematisierte Zusammenfassungen der jeweiligen Auskunftswünsche. Sie werden an die zuständigen Ämter zur Stellungnahme oder mit der Aufforderung zu einem Antwortentwurf gegeben. Da bei manchen Fragen mehrere städtische Stellen zu beteiligen sind und zudem die Stadt auch nach draußen als „Gesamtheit" auftreten sollte wird die endgültige Antwort von dem für die Bürgerversammlungen verantwortlichen Amt verfaßt und als Bürgermeisterbrief dem Bürger zugeschickt.

☑ *Nachbereitung und Umsetzung*

Die Nachbereitung der Bürgerversammlung sollte aber auch gegenüber den örtlichen Vereinen und Gruppierungen, gegenüber der Presse und der Öffentlichkeit erfolgen. Sie alle werden über umgesetzte Anregungen genauso informiert wie darüber, warum manche der gemachten Vorschläge nicht zu verwirklichen sind. Hierfür ist ein fixer Termin vorzusehen, zu dem die Stellungnahmen aus der Verwaltung vorliegen müssen. So ist es möglich, zusammengefaßt und verdichtet zu informieren.

*Informationszettel
für die Bürger
zum geplanten Ablauf
der Bürgerversammlung*

Zu Beginn einer Bürgerversammlung wird der die Veranstaltung leitende Bürgermeister die Bürgerinnen über den vorgesehenen Ablauf informieren. Zusätzlich empfiehlt es sich, den Teilnehmern einen Hinweiszettel auf den Platz zu legen. Er kann im übrigen mit einigen Begrüßungsworten des Bürgermeister verbunden werden, der in einem kurzen Einleitungstext seiner Freude über das Interesse an der Veranstaltung Ausdruck gibt und den Bürger und die Bürgerin herzlich willkommen heißt. Hier der Textvorschlag für den Informationszettel:

> Herzlich willkommen
> auf der Bürgerversammlung!
>
> Wir freuen uns auf die Diskussion mit Ihnen. Gerne informieren wir Sie und beantworten Ihre Fragen. Auch für Kritik sind wir dankbar. Sie kann eine wichtige Hilfe bei unserer Arbeit im Rathaus sein.
>
> Die Bürgerversammlungen bedürfen wie jede Veranstaltung eines bestimmten Rahmens. Hier kurzgefaßt die wichtigsten Regeln. Sie sollen für einen reibungslosen Ablauf sorgen und sicherstellen, daß möglichst viele Themen ausreichend erörtert werden können.
>
> 1. Die jeweilige Frage- oder Redezeit ist auf fünf (zehn) Minuten begrenzt. Dies geschieht, damit möglichst viele Bürgerinnen und Bürger die Möglichkeit zu Fragen und zur Kritik haben. Und auch, weil nur so eine lebendige Diskussion an Stelle langweiliger Monologe möglich ist.
>
> 2. Jeder Teilnehmer kann selbstverständlich den Vertretern der Stadt längere Texte über sein Anliegen überreichen. Er sollte sie aber nicht verlesen, sondern seine Sache frei vortragen.
>
> 3. Die gesamte Bürgerversammlung wird auf Tonband mitgeschnitten, damit keine der Anregungen verlorengeht und die berechtigte Kritik von der Stadt berücksichtigt werden kann. Dies geschieht aber auch, weil die eine oder andere Frage durch die Vertreter der Stadt nicht an diesem Abend beantwortet werden kann und weitere Nachforschungen erforderlich sind. Deshalb wird gebeten, vor Beginn des eigenen Dikussionsbeitrages vor dem Mikrophon Name und Adresse zu nennen. Nur so kann auf die Frage falls nötig auch eine schriftliche Antwort gegeben werden.
>
> 4. Die Stadt hat einige Dias zu Planungen vorbereitet und auch ein Dia mit dem Stadtteilplan/Stadtplan steht zur Verfügung. Umseitig sind diese Dias aufgelistet. Sie stehen auf Abruf für Erläuterungen Ihrer Fragen, Anregungen und Kritik zur Verfügung. Bitte rufen Sie das gewünschte Dia ab.

Gemeinsam etwas unternehmen

Die Bürgerversammlung, so haben wir gesehen, ist eine wichtige Möglichkeit für Diskussion und Gespräch mit dem Bürger. Eines ist freilich auf ihr nicht möglich: ein Problem vor Ort anschaulich diskutieren oder die besondere Leistung der Stadt direkt am Objekt erläutern. Und bei der ja oft großen Zahl von Teilnehmern an einer Bürgerversammlung wird auch für viele nicht so diskussionsgewohnte Bürger die Chance, ihre eigene Ansicht vorzutragen und Fragen zu stellen recht gering sein.

Vor Ort direkt mit den Bürgern etwas in Augenschein nehmen

Mit einem Angebot von Besichtigungen, Führungen und Rundfahrten kann hier die Kommune „augenscheinlich" ins Gespräch mit den Bürgern kommen, vor Ort diskutieren und präsentieren und gewiß oft leichter Verständnis finden als bei der Auseinandersetzung im überfüllten heißen Saal. Die Anlässe können genauso verschieden sein wie der anzusprechende Interessentenkreis. Mag es sich einmal um die Besichtigung eines herausragenden Einzelobjektes handeln so wird es ein andermal ein Rundgang durch einen ganzen Stadtteil sein und werden im einen Fall alle Bürger angesprochen so ist es womöglich in einem anderen nur eine interessierte Gruppe.

– Besichtigung kommunaler Neubauten

Kommunale Neubauten wie Gemeinschaftshäuser, Kindergärten, Museen und überhaupt alle derartigen Objekte, die für die Bürger interessant sind werden direkt nach der Fertigstellung oder aus Anlaß der Eröffnung in Führungen den Bürgern vorgestellt.

– Erläuterung von Planungsvorhaben

Planungsvorhaben etwa im Bereich Verkehr, Grün und Wohnungsbau werden auf Rundgängen durch das Planungsgebiet im einzelnen erläutert. Nicht nur mit Modellen und Planzeichnungen, sondern auch durch montierte „Baukörperbegrenzungen", durch aufgebrachte Grundrißmarkierungen und Straßenabgrenzungen können dabei die künftigen realen Dimensionen der Planung verdeutlicht werden.

– **Präsentation
von Versorgungs- und
Entsorgungseinrichtungen**

Einrichtungen, die der Versorgung und Entsorgung dienen und zumeist Bezug zum Umweltschutz haben, werden präsentiert. Etwa die Besichtigung der Kläranlage, der Besuch des Trinkwasserspeichers, die Führung über die Müllverwertung können hier angeboten werden, verbunden mit Erläuterungen der vorgesehenen Verbesserungen, der Schwierigkeiten und des möglichen Beitrags der Bürger selbst zu einer besseren Umwelt durch ihr Verhalten.

– **„Blick hinter die Kulissen"**

Die Bürger werden eingeladen, einen Blick hinter die Kulissen der Stadt zu tun. Sie können den Restauratoren im Museum zuschauen, die Kleiderwerkstatt des Theaters besichtigen und sich in der Kelterei des städtischen Weingutes umsehen, zum Beispiel.

– **Vielfältigkeit
städtischer Aufgaben
demonstrieren**

Auf Rundgängen oder auch Rundfahrten werden mehrere städtische Angebote und Einrichtungen besucht und erläutert, die entweder im Zusammmenhang miteinander stehen oder die Vielfältigkeit städtischer Aufgaben und Leistungen demonstrieren, also Kultur, Wirtschaft, Verkehr, Versorgung usw. jeweils an einzelnen Demonstrationsobjekten verdeutlichen. Solche Rundgänge in kleineren Städten oder Rundfahrten in größeren Kommunen können auch Teil des Programms der anderorts erläuterten „Tage der offenen Tür" sein.

– **Der historische
Stadtrundgang**

Auf einem historischen Rundweg durch die Stadt wird die besondere Geschichte der Heimatstadt den Bürgern erläutert. Dabei sollte nicht nur das längst Vergangene präsentiert, sondern auch ein Übergang in die jüngste Vergangenheit und die Gegenwart gefunden werden, um so Kontinuität zu demonstrieren.

– **Wanderung
durch das Stadtgrün**

Rundwanderungen durch Grünanlagen und Stadtwald vermitteln die Natur in der Stadt und ihre Bedeutung für die Bürger. Eine gute Möglichkeit auch, etwas über Naturschutz und Umweltschutz am Beispiel zu verdeutlichen.

– **Ein Rundblick
über die Stadt**

Der Rundblick über die eigene Stadt vom höchsten Turm oder höchsten Gebäude aus wird bei den Bürgern Interesse finden, wenn er von dort aus seine Stadt nicht nur optisch als Ganzes wahrnehmen kann, sondern auch den städtischen und historischen Zusammenhang der einzelnen Teile miteinander vom Stadthistoriker und Stadtplaner fachkundig erläutert bekommt.

– **Das interessante „Luftbild"**

Noch attraktiver womöglich das Luftbild, das sich jeder selber machen kann. Ob beim Rundflug mit dem Flugzeug oder vom schwebenden Ballon aus, von ganz oben hat bislang der Bürger seine Stadt kaum betrachten können. Und deshalb wird ein solches Angebot, für das er auch zahlen soll, nachgefragt werden.

Kundige Erläuterungen zum jeweiligen Thema

Bei all diesen Rundgängen, Rundfahrten und Rundflügen sollten immer zum jeweiligen Thema kundige Erläuterungen gegeben werden. Und im einen oder anderen Fall, vor allem bei den Rundgängen und Besichtigungen von speziellem kommunalen Interesse wie Planungsvorhaben, Umweltschutz, Stadtbetriebe und Neubauten sollte der Bürgermeister oder zumindest das zuständige Ratsmitglied selbst die Führung mit übernehmen, unterstützt natürlich von Fachleuten aus der Verwaltung. Und soweit irgend möglich sollte auch erläuterndes Material verteilt werden.

Die Mitarbeiter mit ihrer Stadt vertraut machen

Ein Teil dieser Besichtigungsangebote kann spezialisiert an ganz bestimmte ausgewählte Gruppen gerichtet werden und diesen dann vorbehalten sein. Wichtig etwa, die eigenen Mitarbeiterinnen und Mitarbeiter mit „ihrer Stadt", deren Interessen sie ja vertreten sollen, tiefer vertraut zu machen. So sollte ein Rundgang durch die städtischen Ämter und Einrichtungen unter sachkundiger Führung und mit kurzer Begrüßung durch den jeweils verantwortlichen Stadtvertreter auf jeder wichtigen Station zur Pflicht gehören, gibt er doch den Mitarbeiterinnen und Mitarbeitern einen anschaulichen Einblick in die unterschiedlichsten Aufgaben der Stadtverwaltung und ihre Umsetzung und stellt die eigene Arbeit in den größeren Zusammenhang.

Wichtige Zielgruppen zu Informationsbesuchen einladen

Aber auch wichtige Zielgruppen innerhalb der Stadt und solche von außerhalb können mit derartigen Informationsbesuchen und Informationsgängen durch die Stadt und ihre Einrichtungen positiv beeinflußt werden. Die Vertreter des einheimischen Gewerbes zum Beispiel sind vielleicht besonders an den Entsorgungs- und Versorgungseinrichtungen der Stadt interessiert, die Hoteliers und Gastwirte sollte man zu dem historischen Stadtrundgang einladen, denn ihre touristische Kundschaft kommt auch der schönen Altstadt halber und die Vertreter der Wirtschaft werden womöglich durch den Blick hinter die Kulissen der Kultureinrichtungen dazu motiviert, gelegentlich als Sponsor und Spender aufzutreten. Derartige Sonderführungen sollten allerdings in geeigneter Weise vorbereitet werden und ablaufen. Die Begrüßung durch das „Stadtoberhaupt" am Beginn, aber auch ein kleiner Empfang mit Umtrunk oder bei nur wenigen Teilnehmern sogar eine weitergehende Bewirtung sollten ergänzend hinzukommen. Und: natürlich nicht die „persönliche" Einladung des Oberbürgermeisters oder Bürgermeisters vergessen.

Als Stadt auf möglichst vielen Veranstaltungen vertreten sein

Besuche können erwidert werden. Und so sollte denn der Rat oder Magistrat einer Stadt auf möglichst vielen Veranstaltungen in und auch außerhalb der Stadt vertreten sein. Er kann zudem selbst immer wieder sein Interesse an Besuchen und Besichtigungen bekunden und auf geeignetem Wege derartiges auch anregen. Und von Ausnahmen abgesehen sollten diese Besuche und Besichtigungen in Betrieben und Behörden, bei Verbänden und Vereinen auch presseöffentlich sein, so daß eine Öffentlichkeitswirkung im Sinne der Stadt garantiert ist.

Auch bei kritischen Anlässen sich vor Ort informieren

Bei einem guten Teil dieser Besuche und Besichtigungen wird es sich um positive Anlässe handeln. Die neuen Werkanlagen werden im Rohbau vorgeführt und ihre künftige Gestalt im Modell präsentiert, eine technische Einrichtung zum Lärmschutz wird demonstriert und die besonders schöne Grüngestaltung um den Betrieb herum gezeigt und was es sonst noch alles zu bewundern gibt. Aber auch der kritische Besuch im Konfliktfall kann angesagt sein. Etwa wenn Umweltschutzmängel bekannt geworden sind, eine Planung im Detail geändert wurde oder Beschwerden der Anwohner wegen erheblicher Belästigungen ihrer Wohnruhe laut geworden sind. Hier sich demonstrativ über die Situation informieren und vor Ort seine Meinung dazu sagen steht dem Vertreter der Stadt wohl an. Und wenn zum Schluß eine vorher oder beim Besuch abgesprochene einigermaßen positive Lösung des Problems verkündet werden kann wird die Visite des Bürgermeisters auch draußen als erfolgreich angesehen.

Willkommen lieber neuer Bürger

Der praktische Tip

✓ Integration durch Information und Zuwendung

In großen Städten zählen sie jährlich oft nach zehntausenden, in mittleren sind es vielleicht einige tausend und in den kleineren nur ein paar hundert: die Neubürger. Allen gemeinsam ist, daß sie zumeist nur wenig über ihre neue Heimatstadt wissen. Sie stehen ihr oft kritisch gegenüber und haben einen entsprechend großen Informationsbedarf. Eine interessante Zielgruppe.

Integrationszeit durch Information und persönliche Zuwendung zu verkürzen heißt zugleich, Vorbehalte und womöglich sogar vorhandene Vorurteile schneller ab- und ein positives Bild der Stadt eher aufzubauen.

✓ Der besondere Neubürgerset

Der allererste Kontakt mit der Stadt auf der Meldestelle oder sonstwie im Rathaus sollte zur Begrüßung und zum Informationsangebot genutzt werden. Ein besonderer Neubürgerset wird dem Ankömmling überreicht. Er besteht aus einer Neubürgerillustrierten oder einem Begrüßungsschreiben des obersten Repräsentanten der Stadt, aus den besonderen Angeboten der Stadt für die Neubürger, aus speziell auf die Bedürfnisse von Neuankömmlingen zugeschnittenem Informationsmaterial und aus dem vorhandenen allgemeinen städtischen Informationsmaterial. Das alles in einer Neubürgerbegrüßungsmappe verpackt, die außen deutlich sichtbar den „Herzlichen Willkomm" signalisiert.

✓ Neubürgerillustrierte zur Erstinformation

Die Neubürgerillustrierte bringt als Aufmacher den Willkommensgruß des „Stadtoberhauptes", natürlich mit einem entsprechenden Foto. Auf die erste Seite gehört außerdem ein die Stadt „symbolisierendes" Bild etwa des alten Rathauses, eines bestimmten Denkmals oder Brunnens, einer Stadtpassage am Fluß oder ganz einfach eine Totale von der Stadt.

Auf den weiteren Seiten werden dann an einigen Beispielen der besondere Dialekt oder Spracheigentümlichkeiten, folkloristische Eigenarten und überhaupt die Menschen in der Stadt vorgestellt. Geschichte, Sport, Kultur und Wirtschaft der neuen Heimatstadt werden in weiteren kurzen illustrierten Texten präsentiert. Und natürlich nicht die Freizeitmöglichkeiten, das „Shopping" und die Gastronomie vergessen. Ansprechpartner für das Vereinsleben werden benannt, der Stadtservice erläutert und der Weg für weitere Informationen aufgezeigt. Besondere Tips und eine Übersicht wichtiger Institutionen schließen das Heft ab.

✓ Jährliche Aktualisierung

Eine solche Neubürgerillustrierte muß natürlich stets aktualisiert und die Auflage deshalb auf den Einjahresbedarf abgestellt werden. Für kleinere Städte wird sich der Aufwand kaum lohnen, sind doch die Gestehungskosten nur durch eine entsprechende Auflage zu rechtfertigen. Hier tut es denn auch das persönliche Begrüßungsschreiben des Stadtoberhauptes. Es sollte übrigens genauso wie die Neubürgerillustrierte obenauf im Begrüßungspaket liegen.

✓ Weiteres Infomaterial beifügen

So ziemlich alle interessanten Stadtprospekte und Stadtbroschüren sollten dem Paket beigefügt werden. Für den Neubürger ist der Fremdenverkehrsprospekt in gleichem Maße interessant wie für den Touristen, ist er doch ebenfalls „neu" in die Stadt gekommen. Und die Bürgerbroschüre mit Erläuterungen städtischer Leistungen geht ihn genauso an wie seine schon lange ansässigen Mitbürger. Auf keinen Fall vergessen werden sollte übrigens der Stadtplan, ein Fahrplan des öffentlichen Nahverkehrs und eine Zusammenstellung der wichtigen Kultur-, Sport-, Volksfest- und anderen interessanten Veranstaltungstermine. Informationen über Vereine, Kirchen und öffentliche Institutionen runden das Informationsangebot ab.

✓ Neubürgerwettbewerb

Beigefügte kleine Stadtgeschenke erhalten bekanntlich die Freundschaft. Und ein im Neubürgerset ausgeschriebener „Neubürgerwettbewerb", bei dem etwa berühmte „X-Städter" zu identifizieren oder ortsspezifische Besonderheiten zu erraten sind, kann das Interesse an der neuen Heimatstadt wecken. Der Preis natürlich eine besonders ortsbezogene Spezialität.

Doch nun zu den Einzelaktivitäten. Hier einige Anregungen, die je nach den örtlichen Voraussetzungen zu beurteilen sind und sicher durch viele weitere Angebote ergänzt werden können:

✓ Neubürgerpaß mit Schnupperangebot

Ein besonderer „Neubürgerpaß" berechtigt zeitlich begrenzt zum ermäßigten oder sogar kostenlosen Besuch städtischer Einrichtungen wie Museen, Theater, Schwimmbäder usw. der neuen Heimatstadt. Da sich bei einer solchen Regelung die Altbürger womöglich zurückgesetzt fühlen ist auch ein „Schnupperangebot für Neubürger" mit gleicher Zielrichtung denkbar. Es umfaßt jeweils eine kostenlose „Schnupperkarte" für einen Museumsbesuch, eine Theateraufführung, einen Schwimmbadbesuch usw.

☑ Neubürgerparty

Nach Ablauf eines jeden Jahres lädt die Stadt zu einer „Neubürgerparty" ein, auf der die neuen Bürger die besondere Lebensart ihrer neuen Heimatstadt kennenlernen. Prominente Bürgerinnen und Bürger der Stadt, Folkloregruppen und bekannte heimische Künstler sind mit dabei. Für große Städte kann eine solche Party auf Schwierigkeiten stoßen, ist doch die Zahl der Einzuladenden groß. Durch eine Verlagerung in die Stadtteile oder eine Wiederholung der Party kann dies womöglich gelöst werden. Und nicht jeder Neubürger kommt ja auch zu solch einer Party, so daß sich die Gästezahl auf ein faßbares Maß reduziert.

☑ Neubürgerführung

Den Neubürgern werden besondere Führungen und/oder Rundfahrten durch ihre neue Heimatstadt angeboten. Die Mithilfe von Heimatvereinen oder besonders engagierten und kenntnisreichen „Altbürgern" sollte dafür in Anspruch genommen werden. Sind solche Touren nicht zu organisieren tut es vielleicht auch die modifizierte Stadtrundfahrt des Fremdenverkehrsbüros.

☑ Begrüßungsabend

Begrüßungs- und Informationsabende für Neubürger, auf denen sich die Stadtspitze vorstellt, Hinweise auf Angebote und Einrichtungen gegeben, Fragen beantwortet und Probleme der Neubürger diskutiert werden. Ein kurzer Stadtfilm zu Beginn, eine kleine Ausstellung über die neue Heimatstadt, Stände mit Angebot von heimischen Spezialitäten oder auch von Büchern über die Stadt können einen solchen Abend ergänzen. Im übrigen kann dieser Begrüßungs- und Informationsabend auch mit der Neubürgerparty verbunden werden oder diese ersetzen.

☑ Vereine laden ein

Eine Aktion „Vereine laden Neubürger ein" zur möglichen Einbindung in und Anknüpfung an vorhandene Gruppen in der neuen Heimatstadt. Je nach der Zahl der Vereine sollte eine solche Vereinspräsentation entweder „fachspezifisch" getrennt nach Sparten oder gemeinschaftlich vorgenommen werden.

☑ Andere Aktivitäten

Ganz ähnliche Aktivitäten von Kammern und Verbänden, Gewerkschaften und Vereinigungen hin zu möglichen neuen „Kunden" oder zu den zugezogenen Mitgliedern sind denkbar und stärken gewiß mit die Einbindung des Neulings in die Stadt.

☑ *Neubürgerpatenschaften*

Und schließlich mag es sogar möglich sein, „Patenschaften" für Neubürger zu vermitteln. Nicht etwa mit dem Ziel einer besonderen Fürsorge oder Hilfe, sondern mit der Absicht, in den ersten Wochen und Monaten hilfreich beim Eingewöhnen insgesamt zu sein. Und da ja der Fremde Heimat oft über Menschen findet und der Einheimische durchaus auch einmal gerne fremde Menschen kennenlernt ist eine solche Anregung vielleicht umsetzbar. Und wenn auch, weil sich nur wenige Paten finden, nicht immer quantitativ erfolgreich demonstriert sie doch qualitativ nach draußen für Neu- und Altbürger das Bemühen, die Integration zu verbessern.

☑ *Migrantenwegweiser*

In diesem Umfang stellen solche Aktivitäten erst einmal auf die deutschsprachigen Neubürger ab. Gleiche oder ähnliche Veranstaltungen lassen sich aber auch für Migranten durchführen. In Zusammenarbeit mit ihren örtlichen Vereinigungen lassen sich auch hier Möglichkeiten der schnelleren Eingewöhnung in eine Stadt verwirklichen. Auf jeden Fall sollte jede große Stadt einen Wegweiser in den Hauptsprachen der Migranten vorrätig halten und ausgeben, der alles Wissenswerte über Behörden und Organisationen, Geschichte und Kultur, kurzum über die neue Stadt enthält.

Mach mit beim Stadtwettbewerb

Der praktische Tip

✓ Ein wirkungsvolles Werbeinstrument

Bürgerwettbewerbe sind, genauso wie etwa Wettbewerbe für die einheimische Wirtschaft oder den Einzelhandel ein wirkungsvolles Werbeinstrument. Die Menschen oder auch die angesprochenen Institutionen werden motiviert, sich mit einer Stadt intensiver zu befassen. Und das heißt, sie informieren sich über den Wettbewerbsgegenstand, also die beworbene Stadt. Des weiteren bringen derartige Wettbewerbe oft auch durchaus verwertbare Ergebnisse, vor allem wenn Ideen für kommunale Aktivitäten gesucht werden. Manche Vorschläge können umgesetzt werden und machen damit in einer sozusagen zweiten Phase den Wettbewerb zu einer fortwirkenden Werbemaßnahme.

Und schließlich garantiert der Wettbewerb in seinen verschiedenen Stufen eine Öffentlichkeitswirkung. Seine Auslobung und sein Thema, die Vorschläge und die Antworten der Wettbewerbsteilnehmer, die Auswertung und das Ergebnis, die Vorstellung und die Würdigung der Gewinner und die Ausarbeitung und die Umsetzung bringen öffentliche Resonanz über einen längeren Zeitraum hinweg.

✓ Werbung für den Wettbewerb

Ein Wettbewerb ist zudem recht preiswert zu haben: Gewinne müssen ausgesetzt werden, aber „dabeisein ist alles" und so können sie je nach Größe der Stadt auch bescheiden sein. Wenn die Berichterstattung im Lokalblatt nicht ausreicht muß noch eine Anzeige mit den Wettbewerbsbedingungen geschaltet werden. Diese „Ausschreibung" des Wettbewerbes soll auch im Rathaus oder in der Bürgerberatung an Interessierte abgegeben werden. Die Auflistung auf einem DIN-A-4-Bogen genügt. Und wer's groß herausbringen will plakatiert den Wettbewerb zusätzlich über Plakate im Stadtgebiet. Bei Wettbewerben mit ganz bestimmten Zielgruppen kann im übrigen auch deren Hilfe mit in Anspruch genommen werden. Der Einzelhandel genauso wie ein Berufsverband werden in ihren Publikationsorganen und auf ihren Veranstaltungen sicher gerne über einen Wettbewerb berichten, der sich an ihre Mitglieder richtet.

✓ Preise mit Stadtbezug

Noch einiges zu den Preisen. Sie sollten einen bestimmten Bezug zur Stadt haben. Ein Besuch in der Partnerstadt, eine Einladung zu einem Aufenthalt in der eigenen Stadt bei einem Außenwettbewerb, das Bild eines einheimischen Künstlers, ein besonderes Produkt des ansässigen Gewerbes etwa transportieren den Stadtbezug hin zum Gewinner und zur Öffentlichkeit. Und womöglich kosten sie die Stadt nichts oder nur wenig, findet sich doch für einen solchen Preis leicht ein Sponsor, ein Stifter, der seiner gegenwärtigen oder auch früheren Heimatstadt gern einmal hilft. Vor allem dann, wenn er gelegentlich oder ganz offiziell auch genannt wird.

☑ *Die Trostpreise nicht vergessen*

Trostpreise soll es neben den drei Hauptpreisen natürlich auch geben. Geeignet sind hier die kleinen werbenden Geschenke, die an anderer Stelle beschrieben werden. Aber ebenfalls Besuche in Theateraufführungen, so es denn eine Bühne gibt oder Dauerabonnements für bestimmte Eintrittskarten in andere städtische Einrichtungen können diesen Zweck erfüllen. Bei kleineren und mittleren Städten und bei einem Thema, das keine Riesenbeteiligung erwarten läßt, können sogar alle Teilnehmer mit einer Anerkennung, einem Kleinstpreis sozusagen, belohnt werden.

☑ *Preisübergabe durch den Bürgermeister*

Auf jeden Fall sollen die Gewinner und womöglich auch alle anderen Teilnehmer an einem solchen Wettbewerb zur Preisübergabe in das Rathaus eingeladen werden. Dort auch kann dann der Bürgermeister nicht nur für das Mitmachen danken, sondern die einzelnen preisgekrönten Arbeiten entsprechend würdigen. Und, nicht zu vergesesen, die Auswahl der Preisträger sollte durch eine kleine Jury erfolgen, der neben Vertretern der Stadt auch fachkundige Bürgerinnen und Bürger angehören.

Vorschläge für Stadtwettbewerbe

☑ *Das schönste Schaufenster*

Der Wettbewerb wendet sich an den einheimischen Einzelhandel und fordert dazu auf, Schaufenster mit Bezug auf die Stadt zu dekorieren. Er kann allgemein gehalten sein oder aber ganz bestimmte geschichtliche Ereignisse, spezifische Eigenschaften der Stadt, eine gewünschte kommunale Aktivität zum Gegenstand haben. Das Wettbewerbsthema kann also vom Stadtjubiläum bis zum großen bevorstehenden Turnerfest reichen. Prämiert werden die Schaufenster, die am ansprechendsten und am besten werbend die Stadt präsentieren.

☑ *Die beste Bürgeridee*

Gesucht werden Bürgerideen zu ganz bestimmten Themen. Ein Wettbewerb also, der in jeweils verschiedenen Zielrichtungen auch wiederholt werden kann. Mit dem Wettbewerb „X-Stadt für die X-Städter" wird gefragt, was die Bürger selbst tun können, damit ihre Stadt noch liebenswerter wird. „X-Stadt für Gäste" fragt, was man machen kann, damit sich Fremde wohler in der Stadt fühlen und mag für Tourismus- und zentrale Geschäftsstädte interessant sein. „X-Stadt für junge Leute", „X-Stadt für Senioren" oder „X-Stadt für die Kinder" sucht Vorschläge für diese bestimmten Altersgruppen, wobei die Jugendlichen, Eltern und alte Menschen bei diesen Wettbewerben jeweils speziell angesprochen werden können.

Und eine Kommune, die weit über die Landesgrenzen hinauswirken will und muß, kann natürlich auch mit dem Wettbewerb „X-Stadt und die Welt" fragen, was denn die Bürger und natürlich auch die Stadt noch alles tun könnten, damit man draußen mehr bekannt wird und ein gutes Image hat. Die Reihe ließe sich fortsetzen. Sie hat den Vorteil, daß die Teilnehmer am Wettbwerb zugleich auch in ihrem Eigenengagement motiviert werden und Verantwortung für ihre Stadt übernehmen.

☑ *Die tollsten Hobbykünstler*

Der Übergang zwischen Hobby und Kunst ist oft fließend. Und in jeder, wohl auch der kleinsten Stadt gibt es Bürger, die ihre Stadt mehr oder weniger gelungen in Wort und Bild festhalten. Hier kann eine andere Wettbewerbsserie ansetzen. Gesucht wird „Der beste X-Stadt-Film", „Das stimmungsvollste X-Stadt-Bild", „Das schönste Farbdia von X-Stadt" und „Die interessanteste X-Stadt-Geschichte". Bei diesen Wettbewerben, die bei Hobbyfilmern oder Hobbyfotografen, Heimatschreibern oder Heimatmalern Interesse finden können, sollte in die Jury jeweils ein Vertreter einer betreffenden Vereinigung, so sie existiert oder ein „professioneller" Künstler mit aufgenommen werden. Und die Preise können „hobbygerecht" sein, also aus dem für die Realisierung des Hobbys notwendigen Arbeitsmaterial stammen.

☑ *Der freundlichste Mitarbeiter*

Stadtverwaltungen haben ja nicht immer von vornherein den Ruf, besonders bürgeroffen und bürgerfreundlich zu sein. Hier gilt es auf der einen Seite die eigenen Mitarbeiterinnen und Mitarbeiter entsprechend zu motivieren, auf der anderen aber auch Anerkennung für vorhandene positive Verhaltensweisen deutlich zu machen. Ein Wettbewerb „Wir suchen den freundlichsten Mitarbeiter" kann diesem Ziele dienen. Die Bürgerinnen und Bürger können auf einer Karte, die an den Stellen mit Publikumsverkehr abgegeben wird, jenen Stadtmitarbeiter eintragen, den sie besonders positiv beurteilen. Preise gehen an die Mitarbeiterinnen und Mitarbeiter, die die meisten „Stimmen" erhalten haben. Unter allen Bürgerinnen und Bürgern, die eine Wettbewerbskarte ausgefüllt und abgegeben haben, werden ebenfalls Preise ausgelost. Ein solcher Mitarbeiterwettbewerb läßt sich auch auf Einzelbereiche der Verwaltung konzentrieren, so daß etwa der „Höflichste Busfahrer", die „Netteste Krankenschwester" usw. gesucht wird. Ein solcher Wettbewerb sollte wegen seiner verwaltungsinternen Wirkungen gut überlegt sein. Gegenüber dem Gewinner fühlen sich Kolleginnen und Kollegen womöglich zurückgesetzt. Deshalb sollte es auf keinen Fall nur „einen Gewinner", sondern mehrere Preisträger geben.

☑ *Werber für die Stadt*

Gute Werbung lebt von Ideen, Einfällen, neuen Wegen. Wettbewerbe können hier Anregungen und umsetzbare Lösungen bringen. Gute Einfälle haben nicht nur die Bürgerinnen und Bürger, sondern natürlich auch die professionellen Werber. In größeren Städten, vor allem auch solchen mit einer respektablen einheimischen Werbewirtschaft und deren Anhängseln wie Graphikern, Textern, Fotografen usw. kann sich ein solcher Wettbewerb ausschließlich an diese Gruppe richten. Hier genauso wie in allen anderen Städten kann er sich aber auch an alle Bürgerinnen und Bürger wenden, erbringt die Phantasie und Kreativität der Stadtbewohner selbst doch recht interessante Vorschläge. Gesucht werden kann mit einem solchen Wettbewerb eine „Idee für einen X-Stadt-Slogan", also für eine kurze und treffende Aussage zur Besonderheit und Attraktivität der Stadt. Etwas anspruchsvoller dann die Aufforderung, die „Idee für eine X-Stadt-Kampagne" zu umreißen, also eine in sich geschlossene Aktivität für eine positive Außendarstellung der Stadt vorzuschlagen. Einfacher zu finden die „Idee für ein X-Stadt-Geschenk", mit dem Besucher und Bürger aus besonderem Anlaß bedacht werden sollen oder die „Idee für ein X-Stadt-Plakat", das die Heimatstadt in geeigneter Form draußen präsentiert. Derartige Wettbewerbe liefern übrigens tatsächlich umsetzbare Anregungen. Und es ist schön, wenn die werbenden Aktivitäten einer Stadt mit dem Hinweis versehen werden können, Bürgerinnen und Bürger hätten selbst die „Idee" dafür gehabt.

✓ *Firmenwerbung*

Nicht nur die Stadt selbst wirbt für die Stadt. Auch Unternehmen verbinden ihren Firmensitz oft mit ihrer Werbung. Und über Stadtwettbewerbe kann dies „honoriert" werden. Voraussetzung ist freilich, daß eine größere Zahl von Betrieben und Unternehmen eine über die Stadtgrenzen hinausgehende Werbung betreibt. In solch einem Fall kann die im Sinne einer Stadt „Beste Auslandswerbung" etwa im Hotelgewerbe, im Tourismusbereich, im Bankenwesen, im Verkehrswesen oder von Betrieben überhaupt prämiert werden unter dem Aspekt, wie in ihr die Stadt mit dargestellt wird. Auch das „Besondere Firmengeschenk" kann preisverdächtig sein, wenn es als Repräsentationsgabe oder als Kundenpräsent in besonders netter und positiver Weise einen Bezug zur Herkunftsstadt hat. Und schließlich sollten in eine solche Wettbewerbsserie Werbeschriften, Werbeprospekte, Werbeplakate mit einbezogen werden, wobei der graphische und fotografische Bezug auf die Stadt zu bewerten wäre.

✓ *Und andere Wettbewerbe*

Aus aktuellem Anlaß können alle möglichen Wettbewerbe veranstaltet werden, bei denen etwas zur Stadt zu erraten oder über sie zu wissen ist. Bei solchem Quiz etwa an einem Wettbewerbs- oder Informationsstand genügen als Gewinne das Stadtfähnchen, das Stadt-Shirt oder die Stadttasse. Der Ballonflugwettbewerb mit vielen vielen Luftballons beim Stadtfest oder zum Abschluß der Tage der Offenen Tür macht allen Beteiligten Spaß und wer mit dem Ball beim „Stadttorwettbewerb" den größten Erfolg beim Zielschuß hat wird sich freuen.

☑ *Gestaltungswettbewerbe*

Ganz anders als diese ja mehr spielerischen Aktivitäten haben die auf die äußere Stadtgestalt bezogenen Wettbewerbe eine Dauerwirkung. Etwa der „Fassadenwettbewerb" mit der Suche nach der am besten renovierten Häuserfassade, der „Vorgartenwettbwerb" mit der Prämierung der schönsten Gärten vor den Stadthäusern, der „Hofwettbewerb" mit der Würdigung der Gestaltung dieses Haushinterteils, der „Hausbegrünungswettbewerb" mit der Aufmerksamkeit für die Wein-, Efeu- und Rosenrankgewächse an den Hausfronten und der „Balkonblumenwettbewerb" mit der Auspreisung der schönsten Blütenpracht vor dem Fenster. Alle dienen letztlich dem Zweck, die Stadt attraktiver zu machen und jene, die dabei mitwirken, zu ehren. Und sie bewirken eine Motivation vieler Bürgerinnen und Bürger, an der positiven Gestaltung ihres Umfeldes, und das ist ihre Stadt, mitzuwirken. Zusammen mit Nachbarn, Mitbürgern und der Stadt und zugleich im Wettbewerb untereinander.

Blick hinter die Kulissen der Stadt

Das städtische Krankenhaus lädt zur Besichtigung ein, der städtische Kindergarten macht ein Fest für Kinder und Eltern, die Stadtfeuerwehr präsentiert sich mit einer Einsatzschau und die Müllabfuhr auf dem Marktplatz mit einer Versteigerung „antiker" Stücke aus dem Sperrmüll: alles Veranstaltungen, die dem direkten Kontakt zwischen „Stadtverwaltung" und Bürger dienen und über städtische Leistungen sozusagen „spielerisch" informieren.

**Isolierte Veranstaltungen
bringen nicht
den gewünschten Erfolg**

Die isolierte Präsentation zu unterschiedlichen Terminen und oft nur gegenüber speziell eingeladenen Gruppen allerdings bringt nicht die Identifizierung mit „der Stadt" als einem „Ganzen". Ziel von kommunaler Öffentlichkeitsarbeit aber sollte sein, in den Teilen stets die Gesamtheit zu vermitteln. Und sie umgekehrt sichtbar zu machen in ihren unterschiedlichsten Facetten und Ausdrucksformen.

**Mit Tagen der offenen Tür
wird die Stadt
als „Ganzes" angeboten**

Die jährlichen „Tage der offenen Tür" sind diese Möglichkeit, das Ganze einer Stadt in diesem Sinne zu präsentieren. Sie verbinden an einem Wochenende alle kommunalen Einrichtungen und Angebote zur großen Stadtschau, zur Begegnung von Bürgern und Verwaltung, zum Blick aller hinter die Kulissen. Gegenüber der auf ein Thema konzentrierten Werbekampagne oder der spezifischen Bürgerveranstaltung in einem umgrenzten Bereich wird mit der kommunikativen Zusammenführung von Medien, Themen und Leistungen in den Tagen der offenen Tür die Mannigfaltigkeit kommunalen Wirkens demonstriert. Die Bedeutung der Stadtverwaltung und von kommunaler Politik für nahezu alle Lebensbereiche der Bürgerinnen und Bürger von der Wiege bis zur Bahre, und dies durchaus im Wortsinne, wird anschaulich gemacht.

**Dezentral aber auch
mit zentralen Veranstaltungen**

Die Tage der offenen Tür geben Einblick in die unterschiedlichsten Einrichtungen, Betriebe und Ämter einer Stadt und sind insofern von Dezentralität geprägt. Sie sollten aber auch mit mindestens einer zentralen Veranstaltung etwa auf dem Platz vor dem Rathaus oder dem Marktplatz verbunden sein. Dort findet ein buntes stadtbezogenes Programm mit Vorführungen von Vereinen, mit Einsatzübungen der Hilfsdienste, mit Musikgruppen und Chören statt. Und wenn sich der Ansager auch als Talkmaster erweist und die Stadtprominenz oder zuschauende Bürgerinnen und Bürger vors Mikrophon holt: um so besser.

Bunte Mischung aus Ernst und Unterhaltung

Überhaupt sollten Tage der offenen Tür kein langweiliges Vorzeigen kommunaler Einrichtungen sein, sondern eine bunte Mischung aus Spaß und Ernst, aus Information und Unterhaltung, aus hinsehen und mitmachen. An Buden können die Ämter sich in lockerer Form darstellen und zudem für einen guten Zweck auch noch Geld einnehmen. Das Forstamt durch Tannenzapfenwerfen, das Sportamt mit Ballschießen und das Presse- und Informationsamt bei einem Stadtquiz zum Beispiel. Ein Kinderfest sorgt für die „kleinsten Bürger" und deren Spaß und die einheimische Gastronomie präsentiert gemeinsam an Ständen oder in einem Zelt örtliche Spezialitäten.

Menschen im Kontakt

Der Bürgermeister lädt zum Beginn oder Abschluß alle Bürgerinnen und Bürger zu einem Glas Wein oder Bier in das Rathaus ein. Gelegenheit für die Kommunalpolitiker und natürlich vor allem für ihn selbst, Hände zu schütteln und Kontakt zu finden. Gruppen anderer Nationalität können ihr eigens Fest an die Tage der offenen Tür anschließen und sich mit Folklorevorführungen und Spezialitäten der heimatlichem Küche den deutschen Mitbürgern vorstellen. Und ein Jugendfest, auf dem Jugendverbände und Jugendgruppen Ausschnitte aus ihrer Arbeit zeigen kann genauso mit in das Programm aufgenommen werden wie eine große Sportschau der ortsansässigen Vereine.

Die Bürger können mitmachen

Die Bürger selbst sind zum Mitmachen aufgefordert. Da kann ein Wettrollern oder Wettfahren mit dem Fahrrad stattfinden, ein Fotowettbewerb um das schönste Foto von den Tagen der offenen Tür oder auch ein Wettmalen eines Stadtmotivs. Städtische Einrichtungen werden umfunktioniert: aus der Bürgerberatung wird ein Bürgercafe und die Kindertagesstätte zum Kindertheater. Und wer einmal selbst einen Stadtomnibus lenken will, der kann dies unter Aufsicht des Fahrlehrers tun genauso wie der Bürger auch einmal in die Rolle des Straßenbahnführers vorn im Führerstand schlüpfen kann, wenn denn die Stadt eine Straßenbahn hat.

Einblicke in sonst verschlossene Bereiche

Auf besonderes Interesse stoßen natürlich die Besichtigung von Feuerwachen und Feuerwehren und eine Fahrzeugschau der Polizei, so sie denn bei kommunalen Tagen der offenen Tür mitmacht. Der Blick „in die Unterwelt" einer Stadt, also in die Kanalisation oder bei größeren Städten ein Gang durch eine der mannshohen unterirdischen Röhren in der Innenstadt wie einst beim „Dritten

Mann", das Zuschauen bei der Arbeit des Präparators der naturkundlichen Sammlung oder des Gemälderestaurators im Kunstmuseum gehören zu den Rennern der Tage der offenen Tür. Und der Blick auf die technischen Einrichtungen des Stadttheaters mit einem Gang hinter die Kulissen verbunden oder die Anwesenheit bei einer Stell- und Beleuchtungsprobe wird ebenfalls, weil sehr gefragt, nur mit vorher abgeholter Teilnehmerkarte möglich sein.

Ein Blick in Trausaal und Bürgermeisterzimmer

Auch sollten die Bürger an solchen Tagen einmal jene Teile des Rathauses besuchen können, die ihnen sonst nur selten oder garnicht zugänglich sind. Der Trausaal wird bei manchem Erinnerungen an die eigene Trauung wachrufen und das Amtszimmer des Bürgermeisters nur wenigen bekannt sein, das Ratssitzungszimmer ein Stück Stadttradition vermitteln und der Saal für repräsentative Empfänge ein wenig Neid ob seines Glanzes hervorrufen. Wenn dann auch noch der Tresor aufgeschlossen wird in dem die Stadtkostbarkeiten verwahrt werden ist der Besucher hoch zufrieden, hat er doch gesehen, was man sonst nicht zu sehen bekommt.

Auch stadtnahe und weitere Einrichtungen machen mit

An den Tagen der offenen Tür können natürlich auch stadtnahe und andere interessante Institutionen mitwirken. Eine Hochschule am Ort oder ein wissenschaftliches Institut mögen sich genau so gerne anschließen wie die Volkssternwarte oder das Technische Hilfswerk. Und dies sollte man ihnen nicht verwehren, wenn sie durch interessante Beiträge das Programm bereichern. Willkommen sind auch die Vereine und Vereinigungen. Hier gilt ebenfalls als Voraussetzung, daß ein interessanter Programmbeitrag geleistet wird, der sich zudem harmonisch in den Gesamtablauf einfügt.

Solch ein „Stadtfest" kann es überall geben

Alles in allem sollte jede Kommune die Bürger zu einem derartigen „Stadtfest" einladen. Ob Kleinstadt oder Metropole: das Programmangebot mag unterschiedlich sein, jedes Jahr werden einmal die Türen weit geöffnet, damit die Bürger sich anschaulich über Angebote und Leistungen der Stadt informieren und mit den Leuten der Verwaltung und Kommunalpolitik zusammentreffen können. Und wenn sie, die Eingeladenen, auch noch selbst mit eigenen Beiträgen dabei mitwirken: um so besser.

Die Tage der offenen Tür

Der praktische Tip

„Tage der offenen Tür" stellen an die Städte in Vorbereitung und Durchführung unterschiedliche Anforderungen. Eine große Stadt etwa wird es nicht leicht haben, die richtige Auswahl aus einer Vielzahl von möglichen Angeboten zu treffen und ein mehrere hundert Veranstaltungen umfassendes Programm zu organisieren. Auch der Informationstransport hin zum Bürger will hier gut vorbereitet sein. In der kleineren Stadt ist dies einfacher. Die Zahl kommunaler Einrichtungen ist geringer und entsprechend schmaler das Programmangebot. Aber gerade deshalb ist die kleine Stadt besonders gefordert. Denn sie muß sich etwas einfallen lassen, soll der Bürger interessiert und angesprochen werden. In ihr wird in besonderem Maße die Zusammenarbeit mit Vereinen und Vereinigungen notwendig sein und die Einbindung ehrenamtlicher Helfer.

☑ Auswertung

Alle Städte benötigen für eine derartige Großveranstaltung eine längere Vorbereitungszeit. Grundsätzlich gilt, daß über die nächstjährigen „Tage der offenen Tür" bereits nach dem Ende der diesjährigen nachgedacht werden sollte. Es gilt, die noch frischen Erfahrungen mit Ablauf und Erfolg der verschiedenen Veranstaltungen festzuhalten und für die Zukunft zu nutzen. Zu jedem Programmpunkt ist dafür eine Aufstellung anzufertigen mit Zahl der Teilnehmer und der Kapazitätsausnutzung der durch Teilnehmerkarten begrenzten Veranstaltungen wie Rundfahrten, Führungen, Rundgänge, Besichtigungen usw., mit Auflistung besonderer Schwierigkeiten und mit Vorschlägen für eine künftige bessere Präsentation. Auf Grund dieser Unterlagen werden in Kontakt mit den einzelnen Mitveranstaltern erste Überlegungen über Änderungen und Ergänzungen angestellt. Eventuell in einer auf diese Fragen abgestellten gemeinsamen Besprechung.

☑ Terminfestlegung

Wegen der langen Vorbereitungszeit und auch, um rechtzeitig an diesem Termin andere Veranstaltungen orientieren zu können, was für alle Beteiligten bei einer so viele Bereiche umfassenden Präsentation einer Stadt wichtig ist, muß eine frühzeitige Terminfestlegung erfolgen.

Nicht jeder Termin ist geeignet. So etwa fällt die Zeit der Schulferien selbstverständlich von vornherein aus, sollen doch gerade auch Eltern und Kinder als Teilnehmer gewonnen werden. Auch muß eine möglichst wetterstabile Jahreszeit gewählt werden, umfassen doch die Tage der offenen Tür viele Außenveranstaltungen. Als geeignet erwiesen hat sich die Spätsommerzeit vom Ende der Sommerferien im August bis in den September hinein.

Ob nur ein „Tag der offenen Tür" veranstaltet wird oder dafür zwei Tage reserviert werden wird vom Umfang des Programms und der erwarteten Teilnehmerzahl abhängen. Auf jeden Fall aber ist dafür ein Wochenende vorgesehen. Durch einen Beschluß des zuständigen Gremiums sollte der Termin früh gesichert werden, auch wenn das Programm noch nicht vorliegt.

☑ *Programmvorbereitung*

Die städtischen Ämter und Betriebe und die „externen" Teilnehmer werden mit einer Fristsetzung aufgefordert, ihre Programmbeiträge zusammenzustellen und bei dem zentral verantwortlichen Amt einzureichen. Der letztjährige Programmbeitrag sollte dabei Ausgangspunkt sein und je nach Erfolg und Bedarf ersetzt, erneuert oder auch wiederholt werden. Es hat sich im übrigen bewährt, wenn Programmanregungen auch von außen oder vom „Veranstalter" an die einzelnen mitwirkenden Ämter gegeben werden. Der Blick von draußen ist manchmal innovativer als der fachlich zwar kompetente aber nicht auf Außenwirkung abgestellte Sachverstand des Spezialisten. Ein erster Programmentwurf wird mit Anregungen für Änderungen und Ergänzungen an die Ämter und alle anderen Beteiligten zurückgegeben zur Gegenprüfung.

In großen Städten ist ein Abstimmungsgespräch aller Beteiligten auf einer zentralen Zusammenkunft wegen der großen Zahl kaum möglich. In den kleineren und mittleren Städten aber kann ein solches Gespräch unter der Leitung des Bürgermeisters nützlich und anregend sein und letzte Hindernisse bei der Programmvorbereitung beseitigen. Abschließend wird das Programm dem zuständigen Gremium wie Rat oder Magistrat zum Beschluß vorgelegt.

☑ *Kosten*

Umsonst sind Tage der offenen Tür natürlich nicht zu haben. Während die Eigenbeiträge von städtischen Ämtern und Betrieben aus deren Mitteln bestritten werden oder dort zu etatisieren sind müssen für Werbung, die zentralen Veranstaltungen, das begleitende Unterhaltungsprogramm und den Moderator Mittel in einem entsprechenden Haushaltstitel bereitgestellt werden. Dritte Einrichtungen wie andere Behörden, Vereinigungen usw., die bei den Tagen der offenen Tür mitmachen müssen dies auf eigene Kosten tun. Die Aufnahme in das gemeinsame Programm und in die städtische Werbung für die Tage der offenen Tür freilich kann man ihnen wohl kaum in Rechnung stellen.

☑ *Programmablauf*

Die Tage der offenen Tür sollten wie eigentlich jedes umfangreiche Programm einen besonderen „Auftakt" und „Abschluß" haben. Auftakt am Vorabend oder am Morgen kann das wirkliche Öffnen der Rathaustore für die Bürger und ihre Begrüßung im Rathaussaal mit Umtrunk, die musikalische „Ouvertüre" auf dem Platz vor dem Rathaus durch Fanfarenzug oder Stadtkapelle mit Eröffnungsworten des Bürgermeisters oder auch ein „Umzug" der Beteiligten von Feuerwehr bis Müllwagen durch die Hauptstraße hin zum Rathaus sein. Und zum Abschluß des Abends kann man Luftballons aufsteigen lassen, eine Abschlußrevue beteiligter

Gruppen auf der Bühne vor dem Rathaus veranstalten, das Rathaus illuminieren, ein kleines Feuerwerk abbrennen, den letzten Besuchern im Rathaus einen Abschiedstrunk reichen oder was sonst noch alles zu einem Lebewohl gehören mag.

In einer kleineren Stadt wird die Programmabfolge weniger Schwierigkeiten bereiten, da Überschneidungen selten sein dürften. Wichtig aber auch hier: der Nachmittag bringt den größten Bersucherandrang. So sollten denn Veranstaltungen, die voraussichtlich viele Interessenten finden, auf diese Tageszeit gelegt werden. Umgekehrt können Programmpunkte, bei denen nur wenige Teilnehmerkarten ausgegeben werden können, etwa am Vormittag stattfinden.

Ein kleines Betreuungsteam sollte den Ablauf der Tage der offenen Tür steuern und helfend begleiten und die Kommunikation zwischen den Beteiligten auf der Veranstaltungsseite und die Information der Bürger sicherstellen. Dies ist wichtig gerade für den „Notfall", denn immer wieder wird es zu Pannen kommen und eine schnelle Programmänderung oder Ergänzung notwendig sein. Auch eine kleine Stadt sollte zentral für Koordination und Information eine Anlaufperson bereitstellen.

☑ *Programminformation*

Die Bürgerinnen und Bürger müssen möglichst umfassend über die bevorstehenden Tage der offenen Tür informiert werden. Wenn nur irgend möglich sollte zumindest in den mittleren und großen Städten das umfangreiche Programm gedruckt und über einen Verteilerdienst oder auch im allerdings zumeist teureren Postversand in alle Haushaltungen gehen. Am besten verknüpft mit einer „Kommunalen Zeitung", einer „Stadtillustrierten" oder einem sowieso vorgesehenen Informationsblatt der Stadt. Das rechtfertigt die Verteilerkosten, denn neben dem Programm werden ja auch noch Stadtinformationen und Stadt-PR hin zum Bürger transportiert.

In kleineren Städten wird das Ankündigungsplakat und das Angebot, sich das Programm im Rathaus abzuholen genügen. Die Wege sind kurz und irgendwann kommt jeder mal am Rathaus vorbei. Auch mag die Veröffentlichung des Programms als Anzeige im Lokalblatt hier ein preiswerter Weg sein. Wobei natürlich in allen Städten das Werbeplakat, die Anzeige, der Aushang in den Dienststellen gute zusätzliche Transportmittel für die vorbereitende Werbung und Information sind.

Im übrigen kann das Interesse auch zusätzlich durch Wettbewerbe geweckt werden. So sucht die Stadt das beste Bürgerfoto von Veranstaltungen der Tage der offenen Tür, jeder hundertste oder tausendste Besucher im Rathaus erhält ein Stadtsouvenir oder im Programmheft ist ein besonderer Spruch über die Heimatstadt verborgen, den es auszudeuten gilt.

Die Vorbereitungsarbeiten werden schon früh von Informationen an die Presse etwa über eine neue besondere Veranstaltung oder über die Ausweitung des Programms gegenüber früher begleitet. Die eigentliche Pressekonferenz sollte aber erst dann stattfinden, wenn das Programm endgültig steht und in den nächsten Tagen in die Haushalte verteilt oder im Rathaus ausgegeben werden soll. Grundsätzlich gilt, das Programm nicht zu früh auszugeben.

☑ *Ergebnisfeststellung*

Ein Besetzungsplan, der die jeweilige Verantwortung für die einzelnen Programmpunkte festlegt zusammen mit einem internen Ablaufplan dienen der organisatorischen Absicherung in der Verwaltung. Vorbereitete Zähllisten genau wie die Fixierung von Kontaktpersonen und Kontaktterminen stellen die möglichst schnelle telefonische Ergebnisfeststellung sicher. Sie dient der aktuellen Information der Presse über den Erfolg der Tage der offenen Tür, muß natürlich dann später noch durch die eingangs erwähnte schriftliche Analyse ergänzt werden.

Sind die Tage der offenen Tür vorbei sollte der Bürgermeister den an Vorbereitung und Durchführung beteiligten Mitarbeiterinnen und Mitarbeitern in einem persönlich unterzeichneten Schreiben für ihren besonderen Einsatz danken. Denn auch hier gilt: Die eigenen Leute sind die besten Botschafter nach draußen und sollten allein schon deshalb positiv motiviert werden.

Gruppeninteresse
im Widerspruch

Noch vor 20 Jahren gab es sie kaum, die Bürgerinitiativen und Aktionsgemeinschaften. Inzwischen gehören sie als Kritiker und Gegner von Stadt- und Verkehrsplanung, als Forderer nach Einrichtungen für Kinder und für Frauen zum Beispiel und manchmal auch als Partner der Stadt zu den engagierten Bürgergruppierungen, die Kommunalpolitikern und Stadtverwaltung das Leben oft schwer machen. Denn zwischen ihrem Wollen und jenem der Stadtplaner zum Beispiel ist nicht in jedem Fall eine Brücke zu schlagen.

Bürgerinitiativen im lokalen Bereich

Zwar gibt es auch Bürgerinitiativen mit bundesweiten und manchmal sogar weltweiten Zielsetzungen. Zumeist jedoch bilden sie sich und wirken sie ein im lokalen Bereich, dort also, wo der Bürger direkt von Entscheidungen der Politik und Verwaltung in seiner engeren Umgebung betroffen ist. Und sie legen oft zu recht den Finger auf eine Wunde: unzureichende Information der Bürger über die Absichten der Stadt, mangelnde Berücksichtigung der Anwohnerinteressen, keine Untersuchung möglicher Alternativen und was es sonst noch so im alltäglichen Planungsgeschäft geben kann. Hier auch ist durchaus eine positive Funktion der Initiativen zu sehen.

Manchmal freilich geht es nicht so sehr um den besseren Weg für die Gesamtheit der Stadt, um eine Problemlösung für die größere Zahl der Menschen, sondern schlicht und einfach um die Wahrung eines „Besitzstandes" nach dem Prinzip „Verschon mein Haus, zünd Nachbars an".

Bürgergruppen und Vereine als Interessenvertreter

Nicht nur Bürgerinitiativen vertreten häufig nur ganz bestimmte Gruppeninteressen. Auch die Sport- und Kulturvereine einer Stadt zum Beispiel denken zuerst einmal an die Förderung ihrer besonderen Freizeitinteressen im Fußballclub oder im Theaterabonnement durch kommunale Unterstützung und dann erst auch an andere. Und die Radfahrer und Lehrer, Tierschützer und Sozialhelfer, Behinderten und Erzieherinnen mögen wichtige Partner und Anreger bei kommunalen Entscheidungen in den sie betreffenden Bereichen sein. Nur dürfen ihre Sonderinteressen nicht absolut gesetzt werden, sonst beginnt kommunalpolitisches Handeln zu zerfasern und das Gesamtbild der Stadt wird unscharf und verfärbt zugleich.

Minderheitsforderungen und das Gemeinwohl

Damit, daß sich in den Kommunen zunehmend Minderheitsmeinungen und Minderheitsforderungen als Ausdruck des allgemeinen Wohls gerieren und nicht als eine Teilöffentlichkeit mit einem Teilaspekt städtischen Handelns verstehen wird kommunale Öffentlichkeitsarbeit zunehmend zu rechnen haben. Diese Monadisierung, also diese Zerteilung von Bürgermitwirkung in eine Fülle von jeweiligen Einzelbegehren ist Ausdruck einer gesamtgesellschaftlichen Entwicklung, die zunehmend stärker auf die Durchsetzung individueller Interessen als auf solche übergeordneter Art abstellt. Die negative Seite ist die Zentrierung von Aktivitäten auf ein gruppenegoistisches Ziel. Und ihre positive Seite das zunehmende Bewußtsein der möglichen Einflußnahme auf kommunalpolitische Entscheidungen. Denn so entsteht der wenn auch fordernde und seine speziellen Interessen vertretende so doch mündige Bürger.

Trotz Kontroverse das Gespräch suchen

Stadtpolitiker sollten trotz möglicher Kontroverse nicht in Gegnerschaft den allerorten und aus verschiedensten Anlässen aktuell sich bildenden Aktionsgemeinschaften und Bürgerinitiativen und den eher „traditionalistischen" Interessengruppen der Bürger von vornherein negativ gegenüberstehen, sondern sie auch als möglichen Partner sehen. Und unbedingt ist das Gespräch, die persönliche Kommunikation zu suchen. Denn gleich ob schließlich planerische Vorstellung auch gegen die Aktivität einer Bürgeraktion durchgesetzt werden muß oder ob die Bevorrechtigung der Radfahrer im gewünschten Ausmaß zu einer Benachteiligung der Fußgänger führt und deshalb nicht machbar ist: Argumente austauschen, einander zuhören und den anderen in seinen Forderungen wenn auch nicht akzeptieren, so doch verstehen können ist bereits ein großer Schritt nach vorn.

Einschätzung der Resonanz einer Bürgerinitiative

Wichtig für die Einschätzung von Bürgerinitiativen ist das Wissen um die mögliche Resonanz der vertretenen Forderungen in Teilen und in der Gesamtheit der Bürgerschaft, die Kenntnis ihrer Zusammensetzung und von unterstützenden Gruppen und Institutionen und natürlich die Analyse ihres Begehrens und die Überprüfung auf dessen mögliche wenn auch nur teilweise Verwirklichung. Auch hier können Gespräche Aufschlüsse und Ansätze für Gemeinsamkeiten ergeben. Im Idealfall mögen solche Kontakte zu Arbeitsgruppen und Gesprächskreisen führen, denen Vertreter der Initiative und der Stadt angehören und die mit dem Ziel einer für alle tragbaren Lösung zusammenwirken.

Informationen zum umstrittenen Thema zugänglich machen

Stets sollten den Bürgerinitiativen genauso wie natürlich anderen Interessenvertretungen der Bürger alle möglichen Informationen zum umstrittenen Thema zugänglich gemacht werden. Die Darstellung der eigenen Zielsetzungen mit den aus der Sicht der Verwaltung zu erwartenden Vorteilen und Nachteilen sollte dabei nicht nur allgemein, sondern auch detailliert erfolgen. Dies um so mehr, als die Repräsentanten von Bürgerinitiativen zumeist auch fachliche Kompetenz mit in die Diskussion einbringen.

Die schwach Repräsentierten

Noch immer können sich übrigens die „unteren Schichten" für ihre Interessen schlechter artikulieren als „die weiter oben" und so nimmt es denn auch kaum Wunder, daß in bestimmten Wohngebieten bei einer geplanten und die Menschen dort belästigenden Verkehrsbaumaßnahme keine oder nur eine schwache Initiative entsteht während in der Wohngegend mit hohem Akademikeranteil und Einfamilienhauscharakter schon die geringste vorgesehene Veränderung die Bürgerinitiative provoziert und diese sich auch bestens darzustellen weiß.

Die Frage nach der allgemeinen Akzeptanz stellen

Grundsätzlich gilt, bei jeder städtischen Planung oder Absicht, die Veränderungen im direkten Lebens-, Arbeits-, Erholungs- oder Wohnumfeld bewirken könnte, von vornherein die Frage nach der Akzeptanz durch die Bürger zu stellen und von daher entsprechende Projekte zu überprüfen und soweit nötig und möglich auch abzuändern. Dann wird die immer noch zu erwartende Kritik in ihren Ansatzpunkten und in ihrer möglichen Verbreitung abzuschätzen sein. Und schließlich sollte, bevor an die Verwirklichung herangegangen wird, die Diskussion mit den negativ und womöglich auch positiv Betroffenen gesucht werden.

Denn genauso wie sich Bürgerinitiativen, Vereine und Vereinigungen als Interessenvertretungen von Bürgern ihre Bündnispartner zur Erreichung ihrer Ziele unter den politischen Parteien, in anderen gesellschaftlichen Gruppen, in Presse, Funk und Fernsehen suchen sollte auch die Stadt, wenn der Konflikt unvermeidbar wird, Bundesgenossen unter den positiv von ihrem Handeln berührten Bürgern und Gruppen „anzuwerben" versuchen. Und wenn es denn stimmt, daß der Nachteil einer kleineren Gruppe von Bürgern durch den Vorteil einer größeren Zahl oder sogar der „Allgemeinheit" aufgewogen wird so ist ein solches Bündnis Stadt mit Bürgermehrheit ja vielleicht auch möglich.

Öffentlichkeitsarbeit im Planungskonflikt

Der praktische Tip

✓ Das richtige Timing

Eigentlich kommt eine Öffentlichkeitsarbeit im Planungskonflikt ja bereits immer zu früh oder zu spät. Denn bei Stadtplanung sollte Öffentlichkeitsarbeit ansetzen, bevor der Konflikt ausbricht oder sich schon in vollem Gange befindet. Die Informationsarbeit, die Kommunikation mit den von Planung in der einen oder anderen Form Betroffenen, die Einbeziehung der Bürger in ihre Vorbereitung und Umsetzung sollte ja so früh wie irgend möglich beginnen. Aber auch wieder nicht zu früh. Denn oft hat die Auseinandersetzung über noch nicht ausgegorene Planungsvorhaben bereits Fronten aufgebaut, bevor mit der vertieften und dann ganz anders modifizierten Planung überhaupt begonnen worden ist. Und alles, was sonst durchaus auf Verständnis und Diskussionsbereitschaft gestoßen wäre, wird mit schon verfestigten Vorurteilen gesehen und abgelehnt.

Wichtig bei der Öffentlichkeitsarbeit im Planungsbereich also ist das „Timing", der richtige Zeitpunkt, zu dem Planungsabsicht und Planungsinhalt in sich schlüssig vorgestellt werden können, aber noch so offen sind, daß sie Änderungen zulassen. Und hier wird man von Fall zu Fall versuchen müssen, den richtigen Präsentationstermin zu finden.

✓ Öffentlichkeitsarbeit auch hin zu den Nichtbetroffenen

Kommunale Öffentlichkeitsarbeit kann bei absehbaren Konflikten zwischen den Notwendigkeiten kommunaler Bauplanung, Verkehrsplanung, Grünplanung, Wohnungsplanung und den Interessen von Stadtteilbewohnern, Bürgerinitiativen, Grundbesitzern, Unternehmen nur in begrenztem Maße hilfreich sein. Denn die von Planungen betroffenen Menschen, Institutionen oder gesellschaftlichen Gruppen sind bei ihrer grundsätzlichen Ablehnung nur in Grenzen zu beeinflussen, kollidiert doch ihr besonderes Interesse mit jenem der Stadt.

Wenn der Ortsteilbewohner sich durch das geplante angrenzende Wohngebiet gestört fühlen mag so wird der Bürger, der dringend eine Wohnung sucht, die Maßnahme womöglich begrüßen. Und die Umgehungsstraße, die an einer Stelle mehr Verkehr bringt und den Umweltschützer stört, entlastet eine Majorität der Stadtbewohner von lästigem Autolärm. Öffentlichkeitsarbeit bei einer kommunalen Planung kann also nicht nur Informations- und Werbearbeit hin zu den unmittelbar betroffenen Bürgern sein. Sie sollte darüber hinaus die nicht besonders engagierten Menschen ebenfalls ansprechen und ihr mögliches Interesse an der vorgesehenen Planung verdeutlichen und so ihre „Bundesgenossenschaft" suchen.

*Am Beginn
steht die
Informations-
gewinnung*

☑ *Strukturen und Meinungen kennenlernen*

Noch immer werden Planungen angefertigt, beschlossen und präsentiert ohne über die Meinungen und Haltungen der davon Betroffenen Bescheid zu wissen. Es ist aber wichtig, die Positiverwartungen und Negativbefürchtungen in etwa kennenzulernen, sich einen Überblick über Struktur und Mitgliedschaft der dann später im Planungsverlauf agierenden Gruppen wie Vereinen, Parteien, Aktionsgemeinschaften, Verbänden usw. zu verschaffen. Im guten wie im schlechten Sinne werden schließlich diese Gruppierungen Partner oder auch Gegner bei der Vorbereitung und Umsetzung des städtischen Planungsvorhabens sein.

☑ *Nutzen einer Meinungsbefragung*

Der Weg der Meinungsbefragung wird an anderer Stelle detaillierter erläutert. Bei einem großen und die Interessen von sehr vielen Bürgern stark betreffenden Planungsvorhaben kann eine solche anonyme repräsentative Umfrage wichtige Hinweise nicht nur auf die Einstellung und Meinung mehr oder weniger betroffener Bürger geben sondern, in der richtigen Weise vorbereitet und konzipiert, auch über Ursachen von Ablehnung und Bejahung, Zielgruppenaufteilung, gesellschaftliche Zuordnung der Befürworter und Ablehner Auskunft geben und so eine gezielte Informationsarbeit ermöglichen.

☑ *Umfrage bei Gruppen und Meinungsführern*

Eine derartige Meinungsumfrage wird aber zumeist zu aufwendig sein. Und zudem ist garnicht so sicher, ob in der späteren Diskussion auch die vorgebrachten Meinungen aktiv vertreten werden. Denn nicht immer ist eine Meinungsmehrheit auch artikulationsfähig, manchmal versteht eine kleine aktive Minderheit wesentlich besser ihren Standpunkt in der Öffentlichkeit zu vertreten und so einen Einfluß auf Planungsentscheidungen anzumelden. Unter diesem Aspekt kann die schriftliche Befragung fest umrissener Gruppen, die artikulationsfähig sind und repräsentativ, sinnvoll sein. Auch die Befragung ausgewählter Einzelpersönlichkeiten mit Einfluß im Planungsgebiet ist nützlich, vermittelt doch auch sie die Meinungen und Ansichten herausgehobener und mit den Voraussetzungen stärker vertrauter „Meinungsmacher", also opinion leader, wie sie auch bezeichnet werden. Zu nennen sind hier etwa Vereinsvorsitzende, Lehrer, Pfarrer, Geschäftsleute aus dem betroffenen Bereich.

☑ *Gruppeninterview und Gruppendiskussion*

Ganz wichtig zur Gewinnung eines Meinungsbildes ist das Gruppeninterview oder die Gruppendiskussion. Die Stadt lädt dazu ganz bestimmte kleine Gruppen von interessierten und qualifizierten Bürgerinnen und Bürgern zum Gespräch an Hand von Planungsunterlagen oder auch nur mit einer Themenvorgabe ein. Die Auswertung der auf Band mitgeschnittenen Diskussion gibt Hinweise auf Meinungsströmungen, die in die weitere Öffentlichkeitsarbeit und womöglich direkt auch in die Planungsentscheidungen selbst hilfreich einfließen können.

☑ *Informationsbesuche in anderen Städten*

Weitere Möglichkeiten zur vorherigen oder begleitenden Informationsgewinnung sind gemeinsame Begehungen des Planungsbereiches durch die Kommunalpolitiker sowie Planer und Repräsentanten der betroffenen Bürger. Besuche in anderen Städten, die ähnliche oder gleiche Planungsvorhaben vorbereitet oder schon durchgeführt haben geben ebenfalls Hinweise auf Schwierigkeiten und Möglichkeiten einer Umsetzung. Und in manchen Fällen ist auch die Überprüfung im Experiment möglich, etwa durch eine vorübergehende Umleitung des Autoverkehrs auf die künftige Umgehungsstraße. Je nach dem Ergebnis kann dann weiter diskutiert und entschieden werden.

☑ *Auswertung meinungsbildender Faktoren*

Schließlich sind alle weiteren meinungsbildenden Faktoren zu beobachten und auszuwerten wie etwa insbesondere die lokale Presse, die örtlichen Vereinsveranstaltungen und die entsprechenden Bürgeraktionen. Die Erforschung von Meinungstrends dient zum einen dazu, die eigenen Planungen bereits im Stadium erster Überlegungen zu „testen", ob und in welcher Form sie zu einem der typischen Planungskonflikte führen können. Sie liefert darüber hinaus aber auch Ansatzpunkte für eine sachliche Diskussion mit dem Bürger.

Die Diskussion
mit dem Bürger

Eine frühzeitige Diskussion zwischen Planern und Verplanten, Kommunalpolitikern und Bürgern bewirkt, daß die Betroffenen nicht von einer mehr oder weniger unbekannten Planung überrollt werden. Die Planer bleiben zudem, weil noch keine endgültigen Festlegungen erfolgt sind, wandlungsfähig und der Entscheidungsdruck ist, wegen der großen zeitlichen Vorgabe, geringer. Zwischen Stadtregierung, Planern und Bürgern können schrittweise gemeinsame Zielsetzungen erarbeitet werden. Solch frühzeitige Diskussion darf aber nicht ziel- und planlos sein. Den Betroffenen müssen konkrete Planungsvorstellungen vermittelt werden. Dabei soll ein möglichst großer Kreis aller Bürger informiert und beteiligt sein. Und dies kann auf unterschiedliche Weise geschehen.

☑ *Vermittlung durch Presse, Rundfunk und Fernsehen*

Am Beginn einer Planung sollte eine Pressekonferenz mit ausreichend pressegerecht vorbereitetem Material stehen, aus dem die Planungsabsicht erkennbar ist. Auch alle vorbereitenden Untersuchungen sollen soweit irgend möglich presseöffentlich gemacht werden. Denn in der Diskussion mit dem Bürger ist die Presse ein wichtiger Partner für den Planer und nicht nur für die planungsbetroffenen Bürger. In der Auseinandersetzung bedient sich der Kommunalpolitiker des Leserbriefes, der Presserklärung, des Interviews und des individuellen Pressegesprächs. Der Presse kommt im übrigen deshalb eine hohe Bedeutung zu, weil sie vom Bürger nicht als direkte Interessenvertretung etwa des Planers angesehen wird.

☑ *Vermittlung durch eigene Medien*

Texte und Planskizzen zu den beabsichtigten Planungen werden in alle Haushaltungen des betroffenen Bereichs verteilt. Am besten mit einer Rückantwortmöglichkeit, um die Auffassung des Bürgers kennenzulernen. Ausstellungen bei größeren Planungen, Schautafeln bei örtlich begrenzteren stellen in vereinfachter und anschaulicher Form die wichtigsten Grundzüge dar. Diaserien als Unterstützung bei Diskussionen werden angefertigt. Zur Information begrenzter, besonders politisch oder planerisch aktiver Gruppen werden zudem umfangreichere Planungsdokumentationen erstellt.

☑ *Vermittlung durch eigene Veranstaltungen*

Es werden Bürgerversammlungen zu der Planung vor Ort abgehalten. Mit den „Opinion Leaders", also „den Meinungsführern" im Ortsteil wird in einem „Runde-Tisch-Gespräch" diskutiert. Der stadtteilansässige Einzelhandel und andere relevante Gruppen werden zu Diskussionen eingeladen. Es finden gemeinsame Begehungen von kommunalen Vertretern und solchen des betroffenen Ortsteils statt. Es gibt Hearings mit Repräsentanten oder Bürgerschaft und mit Experten. Es werden Podiumsdiskussionen zwischen Fachleuten veranstaltet.

Die Rolle
von Bürgerinitiativen

Wesentlich bestimmt wird die Auseinandersetzung bei Planungskonflikten dadurch, daß sich betroffene Bürger selbst über Aktionsgemeinschaften und Bürgerinitiativen artikulieren. Der Zusammenarbeit mit diesen Bürgerinitiativen kommt Bedeutung zu, da sie die örtlichen Verhältnisse genau kennen, im Ortsbereich oft eine große Zahl von Anhängern und in ihren Reihen argumentationsfähige Mitglieder haben. Wie weit die Beteiligung von Bürgerinitiativen bei der Planung gehen soll, wird jeweils vom Planungsthema und von der Initiative abhängen. Im einzelnen können sich bei der Zusammenarbeit mit Bürgerinitiativen folgende Schwierigkeiten ergeben:

☑ *Fremdsteuerung*

Die politische Steuerung der Initiative zugunsten einer politischen Partei oder ihre enge Zusammenarbeit mit bestimmten politischen Gruppierungen. Hier ist von Bedeutung, ob die Initiative nur themenbezogen mit „Parteien" kooperiert oder ein „verlängerter Arm" ist.

☑ *Zielbegrenzung*

Die Bürgerinitiative sieht ihre Ziele nur räumlich stadtteilbegrenzt oder inhaltlich reduziert auf ein Problem und ist Hinweisen auf ein „Gesamtinteresse" nicht zugänglich.

☑ *Keine Kontinuität*

Die Bürgerinitiative entsteht mit einer bestimmten Problemstellung und verschwindet, wenn diese nicht mehr aktuell ist. Ihr fehlt die Kontinuität und damit die Verantwortlichkeit für die Folgen ihres Handelns auch in der Zukunft. Sie übernimmt sozusagen keine „Haftung" und steht für negative Folgen nicht ein.

☑ *Grenze zur Gewalt*

Die Bürgerinitiative verläßt die Basis der verbalen Auseinandersetzung und setzt an die Stelle von Argumenten zunehmend Aktionen, die an die Grenze der Gewalt reichen.

☑ *Dennoch mögliche Zusammenarbeit*

Dennoch ist in vielen Fällen eine Zusammenarbeit, die sogar institutionalisiert werden kann, wichtig bei der Lösung von Planungskonflikten. Bedenklich allerdings erscheint eine engere Kooperation mit jenen Initiativen, die lediglich auf die Verlagerung eines unvermeidlichen „Planungsschadens" auf eine andere Gruppe oder in einen anderen Stadtteil abzielen.

Die häufigsten Fehler

Insgesamt wird Planung in Zukunft immer stärker auch mit Öffentlichkeitsarbeit verbunden sein. Die Öffentlichkeitsarbeit kann nicht den Planungskonflikt vermeiden, der in den unterschiedlichen Interessen der Planer und der von Planung Betroffenen liegt. Sie kann aber helfen, den Planungskonflikt sachlich auszutragen.

Dabei müssen die Städte noch einiges dazulernen. Die heute immer noch gemachten Fehler sind:

☑ *Zu spät*

Die Öffentlichkeitsarbeit setzt zu spät ein. In der Öffentlichkeit haben sich bereits bestimmte negative Vorstellungen zu einer Planung verfestigt. Das Informationsversäumnis ist nur schwer aufzuholen.

☑ *Zu defensiv*

Die Öffentlichkeitsarbeit wird rein defensiv angelegt. Es wird nicht initiativ vom Planer die Auseinandersetzung gesucht, sondern die Stadt reagiert lediglich auf Angriffe, Vermutungen und Unterstellungen.

☑ *Hausgemacht*

Die Öffentlichkeitsarbeit wird nicht Fachleuten überlassen. Planungsämter und Baudezernate basteln sich hausgemachte Strategien zurecht. Die Umsetzung schwer faßbarer Pläne in verständliche Graphiken und Texte unterbleibt.

☑ *Ohne Strategie*

Die Öffentlichkeitsarbeit setzt ein, ohne daß die jeweiligen Ziele und die jeweiligen Mittel definiert sind. Die fehlende Strategie wird durch bloße Geschäftigkeit ersetzt. Zumeist ist die Folge, daß im falschen Zusammenhang am falschen Ort angesetzt wird.

☑ *Fehlende Analyse*

Die Öffentlichkeitsarbeit wird begonnen, ohne daß Meinungen und Bedürfnisse der von der bestimmten Planung betroffenen Bürger ausreichend analysiert werden. Methoden der empirischen Sozialforschung werden nur selten und dann oft mangelhaft eingesetzt.

☑ *Keine Alternativen*

Es wird nur ein Planungsmodell präsentiert, anstatt Modifikationen beizufügen oder auch zwei oder mehrere Alternativen aufzuzeigen. Das führt zur Ja-Nein-Haltung der Bürger.

☑ *Mangelnde Vorstellungskraft*

Die Planer gehen in die Diskussion ohne ausreichende Vorstellung der Auswirkung ihrer Planungen auf die konkrete Situation der Betroffenen. Von daher wird aneinander vorbeidiskutiert. Oder es beginnt eine unfruchtbare Auseinandersetzung wegen fehlender Information.

Öffentlichkeitsarbeit im Planungskonflikt

☑ *Nur scheinbare Offenheit wirkt eher negativ*

Zu negativen Haltungen beim Bürger führt letztlich auch eine scheinbare Offenheit in der Planung. Dem Bürger wird ein Planungskonzept vorgestellt, mit der Aufforderung, sich an der Diskussion zu beteiligen. Der Bürger nimmt an, er könne tatsächlich noch Wesentliches ändern. In Wirklichkeit aber ist die Planung in weiten Bereichen bereits durch andere Gegebenheiten determiniert wie etwa Verkehr, Schule, Industrie usw. Sehr bald wird der Widerspruch zwischen der angeblichen Beteiligungsmöglichkeit und der Planungswirklichkeit deutlich.

☑ *Die Grenze von Änderungen deutlich machen*

Eine Diskussion, die dem Bürger die Vorstellung vermittelt, es sei nahezu noch alles an Änderungen in der Planung möglich, bringt außerdem die Gefahr einer Überforderung mit sich. Der Bürger will dann den ganzen Verkehr, die ganze Industrie aus seinem Stadtteil heraushaben. Es wird eine utopische Grundhaltung erzeugt, die bei schließlichem Erkennen der Determiniertheit von Planung zur Frustration führt. Solch überzogene vorgebliche Offenheit von Planung hat letztlich die Ablehnung von Kooperation seitens der Betroffenen zur Folge. Die Grenzen von Änderungsmöglichkeiten an bestimmten Planungen müssen deshalb bereits zu Diskussionsbeginn deutlich gemacht werden.

Die unterschiedliche fachliche Kompetenz der Betroffenen

Nicht alle Bürger sind in gleicher Weise durch Öffentlichkeitsarbeit im Zusammenhang mit Planung ansprechbar. Als „kompetente" Partner bieten sich, oft von selbst, an:

☑ *Materiell Interessierte*

Die an der Planung materiell Interessierten (Grundeigentümer, Hausbesitzer, Architekten, Bauunternehmer, Einzelhändler usw.)

☑ *Fachlich Interessierte*

Die an der Planung fachlich Interessierten (Architekten, Planer sowie zu Teilaspekten etwa Lehrer bei Schulplanung, Gärtner bei Grünplanung usw.)

☑ *Politisch Interessierte*

Die an der Planung politisch Interessierten (Magistrate, Parlamente, Ortsvertretungen, Parteien usw.)

☑ *Örtliche Vertreter*

Die an der Planung als Vertreter örtlicher Organisationen Interessierten (Vereine, IHK, Gewerkschaften usw.)

☑ *Am wichtigsten aber sind die eigentlich Betroffenen*

Es bleiben aber die eigentlichen Betroffenen, also alle Bürger, die nicht von Berufs wegen oder aus der Funktion heraus einen Zugang zum Planungsinhalt haben. Hier insbesondere muß Öffentlichkeitsarbeit ansetzen durch Informationsschriften, Ausstellungen, Schaukästen, Bürgerversammlungen, Hausbesuche, Bürgergespräche und Pressearbeit.

Öffentlichkeitsarbeit im Umweltschutz

Der praktische Tip

✓ Ein schwieriges Thema

Fragen des Umweltschutzes sind zu einem wichtigen Gegenstand der öffentlichen Diskussion in allen Kommunen geworden. Mit diesem Thema umzugehen ist schwierig, nicht zuletzt auch in der Öffentlichkeitsarbeit. Denn in gewissem Sinne sind alle positiv und negativ beteiligt: der Bürger als Umweltschützer und Umweltsünder genauso wie die Kommune als Umweltschützer in gleicher Weise. Zudem ist gerade der Umweltschutz in stetem Wandel begriffen: was gestern noch geduldet oder sogar gefordert wurde kann heute kritisiert und morgen total verdammt werden.

✓ Die Kommune ist zuerst gefragt

Die Kommunen sind „vor Ort" zudem mit allen Auseinandersetzungen zu Themen des Umweltschutzes direkter befaßt und gefordert als Bund und Land. Ob zuständig oder nicht: an sie richtet sich Kritik und Forderung zuerst. So hat denn die Stadt in diesem Bereich schwierige Koordinationsleistungen zu vollbringen und mit einer Vielzahl anderer Institutionen zusammenzuarbeiten. Entsprechend auch wird sie für Mängel verantwortlich gemacht, die nicht durch ihr Handeln bewirkt wurden.

✓ Öffentlichkeitsarbeit je nach Notwendigkeit

Entziehen aber kann sich eine Kommune der Aufgabe, Öffentlichkeitsarbeit im Umweltschutz zu leisten, in keiner Weise. Schließlich tragen ja die Kommunen in wesentlichen Bereichen wie der Entsorgung, der Wasserversorgung, der Gewässerreinhaltung zum Beispiel oft auch eine große eigene Verantwortung. Und Bürgerinitiativen im Umweltschutz organisieren sich zumeist ja lokal oder regional, also vor der eigenen Haustür. Deshalb hier einige Anregungen für eine kommunale Öffentlichkeitsarbeit im Umweltschutz, die je nach Aufgabenbereich und Gemeindegröße organisatorisch und inhaltlich modifiziert werden sollten.

✓ Offene Information

Gerade beim Umweltschutz ist eine offene und ehrliche Information über noch vorhandene Schwachstellen, eine mögliche Abhilfe, die damit verbundenen Schwierigkeiten und die entsprechenden Verantwortlichkeiten wichtig. In kaum einem anderen Bereich gibt es derart viele engagierte und durchaus fachlich qualifizierte Bürgergruppierungen und Institute. Es ist grundsätzlich besser, existierende Schwierigkeiten selbst zu verdeutlichen als „ertappt" und der „Verschleierung" bezichtigt zu werden. Eine städtische Publikation etwa unter dem Titel „Was bei uns im Umweltschutz noch zu tun ist" kann informierend und werbend wirken. Vor allem , wenn sie nicht nur Fehler der Vergangenheit auflistet und notwendige Verbesserungen beschreibt, sondern auch einen Katalog künftiger Umweltschutzmaßnahmen und bereits erreichter Erfolge bringt.

☑ *Zentrales Konzept*

Umweltthemen können in so ziemlich allen kommunalen Verantwortungsbereichen auftauchen, von der Müllabfuhr bis zur Verkehrsplanung, von der Wasserversorgung bis zur Kläranlage, von der Grünanlage bis zum städtischen Fuhrpark oder bis zum Bürgermeisterwagen. Ein Problemkatalog mit der Auflistung aller umweltrelevanter Themen ermöglicht eine Gewichtung der Maßnahmen nach Dringlichkeit und Effektivität. Diese Zusammenstellung ist auch die Basis für eine konzeptionelle Öffentlichkeitsarbeit. Auf einem solchen gewichteten zentralen Konzept aufbauend sind die Schwerpunkte für Werbung und Information im Umweltschutz zu bilden mit dem Ziel, Fehlplanungen in der Öffentlichkeitsarbeit zu verhindern und die notwendigen Reaktionen auf zu erwartende Kritik an mangelnden Umweltschutzmaßnahmen soweit irgend möglich vorzuplanen.

☑ *Umweltpartner Stadt*

Gerade die Öffentlichkeitsarbeit im Umweltschutz muß den Kontakt mit dem Bürger möglichst direkt suchen und finden. In Fragen des Umweltschutzes und der Umweltgefahren sind viele Bürgerinnen und Bürger ratlos und oft hilflos. Denn wer kann schon eine bestimmte Gefährdung wirklich beurteilen und wer weiß denn immer, wo und wie ihm bei der Entsorgung geholfen wird. In größeren Kommunen mag sich hier ein „Umwelttelefon" rentieren, über das tagsüber Auskunft gegeben und Hilfe vermittelt wird. Auch eine Beratungs- und Informationsstelle kann nützlich sein und dem Bürger das Gefühl geben, daß man ihn nicht mit seinen Problemen allein läßt. In kleineren Städten wird eine wöchentliche regelmäßige Beratungsstunde am Telefon oder im Rathaus zu Umweltfragen und Umweltthemen ausreichend sein. Und selbst wenn die Bürger dieses Angebot nicht ausreichend nutzen: auf jeden Fall hat die Stadt gezeigt, daß sie hilfreich sein will und Umweltfragen ernst nimmt. Selbstverständlich werden in einer derartigen Beratungsstelle auch die von Bund, Land und anderen Institutionen herausgegebenen Informationen zum Umweltschutz erhältlich sein. Gerade hier ist grundsätzlich eine Möglichkeit überregionaler Zusammenarbeit gegeben: Gemeinden, die sowieso etwa in der Abfall- und Abwasserbeseitigung zusammenarbeiten und auch sonst miteinander eng verbunden sind können eine gemeinsame Beratungsstelle oder ein gemeinsames Umwelttelefon einrichten.

☑ *Informationsmaterial*

Jede, auch die kleinste Kommune, sollte gerade zum Umweltschutz lokales Informationsmaterial herausgeben. In der nicht so finanzkräftigen Stadt mit wenigen Einwohnern reicht der vervielfältigte Informationstext aus. Ansonsten sollten entsprechende Informationsschriften und Informationsprospekte angefertigt werden. Auch hier gilt, daß eine zusammengefaßte Information billiger, übersichtlicher und für den Bürger nützlicher ist als alle möglichen unterschiedlichen Prospekte der verschiedensten Einrichtungen. Also anstatt getrennte Publikationen durch die Müllabfuhr, das Entwässerungsamt, die Straßenreinigung, das Planungsamt zum jeweiligen Themenbereich womöglich noch jeweils ganz anders gestaltet herauszubringen ist eine Gemeinschaftspublikation sinnvoll. Sie sollte alle Angebote der öffentlichen Einrichtungen und die Möglichkeiten zur Selbsthilfe im Umweltschutz in anschaulicher Form übermitteln. Eine solche zentrale Information zum kommunalen Umweltschutz gibt außerdem Gelegenheit, auf Leistungen und Probleme der Stadt in diesem Bereich einzugehen. Auch kann sich die kommunale Spitze zum Thema persönlich in einem Vorwort oder mit einem „Namensartikel" äußern. Eine derartige umfassende Publikation sollte im Postversand, durch Haushaltsverteilung oder als Beilage im Lokalblatt in möglichst viele Haushalte gehen. Zusätzlich kann sich die Stadt in besonderen Fällen mit speziellem Informationsmaterial an die Bürgerinnen und Bürger wenden. Das neue Klärwerk, das Angebot zusätzlicher Schadstoffsammlungen, die Einrichtung eines Umweltberaters kann so etwa über Informationsblätter, Anzeige, Prospekt vorgestellt und erläutert werden.

☑ *Gezielte Aktionen*

Wenn überhaupt in einem Bereich kommunaler Arbeit, dann sind gerade beim Umweltschutz möglichst viele öffentlichkeitswirksame Aktionen notwendig. Die Auflistung der hohen Ausgaben für die neue Kläranlage in einer Broschüre bewirkt kaum etwas beim Bürger, er weiß sie nicht in Relation zu anderen kommunalen Leistungen zu setzen. Die Besichtigung der neuen Kläranlage an einem Tag der offenen Tür, der Gang in die unterirdische Welt der Stadtentwässerung, die Demonstration verbesserter Müllverbrennung, kurzum alles was anschaulich und spannend vor Ort die Aufwendungen und Leistungen im Umweltschutz verdeutlicht sind der richtige Weg attraktiver Bürgerinformation. Das Pressefoto, auf dem der Bürgermeister die erste Tonne für Altglas aufstellt, transportiert mehr an kommunalem Umweltengagement hin zu den Bürgern als ein langatmiger Leistungsbericht. Positive Ansätze und wirksame Änderungen in der Umweltpolitik einer Stadt sollten an solchen anschaulichen, verständlichen und sichtbaren Beispielen verdeutlicht werden. Wer die neue Qualität des gereinigten Abwassers der Öffentlichkeit demonstrieren will, der kann dies ja etwa auch dadurch tun, daß er die putzmunteren Fische präsentiert, die sich in einem Becken mit dem gereinigten Wasser offensichtlich wohlfühlen oder, wenn dies denn die Qualität zuläßt dadurch, daß er einfach mal ein Glas „Abwasser" vor den Bildjournalisten und Bürgern austrinkt.

☑ *Einbindung des Bürgers*

Gerade beim Umweltschutz ist die Einbindung des Bürgers besonders wichtig. Zum einen wegen der Bedeutung des Themas und dem Engagement vieler Menschen, zum anderen aber weil auch der Bürger potentieller Umweltsünder ist. Ihn zu motivieren und an seine Unterstützung für eine saubere Umwelt zu appellieren macht ihn mitverantwortlich und entlastet die Stadt ein Stück von der Kritik nachlässiger Umweltpflege. Ein wenn auch bescheidener Preis für jene Bürger, die sich besonders um die Umwelt gekümmert haben, die Unterstützung von Gruppen, die im Kommunalwald Abfall einsammeln, die Ehrung verdienter Umweltschützer durch Überreichung eines Buches, der Empfang im Rathaus für Umweltgruppen oder auch ein „Umweltbrief" können hier eingesetzt werden. Nicht zu vergessen die Zusammenarbeit mit Bürgerinitiativen zum Umweltschutz, die ja zumeist nicht begrenzte eigene Interessen verfolgen sondern zur Mithilfe bereit und für Anerkennung dankbar sind.

☑ *Umweltwerbung*

Wo immer das möglich ist sollte auch mit attraktiven Werbemöglichkeiten der Umweltschutz transportiert werden. Am Umwelttag kann die Kommune besondere Veranstaltungen durchführen, der „Kater Putz" als Symbolfigur wirbt für eine saubere umweltbewußte Stadt, ein Müllberg auf dem Marktplatz demonstriert, was alles weggeworfen und doch noch für Recycling brauchbar gewesen wäre, die Müllfahrzeuge sind mit umweltwerbenden Aufschriften und Symbolen bemalt: die Beispiele lassen sich bis zur kommunalen Umwelttüte aus Recyclingpapier mit Werbetext fortsetzen.

☑ *Offensive statt Defensive*

Lange Zeit befanden sich auch die Kommunen in Umweltschutzfragen in der Defensive. Denn sie waren selbst oft die Angeklagten. Trotz womöglich gebotener Rücksicht auf Gewerbesteuerzahler und Arbeitsplätze müssen und sollen sich heute Städte auch als offensive Umweltschützer gegenüber der Industrie profilieren. Und dort, wo es gerechtfertigt ist, zum Ankläger werden. Das Umweltbewußtsein ist inzwischen derart entwickelt, daß die Industrie den Umweltschutz in ihre „Imageplanung" einbeziehen muß. Ein guter Ansatz für kommunale Initiative in diese Richtung, wobei im Einzelfall die Stadt oft nur der Initiator gegenüber den anderen verantwortlichen Behörden sein wird. Wichtig hierbei ist die rechtzeitige und geeignete Information der Presse, die sich eines derartigen Themas gerne annimmt.

☑ *Gespräche mit Experten*

In Umweltfragen spielen die Äußerungen von Experten eine große Rolle. Denn viele Schadstoffeststellungen sind nur durch Fachleute möglich. Gerade im Umweltschutz haben sich engagierte Institute und Wissenschaftler einen Namen gemacht. Da es bei der Deutung bestimmter Ergebnisse im übrigen oft widersprechende Meinungen gibt sollte die Stadt soweit irgend möglich zu derartigen Experten Kontakt halten, sie in die kommunale Diskussion einbeziehen und sich ihres Rates bedienen. Zu aktuellen Umweltfragen kann zudem eine öffentliche Expertendiskussion auf Einladung der Stadt sinnvoll sein nicht nur wegen der womöglich interessanten Ergebnisse, sondern auch wegen der positiven Wirkung auf die Öffentlichkeit. Die Stadt stellt sich der Meinung der Fachleute, und das bringt Ansehen und Anerkennung.

Eine Werbung voll Widerspruch

Öffentlichkeitsarbeit im Umweltschutz ist sozusagen „dialektisch" angelegt. Wer auch immer und in welcher Form dazu informiert, er bewegt sich im Spannungsfeld widersprechender Anforderungen. Hier kurz einige dieser Widersprüche, die kommunale Öffentlichkeitsarbeit im Umweltschutz nicht gerade leicht machen:

- Sie muß langfristig angelegt werden und darf nicht kurzatmig sein, obwohl sie es mit ständig wechselnden aktuellen Ereignissen und Anlässen zu tun hat.

- Sie muß um Vertrauen werben und Anerkennung suchen, obwohl die Kommunen selbst früher nicht gerade vorbildliche Umweltschutzmaßnahmen ergriffen haben.

- Sie muß Umweltsünden von Unternehmen und Bürgern bekämpfen und anprangern, obwohl die Städte mangels finanzieller Masse die Höchstanforderungen des Umweltschutzes oft selbst nicht kurzfristig erfüllen können.

- Sie muß Einzelmaßnahmen und Einzelerfolge im Umweltschutz herausstellen, obwohl damit die grundsätzliche generelle Änderung oft noch lange nicht verbunden werden kann.

- Sie muß an einem bestimmten Punkt innehalten und eine zeitliche Fixierung vornehmen, obwohl in diesem Bereich vieles im Fluß ist und morgen schon kritisiert werden kann, was heute noch gilt.

- Sie muß Koordinationsleistungen erbringen und getrennte Informationen zusammenführen, obwohl andere Institutionen, Behörden oder Personen verantwortlich sind und womöglich abweichende Interessen vertreten.

- Sie muß Versäumnisse und Fehler der Vergangenheit aufarbeiten und kompensieren, obwohl deren Ursachen nicht durch die Kommune selbst gesetzt und bestimmt wurden.

Stadt und Partner Hand in Hand

„Alle Bürger sind gleich", das ist Grundsatz auch der kommunalen Demokratie. Sie sind gleich vor dem Gesetz, sie haben gleiche Rechte bei den Kommunalwahlen und Anspruch auf eine gleiche Behandlung durch die kommunale Verwaltung. Aber sie haben nicht immer den gleichen Einfluß. Und auch nicht gleiche Möglichkeiten, sich öffentlich zu artikulieren und ihre Ansichten darzustellen. So ist es nicht nur mit den Einzelbürgern bestellt, auch Institutionen und Verbände, Behörden und Wirtschaft, Organisationen und Parteien haben je nach Stärke und Bedeutung unterschiedliche Einflußmöglichkeiten.Das Gespräch mit ihnen und der direkte Kontakt zu ihnen aber sind auf jeden Fall für eine Kommune wichtiger Teil der Public-Relations-Arbeit. Und wenn aus solch ständiger Kommunikation auch eine Zusammenarbeit in der Stadtwerbung resultiert so kann das für die Partner beidseitig nur von Vorteil sein.

Wichtige Partner für die Informations- und Imagearbeit einer Stadt

Die Liste derartiger Einrichtungen, mit denen eine Stadt Hand in Hand bei der Informationsarbeit und Imagewerbung wirken sollte ist lang. Einzelhandel und Handwerk, Industrie und Dienstleistungsunternehmen, Behörden und Verbände, Gewerkschaften und Kammern, Bildungs- und Kulturinstitute etwa sind derartige mögliche Partner. Und dies nicht nur in ihren jeweiligen institutionalisierten Vertretungen wie Handwerkskammer, Industrie- und Handelskammer, Mieterbund, Hausbesitzervereinigung, Gewerkschaften und Kulturverein, sondern auch jeweils als „Individuen", also als ganz bestimmter einzelner Betrieb zum Beispiel oder auch als Einzelperson mit durch Funktion und Verantwortung herausgehobener Bedeutung. Denn genauso wie Universität und Hochschule, Museen und Bühnen wichtige Transporteure von positiver Stadtwerbung sind können dies auch die Professoren, bildenden Künstler und Schauspieler „individuell" sein.

Wege zu einem guten Zusammenwirken

In größerem oder kleinerem Umfang gibt es diese besonderen Partner in der Stadtpräsentation in allen Städten. Sie im Sinne der Stadtinteressen zu gewinnen zahlt sich aus. Ihre Positiveinbindung in die Stadt trägt im Kleinen wie im Großen ihre Früchte. Ein Zusammenwirken mit ihnen bedarf gewisser Formen:

– Gesprächskreise

Gesprächskreise, in denen sich Vertreter der Stadt und Kommunalpolitiker mit allen interessierten Repräsentanten von Wirtschaft, Kultur, Sport usw. zusammenfinden um gemeinsam interessierende Vorhaben und Probleme zu diskutieren sind eine derartige Möglichkeit zur besseren und guten Zusammenarbeit. Ein größeres Verständnis für die „andere Seite", die Information über Entwicklungen in den unterschiedlichsten Bereichen, die Anregung gemeinsamer Aktivitäten können hier sozusagen „in der Vorstufe" besprochen werden. Der Sinn solcher Gesprächskreise liegt auch darin, nicht nur die Spezialisten zusammenzubringen sondern gerade unterschiedliche relevante Gruppierungen und damit auch Interessen zusammenzuführen. Nicht nur die Ansicht ist hier gefragt, die der eigenen weitgehend gleicht, sondern jene, die den Horizont erweitert und zu neuem Nachdenken anregt.

- **Arbeitskreise und Arbeitsgruppen**

Die nächste schon stärker institutionalisierte Stufe ist der Arbeitskreis oder die Arbeitsgruppe. In ihnen wird fachliche und auch allgemeine verbandspolitische, wirtschaftspolitische, kulturpolitische oder kommunalpolitische Kompetenz vereint mit dem Ziel der Erarbeitung bestimmter Vorschläge und Anregungen. Während Gesprächskreise eher allgemein, thematisch offen und nicht auf konkrete Fragen begrenzt sein sollten ist der Arbeitskreis oder die Arbeitsgruppe ein Instrument zur Vorbereitung bestimmter Vorhaben und Entscheidungen.

- **Beratungsgremien**

Und noch eine dritte Möglichkeit des Zusammenführens von Menschen und Einrichtungen mit besonderer Verantwortung für Teile und für die Gesamtheit einer Stadt sei hier erwähnt: das Beratungsgremium. Es erarbeitet nicht selbst Vorschläge. Es ist aber auch nicht nur eine Runde zum Austausch von Wissen, Meinungen und Erfahrungen. Das Beratungsgremium gibt vielmehr ein internes oder öffentliches Votum ab zu Vorschlägen und Vorhaben der Stadt oder auch städtischer Partner. Denn die Zusammenarbeit in diesen Gremien sollte nicht auf der Einbahnstraße erfolgen, alle Beteiligten können schließlich von ihr profitieren. Entsprechend sollte es hochrangig die verschiedenen gesellschaftlichen Kräfte repräsentieren und zudem Mitglieder mit Fachkompetenz „von draußen" heranziehen.

- **Einzelkontakte**

Der Informationsaustausch genauso wie die Kommunikation und Beratung sind natürlich nicht auf derartige gemeinsame oder von der Stadt „einberufene" Gruppen beschränkt. Der direkte persönliche Einzelkontakt und seine fortdauernde Pflege sind daneben und darüber hinaus wesentlicher Bestandteil der Public-Relations-Arbeit einer Stadt. Der kommunale Wirtschaftsförderer wird Kontakte selbstverständlich zur Handwerkskammer, zu Wirtschaftsvereinigungen und Wirtschaftsgesellschaften pflegen, sollte sie aber auch zu den individuellen Unternehmern, Handwerkern und den jeweiligen persönlichen Repräsentanten ihrer Vertretungen unterhalten. Und der Leiter des Fremdenverkehrsbüros der Stadt wird mit der Hotel- und Gaststättenvereinigung, den Reisebüros und Reiseagenturen aber auch mit den Hoteliers und Gastwirten selbst und den persönlichen Partnern in der Reisebranche kommunizieren.

**Im guten Sinne
wäscht eine Hand
die andere**

Die Stadt Hand in Hand mit diesen ihren Partnern bedeutet für die kommunale Öffentlichkeitsarbeit auch, daß in einem ganz positiven Sinne „eine Hand die andere wäscht", also beide Seiten in ihrer Werbe-, Kommunikations- und Informationsarbeit von den guten „persönlichen" und „institutionalisierten" Kontakten profitieren können. Die heimische Wirtschaft ist in diesem Sinne interessant als Transporteur städtischer Werbebotschaften nach draußen über die Stadtgrenzen hinaus, denn sie hat oft viele Außenkontakte und bei großen Unternehmungen auch eigene Vertretungen in aller Welt. Diese Verbindungen können in vielfältigster Weise nützlich für beide Partner sein etwa bei der Vorbereitung von Werbeaktivitäten im touristischen Bereich, bei dem Bemühen um Wirtschaftsansiedlung und bei den Kontakten zu auswärtigen Behörden und Institutionen überhaupt. Sei es zum Beispiel in der Vermittlung von geeigneten Partnern, der Übermittlung von notwendigem Informationsmaterial oder der Beurteilung von Werbechancen draußen. Gegenseitigkeit ist dabei gefragt, denn in gleicher Weise kann auch eine Stadt mit Rat und Tat oft einem Unternehmen oder einem Verband zur Seite stehen und helfen.

**Unternehmen und Institutionen
als Transporteure
von Stadtimage
hin zu den Bürgern**

Aber über die Stadtrepräsentation nach draußen hinaus kann eine derartige Zusammenarbeit für die Kommune nützlich sein. Auch in der Stadt selbst können Unternehmen und Institutionen zu guten Transporteuren für Stadtimage werden. Da gibt es die Zeitungen oder Zeitschriften für die Mitarbeiterinnen und Mitarbeiter größerer Betriebe. In den kleineren Betrieben dann die kleineren Mitarbeiterinfos, die oft in Zusammenarbeit mit dem Betriebsrat erscheinen. Verbände und Vereine geben regelmäßig Verband- oder Mitgliederzeitschriften heraus, manchmal auch regional und lokal. Jubiläumsschriften, Vereinsbroschüren und vieles andere kommen hinzu. Ein draußen wenig wahrgenommener aber doch beachtlicher „Medienmarkt", der durchaus aufnahmebereit für Stadt-PR ist. Der von der städtischen Pressestelle angebotene Artikel über Freizeitmöglichkeiten, der Überblick über die kommenden Stadtfeste, der Gruß des Bürgermeisters zum Firmenjubiläum und überhaupt alle interessanten Stadtthemen finden, werden sie gut auf den besonderen Typ einer Mitarbeiterinformation zugeschnitten, sicher positive Aufnahme. Eine Serie von geeigneten Stadtfotos kann ein solches Angebot ergänzen.

Besonders geeignete Ansätze für Einbindungen der „Heimatstadt" in die Selbstdarstellung des Vereins oder auch des Betriebes sind außerdem zum Beispiel die Jubiläumsschrift, die Veröffentlichung der Jahresbilanz, das Veranstaltungsprogramm, die Festschrift und ähnliche zu einem bestimmten Anlaß von „vereins- oder firmenindividueller Bedeutung" herausgebrachte Publikationen. Hier kann die Stadt eigene Beiträge in der verschiedensten Form mit einbringen.

**Weitergabe von
städtischem Informationsmaterial
über Dritte**

„Hilfe" ist bei der Außenwerbung der „Partner" oft ebenfalls gefragt. So etwa durch die Zusammenstellung von Informationsmaterial der Stadt, das dann bei geeigneten Anlässen von den Vereinen, Verbänden und Unternehmen weitergegeben werden kann, und durch städtisches ergänzendes Grundmaterial für die „externen" Werbeveröffentlichungen. Zur kostenlosen Nutzung überlassen kann hier die Stadt Texte über ihre interessanten Seiten und entsprechendes Bildmaterial, eine Modifikation des Stadtsignets, die Zusammenstellung wichtiger Stadtdaten, eine fertig vorbereitete und in Vereins- und Firmenpublikationen einklinkbare „Bunte Stadtseite" in unterschiedlichen Formaten und überhaupt so viele Texte und Bilder wie nachgefragt werden. Eine Sammlung von Anekdoten und historischen Begebenheiten, jeweils auf Kurzform gebracht, gehört übrigens zur gern genutzten Beigabe. Mit ihnen kann man längere Texte auflockern und vor allem verbleibende kleine Lücken auf einer Seite auffüllen.

**Auch gemeinsame
Aktivitäten
sind möglich**

Neben solcher gegenseitiger „Hilfe" sind auch gemeinsame Aktivitäten der Stadt mit „Partnern" bei Ausstellungen und Publikationen, bei Stadtbuch und Videofilm denkbar. Die Voraussetzung ist dabei freilich, daß entweder der jeweilige Anteil der Partner deutlich abgegrenzt erkennbar ist oder das Firmeninteresse an einer Eigendarstellung zurücktritt zugunsten der Stadtpräsentation. Wobei in letzterem Fall nichts dagegen einzuwenden ist, wenn bei dem Stadtfilm oder bei dem Stadtbuch die verschiedenen „Sponsoren", also die mithelfenden Unternehmen und Vereinigungen, zu Beginn oder am Schluß mit Dank für ihre Unterstützung namentlich genannt werden.

III

Kommunale Pressearbeit oder Wie sage ich es der Presse

Pressearbeit wird immer wichtiger

Die Presse prägt mit die Beurteilung kommunaler Politik

Die aktuelle Behandlung kommunaler Ereignisse und Probleme durch die Presse in Nachricht, Reportage und Kommentar ist wesentlich mit prägend für den Informationsstand und die Einstellung der Menschen und somit für die Beurteilung kommunaler Politik, kommunaler Erfolge oder Mißerfolge. Das Bild, daß sich nicht nur Bürger sondern auch Fremde von einer Stadt oder einer Stadtregierung machen, wird jetzt und wohl auch in Zukunft weitgehend durch die Medien mit bestimmt sein. Das Image von Personen und Institutionen ist nach wie vor neben der persönlichen Erfahrung und der Information über spezielle Publikationen durch die veröffentlichte Meinung und Information geprägt.

Kaum eine Kommune ist schließlich in der Lage, periodisch und umfassend sowie in der für den Empfänger attraktiven Mischung von Lokalem und Überregionalem, Human Interest und Sachinformation zu berichten. Und keine Kommune auch kann dies mit dem Anschein der Unabhängigkeit und damit der Objektivität in gleichem Maße tun wie die Presse, publiziert sie doch „in eigener Sache" und nicht im Auftrag der dargestellten Personen und Institutionen. Dabei mag dahingestellt sein, ob denn Zeitung, Funk und Fernsehen stets objektiv berichten.

So mancher Kommunalpolitiker oder Verwaltungsfachmann mag die Presseöffentlichkeit mit ihrer durchaus auch einmal überzogenen Kritik oder den nicht immer ausreichend abgeklärten und mangelhaft recherchierten Veröffentlichungen als eher störend und lästig empfinden, richtet sich doch immer wieder einmal eine Forderung an ihn oder ein Kommentar gegen ihn und ist zudem der Zeitpunkt einer Veröffentlichung nicht stets der Sache, die man durchsetzen will förderlich. Nur: zumeist erfindet nicht die Presse die Probleme. Die Probleme sind da, bevor sie öffentlich behandelt werden. Und nicht nur der Journalist macht Fehler in seinen Einschätzungen und Bewertungen. Auch die Verwaltung und der Politiker sind davon nicht ganz frei.

„Frühwarnsystem" für Kommunalpolitiker und Verwaltung

Die Presse ist zudem nicht nur Instrument zur Unterrichtung der Bürgerinnen und Bürger und Mittel ihrer Meinungsbildung, sie erfüllt eine gleiche Funktion auch für die aktiven Kommunalpolitiker und Verwaltungschefs, ja sogar für jeden in irgendeiner Weise mit kommunaler Verantwortung betrauten städtischen Mitarbeiter. Denn die Presse artikuliert und kommentiert ja nicht nur und oft noch nicht einmal an erster Stelle die „offizielle" Kommunalpolitik hin zu den Leserinnen und Lesern, den Zuhörern und Zuschauern. Sie verdeutlicht genauso auch die Meinungen, Forderungen, Grundhaltungen, Engagements und Wertungen der Bürger sowie der verschiedensten politischen und gesellschaftlichen Gruppen zu Stadtthemen. Und schließlich auch transportiert sie mit die Interessen und Auffassungen der ortsansässigen Wirtschaft, Kultureinrichtungen, Wissenschaftsinstitutionen und Interessenvertretungen.

Ganz unabhängig von der Bedeutung der Presse für eine demokratische Gesellschaft als „Kontrollorgan" und wichtiger Teil der freien öffentlichen Meinung kann sie in diesem Sinne auch ein „Frühwarnsystem" für alle in einer Stadt Verantwortung tragenden Menschen sein. Sie wirkt problemerhellend. Und so kann eine gute Auswertung und Beachtung der Presseveröffentlichungen mit dazu beitragen, aus Irrwegen noch rechtzeitig herauszufinden oder in die eigene Argumentation und Entscheidung auch andere Ansichten mit einzubeziehen und die entsprechenden Folgen zu berücksichtigen. Viel schlimmer ist es doch, wenn wegen mangelnder Kenntnis der Meinungen und Auffassungen, der Befürchtungen und Ängste, der Erwartungen und Hoffnungen von Bürgern oder Institutionen eine Modifikation des eigenen Handelns garnicht möglich ist. An Stelle einer überzeugenden „Argumentation" und einer fruchtbaren Auseinandersetzung bleibt dann nur die direkte Konfrontation.

Die Voraussetzungen für ein
positives Miteinander
von Kommunalverwaltung und Presse

Ein positives Miteinander von Kommunalverwaltung und Presse setzt in der Verwaltung den Willen zu sachgerechter Information und in der Presse die Bereitschaft zu einer dem Thema angemessenen Berichterstattung voraus. Eine solche Beziehung von Verwaltung und Presse entsteht nicht von heute auf morgen. Sie kann sich nur im ständigen Kontakt, über die oft schwierige Vermittlung der unterschiedlichen Standpunkte, durch die Einsicht in die Verschiedenartigkeit der Aufgabe und in der Überwindung der immer wiederkehrenden Mißverständnisse entwickeln.

Grundlage ist das Wissen darum, daß Verwaltung und Presse bei Erfüllung ihrer Funktion zumindest teilweise aufeinander angewiesen sind. Feindschaft zwischen beiden führt zu Informationsverlust der Presse wegen der mangelnden Auskunftsfreudigkeit der Verwaltung und zu Sympathieverlust der Verwaltung bei der Bürgerschaft wegen „Geheimniskrämerei".

Persönliche Kontakte zu Journalisten
als Grundlage für eine Vertrauensbasis

Der persönliche Kontakt zu Journalisten ist für den Kommunalpolitiker und den leitenden Verwaltungsvertreter wichtige Voraussetzung einer solchen Vertrauensbasis.

Hintergrundinformationen oder die Erläuterung von „unangenehmen" Wahrheiten können jenen Pressevertretern, zu denen ein direkter und oft privat untermauerter Kontakt besteht, sicherer und mit geringeren Vorbehalten gegeben werden.

Kommunale Pressepolitik ist nicht nur die nüchterne Weitergabe von Nachrichten, sie ist auch die Summe menschlicher Beziehungen zwischen Politiker und Presse. Nicht von ungefähr haben manche Kommunalpolitiker oder manche Verwaltungen eine „gute Presse", während andere bei gleicher Leistung keine oder eine schlechte Presse haben. Da der einzelne Journalist ein erhebliches Maß an Einfluß auf die Veröffentlichung allein schon dadurch hat, daß er berichtet oder redigiert und nur in besonders schwierigen Fällen sich die Redaktionskonferenz oder Chefredaktion mit dem Artikel befaßt, haben solche individuellen Beziehungen zu Pressevertretern erhebliches Gewicht.

Die Bedeutung des Lokalen in der Presse ist erheblich gewachsen

Die Bedeutung der Presse für die Vermittlung von kommunaler Arbeit hat trotz der mannigfachen Eigenaktivitäten der Städte und Kreise nicht abgenommen sondern ist ganz im Gegenteil gewachsen. Die tradierten Lokalzeitungen wurden durch Anzeigenblätter und Stadtteilzeitungen oft ergänzt und in jüngerer Zeit die Lokalpresse um stark regionalbezogene Anbieter im Funk- und Fernsehbereich erweitert. Und in vielen Lokal- und Regionalblättern wurde die Zahl der Lokalseiten erhöht, ja manchmal beginnt inzwischen „das Lokale" bereits mit auf der ersten Seite, die früher nur der „großen Politik" vorbehalten war.

Je totaler die Kommunikationsmöglichkeiten geworden sind und je schneller und umfassender wir an Ereignissen irgendwo auf der Welt über die „Medien" direkt teilnehmen können um so stärker ist die Bedeutung des Lokalen und Regionalen geworden. Das Lokale und Regionale wurde nicht zuletzt auch durch die Zunahme von größeren und kleineren Ballungsräumen und Siedlungsverdichtungen zu einem sehr eigenständigen System innerhalb der Gesellschaft mit einer umfassenden Publizistik. Und in einer sich dynamisch entwickelnden Welt und bei einer wachsenden Mobilität der Menschen erhält zudem die engere Umgebung eine wichtige Bedeutung als Orientierungspunkt. So kann die kleine Stadt oder auch der Stadtteil zur Heimat werden, der man sich stärker zuwendet, weil die Bindungen an Nation oder Staat als übergeordneter Institution zurückgehen.

Kommunale Pressepolitik ist heute auch ein Mittel zur Bürgerbeteiligung

Alles in allem kann kommunale Pressepolitik heute nicht mehr nur begrenzte Informationsgebung und schon gar nicht Pressemanipulation sein. Sie muß offen erfolgen und darf auch Probleme und Schwierigkeiten nicht verschweigen.

Kommunale Pressepolitik ist nicht mehr lediglich Unterrichtung der Bürger über Maßnahmen der Verwaltung oder Beschlüsse der politischen Gremien. Sie steigt vielmehr selbst in die Diskussion ein, bietet frühzeitig mögliche Entscheidungen an und beteiligt den Bürger daran. Kommunale Pressepolitik heute ist keine isolierte Angelegenheit von Politikern oder Pressereferenten. Sie ist angewiesen auf die Mitwirkung aller verantwortlichen Mitarbeiter der Verwaltung, die aus Sachkenntnis und Urteilsfähigkeit heraus die Öffentlichkeit informieren sollen.

Kommunale Pressearbeit heute sieht die Presse nicht allein als ein Instrument der Weitergabe von Informationen an den Bürger, sondern auch als die Möglichkeit für die Verwaltung, über Ideen, Wünsche, Wollen der Bürger informiert zu werden und diese in das eigene Planen und Handeln mit einzubeziehen.

Kommunale Pressearbeit heute faßt sich als Teil jenes großen Gefüges der öffentlichen Meinung auf, das eine wesentliche demokratische Kontrollfunktion hat.

Kommunale Pressearbeit heute darf kein Fremdkörper in der Verwaltung sein. Sie ist integrierter Bestandteil einer modernen Kommunalverwaltung mit der bedeutungsvollen Aufgabe der Informations- und Kontaktvermittlung zwischen Presse und Verwaltung.

**Das Presse- und Informationsamt
ist nicht Selbstzweck**

Und hier treffen sich die Aufgaben von Presse und kommunaler Pressearbeit. Auf den gemeinsamen Nenner gebracht hat dies einmal der Vorsitzende der Geschäftsführung der FAZ, der Frankfurter Allgemeinen Zeitung, Hans-Wolfgang Pfeifer:

„Zeitungen und Rundfunk sind nicht Selbstzweck. Sie haben einer pluralistischen Gesellschaft selbstbewußter Menschen zu dienen und ihnen zu helfen, ihren Standort zu bestimmen, sich zurechtzufinden.

Das Presse- und Informationsamt ist nicht Selbstzweck. Es hat Presse und Bürgern zu dienen und ihnen zu helfen, ihren Standort zu bestimmen, sich zurechtzufinden.

Das verbindet beide."

Information
der Presse
durch die Stadt

Die Pflicht der Behörden zur Auskunft an die Presse

Es mag im Interesse einer Kommunalverwaltung liegen, die Presse bei einem positiven Anlaß zu informieren. Und in einem womöglich unangenehmen Falle jede Auskunft zu verweigern. Aber die Entscheidung, ob die Presse generell zu unterrichten ist, liegt nicht im bloßen Belieben einer Stadt. Die Pressegesetze der Bundesländer differieren zwar in manchen nebensächlichen Details. Sie alle aber weisen der Presse eine öffentliche Aufgabe zu.

„Die Presse erfüllt eine öffentliche Aufgabe insbesondere dadurch, daß sie Nachrichten verschafft und verbreitet, Stellung nimmt, Kritik übt oder auf andere Weise an der Meinungsbildung mitwirkt," heißt es etwa im nordrhein-westfälischen Pressegesetz und ähnlich formulieren die Pressegesetze der anderen Bundesländer. Und schließlich auch umreißt das Grundgesetz im Artikel 5 ebenfalls die ganz besondere Rolle der Presse im demokratischen Staat.

Im einzelnen sind nach allen Pressegesetzen die Behörden verpflichtet, den Vertretern der Presse die der Erfüllung ihrer öffentlichen Aufgabe dienenden Auskünfte zu erteilen. Es dürfen dementsprechend keine allgemeinen Anordnungen getroffen werden, die etwa Auskünfte einer Behörde überhaupt oder Auskünfte an Presseorgane einer bestimmten Richtung oder an eine einzelne Zeitung verbieten.

Möglichkeiten der Auskunftsverweigerung

Eingeschränkt wird diese Auskunftspflicht gegenüber der Presse lediglich in den Fällen, in denen der Umfang der verlangten Auskunft das zumutbare Maß überschreitet, ein überwiegendes öffentliches oder ein privates schutzwürdiges Interesse verletzt wird, Vorschriften über die Geheimhaltung einer Auskunft entgegenstehen oder durch eine Auskunft die sachgemäße Durchführung eines schwebenden Verfahrens vereitelt, erschwert, verzögert oder gefährdet werden kann.

Aus diesen Möglichkeiten der Auskunftsverweigerung kann freilich eine Verwaltung oder ein Kommunalpolitiker, legt er die Bestimmungen des Pressegesetzes eng aus, in vielen Fällen auch die Begründung für eine Ablehnung der Informationsbitte von Presseorganen ableiten mit dem Hinweis auf ein entgegenstehendes öffentliches Interesse oder auf die Unzumutbarkeit.

Nun gibt es Fälle, in denen mit gutem Grund dem Pressevertreter auf seine Fragen keine Antwort gegeben werden kann. Man sollte ihm dann aber auch sagen warum. Und dafür einen triftigen Grund haben. Solch wichtiger und auch einsichtiger Grund kann etwa bei Grundstücksfragen gegeben sein oder überhaupt immer dann, wenn durch eine vorzeitige Bekanntgabe erhebliche Verluste für die öffentliche Hand entstehen können. Auf keinen Fall aber kann man Auskünfte nur deshalb unter Berufung auf das Pressegesetz verweigern, weil man vor der Öffentlichkeit Pannen oder Schwierigkeiten in der Verwaltung nicht eingestehen möchte.

Nicht nur erweist sich solch ein Verhalten als zumeist politisch unklug – weil der Skandal um so größer wird, je mehr man ihn verbergen möchte – sondern es widerspricht auch dem Informations- und Kritikauftrag der Presse. Dabei wird die Information gegenüber allen Presseorganen in gleicher Weise erfolgen müssen, wie es ja auch vom Pressegesetz vorgesehen ist. Freilich hängt die detaillierte Information, häufig auch mit nicht für die Veröffentlichung bestimmtem Hintergrund, stark von dem Vertrauensverhältnis zum jeweiligen Journalisten oder Presseorgan ab. Persönliche Kontakte zu einzelnen Journalisten, die Erfahrung mit der Seriösität einer Zeitung etwa werden sicher eine intensivere und weitergehende Information bewirken als sie nach der allgemeinen Forderung des Pressegesetzes für alle Organe geboten erscheint. Dennoch: die amtliche Presseinformation, insbesondere die schriftliche, ist an alle Presseorgane zumindest mit Verbreitungsgebiet im eigenen Bereich in gleicher Weise weiterzugeben.

**Die Besonderheit
der kommunalen
Presseinformation**

Wie denn nun sieht die kommunale Information der Presse im einzelnen aus. Was unterscheidet sie von anderen, denn viele tummeln sich auf dem Nachrichtenmarkt: Verbände und Vereine, Firmen und Institute, Kultureinrichtungen und Bildungstätten, Parteien und Gewerkschaften produzieren unentwegt Informationen, versorgen die Presse mit Nachrichten, geben eigene Pressedienste heraus. Nicht zu vergessen die Presseagenturen, die in Wort und Bild das Neueste Tag und Nacht in die Redaktionen senden. Und schließlich recherchieren ja die Medien selbst gerade im lokalen Teil große Mengen von Informationen, greifen aktuelle Ereignisse auf und entwickeln Themen. Von all diesen „Nachrichten" wird gefordert, daß sie, soweit nur möglich, „wahr" sind, also ein Ereignis und eine Sache nicht bewußt verfälschen.

**Der „amtliche Charakter"
städtischer Presseinformation**

Ganz besonders groß ist dieser Anspruch aber gegenüber der Presseinformation einer Behörde, also insbesondere auch einer Stadt. Der sozusagen amtliche Charakter schraubt hier die Anforderungen weit nach oben. Wenn eine Stadt sich äußert, so hat dies etwas verpflichtendes und endgültiges. Bürgeraktionen mögen in wenigen Monaten wechselnde und sich widersprechende Vorschläge zur gleichen Sache als Nachricht an die Presse geben, ein privater Informant mag sich darauf zurückziehen, daß er ja alles nur vom Hörensagen kenne: von der Behörde verlangt man ein Höchstmaß an Genauigkeit. Deshalb steht am Beginn jeder kommunalen Nachricht für die Presse die Forderung nach größtmöglicher Zuverlässigkeit.

Die Pressenachricht einer Kommunalverwaltung wird immer als eine auch amtliche Mitteilung aufgefaßt. Auf ihr bauen sich weitere Handlungen von Bürgern oder Institutionen auf. Die Abfassung und Überprüfung einer Nachricht in der Kommunalverwaltung muß außerordentlich genau erfolgen. Besonders gilt dies für die schriftlich verbreitete Nachricht. Aber auch bei ihr kann man das große Zwischenfeld zwischen der „amtlichen" Unterrichtung der Presse und der laufenden Information nutzen. Artikel- und Featuredienst, die an anderer Stelle abgehandelt werden, sind eine solche Möglichkeit, auch noch nicht Beschlossenes, noch nicht Endgültiges an die Presse weiterzugeben als Anregung, Diskussionsbereicherung, Themenvorschlag. In der äußeren Form, aber auch im Inhalt muß dieser „halbamtliche" Charakter jedoch deutlich werden.

Die kommunale Pressemeldung muß sich gegen Konkurrenz behaupten

Der auch amtliche Charakter von kommunalen Pressemitteilungen darf freilich nicht dazu führen, daß die Meldungen aus der Pressestelle langweilig, uninteressant, schwer verständlich – kurzum für die Veröffentlichung kaum zu gebrauchen sind. Pressemitteilungen müssen sich, wie ja bereits kurz erläutert, gegen Konkurrenz behaupten. Und um in die Zeitung oder die Nachrichten oder Reportagesendung mit aufgenommen zu werden müssen sie dem kritischen Auge des Redakteurs und oft auch des Ressortleiters oder sogar des Chefredakteurs standhalten. Diese „Gate-Keeper-Journalisten", die die Tür zur Publizierung öffnen oder zuhalten wählen nach dem möglichen Leser-, Zuhörer- oder Zuschauerinteresse aus. Oder nach dem, was dafür gehalten wird. Die Selektion ist hierbei natürlich für eine Illustrierte oder Boulevardzeitung anders als für das Lokalblatt oder die große Tageszeitung. Und auch bei Fernsehen und Hörfunk wird je nach dem Typ der Sendung unterschiedlich ausgewählt. Einige solcher Auswahlkriterien, die bei der Presseinformation zu beachten sind, sollen hier erläutert werden.

Auswahlkriterien für Pressemitteilungen

– Aktualität

Ganz vorn steht die Aktualität, denn schließlich will jeder Leser sofort und umgehend Bescheid wissen. Wobei es neben der Tagesaktualität eines Ereignisses etwa auch die allgemeine Aktualität eines Themas gibt, die nicht an ein heute oder morgen gebunden ist.

– **Allgemeine und öffentliche Bedeutung**

Des weiteren ist die allgemeine und öffentliche Bedeutung wichtig, denn bloße Nebensächlichkeiten interessieren nun mal nicht. Oder sind nur dann interessant, wenn sie einen Pfiff haben, witzig sind oder kurios. Die möglichen oder tatsächlichen, gewichtigen oder schweren Folgen eines Ereignisses erhöhen zudem den Veröffentlichungswert. Ein sonst ganz alltäglicher Unfall kann Publizitätswirkung haben, wenn der Wagen eine gefährliche Fracht hatte, und dies selbst dann, wenn überhaupt nichts weiter passiert.

– **Ereignisnähe**

Gerade in der Lokalpresse wird natürlich auch nach der Nähe eines Ereignisses gewertet, denn was um die Ecke passiert ist für die Leser interessanter und was weiter weg geschieht erhält seine Qualität durch den Bezug auf ähnliche Geschehnisse oder Entwicklungen im lokalen Umfeld.

– **Prominenz**

Und schließlich ist die Verbindung einer Information mit einer „prominenten" Person von Bedeutung. Wenn der Bürgermeister etwas sagt ist es von vornherein bereits wichtiger weil oben personalisiert. Denn eine Aussage oder Zusage der Stadtspitze hat eben mehr Gewicht.

– **Subjektive Kriterien**

Es kommen noch emotionale und subjektive Auswahlkriterien vor allem in der sogenannten „Regenbogenpresse" hinzu wie Liebe und Haß, Dramatik und Kuriosität eines Ereignisses etwa.

– **Kürze und Lesbarkeit**

Bestimmt wird die Auswahl in der Redaktion auch noch von der Lesbarkeit und der Kürze der Presseinformation unter dem Aspekt der entsprechend geringeren oder längeren Bearbeitungszeit, von der Menge des jeweils gerade vorliegenden gesamten Nachrichtenangebotes, mit dem die kommunale Meldung konkurriert und auch mit von der besonderen Tendenz des jeweiligen Mediums oder auch des Journalisten.

Alle diese verschiedenen Beurteilungskriterien der Redaktion mit in die eigene Pressearbeit einzubeziehen ist wichtig.

Breite Kenntnis
von Vorhaben und Entscheidungen
ist nötig

Wichtig aber auch ist, sich einen ständigen Überblick über alle möglichen Informationen aus dem Bereich der Stadt zu verschaffen und deren Bedeutung selbst zu gewichten. Zur kommunalen Pressearbeit ist eine breite Kenntnis der Absichten, Beschlüsse, Vorhaben und Entscheidungen kommunaler Gremien und der Verwaltung nötig, denn Informationen erhalten ihre eigentliche Bedeutung oft erst im Vergleich oder durch Koppelung mit anderem Wissen. Dementsprechend soll der Pressereferent oder der Mitarbeiter des Presseamtes Zugang zu allen wichtigen Besprechungen haben. Besser ist es, eher zuviel Informationen an die Pressestelle zu geben als zuwenig. Und die frühe Vorinformation ermöglicht das richtige Timing der Presseunterrichtung. Denn nicht zu jeder Zeit hat eine Information für die Öffentlichkeit den gleichen Wert. Es kann nicht Sache eines Fachamtes etwa sein, den Zeitpunkt für die geplante Pressebesichtigung festzulegen oder für die Veröffentlichung einer planerischen Absicht. Die Abstimmung mit anderen Teilen der Verwaltung und die Einbindung der Pressestelle sind hier vonnöten.

Die Rolle des „Informationstiming"

Informationstiming bedeutet, die Presse zum am besten geeigneten Zeitpunkt zu unterrichten. So mag eine Presseveranstaltung frühzeitig festgelegt werden, die Einladung dazu soll aber nicht schon Wochen vorher erfolgen. Sie kann näher an den vorgesehenen Termin herangelegt werden und damit sozusagen „aktueller" erfolgen. Und ein Grundsatzthema in die Presseöffentlichkeit zu bringen kann in der nachrichtenschwachen Sommerzeit oder in Verbindung mit einem damit in Zusammenhang stehenden aktuellen Anlaß besser getimt sein. Die Information über eine wichtige Entscheidung, über das Ergebnis einer Sitzung, einen besonderen Zuschuß für Vereine, kurzum alles, worauf die Öffentlichkeit gespannt wartet, muß jedoch umgehend an die Presse gegeben werden. Umgehend heißt hier, sofort nachdem die Entscheidung gefallen, die Sitzung beendet, der Zuschuß beschlossen wurde und der Pressetext formuliert ist.

Absichtliche oder nicht erklärbare Verzögerungen bei der Information der Presse mindern nicht nur die Veröffentlichungschancen, weil alles was einige Tage alt ist keinen Newswert mehr hat und im günstigsten Fall als „Seitenfüller" genommen wird. Bei spät herausgegebenen aber besonders wichtigen Informationen wird die Presse womöglich auch das Zurückhalten der Nachricht kritisieren. Durch eine solche verzögerte Presseunterrichtung wird das Klima zwischen Kommune und Presse nicht gerade gefördert.

Die „vertrauliche" Hintergrundinformation an die Presse

Presseinformationen können mit gewissen Einschränkungen gegeben werden, etwa mit einer Sperrfrist versehen oder nur als Hintergrundinformation. Letztere erfolgt unter besonderem Hinweis in der Regel nur auf Pressekonferenzen oder bei einem Gespräch mit Journalisten und kaum in schriftlicher Form. Die Hintergrundinformation ist nicht zur Veröffentlichung bestimmt. Sie soll lediglich eine der Presse zur Veröffentlichung übermittelte Information näher erläutern und verständlicher machen. Sie soll verhindern, daß eine Nachricht durch die Journalisten falsch gedeutet und bewertet wird und so mißverständliche Presseberichte vermeiden. Im Pressegespräch oder in der Pressekonferenz kündigt der Pressesprecher oder Vertreter der Stadt an, daß er nun noch ergänzend etwas „off the record" mitzuteilen habe und bittet darum, diese Vertraulichkeit zu respektieren.

Die Hintergrundinformation ist stark vom gegenseitigen Vertrauen zwischen Presse und Kommunalverwaltung abhängig. Die Veröffentlichung der Hintergrundinformation könnte der Stadt und auch manchmal dem Informanten schaden. In der Regel hält sich die Presse – im eigenen Interesse, um auch künftig Zugang zum tieferen Verständnis der Informationszusammenhänge zu haben – an die Bitte um Vertraulichkeit einer derartigen ergänzenden Hintergrundinformation. Grundsatz sollte bei vertraulichen nicht zur Veröffentlichung bestimmten Informationen sein sie nur dort zu geben, wo es einsichtig erscheint. Einen Journalisten mit einer Hintergrundinformation zu belasten, die eigentlich eine Information nur für sich ist und zudem einen sehr hohen Öffentlichkeitswert hat heißt, ihn in Versuchung führen und ein Vertrauenskapital zu stark belasten.

Die Presseinformation mit Sperrfrist

Eine andere Informationsbeschränkung ist die sogenannte Sperrfrist, die die früheste Veröffentlichung einer Nachricht, einer Rede usw. auf einen bestimmten in der Zukunft liegenden Zeitpunkt fixiert. Durch die Sperrfrist soll die Presse insgesamt verpflichtet werden, trotz Vorliegens der – zumeist schriftlichen – Information nicht vor dem angegebenen Termin zu berichten.

Die Sperrfrist ist auf keinen Fall ein informationspolitisches Mittel, wenn sie auch manchmal dazu mißbraucht wird. Eine Sperrfrist sollte also nicht lediglich deshalb eingeführt werden, weil man die Nachricht erst zu der bestimmten Zeit in der Presse haben will. In einem solchen Fall ist es richtiger, die Nachricht erst dann herauszugeben, wenn sie auch veröffentlichungsreif ist.

Das Wesen einer Sperrfrist liegt in der Möglichkeit für den Journalisten, umfangreiches Material durchzuarbeiten, bevor es insgesamt der Öffentlichkeit übergeben wird. So etwa können längere Reden der Presse mit der Sperrfrist „Zeitpunkt des Redebeginns" übergeben werden, wobei Uhrzeit und Datum der möglichen Veröffentlichung angegeben werden sollten. Es ist lediglich sicherzustellen, daß die Journalisten, die die Rede mit Sperrfristvermerk erhielten erreichbar sind um, falls die Rede ausfallen muß, ihnen das rechtzeitig mitzuteilen. Sperrfrist kann bei Weitergabe des Etats an die Presse, bevor er die politischen Gremien beschäftigt, verabredet werden, damit die entsprechenden Fachjournalisten sich ausreichend vorbereiten und nach der Einbringung direkt sachkundig berichten können. Sperrfrist kann auch bei bestimmten Ehrungen angebracht sein, zu denen man die Presse dazulädt, damit der Geehrte nicht schon vorher über die Art der Ehrung informiert ist. Die Presse wird eine so vernünftig gehandhabte Sperrfrist, die vor allem ja in ihrem Interesse liegt, achten.

Pressekontakte gehören in eine Hand

Unterschiede zwischen kleinerer und großer Stadt

Ob Kleinstadt oder Metropole: die Betreuung der Presse sollte stets in einer Hand zusammengefaßt werden. Dabei wird es freilich Unterschiede geben. In der kleinen und oft auch in der mittleren Stadt läßt sich die Kommunikation und die Information mit der Presse noch recht einfach zentralisieren. Oft steht ja sowieso nur ein Pressereferent zur Verfügung, wenn nicht die Unterrichtung der Presse lediglich Teilaufgabe eines Mitarbeiters ist, der sich auch noch um anderes zu kümmern hat.

Anders sieht es in der Großverwaltung mit ihrem umfangreichen Apparat und der Fülle unterschiedlichster Aufgaben aus. Hier wird eine gewisse Dezentralität in der Auskunft an Journalisten nicht nur unvermeidbar, sondern womöglich auch geboten sein. Denn fachliche Erläuterungen zu umfangreichen Planungsvorhaben oder detaillierte Darstellungen eines differenzierten Sozialprogrammes mögen den Pressereferenten oder Presseamtsleiter einer Großstadt überfordern. Aber auch hier soll die Presseinformation über das Presseamt vermittelt werden oder zumindest dieses darüber unterrichtet sein. Allein schon, weil womöglich auch andere Zeitungen oder Sender informiert werden sollten oder die Auskunft mit anderen Teilen der Verwaltung abzustimmen ist.

Der Pressereferent als „Diener" seines Herrn

Ein gleiches gilt in jeder Stadt für die Einbeziehung der kommunalen Spitze. Pressekontakte sind von gleich eminenter Bedeutung für den Oberbürgermeister der größeren Stadt wie für den Bürgermeister der kleineren. Und auch Dezernenten und Ratsmitglieder müssen ja immer wieder die von ihnen veranlaßten Entscheidungen und Entwicklungen in der Öffentlichkeit vertreten. So ist denn ein weiterer Grundsatz kommunaler Pressearbeit: soweit irgend möglich und vor allem nötig sind die kommunalpolitisch Verantwortlichen die „Darsteller" gegenüber der Presse. Nicht der Pressereferent oder ein sonstiger Referent oder Amtsleiter tritt mit allen wichtigen Auskünften und Antworten gegenüber der Presse auf, sondern die Frau oder der Mann an der Spitze. Zumindest wenn die Sache sich lohnt und eine gewisse Bedeutung hat. Denn schließlich tragen sie die Verantwortung, stellen sich zur Wahl und sind auf Personalisierung im guten Sinne angewiesen.

So gesehen ist jeder Pressereferent auch der Diener seines Herren oder seiner Herrin. Und ein Ratgeber, der aus seiner Kenntnis der Medien, mit seiner womöglich beruflich geprägten Erfahrung und durch seine „journalistische" Formulierungsfähigkeit die Entscheidung der Stadtregierung in geeigneter Weise transportiert und die Presseverlautbarungen der kommunalen Spitzenleute formuliert. Allein schon aus diesem Grunde ist eine zentrale Pressestelle notwendig und sinnvoll, denn die beste Information kommt nicht rüber, wenn sie in ungeeigneter Weise präsentiert wird.

Die Pressestelle stets der Stadtspitze zuordnen

Dementsprechend auch sollte eine Pressestelle, ein Presse- und Informationsamt oder der mit Pressebetreuung beauftragte einzelne Mitarbeiter stets der Verwaltungsspitze, also dem Stadtdirektor oder Bürgermeister unterstellt und zugeordnet sein. Nur so ist schließlich die Einbeziehung des obersten Repräsentanten einer Stadt genauso sicherzustellen wie die Delegation von notwendigen Antworten an und Recherchen für die Presse auf andere Verwaltungsbereiche. Und schließlich ist in den größeren Städten eine solche Zuordnung auch notwendig wegen der kontinuierlichen zentralen schriftlichen Presseinformation in den verschiedenen Pressediensten. Auch eine Presseauswertung erhält letztlich nur dann einen Sinn, wenn sie zentral erfolgt und so die unterschiedlichsten Teile der Verwaltung erreicht. Wie anders schließlich sind koordinierte Reaktionen bei den mehrere Teile der Verwaltung betreffenden Presseveröffentlichungen möglich, sieht man einmal von dem effektiveren und rationelleren Auswertungseffekt ab.

Wer darf der Presse Auskunft geben?

Es gilt also grundsätzlich: nicht jeder Mitarbeiter einer Verwaltung kann zu jedem Thema eine Auskunft geben. Die Desinformation der Presse wäre groß und der Schaden für die Stadt womöglich beträchtlich. Dies gilt grundsätzlich auch für die Kommunalpolitiker, wenn Auskunft über Entscheidungen von Rat, Magistrat oder anderer Gremien durch die Presse erbeten wird. Auch hier ist es richtig, wenn „die Spitze" eine Erklärung abgibt, gleich von wem sie vorbereitet wurde oder wer dazu die notwendige Vorarbeit leistete. Übermittler dieser „Spitzenverlautbarung" kann und sollte durchaus die Pressestelle oder der Pressereferent sein.

Unberührt davon bleibt die allgemeine sozusagen alltägliche Information. Hier sollten die Pressestelle oder nach vorheriger Information und Absprache der Amts-, Betriebs- oder Verwaltungsleiter zu Auskünften an die Presse ermächtigt sein. Wobei der für den jeweiligen Bereich verantwortliche kommunalpolitische Repräsentant wie etwa Bürgermeister oder Stadtdirektor, Stadtrat oder Dezernent auch hier natürlich den Vorrang hat und regelt, welche Pressekontakte er sich selbst vorbehält oder in welcher Weise er als Person in die Presseinformationen mit einbezogen wird.

Ganz einfache Sachauskünfte schließlich kann jeder Verwaltungsangehörige geben. Wenn ein Feuerwehrmann gefragt wird wie lang die große Drehleiter seines Einsatzfahrzeuges ist braucht er gewiß nicht auf die kommunale Spitze zu verweisen und der Rathauspförtner soll der Presse natürlich eine Auskunft über die Besucherzahl im alten historischen Rathaussaal nicht verweigern, wenn er sie denn doch auch jedem fragenden Bürger gegeben hätte. Der Grundsatz ist: soviel wie möglich an Presseauskünften kann durch jeden Sachkundigen gegeben werden und soviel wie nötig und sinnvoll bleibt der Spitze vorbehalten.

Im übrigen hat die Presse selbst oft ein Interesse an Antworten von „denen da oben". Denn die Bedeutung einer Information steigt auch mit dem Rang des Informanten. Hier sollte der kommunale Spitzenpolitiker darauf achten, nun nicht zu jedem und allem zitiert zu werden. Denn auf diese Art kann das mit dem Amt verbundene Ansehen irgendwann Schaden nehmen. Bedeutsame und wichtige Entscheidungen mit der Spitzenperson verbinden und Routine über die Pressestelle abwickeln ist eine Voraussetzung für den Erfolg kommunaler Pressearbeit.

Eine Pressestelle soll positiv nach innen und nach außen wirken

Aus den letztlich ja sehr unterschiedlichen Strukturen, Denkweisen und Aufgaben von Presse und Kommunalverwaltung resultieren allzu oft Mißverständnisse und Aversionen. Gerade deshalb ist in jeder Stadt die zentrale „Clearing- und Umsetzungsstelle" für die Kontakte zur und Information der Presse unbedingt notwendig.

Sie kann in die Verwaltung hinein wirken. Ihre Aufgabe ist eben nicht nur die technische Umsetzung von presserelevanten Äußerungen, Beschlüssen, Themen nach draußen sondern auch das Wirken in die Verwaltung hinein mit dem Ziel, Konflikte mit der Presse zu vermeiden oder auszugleichen, Kenntnisse über den Informationsbedarf der Presse zu vermitteln, die Aufmerksamkeit auf pressegeeignete Themen zu lenken und insgesamt das Verständnis für die Notwendigkeit von Presse- und Öffentlichkeitsarbeit der Stadt zu wecken und zu vertiefen.

Denn da gibt es ja immer noch und immer wieder einige Probleme in der Zusammenarbeit einer Verwaltung mit den Medien.

– **Pressearbeit als Transformator nach draußen**

Genau wie „draußen" in der Wirtschaft schreitet die Spezialisierung auch in der Verwaltung fort. Und da fällt es der Fachfrau und dem Fachmann dann oft besonders schwer, die presserelevante Bedeutung ihrer Arbeit und ihres Wirkens zu erkennen. Und noch schwieriger ist es für sie oder ihn, einen komplizierten Sachverhalt in eine für Bürger und Presse einigermaßen verständliche Sprache umzusetzen. Ein Pressereferent oder eine Pressestelle kann hier der notwendige Berater, Übersetzer und Transformator sein.

– **Zentraler Ansprechpartner**

Die laufenden Presseinformationen, aber auch die Zusammenstellung von besonderem Pressematerial oder die Vorbereitung einer Pressekonferenz können heute nicht mehr nur von der jeweils zuständigen Verwaltungseinheit geleistet werden. Dazu ist zwar die Sachkunde und Mitarbeit der zuständigen Stellen erforderlich. Für die mediengerechte Umsetzung allerdings bedarf es der zentralen Stelle, die die Ansprechpartner in der Presse und deren Bedürfnisse kennt.

– **Pressefachlicher Berater**

Der Informationswunsch der Presse wird nicht nur dort geäußert, wo man ihm gerne nachkommt: bei den stolzen Leistungen eines Amtes oder des Bürgermeisters etwa. Mindestens genau so oft wenn nicht sogar viel häufiger will die Presse Auskünfte zu Problemen und Schwierigkeiten der Stadt. Gerade hier ist ein pressefachlicher Rat aus dem eigenen Hause besonders wichtig, gilt es doch die mögliche Umsetzung der Information von vornherein abzuschätzen.

– **Positiver Motivator**

Nicht selten wird eine Verwaltung von der Presseberichterstattung über ihre Arbeit enttäuscht. Gleich, ob daran Mißverständnisse schuld sind, eine mangelnde Qualifikation des fragenden Journalisten oder die ungenügende Themenerläuterung durch den Vertreter der Verwaltung, die Kürzung des Textes durch die Redaktion mit entstellenden Folgen oder auch die übermäßig kritische Beleuchtung der mitgeteilten Tatsachen: Frustration in der Verwaltung ist die Folge. Hier hat der Pressereferent oder die Pressestelle die Aufgabe, trotz solcher negativer Einzelerfahrungen weiterhin positive Motivationen in Richtung auf Zusammenarbeit zu geben und Verständnis für die oft schwierige Arbeit aber zugleich auch wichtige öffentliche Aufgabe der Presse zu wecken.

– **Partnervermittlung**

Der Kontakt mit der Presseöffentlichkeit wird häufig durch ungenaue Regelungen der Auskunfterteilung behindert und erschwert und führt dann schließlich zu „einer schlechten Presse". Überkommene hierarchische Strukturen spielen hier zudem eine ebenfalls hemmende Rolle. Hier hat eine Pressestelle für Klarheit zu sorgen und entsprechend der Bedeutung der gewünschten Information und ihrer fachlichen Zuordnung den geeigneten Partner zu vermitteln. Eine eher „zufällige" Beantwortung von Pressefragen kann sehr negative Wirkungen haben.

– **Überbrückung von Unterschieden**

Die mangelnde Kenntnis vom Wesen der Presse mit deren Bedürfnis nach Aktualität, ihrer anderen Wertung von Ereignissen und einer reduzierten Darstellungsform erschwert die Verständigung. Journalisten und Verwaltungsmenschen sind zwar keine entgegengesetzten Typen, sie gehen aber gewiß von verschiedenen Grundhaltungen aus. Die Zeitung lebt dem Heute, die Verwaltung plant und wirkt aus einer Vergangenheit in die Zukunft hinein. Diese Unterschiede zu überbrücken ist wesentliche Aufgabe der Pressestelle.

- **Überzeugungsarbeit**

Die Tradition einer Verwaltung, die einst und oft auch heute noch „genehmigt", „gewährt", „bewilligt", „verboten", „zurückgewiesen" hat, ist Pressekontakten wenig förderlich. Das Denken in Kategorien eines modernen Dienstleistungsbetriebes, der auf die Mitwirkung der Öffentlichkeit und somit auch der Presse bei seinen Handlungen angewiesen ist, der seine Arbeit und sein Wirken zudem immer wieder öffentlich erläutern muß, ist noch nicht ausreichend verbreitet. Genau hier auch setzt insgesamt Überzeugungsarbeit einer Pressestelle in der Kommune an.

Die Ausstattung
einer Pressestelle

Opas Pressestelle
ist noch nicht tot

Zentrale Informationsvermittlung an die Presse und die pressebezogene Betreuung und Beratung kommunaler Ämter und Betriebe aber auch der kommunalpolitisch Verantwortlichen bedarf einer organisatorischen Absicherung sowie einer entsprechenden personellen und technischen Ausstattung. Denn ohne „Apparat" und ohne „Vollmachten" ist in dem sensiblen Bereich der Medieninformation erfolgreiche Pressearbeit für eine Stadt kaum möglich.

In einer Zeit, in der sich die Presse selbst aber auch Wirtschaft und Industrie der modernsten Mittel der Nachrichtenübermittlung bedienen und für die Presse- und Öffentlichkeitsarbeit immer höhere Qualifikationen gefordert werden dürfen die Städte nicht zurückstehen. Kommunale Pressearbeit mit den veralteten Hilfsmitteln und womöglich nebenher betrieben gehört noch nicht ganz der Vergangenheit an. Die Folge: mangelnde Aktualität in der Presseinformation, falsche Zielgruppenansprache der Medien, fehlende Information in die Stadtverwaltung hinein, unzureichende Beurteilungshilfen für die Kommunalpolitiker und schließlich ein gestörtes Vertrauen bei der Presse.

Ob kleine oder große Stadt:
Modernisierung ist nötig

Natürlich wird der für die Betreuung der Presse zuständige Mitarbeiter der Verwaltung einer kleinen Stadt weder personell noch technisch eine „Idealausstattung" zur Verfügung haben. Und er wird sie sicher auch nicht brauchen, wenn in der Regel nur ein Heimatblatt oder eine kleine Auswärtsredaktion der Kreis- oder Regionalzeitung über seine Stadt berichtet. Aber auch für ihn genauso wie für die Verwaltung und Regierung einer solchen Kleinstadt mag der eine oder andere der folgenden Hinweise interessant sein. Denn auch die kleinere Gemeinde versucht ja, über den Ortsrand hinaus in den Medien präsent zu sein. Die mittlere Stadt nun wird ganz gewiß heute in der Konkurrenz um die Medien mithalten müssen und die größeren Städte sowieso. Schließlich wird das Bild einer Stadt nach draußen über die Stadtgrenzen hinaus durch die Presse mit vermittelt. Ihre Information und ihre Betreuung ist mitentscheidend für den Bekanntheitsgrad und die positive oder negative Einschätzung der jeweiligen Kommune. Und von daher auch wird „Aufstieg oder Fall" einer Stadt mit beeinflußt, denn Industrieansiedlung oder Interesse der Wirtschaft, Touristische Erfolgsbilanz oder Kulturimage und was sonst noch alles letztlich zur Erfolgsbilanz beiträgt werden mit von der veröffentlichen Meinung geprägt.

Die schriftliche Information
der Presse bedarf
geeigneter Voraussetzungen

Eine wichtige Grundlage jeder kommunalen Pressearbeit ist zuerst einmal die schriftlich fixierte Presseinformation als aktuelle Unterrichtung, als Presseeinladung, als Antwort auf Presseveröffentlichungen, als Unterlage für Pressekonferenzen, Pressebesichtigungen, Presserundfahrten, Pressegespräche und als Pressematerial für alle möglichen kommunalen Veranstaltungen wie Richtfeste, Preisverleihungen, Ehrungen, Planungen usw.

Dafür gilt es organisatorische Voraussetzungen zu schaffen durch die zentrale Betreuung und die zentrale Erarbeitung dieser Presseinformationen über die Pressestelle. Dementsprechend auch personell muß die für die Unterrichtung der Presse verantwortliche Einrichtung einer Stadt ausgestattet sein, je nach Umfang und Schwierigkeit dieser Umsetzungsarbeit. In größeren Städten sollte man sich hier auch des journalistischen Könnens Dritter bedienen oder oft noch besser für diese Aufgaben Journalisten einstellen. Wer regelmäßig und breit gestreut die Presse informieren will bedarf zudem eines gut ausgebauten technischen Systems. Dabei ist es meist wenig hilfreich, wenn an anderer Stelle in der kommunalen Verwaltung bereits Kapazitäten vorhanden sind. Da die Presse möglichst aktuell, regelmäßig und auf den Redaktionsschluß bezogen informiert werden muß und der Informationsanfall sehr schwankend ist kann die Pressestelle nicht auf eine dritte Einrichtung angewiesen sein, die womöglich ebenfalls Termine etwa für den Umdruck von Ratsvorlagen zu berüchsigten hat. Konflikte und Schwierigkeiten wären unvermeidlich.

Für die kleine und mittlere Pressestelle wird ein Kopiersystem ausreichend sein. Größere Presseämter aber werden sich darüber hinaus auch noch einer modernen „Druckmaschine" bedienen müssen. Denn größere Auflagen lassen sich in angemessener Zeit und zu vertretbaren Kosten nicht mit Kopiergeräten herstellen.

Einsatzmöglichkeiten
eines Kopiersystems

Das Kopiersystem kann eingesetzt werden für das

- Vervielfältigen von Zeitungs- und Presseausschnitten, die in einen Pressespiegel aufgenommen werden oder als Einzelinformation an leitende Verwaltungskräfte und Kommunalpolitiker als Information und zur womöglichen Bearbeitung gehen,
- Vervielfältigen des regelmäßigen Pressedienstes, einzelner Pressenachrichten und von Presseeinladungen und
- Vervielfältigen von Presseunterlagen, etwa bei Pressekonferenzen, Presseführungen, Pressebesichtigungen oder Pressezentren.

Natürlich ist eine solche Kopieranlage auch für den Bereich der Bürgerinformation, der ja zumeist mit der Pressearbeit in einer Verwaltungseinheit zusammengefaßt ist, nützlich. Denn auch dort sind ja für Bürgerversammlungen und Bürgerinformationen Texte, Graphiken und Daten zu vervielfältigen.

Druckanlage und was noch dazu gehört

Eine Kopieranlage ist in jedem Fall nötig. Und zwar selbst dort, wo die eigentlichen Pressedienste wegen Umfang und notwendiger Schnelligkeit der Produktion nicht kopiert werden können, sondern gedruckt werden müssen. Denn die Presseausschnitte müssen ja in jedem Fall kopiert werden. Die daneben für Pressedienste größeren Umfangs erforderliche Druckanlage ist heute übrigens nicht mehr wie einst eine raumfüllende Maschinerie, sondern kaum größer als ein Kopiergerät. Und auch schmutzig ist die Arbeit mit ihr nicht mehr, wird doch die „Druckfarbe", was zumeist ja gar keine „flüssige" Farbe mehr ist, in geschlossenen Patronen eingelegt. Verbunden werden sollte die Druckmaschine dann mit einem Sortierer, der die Seiten zusammenordnet, mit einem Faltgerät zum versandgerechten Zusammenfalten und mit einer Kuvertiermaschine.

Vor der Anschaffung von Kopier- oder Druckanlagen werden zuerst einmal die erwünschten Kopier- und Druckkapazitäten aufgelistet. Dabei sollten von vornherein die nicht aktuellen größeren Druckobjekte ausgeklammert werden, denn sie werden mit Sicherheit günstiger und auch besser durch einen Druckauftrag nach draußen oder durch die womöglich vorhandene gut ausgestattete Rathausdruckerei erledigt. Auf der Grundlage dieser Zusammenstellung wird dann eine Kosten-Nutzen-Analyse gemacht. In ihr muß unbedingt die notwendige Schnelligkeit von Druck oder Kopieren berücksichtigt werden wegen der geforderten Aktualität und festen Terminierung sowie die benötigte Menge und erwünschte Qualität.

Das Erstellen der Pressetexte

Die Texte für die Presse müssen vor dem Druck oder der Kopie ja aber erst einmal geschrieben werden. In vielen Redaktionen geschieht dies heute nicht mehr auf der Schreibmaschine. Der Journalist setzt sich vielmehr an den Computer und gibt seinen Text ein. Von da aus geht er dann an den Redakteur zur Bearbeitung, zum redigieren. Er wird korrigiert, womöglich gekürzt oder ergänzt und schließlich einer bestimmten Seite zugeordnet. Der Umbruch schließlich erfolgt am Bildschirm. Zu keinem Zeitpunkt lag ein solcher Text auf ein Blatt Papier geschrieben vor. Erst in der ausgedruckten Zeitung erblickt er das Licht der Welt. Und so mancher Journalist hat seinen kleinen Textcomputer mit Kleinbildschirm inzwischen bei sich und schreibt bereits „unterwegs" den Artikel, verbindet seinen Computer über Telefonleitung mit der Redaktion und dorthin wird der Text dann direkt aus dem Speicher des tragbaren Kleingerätes in die Zentralanlage übertragen. Bei größeren Presseämtern, die demnächst mit elektronischen Systemen ausgestattet werden sollte man überlegen, ob nicht ganz ähnlich in einem „Verbund im Hause" die direkte Übertragung der eingegebenen Texte sowie ihre Bearbeitung, Gestaltung und Einordnung über den Bildschirm erfolgt bis hin zum schließlichen Druckvorgang.

Ein solches Verfahren würde übrigens auch bessere Textgestaltungsmöglichkeiten eröffnen. Überschriften können in gewünschter Größe eingegeben werden und in der Typographie ist eine größere Variation als mit der auch raffiniertesten modernen Schreibmaschine möglich. Schließlich auch können alle Texte ohne großen Arbeits- und Platzaufwand gespeichert, jederzeit abgerufen, aktualisiert und modifiziert werden.

Aber selbst wenn die Texte in herkömmlicher Weise auf der Schreibmaschine getippt werden: die Typographie als Möglichkeit der Unterscheidung und Hervorhebung sollte weitmöglichst genutzt werden. Pressedienste für verschiedene Zielgruppen und Themenbereiche können in unterschiedlichen Grundschriften gestaltet werden, so daß sie sich deutlich sichtbar schon im Schriftbild voneinander abheben. Nicht nur die Überschrift wird in der Größe etwa abgehoben sondern auch der Vorspann, eine Ergänzung und die Kurzzusammenfassung werden anders gestaltet, so daß der Redakteur auf den ersten Blick eine Übersicht erhält und schnell das Wesentliche einer Meldung erfassen kann.

Die Notwendigkeit von umgehender Information

Die gedruckte oder kopierte Presseinformation ist nach wie vor die Basis der kommunalen Pressearbeit, kann doch auf diese Weise eine große Zahl von Journalisten lokal, regional und überregional erreicht werden. Auch steht ja schließlich nicht alles an kommunalen Informationen und Berichten unter dem Zwang der Stundenaktualität, bedarf also nicht der gleichzeitigen Übermittlung. In vielen Fällen ist eine direkte Unterrichtung der Presse aber doch notwendig. Etwa bei der Stellungnahme zu Presseveröffentlichungen Dritter, besonders solche kritischer Art. Hier ist die schnelle Antwort nötig, denn eine Veröffentlichung erst mehrere Tage später wird nicht mehr unbedingt in Zusammenhang mit der seinerzeitigen Berichterstattung gebracht. Oder bei sehr plötzlichen herausragenden Ereignissen, zu denen eine umgehende Äußerung angebracht ist.

Und oft auch will die Stadt ja gleichzeitig andere Veröffentlichungen und Erklärungen in der Presse kommentieren, etwa wenn die Landesregierung dringend notwendige Beiträge zur Finanzierung eines Projektes nicht mehr leisten will und dies morgen in der Zeitung stehen wird oder wenn in der nächsten Ausgabe Vorwürfe gegenüber dem Bürgermeister erhoben werden, denen es zu widersprechen gilt. Und natürlich gehören auch die Informationen über Katastrophen und unvorhersehbare Ereignisse mit dazu.

**Die schnelle
Übermittlung
durch Telefax**

Hier bietet das Telefaxgerät die Chance, die Texte in die Redaktionen zu übermitteln. Jedes mittlere und größere Presseamt sollte heute über mindestens ein solches Gerät verfügen. Da die Übermittlung über Telefax einige Zeit in Anspruch nimmt und die Erreichbarkeit gerade der für Presseinformation verantwortlichen Stelle sichergestellt sein sollte ist sogar ein zweites Gerät sinnvoll. Es kann außerdem für zusätzliche Aussendungen jederzeit benutzt werden. Die Zahl der im Telefaxgerät für solche Schnellinformation gespeicherten Redaktionen sollte begrenzt und zudem auch noch einmal gegliedert werden, so daß je nach Bedarf an die Gesamtheit, an einzelne Gruppen oder an eine Gruppenselektion ausgesandt werden kann. Wichtig ist bei Telefax die Nachkontrolle, ob alle Redaktionen auch erreicht wurden. Denn es kann passieren, daß ein Ansprechpartner dauernd besetzt und deshalb trotz automatischer Wahlwiederholung nicht erreichbar ist. Er muß in diesem Fall dann telefonisch unterrichtet werden. Überhaupt sollte Telefax wirklich nur dort wo es nötig ist benutzt werden, also bei Übermittlung von wichtigen sehr aktuellen Texten etwa. Schnell einberufene Pressekonferenzen können durchaus auch über Telefon mitgeteilt werden. So wird der Anschluß für wirklich dringende Notwendigkeiten freigehalten.

**Nach wie vor
ist das „Pressetelefon"
als „persönliches"
Kommunikationsmittel
nötig**

Aber nicht nur, weil eilige Presseeinladungen und Presseinformationen nach wie vor auch per Telefon erfolgen werden ist die Ausstattung der Pressestelle mit ausreichenden Telefonanschlüssen notwendig. Auch die Anfragen der Presse laufen ja zumeist über das Telefon, Recherchen der Pressestelle in die Verwaltung hinein erfolgen über das Telefon und schließlich ist es auch nach wie vor das direkte „persönliche" Kommunikations- und Gesprächsmittel mit der Presse über eine Entfernungsdistanz hinweg. Wenn der Journalist den Pressereferenten oder überhaupt die Pressestelle nicht erreicht wird er sich seine Informationen woanders besorgen oder einfach darauf verzichten und nur „die andere Seite" zu Wort kommen lassen. Deshalb ist die technische Erreichbarkeit und die möglichst ganztägige Besetzung des Telefons einer Pressestelle wichtig.

Dabei sollte zumindest ein Anschluß nicht über die Rathauszentrale und damit über die Vermittlung laufen, sondern auch bei Ferngesprächen die direkte Anwahl des Partners ermöglichen und die direkte Erreichbarkeit sichern. Die Vermittlung über eine Zentrale bedeutet zumeist Zeitverluste und damit mangelnde Aktualität des Anrufers. Die Möglichkeiten der Durchwahl auch im Fernnetz können nicht genutzt werden und die Entscheidung über Dringlichkeit bleibt jemand anderem überlassen. Tatsache ist auch, daß in kleinen genauso wie in großen Pressestellen sich ein Gutteil der Arbeit nach dem üblichen Dienstschluß abspielt und von daher die Möglichkeit eines direkten Hineingehens in das Telefonnetz bei der notwendigen Unterrichtung von Presse außerhalb des Ortsnetzes notwendig ist. Denn auch aus der mittleren Stadt muß womöglich noch die Landesredaktion der Deutschen Presseagentur erreicht oder die Regionalredaktion des Rundfunks angesprochen werden. Am Rande erwähnt sei nur, daß der Presserefent über einen privaten Telefondienstanschluß verfügen und diese seine private Nummer auch im städtischen Telefonverzeichnis mit ausgedruckt werden sollte. Denn ein Teil der Rückfragen und Anfragen erreicht ihn zu Hause und er muß in der Lage sein, in Rückantwort den Redaktionen telefonisch Auskunft zu geben.

Und das wird gebraucht

Hier zusammengefaßt die erwünschte technische Ausstattung einer Pressestelle:

- Textcomputersysteme oder entwickelte Schreibmaschinentypen mit Speichermöglichkeit für die schnelle Presseinformation.
- Eigenverfügbare oder jederzeit nutzbare Druck- und Vervielfältigungsgeräte.
- Ausreichende Übermittlungsmöglichkeiten aktueller Informationen per Telefax und Telefon.
- Archivierungs- und Speicherkapazitäten für Pressedaten, Ausschnitterfassung und Aufzeichnungsservice.
- Video- und Tonaufzeichnungsgeräte sowie Text- und Bildkopierer zur Erstellung von Pressespiegel, Zeitungsausschnittdienst und FS/Hörfunkdienst.
- Pressetelefax, Pressetelefon und soweit machbar „Arbeitsplatz" für Journalisten in kleinem abgetrennten Raum oder in Telefonzelle.
- Pressekonferenzraum als zentraler Ort der Pressekonferenzen, soweit möglich.

Pressebetreuung und Einrichtungen für die Presse

Allgemein öffentliche und presseöffentliche Veranstaltungen

Natürlich hat die Presse genauso wie jeder Bürger Zugang zu allen öffentlichen Veranstaltungen einer Stadt. Ob bei Eröffnung des großen Volksfestes oder beim Start des Stadtlaufs, bei der Sitzung des Stadtparlaments oder der öffentlichen Ausschußsitzung, der Begrüßung des Bürgermeisters der Partnerstadt vor dem Rathaus oder dem Wettmusizieren der Musikvereine im Stadtstadion: die Bürgerinnen und Bürger sind da und die Presse – hoffentlich – auch. Nur: die Presse ist nicht nur Gleicher unter Gleichen wie sonst alle Zuschauer, sie ist gleicher als die anderen. Und entsprechend sollte sie bevorzugt werden. Und das heißt, soweit möglich ihre besonderen Bedürfnisse zu berücksichtigen.

Aber nicht nur bei den allgemein zugänglichen Veranstaltungen sollte die Presse willkommen sein. Auch bei dem Empfang des Ministerpräsidenten im Rathaus aus Anlaß von dessen Besuch, bei der Ehrung einer verdienten Persönlichkeit durch die Stadt oder etwa bei einem Bankett für die internationale Besuchergruppe werden die Journalisten mit eingeladen, obwohl daran sonst nur eigens ausgewählte Gäste teilnehmen. Auch zu anderen grundsätzlich nichtöffentlichen Veranstaltungen sollten sie Zutritt haben. Solche speziell „presseöffentlichen Termine" können die Erläuterungen von Stadtplanungsvorhaben vor den zuständigen Gremien, der Besuch eines wichtigen auswärtigen Gastes beim Rat oder Magistrat genauso sein wie eine interessante Verwaltungsbesprechung. Wobei hier nicht immer in der Vertraulichkeit der Grund für die Nichtöffentlichkeit liegen mag, sondern ganz einfach in der Notwendigkeit, die Teilnehmerzahl zu begrenzen. Bei einem guten Kontakt zur Presse ist es außerdem oft möglich vorher abzusprechen, was im einzelnen für die Berichterstattung freigegeben wird und was vertraulich zu behandeln und nicht für die Öffentlichkeit bestimmt ist.

Manchmal empfiehlt es sich, zwischen dem eigentlichen persönlichen Gespräch oder der internen Information und einer presseöffentlichen Präsentation zu unterscheiden. So etwa können Bildjournalisten und das Fernsehen zum Beispiel Aufnahmen vom Bürgermeister und seinem Gast machen oder von der neugegründeten Arbeitsgruppe, bevor diese sich dann zu ihrem Gespräch zurückziehen. Eine andere Variation ist die Zuladung der Presse gegen Ende einer solchen Besprechung oder zum Schluß des Besuches. Dann kann über den wesentlichen Inhalt und das Ergebnis berichtet werden und ein Begrüßungsfoto oder ein Sitzungsfoto läßt sich auch nachstellen.

Den Bildjournalisten geeignete Arbeitsbedingungen schaffen

Die Bildjournalisten sollten sowieso nicht über den Wortberichterstattern vergessen werden. Ihnen die Möglichkeit zu einem guten Schuß zu verschaffen zahlt sich in der Veröffentlichung eines aussagekräftigen Pressefotos aus: Bilder transportieren manchmal mehr als noch so viel Worte und neben einem Prominenten optisch in der Presse präsent sein ist oft wichtiger als die kurze Meldung zum gleichen Anlaß.

Bei Großveranstaltungen kann es sich empfehlen, eine Tribüne oder ein Podest für Bildjournalisten und das Fernsehen provisorisch aufschlagen zu lassen. Manchmal tut es auch ein simpler Pritschenlastwagen, von dem aus die Pressefotografen über die Menge hinweg „freies Schußfeld" haben. In Innenräumen können mit einer einfachen provisorischen „Galerie" seitlich oder hinten erhöhte Positionen für Bildjournalisten und Kameraleute geschaffen werden. Grundsatz dabei sollte sein, daß von derartigen Positionen aus möglichst genauso gut wenn nicht sogar besser das Geschehen aufzunehmen ist als irgendwo vorne in der ersten Reihe.

Nicht immer freilich ist eine solche „Tribüne" nötig und möglich, und manchmal auch entspricht sie in keiner Weise dem Anlaß und den Interessen der Bildreporter. In solch einem Fall sollte versucht werden, durch Absprachen das Chaos einer vorne vor den zuschauenden Gästen hin und hereilenden Gruppe von Pressefotografen zu verhindern. Zum Beispiel indem vorher vereinbart wird, daß zu Beginn Gelegenheit für Aufnahmen der vorne versammelten Prominenz gegeben ist und anschließend dann nur noch „von hinten" oder von der Seite aufgenommen werden darf. Und wer sich nicht daran hält muß in Kauf nehmen, daß die Redaktion über sein unfaires Verhalten informiert wird und er womöglich beim „Wiederholungsfall" eben nicht mehr als Berichterstatter erwünscht ist. Bei dem Angebot von seitlichen Positionen für Bildjournalisten und Fernsehen sollte man für eine Absperrung durch ein dunkelblaues oder dunkelrotes Seil im historischen Innenraum und durch ganz simple Sperrgitter bei der Massenveranstaltung draußen sorgen, wenn denn nicht sowieso eine Begrenzung vorhanden ist. Und zwei bis drei hilfreiche Saaldiener oder Ordner sorgen dafür, daß nicht der Drang nach dem ganz besonderen Pressebild siegt und den Fotografen die Barrieren überwinden läßt.

Die Betreuung von Wortberichterstattern auf Großveranstaltungen

Wohin aber mit den Wortberichterstattern? Man wird sie wohl kaum in die erste Reihe setzen können. Denn die bleibt ja der sonstigen Prominenz vorbehalten. In der Mitte zwischen den anderen Gästen könnten sie womöglich nicht alles mitbekommen und würden zudem die ganze Versammlung stören, wenn sie bereits nach der ersten Rede davoneilen um ihren Bericht durchzutelefonieren. Oder weil sie dringend zu einem anderen genauso wichtigen oder noch wichtigeren Termin müssen, versteht sich. Deshalb empfiehlt es sich, sie in einer vorderen Seitenposition zu plazieren, wenn es nicht hinten einen erhöhten Rang gibt, von dem aus man alles überblicken und unbemerkt verschwinden kann.

Die Presseplätze werden im übrigen besonders gekennzeichnet mit dem Schild „Presse". Städtische Mitarbeiterinnen und Mitarbeiter sorgen dafür, daß nur Journalisten auf ihnen Platz nehmen und sie achten zudem darauf, daß nicht andere Gäste das dort ausgelegte Pressematerial vereinnahmen, wenn denn nicht sowieso die Presseunterlagen direkt bei Ankunft im Pressebereich an die Journalisten ausgegeben werden. Der Bildjournalist, der sich oft im Raum frei bewegen muß und zudem ja auch einiges technisches Material mit sich herumschleppt, wird zumindest bei Veranstaltungen einer besonderen Sicherheitsstufe oder Größenordnung durch ein gestempeltes Namensschild am Revers ausgewiesen. Der Wortberichterstatter legitimiert sich nicht äußerlich, aber durch eine spezielle Presseeinladung oder die mit einem aufgestempelten „P" besonders gekennzeichnete Normaleinladung als jemand, der Anspruch auf einen Presseplatz und auf das Pressematerial hat. Bei Veranstaltungen von hoher Sicherheitsstufe ist außerdem für alle Journalisten die namentliche Anmeldung durch die Redaktion sowie die persönliche Entgegennahme des Eintrittsausweises rechtzeitig vor der Veranstaltung unter Vorlage von Personalausweis und Presseausweis notwendig. Und auch bei Platzmangel empfiehlt es sich, auf der persönlichen Anmeldung der Journalisten zu bestehen und nicht die Einladungen zugleich zur Eintrittskarte zu machen.

**Vorwegabsprachen
mit Fernsehen
und Hörfunk**

Die Wünsche von Fernsehen und Hörfunk wegen der Positionierung etwa der Scheinwerfer und Kameras, des Tonmitschnitts und so weiter sollten vorweg abgesprochen werden. Auch hier gilt es in ähnlicher Weise wie bei den Bildjournalisten zwischen den Ansprüchen der Veranstaltungsteilnehmer auf möglichst ungehinderte Sicht, dem Wunsch der Kameraleute und der Fernsehjournalisten nach dem optimalen Standort und dem Interesse der Stadt als Veranstalter an guter Berichterstattung zu vermitteln. Dabei sollte man immer berücksichtigen, daß das Foto in der Presse und die Fernsehübertragung oder Radiosendung ein Vielfaches mehr an Menschen erreichen als real bei dem Ereignis selbst versammelt sind.

**Die besondere
Pressemappe**

Pressebetreuung bei derartigen Anlässen umfaßt mehr als die Platzreservierung. Eine besondere Presemappe enthält all jene Unterlagen, die auch den anderen Gästen zur Verfügung stehen wie etwa Programm, Festbroschüre und Teilnehmerliste. Zusätzlich aber ist für die Presse noch vorbereitet und beigefügt ein Verzeichnis der wichtigsten anwesenden Persönlichkeiten, vor allem natürlich der Redner, und zwar mit Titel und Funktionsbeschreibung. Und auch wenn die Journalisten nur auszugsweise und sehr verkürzt berichten werden: die Texte der Reden, die gehalten, der Resolutionen, die verabschiedet und der Beschlüsse, die gefaßt werden sind als vervielfältigter Text immer willkommen. Wird die Veranstaltung von mehreren auswärtigen Journalisten besucht empfiehlt sich, zusätzlich einige Presseinformationen über die Geschichte der Stadt, ihre gegenwärtige Bedeutung und ein Blatt mit Daten, Fakten und Zahlen beizufügen. Bei Großveranstaltungen sind außerdem die Journalisten für der Pressemappe beigefügte Hinweise auf Telefon- und weitere Übermittlungsmöglichkeiten in der Nähe des Veranstaltungsortes, auf ein Pressezentrum oder einen anderen Anlaufpunkt für weitere Informationen und Hilfen dankbar.

Die Einrichtung eines temporären Pressezentrums

Bei einer zu erwartenden großen Pressebeteiligung ist sowieso die Einrichtung eines Pressezentrums mit Arbeits- und Übermittlungsmöglichkeiten zu empfehlen. In bescheidenerem Maße kann ein solcher Presseservice auch bei vergleichbaren Ereignissen geringeren Umfangs in kleineren Städten nützlich sein, bietet sich ein noch so kleines Pressezentrum doch immer als beliebter Treff für die versammelten Journalisten an. Die vorzubereitenden Arbeitsmöglichkeiten werden freilich unterschiedlich sein. Bei Großereignissen in Metropolen zum Beispiel wird im Pressezentrum ein ganzes Sonderpostamt eingerichtet um ausreichend Telefonanschlüsse und andere Übermittlungsmöglichkeiten bereitzuhalten. Bei einem bescheideneren Anlaß genügt die zusätzliche Schaltung von ein oder zwei Telefonanschlüssen „vor Ort", also unmittelbar in der Nähe der Veranstaltung. Und da heute viele Journalisten ihren Bericht als schriftlichen Text an die Redaktion durchgeben wollen sollte auch ein Telefaxanschluß wenn irgend möglich geschaltet werden.

Nicht nur derartige Übermittlungsmöglichkeiten sind Teil eines temporären Pressezentrums. Auch Arbeitsplätze für Journalisten mit Schreibmaschinen und weiterem Zubehör sowie eine Informations- und Vermittlungsstelle sollten angeboten werden. Handelt es sich um eine längere Veranstaltung ist im übrigen auch eine Bild/Ton-Übertragung in das Pressezentrum zu empfehlen. Die Presse braucht dann nicht unentwegt anwesend sein, sondern kann sich über den weiteren Verlauf im Pressezentrum informieren, während bereits die ersten Artikel geschrieben und Meldungen durchgegeben werden. Daß bei einem solchen Pressezentrum auch für Erfrischungen, Getränke und einen kleinen Imbiß gesorgt wird versteht sich von selbst.

**Ein Arbeitsbereich
für die
Presse im Rathaus**

Aktuell muß ein Journalist nicht nur bei Großereignissen von überregionaler Bedeutung berichten können. Auch im alltäglichen journalistischen Geschäft ist es immer wieder nötig, direkt vom Ort der Ereignisse oder aus der Pressekonferenz eine Nachricht zu übermitteln oder einen Artikel an die Redaktion durchzugeben. Deshalb sollte überprüft werden, ob nicht im Rathaus oder in der Pressestelle ein Raum mit Arbeitsplätzen, Schreibmaschinen, Telefonanschlüssen und einem Faxgerät speziell für die Presse eingerichtet werden kann. Eine „Infothek" mit Daten über die Stadt, aktuellen Statistiken, Adressenverzeichnis, Telefonbüchern usw. kann ein solches Zentrum hilfreich ergänzen. Dieses „Pressezimmer" ist besonders wichtig, wenn aus Sitzungen der kommunalen Gremien, also etwa des Stadtparlamentes, des Rates, von Arbeitsgruppen, Ausschüssen und so weiter berichtet werden muß. Denn gerade hierbei gilt es ja oft, eine wichtige Entscheidung oder einen interessanten Beschluß noch vor Redaktionsschluß durchzugeben. Aber auch für die „tägliche" Arbeit der Journalisten im Rathaus ist ein solcher besonderer Presseraum ein guter Stützpunkt.

Je nach der Größe und überregionalen Bedeutung einer Stadt und nach der Zahl der publizistischen Einheiten und Redaktionsvertretungen am Ort wird ein solches Pressezentrum bescheidener oder umfangreicher einzurichten sein. In der kleineren Stadt mag es genügen, wenn den Journalisten ein Telefonanschluß beim Pressereferenten zur Verfügung gestellt wird und in einer ruhigen Ecke eine Schreibmaschine bereitsteht. Dabei sollte der Telefonanschluß möglichst in einer kleinen Zelle etwa auf dem Flur eingerichtet werden, damit die Journalisten in aller Ruhe mit der Redaktion sprechen und ihren Text durchgeben können. Und für die Textübermittlung mag hier auch das städtische Telefax ausreichen, wenn denn überhaupt eine Notwendigkeit für eine derartige Kommunikation hin zur Redaktion besteht. In den größeren Städten wird es der besondere Presseraum sein, möglichst in Nähe des Presseamtes und nicht weit von den Sitzungsräumen der kommunalen Gremien entfernt. Auch kann es sinnnvoll sein, den „Dauergästen", also den Vertretern der ständig aus dem Rathaus berichtenden Medien, eigene besondere Arbeitsplätze zur Verfügung zu stellen einschließlich der Möglichkeit, Unterlagen und Material verschlossen aufzubewahren. Und es gibt bereits einige Städte, die den ansässigen großen Zeitungen und Sendern jeweils einen kleinen Raum als „Außenposten" im Rathaus überlassen haben, mitsamt Schlüssel und Gastrecht. In den Vereinigten Staaten übrigens ist derartiges schon seit Jahrzehnten eine Selbstverständlichkeit und in den dortigen Metropolen gibt es oft sogar kleine „Fernsehstudios" im Rathaus.

Der Pressekonferenzraum

Wenn irgend möglich empfiehlt es sich auch, einen besonderen Pressekonferenzraum einzurichten, möglichst im Presse- und Informationsamt oder zumindest zentral im Rathaus. Wo dies nicht geht sollte regelmäßig ein normales Sitzungszimmer für Pressekonferenzen mit benutzt werden. Denn ein ständiger Wechsel des Raumes ist nicht zu empfehlen. Erstens soll die Presse ein ganz bestimmtes Zimmer auch als „ihren" Raum ansehen und zweitens soll jeder an der Pressekonferenz beteiligte Stadtvertreter von vornherein über die technische Ausstattung und räumlichen Verhältnisse Bescheid wissen. Dies ist durchaus wichtig, muß doch etwa das Fernsehen die Scheinwerfer aufstellen, der Hörfunk die Mikrophone plazieren und der Stadtvertreter seine Pläne aufhängen.

Der ideale Pressekonferenzraum bietet variable Stellmöglichkeiten der Tische und Stühle an. Je nach der Anzahl der erwarteten Journalisten und der Stadtvertreter wird der Raum vor der Pressekonferenz hergerichtet. Handelt es sich um eine „kleine" Pressekonferenz werden eben nur wenige Tische in Rechteckform zusammengestellt. Die Teilnehmer haben dann nicht den Eindruck, daß die Pressekonferenz schlecht besucht und also nicht so wichtig ist, denn um den Tisch herum sind ja alle Plätze besetzt. Bei einer großen Pressekonferenz wird notfalls auf die Tische verzichtet und eine „Saalbestuhlung" vorgenommen. Die Stadtvertreter sitzen also frontal der Presse hinter ihrem Tische gegenüber. Wenn irgend möglich aber sollte auch hier eine Mitschreibmöglichkeit an Tischen angestrebt werden. Selbstverständlich gehört in einen Pressekonferenzraum die Projektionsleinwand und das Videogerät mit Bildschirm, so daß zur Erläuterung Dias und Filmausschnitte vorgeführt werden können. Entsprechend muß auch der Raum verdunkelt werden können.

Und die Frontwand oder eine der Seitenwände wird mit Magnettafeln ausgestattet, um daran je nach Bedarf Pläne und Plakate anzubringen. Ein großer Stadt- oder Gebietsplan gehört ebenfalls zur Ausstattung. Wenn immer möglich sollte eine Anrichte und eine Bedienungstheke vorhanden sein, um Getränke wie Kaffee und Tee oder Säfte und Mineralwasser anbieten zu können. Eine kleine „Teeküche" mit Vorratsbereich, Geschirr, Eisschrank und Kaffeemaschine in der Nähe gehört dazu, wenn ein Service nicht auf andere Art gewährleistet werden kann. Und schließlich auch sollten Übermittlungsmöglichkeiten per Telefon oder Telefax und die Schreibgelegenheiten, kurzum also der Arbeitsraum für die Presse, nicht allzu weit vom Pressekonferenzraum entfernt sein.

Vom Pressedienst bis zur Pressekonferenz

Die besondere Gestaltung der schriftlichen Presseinformation

Noch immer ist neben der mündlichen Auskunft an die Presse die schriftliche Pressemeldung die Hauptübermittlungsform hin zu den Journalisten und Redaktionen. Stets in gleicher Aufmachung und mit einem einprägsamen „Kopf" versehen bietet ein solcher Dienst der Presse zuverlässige Information und den Kommunen die Möglichkeit, von der gewichtigen Presseerklärung der kommunalen Spitze bis hin zur Bekanntgabe einer Tierseuchenverordnung alles Notwendige und Gewünschte breit zu streuen.

In vielen kleineren Gemeinden wird ein solcher Dienst nur nach Bedarf, also als einzelne unregelmäßige Pressemeldung herausgegeben. Aber auch bei einem geringeren Anfall von Informationen sollte auf jeden Fall eine besondere Gestaltung gewählt werden, denn in der Redaktion muß der „Absender" Stadt und der Inhalt „Presseinformation" schon beim Eingang in seiner Bedeutung erkannt werden. Und der Text sollte zudem auch „journalistisch" aufgemacht und geschrieben sein, so daß er ohne große Veränderungen übernommen werden kann. Bei einem nur kleinen Bezieherkreis empfiehlt es sich außerdem, die Pressemitteilungen vorher telefonisch anzukündigen. Die Redaktion kann sich darauf einrichten, Raum für den Text freizuhalten und zudem wird die Pressemeldung nach Eingang direkt auf den Tisch des zuständigen Redakteurs kommen. Bei besonders umfangreichen und wichtigen Pressemitteilungen sollte eine derartige telefonische Vorweginformation auch in großen Städten an die Lokalredaktionen gegeben werden, damit ausreichend Platz für die Veröffentlichung reserviert wird.

Der tägliche Pressedienst

Alle großen Städte sollten wenn irgend möglich einen täglichen Pressedienst herausgeben, der an den fünf Werktagen der Woche regelmäßig die Redaktionen über das aktuelle Geschehen, wichtige Termine und Beschlüsse unterrichtet. Und selbst wenn wirklich überhaupt nichts los ist weil alle Kommunalpolitiker in Urlaub sind und auch die Verwaltung auf halbe Kraft fährt braucht er nicht auszufallen. Denn in der „Saure-Gurken-Zeit" nimmt der Nachrichtenmangel insgesamt zu und das bedeutet in der Ferienzeit etwa eine große Nachdruckchance, nimmt doch die Lokalzeitung auch noch die allerletzte Story der Stadt ab. Und wenn wirklich nichts mehr zu berichten ist sollte man der Presse dann darüber berichten. An den regelmäßigen täglichen Dienst als täglich Brot gewöhnt kehrt sonst Verwirrung in die Redaktionsstube ein. Die Papierkörbe werden durchwühlt und der Hausbote der Schlamperei beschuldigt, kann sich doch niemand vorstellen, daß der Stadtdienst einmal ausfällt.

Den Redaktions-
schluß beachten

Der tägliche Pressedienst genauso wie auch die einzelne Presseinformation soll den Redaktionen bis zur Mittagszeit, spätestens am frühen Nachmittag zugegangen sein. Es bleibt dann dort ausreichend Zeit bis zum Redaktionsschluß für die Bearbeitung und die Aufnahme in die Ausgabe des nächsten Tages. Aktuelle Nachmittagerseignisse müssen auf anderem Weg etwa über Telefax oder Telefon übermittelt werden.

Die meisten Einladungen etwa zu Presseterminen erfolgen ja nicht von heute auf morgen und auch aktuelle Informationen können zumindest im lokalen Bereich die Redaktion am gleichen Tag erreichen, wenn mit einem Botensystem gearbeitet wird. Es gibt zum Beispiel größere Redaktionen, die solche Dienste durch ihre sowieso eingesetzten Boten abholen lassen und auch die Amtsboten der Städte haben ihre Routinerundgänge, in die die Lokalzeitung und der Lokalsender mit einbezogen werden können. Auf jeden Fall sollten die Pressedienste die Redaktion spätestens am sehr frühen Nachmittag erreichen, so daß sie noch in die nächste Ausgabe hineingenommen werden können. Der große Hauptteil des Dienstes freilich geht über den Postversand an all jene, die nicht auf die brennende Aktualität angewiesen sind aber dennoch die Informationen brauchen und verarbeiten.

Ein Pressedienst
umfaßt „Alles"

In einen derartigen regelmäßig erscheinenden Pressedienst gehören alle für die Presse interessanten Termine und Einladungen, alle Nachrichten und Meldungen von aktuellem Wert, alle amtlichen Bekanntmachungen und Stellungnahmen, Berichte und Informationen zur Arbeit der verschiedenen Verwaltungszweige und Betriebe. Auf keinen Fall sollte man Dienste mit nur nichtaktuellen oder nur unwichtigen Meldungen herausbringen. Der Wert eines Pressedienstes liegt schließlich in der Bedeutung der gelieferten Information und in ihrer Aktualität. Kann beides nicht auf Dauer gewährleistet werden, so soll man auf den täglichen Pressedienst verzichten und einen Dienst je nach Bedarf herausgeben.

Pressedienste können
spezialisiert werden

Bei entsprechend breiter und spezialisierter Presse und einem ausreichenden Nachrichtenangebot für die unterschiedlichsten Ressorts und Medien kann der Pressedienst ähnlich wie die Presseliste differenziert werden. So ist ein Dienst ausschließlich für Bildjournalisten, ein solcher für die lokalen Zeitungen am Ort und ein weiterer für alle Redaktionen und Journalisten darüber hinaus denkbar. In großen kommunalen Einheiten mit überregionaler Bedeutung sind auch Pressedienste speziell für Wirtschaftsjournalisten, Kulturjournalisten und Sportjournalisten möglich.

Eine „Hierarchie"
der Informationsgebung

Pressedienste sollen also versuchen, zielgruppenspezifisch zu arbeiten und die Informationen fachredaktionell aufbereitet weitergeben. Dabei ist eine „Hierarchie" in der Informationsgebung denkbar. Ein Gesamtdienst mit sämtlichen Informationen geht an die lokale Presse, die Verwaltung und die Kommunalpolitiker. Segmente daraus werden dann an die jeweils spezialisierten Redaktionen gegeben, die Einladung zur Präsentation des neuen Theaterspielplans an die Feuilletonjournalisten, die Information über den Beschluß zur Errichtung einer neuen Sporthalle an die Sportjournalisten und die Nachricht über eine gelungene Wirtschaftsansiedlung an die Wirtschaftsjournalisten zum Beispiel. Bei dem großen Angebot von Pressematerial, das täglich bei den Journalisten eingeht, kann so verhindert werden, daß der Pressedienst sofort im Papierkorb landet.

Auch überörtlich
orientierte Pressedienste
sind möglich

Über den täglichen Pressedienst oder die nach Bedarf herausgegebene aktuelle Presseinformation hinaus sind weitere in größeren Zeitabständen erscheinende Dienste für die Presse möglich. In ihnen steht dann nicht die einzelne Nachricht und der Pressetermin im Vordergrund, sie vermitteln vielmehr überörtlich interessierende Themen und Ereignisse. Zielgruppen sind hier neben der lokalen Presse, die natürlich einbezogen wird, die Presseagenturen, Zeitschriften, Wochenblättern, auswärtigen Zeitungen sowie Funk und Fernsehen. Dieser Dienst umfaßt also all jene Redaktionen und Journalisten, die sich in der Regel nur wenig mit den Angelegenheiten einer bestimmten Stadt befassen.

Der Reportage-,
Feature- und Datendienst
für die Presse

Ein solcher zum Beispiel wöchentlich oder auch monatlich erscheinender Pressedienst wird sich der Feature- oder Reportageform eher bedienen als bloß Meldungen zu den Redaktionen zu transportieren. Das je gewählte Thema muß originell sein, besonders herausragende Fakten mitteilen, ein wichtiges allgemeines Problem ansprechen, kurzum auch woanders interessierende „News" bringen. Da nicht tagesaktuell im üblichen Sinne bieten sich als „Aufhänger" Einweihungen, Jahrestage, Kongresse, Statistiken, bedeutende Persönlichkeiten und ähnliches an. Durchaus ergänzt werden kann ein derartiger überörtlicher Dienst durch wichtige Personalien aus Politik, Wirtschaft, Kultur sowie auch durch Kurzmeldungen, Zitate, einen selektiven Veranstaltungskalender, Gedenktage, „Erinnerungsdaten", also durch all das, was neben den Reportagen und Features kurzgefaßt auch draußen auf Interesse stoßen kann. Dieser überörtliche Dienst wird im übrigen auch von der örtlichen Presse gern für den Nachdruck und als Quelle benutzt.

Gestaltung des überregionalen Dienstes

Er wird grundsätzlich bundesweit vertrieben, was eine Auflage von zumindest eintausend Exemplaren bedeutet. Auf jeden Fall sollte um die Übersendung von Belegexemplaren bei Nachdruck gebeten werden. Und auf der ersten Seite eines solchen Dienstes, also sozusagen der Titelseite, wird Inhalt und redaktionelle Zuordnung der Themen deutlich angegeben, um der fernen Redaktion auf den ersten Blick die Zuordnung zu erleichtern. Ein derartiger Dienst wird erfahrungsgemäß von Tageszeitungen für die Wochenendbeilagen genutzt oder auf der gemischten Seite untergebracht. Aber auch Wochenblätter benutzen ihn gern. Gerade bei einem Featuredienst ist die journalistische Qualität von großer Bedeutung. Übermittelt wird ja nicht eine aktuelle Information, die als Unterlage für einen eigenen Bericht dienen kann, sondern eine Story zum kostenlosen Nachdruck. Gute freie journalistische Mitarbeiter sind hierfür eine Grundvoraussetzung.

Ein touristisch orientierter Pressedienst

Größere Städte können ganz zielgerichtet bestimmte Redaktionen oder Publikationen mit besonderen Pressediensten ansprechen. Wichtig und hier durchaus auch für kleine Gebietskörperschaften interessant dürfte ein spezieller Pressedienst zum Themenbereich Fremdenverkehr sein. Regelmäßig etwa wöchentlich oder monatlich herausgegeben umfaßt diese touristische Presseinformation zuerst einmal die „Basisnachrichten" etwa über die neue Busrundfahrt des Verkehrsamtes, die Vorteile eines gerade aufgelegten Touristenpasses, das Angebot von neuem touristischem Informationsmaterial und so weiter. Daneben aber sollte ein solcher Dienst auch alle für mögliche fremde Besucher interessanten Veranstaltungen, Einrichtungen, historischen Ereignisse usw. der Stadt vorstellen.

Die Reisebeilagen der Tageszeitungen, die ja zumeist den Wochenendausgaben beigefügt sind, sind genauso wie die touristischen Fachpublikationen dankbare Abnehmer. Nicht zu vergessen natürlich die alten und neuen Hörfunksender, die gerne derartige Informationen aufgreifen und die vielen Reisejournalisten, die für Anregungen dankbar sind. Sie alle gehören in den Verteiler eines solchen bundesweiten touristischen Pressedienstes.

Die Pressekonferenz dient der direkten Information und Kommunikation

Ist der regelmäßige Pressedienst oder die einzelne schriftliche Information ein Grundinstrument der formulierten und fixierten Unterrichtung der Presse, so ist die Pressekonferenz die wichtigste Möglichkeit der direkten Information und Kommunikation. Selbstverständlich gibt es auch das Einzelgespräch mit Journalisten, den Kontakt mit der Presse bei offiziellen oder weniger offiziellen Veranstaltungen und andere Gelegenheiten zur direkten Kommunikation. Dennoch ist die Pressekonferenz als „Institution" Form von besonderer Bedeutung: sie umfaßt „die Presse" insgesamt und findet zu einem ganz bestimmten Themenkreis statt.

**Pressekonferenz
aus aktuellem Anlaß**

Ein Teil der Pressekonferenzen wird aus aktuellem Anlaß einberufen. Etwa, wenn nach einer Brandkatastrophe über Ursache, Einsatz, Verantwortung und die entsprechenden Folgerungen schnell und umfassend informiert werden soll. Nur in einer solchen Pressekonferenz ist es schließlich möglich, alle Verantwortlichen mit der gesamten interessierten Presse zusammenzuführen. Katastrophen dieser Art sind glücklicherweise nicht so häufig. Aktuelle Pressekonferenzen werden schließlich auch einberufen, um zu einer die Stadt betreffenden Entscheidung der kommunalen Aufsichtsbehörde etwas zu sagen, Stellung zu nehmen zu einer Erklärung des Einzelhandelsverbandes, sich zu Haushaltsfragen zu äußern, also um schnell gegenüber der Öffentlichkeit zu reagieren.

**Die Vorteile von
Pressekonferenzen**

Die „reaktive" Pressekonferenz aus aktuellem Anlaß ist nur ein Teil dieser Form der Presseinformation. Wichtige Planungsvorhaben, ein neues Kulturprogramm, Betreuungsmaßnahmen für behinderte Menschen, der Ablauf des bevorstehenden Ministerbesuches, die Kinderferienspiele und was denn sonst so noch nach Öffentlichkeit drängt in einer Kommune sind für Pressekonferenzen geeignete Themen.

Oft würde womöglich auch eine schriftliche Presseerklärung genügen. Die Pressekonferenz aber hat den Vorteil, sich auch mit kritischen Fragen der Journalisten auseinanderzusetzen, den Informationsbedarf zum Thema direkt auszuloten und weitgehend zu befriedigen, die eigene Haltung ergänzend auf Wunsch zu erläutern und zur Beantwortung der Pressefragen den gesammelten Sachverstand von Experten, Mitarbeitern und Beratern genauso zusammenzuführen wie die Gruppe der kommunalpolitisch Verantwortlichen. Schließlich auch gibt eine Pressekonferenz Einblick in das Meinungsbild der Presse selbst.

**Die Einrichtung
regelmäßiger
Pressekonferenzen**

Neben diesen aus besonderem Anlaß einberufenen Pressekonferenzen gibt es auch als Dauereinrichtung regelmäßige Pressekonferenzen, zumeist gedacht für einen ganz bestimmten Kreis von Journalisten. Regelmäßige Pressekonferenzen schließen sich sinnvollerweise an die Beratungen und Entscheidungen kommunaler Spitzengremien an. Wegen der unterschiedlichen Voraussetzungen in den einzelnen Bundesländern werden hier je nach regionaler Zugehörigkeit die Entscheidungen zu verschiedenen Zeitpunkten und durch verschiedene Gremien presseöffentlich werden.

Solche Pressekonferenzen können zum Beispiel nach Magistratssitzungen, Dezernentenkonferenzen oder Verwaltungsbesprechungen stattfinden, die in gleichmäßigem Abstand gehalten werden. Durch eine solche wöchentliche oder zweiwöchentliche Pressekonferenz bietet sich der politischen Spitze oder der Verwaltungsspitze über die Interpretation des vorangegangenen Beratungsergebnisses hinaus auch die Möglichkeit, weitere Themen im Gespräch mit den Journalisten anzuschneiden. Schließlich auch werden derartige Pressekonferenzen zu einer „Institution", kommt doch den dort erläuterten Beschlüssen Bedeutung zu für das Schicksal der Stadt. Dieses Gewicht kann durch Namensgebung wie etwa Ratspressekonferenz, Magistratspressekonferenz oder ähnliches und durch den regelmäßigen Auftritt der Stadtspitze, der „Stadtregierung" genauso verstärkt werden wie durch die direkte persönliche Einladung der Journalisten dazu, also nicht der „anonymen" Redaktion.

Pressebesichtigung und Pressefahrt

Als besonders anschauliche Form der Information bieten sich des weiteren die Pressebesichtigung und die Pressefahrt an. Bei der Pressebesichtigung und der Pressefahrt werden die Erläuterungen durch den fachkundigen Sprecher am Ort selbst gegeben. Für eine einleitende oder abschließende Darstellung empfiehlt es sich, einen geeigneten Raum mit dem entsprechenden Planmaterial, Statistiken usw. vorzubereiten. Je nach den äußeren Umständen kann die Information kurz im Stehen erfolgen etwa in der Baracke der Bauleitung an der neuen Brücke, die man besichtigt hat oder bei einem Essen im Speiseraum des modernisierten Krankenhauses, dessen neue Einrichtungen die Presse gezeigt erhielt.

Pressebesichtigung und Pressefahrt, wobei letztere oft verschiedene Besichtigungspunkte miteinander verbindet oder einer allgemeinen Information etwa auswärtiger Journalisten über die Stadt dient, haben den Vorteil großer Anschaulichkeit. Sie sind deshalb auch für Bildjournalisten, Hörfunk und Fernsehen interessant, die unbedingt dazugeladen werden sollten.

Bei langfristigen Entwicklungen, etwa bei großen Bauvorhaben, kann es sich empfehlen, in größeren Zeitabständen regelmäßig wiederkehrende Pressebesichtigungen durchzuführen, um die einzelnen Entwicklungsstufen deutlich zu machen.

Vorbereitung, Einladung und Durchführung von Pressebesichtigungen und Pressefahrt

Genauso wie bei der Pressekonferenz sollte auch zu Pressebesichtigungen schriftlich vorbereitetes Material verteilt werden. Die Einladung sollte hier mindestens vier Tage vor der Pressebesichtigung oder Pressefahrt erfolgen, damit die Redaktionen zeitlich rechtzeitig disponieren können. Die Pressebesichtigung, ganz gewiß die Pressefahrt, dauern länger als eine Pressekonferenz!

Man sollte darauf achten, daß den Journalisten am gleichen Tag noch ausreichend Zeit zur Verarbeitung des Materials und des Geschehens bleibt und die Besichtigung oder Fahrt entsprechend ansetzen. Das voraussichtliche Ende der Besichtigung oder Pressefahrt wird in der Presseeinladung mitgeteilt.

Die Pressebesichtigung und Presserundfahrt bedarf einer sorgfältigen Vorbereitung. Der Besichtigungsweg wird vorher abgegangen oder abgefahren und in seinen einzelnen Stationen festgelegt. Eine „Rollenverteilung" ist abzusprechen, also wer an welcher Stelle Erläuterungen gibt. Ganz besonders aber ist die Zeit abzustoppen, wobei ein Zuschlag für die Fragen der Journalisten, längere „Referate" der Stadtvertreter und Unvorhergesehenes berücksichtigt werden sollte. Eine zu lange Pressebesichtigung führt dazu, daß bei der abschließenden Pressekonferenz kaum noch ein Journalist anwesend ist, denn der Redaktionsschluß drängt und womöglich auch der nächste Termin. Deshalb empfiehlt es sich, das Limit von einer bis anderthalb Stunden nur aus besonderem Anlaß zu überschreiten. Insbesondere bei der Presserundfahrt, die in der Regel länger dauert und manchmal ja auch nach auswärts führt, soll in der Einladung die geplante Dauer unbedingt angegeben werden, damit sich die Redaktionen darauf einrichten können.

Kommunikationsmöglichkeiten zwischen Kommune und Presse im Überblick:

– **Interview**

Das Interview als Frage- und Antwortspiel zwischen dem Journalisten und dem Vertreter der Stadt, und zwar als dann im Druck veröffentlichtes Zeitungsinterview oder als direkt oder über Aufnahme in Fernsehen und Hörfunk gesendetes Bild- und Toninterview. Eine Sonderform ist das Statement als eine vor der Fernsehkamera oder dem Hörfunkmikrophon abgegebene Erklärung.

– **Pressekonferenz**

Die Pressekonferenz mit der Möglichkeit der direkten Kommunikation mit Journalisten über die darin abgegebene Erklärung, über die mündliche und durch Anschauungsmaterial gestützte Erläuterung und über die Beantwortung von Fragen.

– **Informationsgespräch**

Das Informationsgespräch mit dem einzelnen Journalisten als Grundlage für eine Presseveröffentlichung.

– **Pressetelefon**

Telefonische Information auf Abfrage der Presse oder als Übermittlungs- und Erläuterungsmöglichkeit. Auf diesem Wege auch erfolgen schnelle Presseeinladungen genauso wie womöglich notwendige Kurzergänzungen zu schriftlich versandten Texten. Schließlich auch können Informationen übermittelt werden, bei denen der Wortlaut im einzelnen nicht ganz so wichtig ist. Große Redaktionen der Zeitungen und der Pressedienste haben einen Aufzeichnungsservice, der Telefondurchsagen aufnimmt. Diese Möglichkeit sollte jedoch im Zeitalter des Telefaxgerätes nur noch selten genutzt werden.

– **Schriftliche Information**

Die Übersendung schriftlicher Presseinformationen und/oder eines regelmäßigen Pressedienstes an die Presse als auch weiterhin wichtige Grundform der Presseinformation. Die Übermittlung eines entsprechenden Pressedienstes an Redaktionen und Journalisten kann in unterschiedlicher Weise über Post, Abholdienst oder Boten erfolgen. Mit der Beschreibung der verschiedenen Pressedienste ist dazu an anderer Stelle im einzelnen mehr ausgeführt.

– **Pressetelefax**

Bei der Übermittlung von Pressetexten über das Telefaxsystem ist zu bedenken, daß das eigene Gerät und das des Empfängers ja ebenfalls für den Zeitraum der Übermittlung blockiert ist. Entsprechend wird die Zahl der über Telefax angesprochenen Redaktionen klein gehalten. Der Fernschreiber als eine Möglichkeit der Textübermittlung wurde im übrigen durch das praktischere Telefaxsystem bei wohl den meisten Pressestellen abgelöst.

Wie mache ich eine Pressemitteilung

Der praktische Tip

Journalistisch perfekt braucht nicht jede Pressemitteilung einer Stadt verfaßt werden. Die wichtigsten Anforderungen an Aufbau, Informationswert und Gestaltung sollte sie freilich erfüllen. Und bei allen Pressediensten, die über die bloße Sachinformation hinausgehen ist zudem Professionalität und Kreativität gefragt. Die aktuelle Presseinformation kann jedoch auch der „Nichtjournalist" erstellen, wenn er einige wenige Grundregeln beachtet. Und diese Möglichkeit ist gerade für kleinere und mittlere Kommunen von Bedeutung, ist in ihnen doch häufig eine entsprechende personelle Ausstattung der Pressestelle nicht möglich. Hier einige Hinweise darauf, was beim Verfassen derartiger Presseinformationen beachtet werden sollte.

☑ „Was? Wo? Wer? Wann? Wie?"

Jede Mitteilung an die Presse – also Presseinformation genauso wie Presseeinladung – ist nach dem **„W-System"** zu verfassen. Eine Presseinformation muß grundsätzlich die Antworten auf die Fragen **„Was? Wo? Wer? Wann? Wie?"** enthalten, will sie einigermaßen vollständig sein. Die Reihenfolge, in der die **„Fünf W"** abgehandelt werden, kann je nach Anlaß und Laune gewechselt werden, so daß manchmal die Person an den Anfang rückt und ein andermal die Sache, oder auch umgekehrt, wie es dem Thema angemessener erscheint. Und es müssen auch nicht immer alle **„W"** beantwortet werden. So mag etwa der Termin manchmal unwichtig sein und das **„Wann"** also wegfallen oder die Beschreibung im einzelnen, das **„Wie"**, keine Bedeutung haben. Es können aber auch noch weitere **„W-Fragen"** gestellt werden wie **„Warum"** oder **„Womit"** zum Beispiel.

Hier drei Textbeispiele, die die unterschiedlichen Anordnungsmöglichkeiten verdeutlichen mögen:

1) Als völlig unzureichend **(WIE)** hat jetzt **(WANN)** Bürgermeister Werner Müller **(WER)** die für die sozialen Aufgaben vom Land bereitgestellten Mittel **(WAS)** bezeichnet. Wie der Bürgermeister im einzelnen begründete sei es wegen der Kürzung der Landesmittel künftig nicht mehr möglich, die sozialen Angebote **(WARUM)** in X-Stadt **(WO)** in gleichem Umfang wie bisher aufrecht zu erhalten.

2) Gemeinsam mit Vertretern des beauftragten Planungsbüros und des Planungsamtes wird der Verkehrsausschuß **(WER)** am Freitag Vormittag **(WANN)** den Bereich zwischen Rathaus und Kirchplatz **(WO)** begehen. Dabei sollen Detailfragen der Abgrenzung und Gestaltung der dort vorgesehenen Fußgängerzone erörtert werden **(WAS)**.

3) Fünfzehn Wohnungen mehr als bislang vorgesehen **(WAS)** sollen bei der geplanten Erweiterung der Nordstadt **(WO)** entstehen. Dies ist Teil eines heute **(WANN)** im Rat **(WER)** gefaßten Beschlusses. Mit ihm soll der wachsenden Wohnungsnot **(WARUM)** begegnet werden.

✓ Die detaillierte Presseinformation

Eine derartige Meldung enthält natürlich noch nicht alle für die Presse interessanten Details, sie ist lediglich der kurze Einstieg in das Thema, der „Vorspann", der stets die wichtigsten Informationen zusammenfaßt.

1) So wird die Meldung über die Kürzung von Landesmitteln für soziale Aufgaben im weiteren ausführen, welchen Umfang die Reduzierung hat, wieviel Geld im letzten Haushaltsjahr noch bereitgestellt wurde, warum die Stadt den Mittelausfall nicht ausgleichen kann, welche Einschränkungen im einzelnen dies in der Sozialarbeit der Stadt bedeutet, welche Schritte der Bürgermeister unternehmen wird um doch noch eine Änderung zu erreichen und womöglich noch mehr an interessanten Einzelheiten.

2) Bei der Presseinformation zur Fußgängerzone wird noch einmal deren räumliche Begrenzung erwähnt, die seitherige Planung dafür erläutert, die Einbindung in das städtische Verkehrskonzept für die Stadtentwicklung hervorgehoben.

3) Und ganz ähnlich wird auch die letzte Meldung ergänzt um einen Rückblick auf den seinerzeitigen Beschluß über die Arrondierung der Nordstadt, durch einen Überblick über die Wohnungssituation in der Stadt und über die verschiedenen aktuellen Maßnahmen zur Verbesserung der Wohnungssituation und durch einen Ausblick auf die Realisierung der Planungen für die Nordstadt mit der dann eintretenden Entlastung.

✓ Die Überschrift

Jede dieser Meldungen wird mit einer Überschrift versehen, die kurz den wichtigsten Punkt der Information verdeutlicht. Also etwa:

1) Kritik an Kürzungen von Landesmitteln
2) Verkehrsausschuß in künftiger Fußgängerzone
3) Fünfzehn Wohnungen mehr in der Nordstadt

Viel länger sollte eine Überschrift möglichst nicht sein, denn sie muß in einer Zeile und in großer Schrift ja den Zeitungsartikel „anbieten". So werden die Redaktionen auch diese kurzen Überschriften noch ein wenig kürzer machen und etwa nur „Kritik an Kürzung", „Besichtigung der Fußgängerzone" oder „Fünfzehn Wohnungen mehr" in die Headline nehmen.

Sei's drum, denn wir bieten die Pressemeldung ja nicht nur mit einer Überschrift an, sondern auch noch mit „Unterüberschriften". Solche zusätzlichen Überschriften haben drei Funktionen: Sie informieren die Redaktion in kürzester Form über weitere wesentliche Inhalte der Meldung, sie bieten Alternativen an für eine mögliche andere Hauptüberschrift und sie können als Untertitel mit für die Veröffentlichung benutzt werden.

Die Presseinformation könnte also in etwa so „aufgemacht" und „angeboten" werden:

Kritik an Kürzung von Landesmitteln

Bürgermeister Müller: „Völlig unzureichend" / Müssen die sozialen Angebote reduziert werden? / Statt Kürzung ist Verstärkung nötig

Als völlig unzureichend hat jetzt... (folgt der ausführende Text)

Verkehrsausschuß in künftiger Fußgängerzone

Baubeginn noch in diesem Jahr / Auswirkungen auf den Autoverkehr / Gestaltungsfragen werden „vor Ort" diskutiert

Gemeinsam mit Vertretern des beauftragten Planungsbüros... (folgt der ausführende Text)

Fünfzehn Wohnungen mehr in der Nordstadt

Planungsänderung bei Nordstadterweiterung / Ratsbeschluß zur Verbesserung der Wohnungssituation / Schnelle Realisierung angestrebt

Fünfzehn Wohnungen mehr als bisher vorgesehen... (folgt der ausführende Text)

☑ *Übermittlung von „Originaltexten"*

Kommunale Pressearbeit besteht nun ja nicht nur im Versenden von vorformulierten Pressemeldungen. Die Presse ist schließlich auch interessiert an den „Originalen", also an Texten und Dokumenten als Unterlage für die eigene journalistische Arbeit. Denn schließlich will ein Journalist mal was schreiben und nicht stets nur vorformulierte Meldungen weitergeben. Je nach dem Umfang des Materials und manchmal auch nach der Bedeutung bieten sich zwei Möglichkeiten an.

Handelt es sich etwa um ein Schreiben, eine Erklärung, einen Beschluß von begrenztem Umfang so kann das „Original" in die Presseinformation integriert werden. Und zwar entweder hineinkopiert oder im Text wiedergegeben. Dabei können Teile, die nicht interessieren durchaus weggelassen werden. Dies sollte aber durch „..." gekennzeichnet werden. Als Beispiel sei hier ein Schreiben an die Vorsitzenden der Handwerksvereinigungen und des Einzelhandelsverbandes und dessen Wiedergabe in einer städtischen Presseinformation angeführt.

Bessere Zusammenarbeit angestrebt

Bürgermeister Müller regt Gründung eines Beirats an / Bedeutung des Handwerks und des Einzelhandels hervorgehoben / Gemeinsam die Imagekampagne der Stadt vorbereiten

An die Vorsitzenden der verschiedenen Handwerksinnungen sowie an den Präsidenten des Einzelhandelsverbandes hat sich Bürgermeister Werner Müller mit der Anregung zur Gründung eines Beirates gewandt. Dieser Beirat aus Vertretern des Handwerks, des Einzelhandels und der Stadt soll vor allem bei der Vorbereitung der geplanten Imagekampagne der Stadt mitwirken. „Ohne die Einbeziehung der besonderen Erfahrungen von Handwerk und Einzelhandel ist eine positive zielgerichtete Außendarstellung von X-Stadt für mich nur schwer vorstellbar," erklärt der Bürgermeister zu seiner Initiative.

Im einzelnen führt Bürgermeister Müller in seinem Schreiben an die Vertreter des Einzelhandels und des Handwerks aus: „........." (Wiedergabe des Schreibens)

Bei einer Kürzung der weniger interessanten Teile sollte dies im Vortext wie folgt erwähnt werden: ...Im einzelnen führt Bürgermeister Müller in seinem Schreiben an die Vertreter des Einzelhandels und des Handwerks, das wir im Folgenden gekürzt wiedergeben, aus: „........." Die Anrede und die Grußformel am Schluß sowie Unterschrift brauchen natürlich im keinem Fall wiedergegeben werden. Der Adressat und der Absender werden ja im Vorspann bereits erwähnt.

☑ *Überlassung von Originalmaterial*

Ein Brief ist zumeist nicht so lang und kann deshalb ganz oder um Nebensächliches gekürzt in einer Pressemeldung wiedergegeben werden. Schwieriger oder sogar unmöglich ist dies etwa mit einem Büchereientwicklungsplan, mit dem Protokoll der Ratssitzung, mit der Planungskonzeption für das neue Einkaufszentrum, kurzum mit allen umfangreichen „Dokumenten". Auch planerische und graphische Darstellungen können nur schwer in eine Pressemitteilung direkt integriert werden.

Oft werden derartige Texte auf einer Pressekonferenz erläutert und übergeben. Sie können aber auch, wenn dies angebracht ist, der Presse übersandt werden. Dabei empfiehlt es sich, das Zustandekommen des Dokumentes, seine Aktualität und den wesentlichen Inhalt in einer begleitenden Presseinformation darzustellen. Am Ende der Presseinformation, im Text selbst oder aber auch am Rande freigestellt wird dann darauf verwiesen, daß der Originaltext beigefügt ist.

Nun kann man umfangreiche und aufwendige Texte, Bücher, Publikationen, Gutachten und so weiter ja nicht breit an die Presse streuen. Der allgemeine Versand käme recht teuer und bringt eine hohe Verlustrate, denn viele Journalisten sind durchaus mit der entsprechenden Pressemeldung zufrieden und verwenden das beigefügte „Originalexemplar" garnicht. Deshalb ist zu empfehlen, den Kreis der Empfänger klein zu halten. Die Pressemeldung freilich wird breit gestreut mit dem Hinweis: „Einem Teil des Pressedienstes ist das .... (Gutachten, Buch, Plantext usw.) beigefügt. Es kann zudem unter Tel..... angefordert werden."

☑ *Der Pressetermin*

Die Information über die Besichtigung des Bereiches der künftigen Fußgängerzone durch den Verkehrsausschuß für Wortberichterstatter und Bildjournalisten und so vorhanden auch Hörfunk und Fernsehen ist nicht nur Thema für eine Meldung im Pressedienst, sondern auch ein attraktiver Anlaß zur direkten Teilnahme der Journalistinnen und Journalisten. In einem solchen Falle gilt es, neben der „Vorausmeldung" noch eine Presseeinladung zu formulieren.

Sie muß ebenfalls in Kurzform die „W-Fragen" berücksichtigen. Wobei hier das WO (Treffpunkt), das WER (Ausschuß), das WAS (Begehung künftige Fußgängerzone) und das WANN (Termin) unbedingt beantwortet werden muß. Das WIE und WARUM und andere „W" spielen keine so große Rolle bei der Terminmitteilung.

Und wenn der Pressetermin zugleich mit einem Vorbericht ausgesendet wird sollte jeweils vom einen auf den anderen verwiesen werden, also etwa beim Bericht angemerkt werden „Siehe auch Pressetermin" und beim Pressetermin angemerkt werden „Siehe auch Presseinformation ‚Verkehrsausschuß besichtigt Fußgängerzone'". Stets sollte im übrigen geprüft werden, ob bei einer Presseeinladung überhaupt noch parallel ein Bericht zum gleichen Thema herausgegeben wird. Denn womöglich nimmt man zuviel der Information bereits vorweg, so daß der eigentliche Termin nicht mehr für die Journalisten so interessant ist.

☑ *Pressezusammenfassungen*

Außer den eigenen Pressemeldungen und der Übermittlung von Originaltexten gibt es noch besonders für die Presse erarbeitete Unterlagen, Zusammenfassungen und Erläuterungen. Sie sind nicht zum direkten Nachdruck bestimmt sondern speziell für die Presse aufgearbeitetes Material. Wichtig sind derartige Pressematerialien etwa als Grundlage für Pressekonferenzen, Pressebesichtigungen, Presserundfahrten und für alle herausgehobenen presseöffentlichen Veranstaltungen.

Bei der Vorstellung einer Kindertagesstätte etwa ist eine Pressezusammenfassung von Kosten, Einrichtungen, Betreuerzahl, Kinderzahl, Einzugsgebiet, Planungs-

und Bauablauf, Fertigstellungs- und Eröffnungstermin usw. eine notwendige Unterlage für die Berichterstattung. Sie braucht nicht „journalistisch" getextet sein, sollte aber die wichtigsten Fakten in verständlicher und übersichtlicher Form enthalten. Ähnliches gilt bei der Ehrung einer Persönlichkeit oder dem Besuch eines wichtigen politischen Repräsentanten zum Beispiel. Auch hier ist nicht der vorformulierte Presseartikel nötig, eine stichwortartige Zusammenfassung von Funktionen, Verdiensten, Lebenslauf, Ehrungen usw. tut es auch und manchmal sogar besser.

Zu vielen aktuellen aber auch nicht direkt akuten Anlässen leistet solch auf die Bedürfnisse der Presse hin aufgearbeitetes Material gute Dienste. Denn der Journalist hat nicht immer die Zeit, die nötigen Unterlagen selbst zu besorgen, sie dann auch noch zu sichten und zu „übersetzen". Kurze verständliche Zusammenfassungen sind zudem nicht nur eine dankbar entgegengenommene Hilfe sondern verhindern auch Mißverständnisse und Fehler. Denn die entstehen ja oft aus mangelnder Informiertheit genauso wie aus „Übersetzungsschwierigkeiten".

☑ *Grundinformationen über die Stadt*

In eine allgemeine Pressemappe der Stadt gehören Zusammenstellungen von Daten, Fakten und Zahlen zu aktuellen und weniger aktuellen Stadtthemen. Eine solche Zusammenstellung wird für nachfragende einzelne Journalisten genauso bereitgehalten wie sie Teil der Betreuung auswärtiger Journalisten ist. Derartige Pressezusammenfassungen können etwa angefertigt werden jeweils für die Bereiche Geschichte, Kultur, wirtschaftliche Struktur der Stadt, städtebauliche Entwicklung und Stadtplanung, Bildungseinrichtungen in der Stadt, Sportangebote und überhaupt sportliche Besonderheiten und Erfolge, regionale, überregionale und internationale Rolle der Stadt. Und auf jeden Fall sind Aufstellungen über die Bevölkerungszusammensetzung und über die wichtigsten historischen Ereignisse sowie kurz gefaßte statistische Daten die Grundbeigabe in der allgemeinen Pressemappe.

Gestaltung von Pressediensten

Der praktische Tip

Ein städtischer Pressedienst, sei es als „Tagesdienst", als nach aktuellem Bedarf herausgegebene Presseinformation oder als auf eine spezielle Zielgruppe abstellender Dienst soll in seiner Gestaltung und Anordnung den Bedürfnissen der Empfänger so weitgehend wie irgend möglich entsprechen.

☑ *Nur einseitig nutzen*

Die Seiten eines Pressedienstes werden stets nur einseitig beschrieben, die Rückseite bleibt also frei. Der Grund: die einzelne Pressemeldung wird womöglich verteilt, entsprechend für die „Druckeingabe" herausgenommen und, wenn sie länger ist, zerschnitten. Die bedruckte Rückseite geht dabei „verloren", wird zerstückelt, das „Manuskript" also zerstört.

☑ *Rechts ein breiter Rand*

Die Textanordnung in einem Pressedienst ist auf die Bearbeitung in der Redaktion abgestellt. Schließlich muß es ja möglich sein zu ändern, hervorzuheben und zu ergänzen. Und es muß Platz für Hinweise an die Technik vorhanden sein. Deshalb bleibt etwas mehr als ein Viertel der Seite (Seitenformat DIN A 4) rechts frei für die Korrekturzeichen, Änderungen, Textergänzungen, Zwischenüberschriften und was sonst alles der bearbeitende Redakteur noch anmerken möchte. Die rechtsseitige Spalte ist vorzuziehen, weil von links nach rechts gelesen wird und sich entsprechend die Ergebnisse besser am Zeilenende rechts niederschlagen sollten. (1).

☑ *...und sonst nur schmal*

Auf der linken Seite bleibt ein schmaler Rand von 1,5 cm frei. Er reicht gerade aus für das Lochen und „schont" also den Text, ohne das Abheften im Ordner zu verhindern (2). Unten und oben kann man recht nah an den Rand oder „Kopf" herangehen, denn Schönheit des „Gesamtbildes" mit etwa gleichem „Rahmen" zählt bei einer Presseinformation wenig gegenüber dem Zweck, viel Text auf einer Seite bei gleichzeitiger Möglichkeit zum redigieren unterzubringen. Die Begrenzung wird beim oberen und unteren Rand durch die Rücksichtnahme auf mögliche geringe Abweichungen bei Druck oder Kopie der Presseinformation bestimmt und sollte mindestens zwischen 1 und 1,5 cm liegen (3).

☑ *Seitenkennzeichnung*

Jede Seite des Pressedienstes enthält oben die Datumsangabe, die Bezeichnung des Dienstes, was vor allem wichtig bei der Herausgabe verschiedener Pressedienste ist, eine Nummer bezogen auf das laufende Jahr, den Jahrgang und bei

Diensten, die selektiv unterschiedlichen Zielgruppen übermittelt werden auch noch die Gruppennummern (4).

☑ *Kennzeichnung der Einzelmeldung*

Am Ende jeder Meldung wird der Herausgeber, also in der Regel die Pressestelle/das Presse- und Informationsamt, die Stadt, das Datum und die Jahresnummer des Dienstes angeben. Dies ist nötig um die Herkunft der Einzelmeldung auch dann zu verdeutlichen, wenn sie in die technische oder redaktionelle Einzelbearbeitung gegeben, also aus dem Gesamtdienst herausgenommen wird. Besonders bei Kurzmeldungen, von denen ja mehrere auf eine Seite kommen, ist dies wichtig (5).

☑ *Titelseite*

Die Titelseite eines Pressedienstes hat oben einen „Kopf" (6) und unten das Impressum mit Adresse (7). Die fortlaufenden Seiten bedürfen solcher besonderer Gestaltung nicht. Auch die Linienbegrenzungen als Gestaltungselement und Vorgabe für die Folgeseiten sind nur auf der Titelseite nötig (8), werden allerdings auf allen Seiten als „Grundlayout" und Seitenmuster beachtet.

☑ *Raum für Hinweise*

Die breite rechte Spalte dient nicht nur dem bearbeitenden Redakteur für seine Änderungen und Anmerkungen, sie ermöglicht auch dem Aussender Hervorhebungen. So etwa kann sie beim übermitteln eines Pressetermins für die Kurzinformation „auf einen Blick" über Zeit und Ort genutzt werden, die natürlich im eigentlichen Einladungstext ebenfalls erwähnt sind (9). Bei einem in größeren Zeitabständen erscheinenden und ganz bestimmte Themen transportierenden Dienst ermöglicht der „Rand" auf der Titelseite die „Inhaltsangabe" und einen ersten Überblick. Bei längeren Reportagen oder Features können dort auch Zeilenzahl und Anschläge angegeben werden, was der Redaktion den „Einbau" in die Zeitungsseite und das dafür notwendige genaue Kürzen erleichtert.

☑ *Titel und Überschriften*

Die jeweilige Überschrift einer Information wird in geeigneter Form hervorgehoben durch Unterstreichung, Großschreibung oder auch Schriftgröße und Schrifttype. Ein gleiches gilt für die Unterüberschriften (10). Unterschiedliche Dienste können im übrigen durch verschiedene Titelköpfe (11), wechselnde Farbstreifen (12) und womöglich auch eine jeweils andere Textschrift voneinander abgegrenzt und so für die Empfänger auf den ersten Blick erkennbar gemacht werden. Dabei sollte bei der Schriftwahl dem jeweiligen „Charakter" des Dienstes entsprochen werden, also etwa ein Featuredienst eher in Kursiv herausgehen und der allgemeine Informationsdienst in der strengeren „Normalschrift".

| 6 **STADT BEISPIELSHAUSEN** | **PRESSESTELLE** |

4 Freitag / 10.April 0000 / Tagesdienst / 85 / 92 / 1–4

TAGESDIENST

10 **BEISPIELSHAUSEN MIT NEUEM ERSCHEINUNGSBILD**

Stadtsignet als Symbolzeichen / Bessere Koordination angestrebt / Umsetzung durch Arbeitsgruppe

Beispielshausen (td) Neue Wege in der Öffentlichkeitsarbeit will die Stadt Beispielshausen beschreiten. „Es wird Schluß sein damit, daß die Ämter und Betriebe der Stadt unabgestimmte Werbe- und PR-Aktivitäten entfalten. Wir schaffen jetzt die Voraussetzungen für eine bessere Koordination." So Bürgermeister Arnold Müller zu der Ratsvorlage.

Die Stadt will sich künftig mit einem einheitlichen neuen Erscheinungsbild draußen darstellen. Eigenveröffentlichungen genauso wie die Präsentation auch in anderen Medien werden sich an einer Grundform der Gestaltung orientieren. Ein „Stadtsignet" als gemeinsames Erkennungszeichen wird zudem verbindlich. Eine Arbeitsgruppe, der die Leiter der Pressestelle, des Verkehrsbüros, der Wirtschaftsförderung und der Kulturverwaltung angehören, soll die Umsetzung des Konzepts begleiten. Sie wird insbesondere für die notwendige Abstimmung in der Verwaltung und für die Gewichtung der verschiedenen Aktivitäten der Öffentlichkeitsarbeit zuständig sein.

5 (Pressestelle der Stadt Beispielshausen/10.04.92/85)

HINWEIS:

Siehe auch
den beigefügten
Pressetermin

10 **BÜRGERINFO WURDE AKTUALISIERT**

Ab sofort erhältlich / Wichtige Daten und Fakten

Beispielshausen (td) Von Kultur bis Geschichte, Wirtschaft bis Schule, Stadtgrün bis Stadtplanung: die neu zusammengestellte Informationsgruppe der Stadt gibt den Bürgerinnen und Bürgern Auskunft über Beispielshausen. Und ist auch eine wichtige Hilfe für die Neubürger und auswärtige Besucher. Erhältlich ist die Mappe in der Bürgerberatung (Rathaus) und beim Tourist-Office (Marktplatz). An Neubürger wird sie bei der Anmeldung im Meldebüro überreicht.

5 (Pressestelle der Stadt Beispielshausen/10.4.92/85)

HINWEIS:

Siehe auch
die beigefügte
Info-Mappe

Pressestelle
der Stadt
Beispielshausen
Rathausplatz
Telefon
Telefax

☑ Das Kuvert

Damit der Pressedienst als wichtige Information für die Presse auf den ersten Blick erkannt wird ist auch das Kuvert mit dem groß aufgebrachten Hinweis „Presseinformation" gekennzeichnet. Am besten senkrecht aufgedruckt, weil dies auffällt und mit einem roten Farbstreifen als der agressivsten „Alarmfarbe" unterlegt. Der Pressedienst erscheint im Format DIN A4, und entsprechend auch wird er in DIN-A5- und DIN-A4-Kuverts verschickt. Das ganz große Kuvert dient für Aussendungen mit weiteren Unterlagen, wenn der Dienst nicht mehr zu falten ist.

☑ Das Pressebild

Verschickt werden auch Pressefotos. Hier ist es selbstverständlich, daß entweder eine feste Pappscheibe mit in das Kuvert getan wird oder sowieso der feste Fotoumschlag verwendet wird. Ein Aufdruck, Aufkleber oder großer Stempel „Achtung Pressefoto – Nicht Knicken" ist zu empfehlen. Ach ja, und das Pressefoto hat auf der Rückseite einen Aufkleber mit dem Bildtext. Er enthält außerdem genau wie die Textdienste ein kurzes Impressum mit allen notwendigen Angaben, insbesondere auch den Fotografen, wenn ihm das Recht am Bild und am Namen nicht abgekauft wurde. Der Bildtext mit Kurzimpressum sollte im übrigen doppelt wiedergegeben werden, so daß der eine Text mit allen Angaben auf dem Bild bleiben und es künftig weiterhin über die bildtechnische Bearbeitung mit Bildausschnitt, Bildvergrößerung und Bildverkleinerung usw. begleitet und der andere zugleich in die Satz- und Drucktechnik zur Anfertigung der Bildunterschrift gegeben werden kann.

Die Durchführung einer Pressekonferenz

Der praktische Tip

Pressekonferenzen soll man nicht aus jedem kleinsten Anlaß abhalten. Wo eine mündliche oder schriftliche Pressemitteilung genügt, wird auf die Pressekonferenz verzichtet. Wichtig ist die Pressekonferenz immer dann, wenn der Presse Material unterbreitet werden soll und man an Hand von Plänen, Modellen, Texten, Analysen im einzelnen vortragen muß oder bei einem aktuellen Anlaß, wenn Informationen aus verschiedenen Bereichen gemeinsam dargestellt werden sollen. Denn auf der Pressekonferenz kann sich die geballte Fachkunde unterschiedlicher Ämter versammeln. Die Pressekonferenz ist zudem hilfreich bei kontroversen Diskussionen in der Öffentlichkeit zu bedeutsamen Entscheidungen. Denn die Pressekonferenz hat einen über die bloße Informationsveranstaltung hinausgehenden Charakter des Austausches von Meinungen und Ansichten, was auch für die Stadt von Nutzen sein kann.

✓ *Terminierung*

Pressekonferenzen sollen nicht zu langfristig angesetzt werden. Die Erfahrung zeigt, daß bei wichtigen Anlässen sonst durch eigene Recherche einzelne Presseorgane sich einen Informationsvorsprung verschaffen und gerade bei den interessanten Themen eine ausführliche Vorwegberichterstattung erfolgt, die die Pressekonferenz überflüssig macht und andere Presseorgane benachteiligt. Bei besonderen aktuellen Ereignissen empfiehlt sich die telefonische Einberufung einer sofortigen Pressekonferenz. Nur so können alle Verantwortlichen aus der Verwaltungsspitze schnell Auskunft geben und Widersprüche zwischen unterschiedlichen Äußerungen sofort aufgeklärt werden.

✓ *Uhrzeit*

Es gibt Pressekonferenzen, die im Anschluß an eine Sitzung und Veranstaltung stattfinden und bei denen deshalb nicht frei die Uhrzeit festgelegt werden kann. Die meisten Pressekonferenzen aber können durchaus auf den am besten geeigneten Tageszeitpunkt angesetzt werden. Dabei sollte auf den Redaktionsschluß der Tageszeitungen Rücksicht genommen werden. Er liegt in der Regel am Nachmittag, von brandaktuellen wichtigen Meldungen einmal abgesehen. Es empfiehlt sich deshalb, die städtischen Pressekonferenzen am Vormittag oder zur Mittagszeit hin anzusetzen, denn die Journalisten müssen ja auch noch Zeit haben, ihren Bericht zu schreiben. Zu früh freilich sollte die PK auch nicht angesetzt werden: die Leute von der Presse sind oft bis in den Abend hinein auf Veranstaltungen unterwegs und schlafen dann morgens etwas länger. Vor zehn Uhr sollte deshalb keine Pressekonferenz oder eine andere Presseveranstaltung beginnen.

☑ *Pressekonferenzraum*

Pressekonferenzen, die regelmäßigen wie die aktuellen, sollten möglichst immer am gleichen Ort, im gleichen Raum stattfinden. Ein solcher besonderer Raum wird in der Tisch- und Platzordnung auf die speziellen Bedürfnisse einer Pressekonferenz ausgerichtet. Im Einzelfall, etwa wegen des nur schwer transportierbaren großen Planungsmodells oder der notwendigen Verbindung mit einem ortsgebundenen Ereignis wird ein für diese Sondersituation anderer geeigneter Raum ausgewählt.

☑ *Verwaltungsvertreter*

Vertreter der Verwaltung sollten in nicht allzu großer Zahl erscheinen. Nur jene, die wirklich für die Pressekonferenz nötig sind, sollten dabei sein. Es ist immer schlecht, wenn die Presse „in die Minderheit" gerät, weil ihr eine „Übermacht" der Verwaltung gegenübersitzt.

☑ *Leitung der Pressekonferenz*

Die Pressekonferenz wird von dem Pressereferenten geleitet, der die Journalisten zumeist kennt und zu ihren Fragen das Wort erteilt. Zum Thema selbst trägt dann der „Veranstalter" vor, in der Regel der für den Themenbereich verantwortliche Kommunalpolitiker oder Verwaltungsleiter. Diese Arbeitsteilung ermöglicht den vom Anlaß her gefragten Repräsentanten der Stadt, sich voll auf ihren Gegenstand und die entsprechenden Pressefragen zu konzentrieren während der Pressereferent die Wortmeldungen der Journalisten registriert und den Gesamtablauf reguliert.

☑ *Pressematerial*

Eine Pressekonferenz ist, wie schon der Name sagt, ein Gespräch mit der Presse und nicht die bloße Abgabe einer Erklärung vor der Presse. Deshalb soll den Fragen der Journalisten und den Antworten der Verwaltung darauf mindestens genausoviel Zeit eingeräumt werden wie den einleitenden Ausführungen der städtischen Vertreter. Damit dies möglich ist, werden für die Pressekonferenz schriftliche Presseunterlagen vorbereitet. Diese schriftliche Information dient der Absicherung gegen Mißverständnisse und Hörfehler, sie ermöglicht aber vor allem dem Veranstalter und den Journalisten, sich auf der Pressekonferenz selbst mit den wesentlichen Fragen und Problemen zu befassen. Auf keinen Fall sollte auf einer Pressekonferenz das schriftlich übergebene Material noch einmal wörtlich vorgetragen werden. Der Vertreter der Stadt soll vielmehr die Akzente setzen, das Neue herausstellen, sich Fragen und Kritik stellen und weitergehende Informationen geben.

☑ *Bewirtung*

Die Bewirtung auf einer Pressekonferenz soll in durchaus bescheidenem Rahmen erfolgen. Ein großes Essen stört die eigentliche Arbeit. Will man dennoch, weil die

Pressekonferenz etwa um die Mittagszeit stattfindet, die Journalisten bewirten, so soll erst die Arbeit erledigt, also die Pressekonferenz beendet sein. Die Pressevertreter können sich dann frei entscheiden, ob sie am Essen teilnehmen oder aus Zeitgründen in die Redaktion zurückkehren.

☑ *Plazierung*

In der Pressekonferenz sind Kommunalverwaltung und Journalisten miteinander fragend und antwortend konfrontiert. Es handelt sich also nicht um ein Gespräch sozusagen am runden Tisch. Entsprechend auch sind Veranstalter und Besucher der Pressekonferenz einander gegenüber anzuordnen. Bei großen Pressekonferenzen sind die Veranstalter an einem Tisch in einer Reihe am Raumende plaziert. Ihnen gegenüber in womöglich mehreren Tischreihen die Journalisten. Ist das Stellen solcher Tischreihen für die Journalisten nicht oder nur schwer möglich, so können sie auch an Einzeltischen gruppiert werden. Das erschwert allerdings die Worterteilung wegen des mangelnden Überblickes etwas und ist auch für die Journalisten nicht so angenehm, weil sie nur mit Halsverrenkungen zu den Vortragenden hin blicken können. Für kleine Pressekonferenzen empfiehlt sich die Form eines großen rechteckigen Tisches, der variabel je nach Bedarf zusammengestellt wird. Die Veranstalter nehmen an einer Seite des Rechtecks teil, die Journalisten an den dann verbleibenden übrigen drei Tischseiten.

☑ *Übermittlungsmöglichkeiten*

Daß man den Journalisten Kugelschreiber und Schreibblöcke auf ihre Plätze legt, ist eine nette Geste. Wichtiger aber ist, daß in der Nähe des Pressekonferenzraumes Telefonanschlüsse für die umgehende Durchgabe von Texten an die Redaktion im Anschluß an die Konferenz vorhanden sind. An anderer Stelle ist über die Arbeitsmöglichkeiten für Journalisten im Bereich des Rathauses oder der Stadtverwaltung gerade auch im Zusammenhang mit Pressekonferenzen mehr ausgeführt.

☑ *Fragen der Journalisten*

Bereits vor der Pressekonferenz sollte man sich Klarheit über mögliche – auch unangenehme – Fragen verschaffen und sich entsprechend vorbereiten. Grundsätzlich soll jede Frage eines Journalisten auch beantwortet werden. Ist dies im Einzelfall mangels ausreichender Kenntnis nicht möglich, wird eine Antwort nach Überprüfung zugesagt.

Nach den Ausführungen des Veranstalters, also des Kommunalpolitikers, Verwaltungschefs usw. zum Thema der Pressekonferenz bittet der Pressereferent als Leiter der Konferenz um Fragen der Journalisten. Bei mehreren Wortmeldungen notiert er die Namen und erteilt in der entsprechenden Reihenfolge das Wort.

Das Frage-Antwort-Spiel zwischen Journalisten und Verwaltung soll vom Leiter der Pressekonferenz nicht plötzlich abgeschnitten werden. Eine Pressekonferenz soll erst dann geschlossen werden, wenn das Interesse der Journalisten eindeutig nachläßt und das Thema insgesamt ausreichend behandelt wurde. Verlassen die ersten Journalisten die Pressekonferenz, während sie noch im Gange ist, oder läßt das Interesse insgesamt nach, so sollte sobald vertretbar die Konferenz beendet und dann noch offene Fragen von Einzeljournalisten anschließend im persönlichen Gespräch beantwortet werden.

☑ *Dauer*

Pressekonferenzen mit rein informatorischem Charakter und entsprechend wenigen oder sogar keinen Fragen der Journalisten können manchmal in nur dreißig Minuten abgewickelt werden. Eine normale Pressekonferenz allerdings mit zusätzlichen Erläuterungen und Fragen ist kaum unter einer Dauer von einer Stunde abzuhalten.

Der Ablauf
einer Pressekonferenz
zusammengefaßt:

– Begrüßung durch den Leiter der Pressekonferenz, Vorstellung der Teilnehmer auf Seiten der Kommunalverwaltung, Hinweis auf Anlaß der Pressekonferenz und kurze Einführung in das Thema. Währenddem oder im Anschluß daran Verteilung von Unterlagen wie Pressetexte, Bildmaterial, Informationsschriften, Pressefotos und ähnliches.

– Zum Thema der Pressekonferenz spricht der Veranstalter, also der Bürgermeister, Dezernent, Amtsleiter usw. in Form eines Statements. Er erteilt zu womöglich notwendigen ergänzenden Facherläuterungen – etwa anhand von Plänen, Modellen usw. – das Wort an weitere Vertreter der Verwaltung.

– Fragen der Journalisten und Antworten darauf.

– Eventuelles Schlußwort des Veranstalters.

Das Interview

Der praktische Tip

Nur selten geht die Anregung für ein Interview von dem Kommunalpolitiker oder Verwaltungsvertreter aus. Zumeist kommt der Wunsch von der Presse. Und da eine einzelne Zeitung oder ein ganz bestimmter Sender um ein Interview bittet und das Thema vorschlägt besteht auch kein Anlaß, nun anderen Presseorganen ein gleiches anzubieten. Bedacht werden muß lediglich, ob ein breit interessierender aktueller Sachverhalt angesprochen wird. In einem derartigen Fall kann es ratsam sein, auf einer Pressekonferenz insgesamt zu informieren und dann zusätzlich für ein Interview zur Verfügung zu stehen. Ein Journalist, der ein ganz bestimmtes Thema für ein Interview angeregt hat aber auch das „Recht der ersten Idee". Und so sollte stets sorgfältig überlegt werden, ob dies nicht durch ein „Exklusivinterview" honoriert werden muß. Ist das Thema besonders interessant wird die Presse dann sowieso „nachziehen".

☑ Das „offene Interview"

Zumeist stellt ein Interview auf einen begrenzten Themenbereich ab. Aber es werden auch Interviews als „tour de horizont" erbeten. Ein solches „offenes Interview", bei dem so ziemlich alles in einem Gespräch behandelt wird, dient mehr dazu eine ganz bestimmte wichtige Stadtpersönlichkeit in ihren Ansichten, Zielen, Urteilen vorzustellen als auf aktuelle Fragen eine Antwort zu bekommen. Entsprechend sind die Anlässe für solche umfassenden Interviews: Runde Geburtstage, ein wichtiges Stadtdatum, eine Sonderbeilage über die Stadt, die Präsentation eines neugewählten Bürgermeisters und ähnliches.

☑ Vorherige Themenabsprache

Auch bei dieser Form des Interviews, ganz besonders aber bei den themenspezifischen aktuellen Interviews empfiehlt sich eine möglichst genaue vorherige Absprache der Interviewthemen. Das gibt dem Interviewten die Möglichkeit, sich vorzubereiten. Auch kann dem interviewenden Journalisten Material zur Formulierung seiner Fragen überlassen werden. Der Vorteil: die beiden Interviewpartner sind vor Überraschungen einigermaßen sicher, das Interview läuft glatter und präziser. Geklärt muß auch sein, daß Änderungen am schließlichen Interviewtext nur im gegenseitigen Einvernehmen möglich sind. Der Interviewwortlaut muß also in den Antworten vom Interviewten autorisiert werden, wobei man freilich nicht allzusehr abweichende Änderungen verlangen kann. Denn für das, was man gesagt hat muß man schließlich ja auch einstehen können.

☑ Die schriftliche und mündliche Form

Beim schriftlichen Interview, bei dem die Zeitung einen Fragenkatalog einreicht, der dann vom „Interviewten" beantwortet wird, tauchen Fragen der Autorisierung des Interviewtextes nur im Zusammenhang mit möglichen Kürzungen auf.

Der Rat an den Interviewten in diesem Fall: die Antworten so kurz und präzise formulieren, daß Kürzungen garnicht nötig sind. Und sich vorweg informieren, welcher Raum für Antworten zur Verfügung steht. Darauf kann man sich dann einrichten oder aber auch mitteilen, daß etwa bei komplizierten Sachverhalten eine Antwort eben nicht in zwei bis drei Zeilen gegeben werden kann.

Beim mündlichen Zeitungsinterview macht sich der Journalist Notizen, die Aussagen werden später im Artikel komprimiert, was manchmal zu sinnentstellenden Verkürzungen führen kann. Je nachdem, wie der Interviewpartner eingeschätzt wird sollte deshalb eine Tonbandaufzeichnung gemacht werden als Unterlage, aus der dann der zu veröffentlichende Text herausdestilliert wird und die zudem auch ein Beleg für den Interviewten ist. Und selbstverständlich wird der Interviewtext vor der Veröffentlichung, wie schon ausgeführt, dem Interviewten noch einmal vorgelegt.

☑ Wer ist der Interviewer

Gerade beim mündlichen Zeitungsinterview ist die Wahl des journalistischen Gesprächspartners von Bedeutung. Ob der Interviewte ihn bereits kennt, wie seine sonstigen Veröffentlichungen eingeschätzt werden, welche Sachkenntnisse er mit einbringt sind wichtig bei der Frage, ob ein Interview gegeben werden soll. Da ja in dem veröffentlichten Interview die Meinungen und Aussagen in direkter Rede oder auch bei teilweise indirekter Form als eindeutig von dem Interviewten stammend wiedergegeben werden ist schließlich seine Persönlichkeit in viel größerem Maße betroffen als bei anderen Presseveröffentlichungen. Falschen Darstellungen, entstellenden Weglassungen und auch simplen Mißverständnissen kommt also beim Interview eine besondere Bedeutung zu. Von daher sind die vorherigen Absprachen über Thema, Ablauf und Autorisierung aber auch die Kenntnis der Person des Interviewers wichtig.

☑ Das Funk- und Fernsehinterview

Zwischen dem „traditionellen" Zeitungsinterview und dem Hörfunk- sowie Fernsehinterview gibt es große Unterschiede. Ein Zeitungsinterview ist nie ein „Live-Interview", das direkt in die Wohnstuben gesendet werden kann und also nicht mehr korrigierbar ist. Zwischen Interview und Veröffentlichung vergeht bei allen Printmedien stets Zeit, die zur Überarbeitung genutzt werden kann. Bei Fernsehen und Hörfunk ist selbst eine „Interviewkonserve" nicht leicht zu ändern, sind doch womöglich neue Aufnahmen nötig. In einer Vielzahl von Sendungen aber ist im Studio der Interviewpartner „Live-Gast", dessen Worte direkt über den Äther gehen. Und auch beim Interview zu brandaktuellen Ereignissen ist die Direktschaltung gern genutzte Möglichkeit, der gedruckten Konkurrenz die größere Aktualität unter die journalistische Nase zu reiben.

☑ *Vorzüge des Live-Interviews*

Live-Interviews lassen keine späteren Korrekturen zu und sind also nicht zu „schönen". Sie stellen, weil sich Interviewer und Interviewter wegen der ja zumeist kurzen Sendezeit auf das Wesentliche beschränken müssen und nicht schwafeln dürfen, hohe Anforderungen an Formulierungskraft und aktuellen Wissensstand. Sicherheit im Auftreten, Präzision im Ausdruck und Knappheit in den Formulierungen sind gefragt. Das liegt gewiß nicht jedem. Live-Interviews haben aber einen großen Vorteil: sie können nicht „zusammengeschnitten" werden. Was vom Interviewten gesagt wird kommt unverfälscht und ungekürzt beim Zuhörer oder Zuschauer an. Jedem, der über ausreichende Sicherheit im Auftreten und starke Formulierungskraft verfügt ist zu empfehlen, sich im Live-Interview den Fragen zu stellen. Er ist sicher, daß seine Antworten auch „original" die Menschen erreichen und hat zudem den Vorteil der größeren Lebendigkeit des Gesprächs. Denn allein das Wissen darum, daß die Sätze direkt über den Äther gehen bringt oft schon Spannung in ein Interview.

☑ *Sich gegen Mißbrauch absichern*

Beim Interview, das aufgezeichnet und zu einem späteren Zeitpunkt gesendet wird muß von vornherein geklärt werden, ob es wie ein Live-Interview lediglich mitgeschnitten wird und nachher unverändert auf Sendung geht oder ob es noch bearbeitet und womöglich gekürzt wird. Im Extremfall ist schließlich möglich, daß einzelne Sätze aus dem Zusammenhang gerissen und dann jeweils kommentiert oder als Versatzstücke benutzt werden. Gegen solchen Gebrauch oder Mißbrauch ist man natürlich nie ganz sicher. Auch bei dem Live-Interview nicht, aus dem womöglich Teile für spätere „kritische" Sendungen oder Features verwendet werden. Es sollte deshalb stets mit dem Interviewpartner vereinbart werden, daß Kürzungen des Interviews genauso wie eine Verwendung von Teilen zu anderen Zwecken nicht ohne Absprache erfolgten.

☑ *Wichtig ist auch das „outfit"*

Beim Fernsehinterview wird das Urteil des Zuschauers über den Interviewten nicht allein von der Qualität der gegebenen Antworten bestimmt. Der Interviewte ist auf dem Fernsehschirm sozusagen zu Besuch im Wohnzimmer des Zuschauers und wird so in seiner gesamten Persönlichkeit und in seinem äußeren Erscheinungsbild wahrgenommen. Das Mienenspiel, der Gesichtsausdruck, die Klangfarbe der Stimme und die Art wie jemand sich bewegt und sitzt beeinflussen die Adressaten der Sendung positiv oder negativ. Und so tragen Kleidung und Frisur, Brille und Make-up, kurzum das gesamte „outfit" zum „Bild" des Interviewten bei. Dies sollte sowieso vor jedem Fernsehauftritt, also nicht nur bei einem Interview, beachtet werden. Bei einem „lockeren" Anlaß kommt der Interviewte mit entsprechender Kleidung besser „rüber" und bei einem „ernsten" Thema ist eben die seriöse mehr konventionelle Form zu wählen.

☑ Die eigene Art überzeugt

Noch immer ist die eigene ganz besondere Art zu sprechen und sich zu bewegen am überzeugendsten. Künstlich und gehemmt sollte also niemand vor Mikrophon und Kamera sein. Selbst ein Versprecher kann sympathisch wirken, denn wer schließlich verspricht sich nicht mal. Grundsätzlich gilt: Niemand soll versuchen, einen Eindruck hervorzurufen, der dem eigenen Wesen nicht entspricht. Es ist stets besser, sich auch in seinen Schwächen zu zeigen als schauspielerische Fähigkeiten zur „Tarnung" zu entwickeln. Die Kamera enthüllt schnell das Gekünstelte solcher angelernter Bewegungen und Redensarten.

☑ In die Kamera blicken

Beim Fernsehinterview oder bei der Fernsehdiskussion soll entweder der Gesprächspartner oder der Fernsehzuschauer stets direkt angesprochen werden. Man wendet sich also dem Interview- oder Gesprächspartner nicht nur bei dessen Frage, sondern auch während der eigenen Antwort zu, oder man antwortet in die laufende Kamera hinein. Und das heißt ja, daß man den Zuschauer zu Hause anblickt und ihm „antwortet". Diese „Antwort" in die Kamera hin zum Zuschauer sollte aber nicht im abrupten Wechsel erfolgen. Vielmehr wendet man sich langsam vom Fragenden weg der Fernsehkamera zu und dreht sich gegen Ende der eigenen Antwort wieder dem Frager zu. Zu achten ist dabei darauf, welche Kameras laufen und jene auszuwählen, die möglichst frontal positioniert ist. Auf gar keinen Fall sollte man etwa leicht seitlich an der Kamera vorbeiblicken oder während man redet den Blick in die Gegend schweifen lassen. Der Zuschauer faßt solche Unstetigkeit des Blickes als Unsicherheit auf und so beurteilt er dann auch die Antwort.

Die Presseauswertung

Öffentliche Meinung
nicht mißachten...

Die Presse ist nicht nur der Transporteur von kommunalen Nachrichten, kommunalpolitischen Entscheidungen und Meinungen hin zu den Menschen. Sie ist auch ein wichtiges Informationsmittel für die Stadtverwaltung und für die Kommunalpolitiker. Ihre systematische Auswertung bringt Anregungen, vermittelt frühzeitig Meinungstrends und verweist auf bislang noch nicht wahrgenommene Probleme. Daß eine solche ständige Beobachtung der veröffentlichen Meinung auch notwendig ist, um unzureichende oder womöglich sogar falsche Berichterstattung zu korrigieren oder zu ergänzen versteht sich von selbst.

... aber auch
nicht überbewerten

Die Wirkung der Presse auf die Bildung von öffentlicher Meinung darf freilich auch nicht überschätzt werden. Die veröffentliche Meinung wird nur begrenzt zu einer öffentlichen Meinung. Die Urteile der Pressekonsumenten sind zwar der Reflex eingefütterter Tatsachen und Kommentare. Andere zumindest genau so wichtige Faktoren wie soziale Herkunft, eigene Erfahrungen, Nachbarn, Berufswelt, Erziehung bestimmen jedoch ebenfalls Anschauung und Bild von der Welt und das Urteil darüber.

Soll man also generell veröffentlichte Meinung nicht überbewerten, so ist sie aber auch nicht zu mißachten und als unwichtig abzutun. Öffentliche Meinung artikuliert häufig Entwicklungen, die sich in einer Bürgerschaft abzuzeichnen beginnen, früher als es allgemein sonst deutlich wird. Öffentliche Meinung kann zu einem politischen Instrument werden, wenn sie sich eins weiß mit Bestrebungen und Haltungen großer Gruppen von Bürgern. Öffentliche Meinung hat aber auch grundsätzlich einen Wert in sich als Kontrolle und Kritik von Politik und Verwaltung. Unbelastet durch Fachkenntnisse oder tiefergehende Einblicke in bestimmte Vorbedingungen kann sie fehlerhaft urteilen, aber auch umgekehrt gerade aus einer sozusagen naiven Sicht heraus Zusammenhänge und Probleme deutlich machen, die sonst verborgen bleiben.

Dabei ist der Wert einer steten Beobachtung und Auswertung von Presseveröffentlichungen im kommunalen Bereich mindestens genau so hoch zu veranschlagen wie etwa sonst in Politik und Wirtschaft. Alle Untersuchungen zeigen, daß der Lokalteil einer Zeitung am meisten gelesen wird. Und auch die regionalen Sendungen von Hörfunk und Fernsehen rangieren unter den aktuellen Sendungen in ihrem Verbreitungsgebiet mit an der Spitze, ganz besonders dann, wenn sie tatsächlich den eigenen Raum betreffen.

Presseauswertung muß
systematisch und fortlaufend erfolgen

Die Presseauswertung darf nicht zufällig, sondern muß systematisch und fortlaufend erfolgen. Dabei wird Presseauswertung immer auf den Adressaten, hier die Kommunalverwaltung, angelegt. Sie sollte sich also von vornherein begrenzen und nicht versuchen, alles bis hin zu den Rändern des Lokalen zu erfassen. Schließlich muß die Presseauswertung auch im einzelnen wertend vorgenommen werden. Im Zweifelsfall sollte man lieber einmal auf die Auswertung hin auf einen neuen Bereich verzichten. Nicht wieviel ausgewertet wird, ist letztlich entscheidend für die Qualität, sondern daß das Ausgewertete auch sinnvoll nutzbar gemacht werden kann.

Grundlage einer Zeitungsauswertung ist der zentrale tägliche Ausschnittdienst der Pressestelle. Dieser Ausschnittdienst umfaßt auf jeden Fall die lokalen und regionalen Zeitungen, zudem ja nach Bedarf auch noch überregionale oder an anderem Ort erscheinende lokale und regionale Tageszeitungen und kommunale Zeitschriften. Reine Fachzeitschriften werden vernünftigerweise durch die direkt betroffenen Ämter selbst bezogen und ausgewertet.

Presseauswertung ist auch
die empfehlende Beurteilung
in die Verwaltung hinein

Die Presseauswertung informiert zum einen über die Veröffentlichung, zum anderen aber soll sie in bestimmten Fällen auch ein schnelles Handeln bewirken. Auswertung bedeutet also nicht nur das Ausschneiden, die Vervielfältigung und die Verteilung von Presseveröffentlichungen sondern darüber hinaus Interpretation der Presse und Schlußfolgerung für die Kommunalpolitik. Muß oder sollte auf einen Artikel geantwortet werden empfiehlt sich ein Gespräch mit dem Redakteur. Ergeben sich Rückschlüsse auf das künftige Verhalten der Presse, zeichnen sich neue Gesichtspunkte in der Pressediskussion ab, erscheint eine Reaktion angebracht sollte dies auf dem ausgewerteten Artikel vermerkt werden, wenn nicht sogar ein mündlicher persönlicher Hinweis an die betreffende Stelle der Stadt vorzuziehen ist. Der Adressat in der kommunalen Spitze oder in der Stadtverwaltung wird so zum Handeln animiert.

Auswertung von Zeitungen bedeutet also nicht undifferenziertes Ausschneiden aller Artikel. Es beinhaltet vielmehr die wertende und empfehlende Beurteilung in die Verwaltung hinein. Zeitungsauswertung soll Redaktionen in und Änderungen durch kommunale Verwaltung bewirken. Auswertung um ihrer selbst willen ist vertane Arbeitskraft.

Die Presseauswertung ist Grundlage auch für die schnelle Reaktion auf Veröffentlichungen. Grundsätzlich soll die Zeitungsauswertung deshalb als erstes am frühen Morgen stattfinden, so daß noch ausreichend Zeit zum Beispiel für eine Stellungnahme in der nächsten Ausgabe der Zeitung verbleibt.

Welche Zeitungen sollen ausgewertet werden

Grundlage jeder Auswertung ist die Auswahl der Publikationsorgane. Neben den „heimischen" Lokal- und Regionalblättern sollte auch mindestens eine der großen überregionalen Zeitungen bezogen werden. In den größeren Städten werden es wohl sowieso alle großen national verbreiteten Zeitungen sein und wahrscheinlich auch noch die wichtigsten lokalen Zeitungen aus den anderen großen Konkurrenzstädten. Ausgewertet werden sollten auch Stadtteilzeitungen und Anzeigenblätter, Vereinspublikationen und unregelmäßige lokale Veröffentlichungen aus der eigenen Stadt. Und schließlich auch die Zeitungen der angrenzenden Gemeinden oder der Region. Ob Illustrierte, Magazine oder überregionale Wochenzeitungen bezogen und ausgewertet werden hängt von Größe und Bedeutung der Stadt ab. Genauso wie natürlich auch die Einbeziehung internationaler Blätter.

Beobachtung der auswärtigen Presse über einen Ausschnittdienst

Die Presseauswertung kann auch an einen Ausschnittdienst übergeben werden. Zur Beobachtung der lokalen Presse ist dieses Verfahren wenig sinnvoll, da der fremde Ausschnittdienst keine aktuellen Reaktionen auf Veröffentlichungen ermöglicht. Eher in Frage kommt ein derartiger Ausschnittdienst durch ein Ausschnittbüro für die Beobachtung der auswärtigen Presse, die einem nicht direkt zugänglich ist und die vollständig zu erfassen zu aufwendig wäre. Bevor man sich allerdings für eine Auswertung durch Ausschnittdienste entscheidet, sollte man den Sinn einer solchen Vergabe erst in einer dreimonatigen Probezeit testen und von dem Ergebnis die Entscheidung abhängig machen.

Aufzeichnungsdienst für Hörfunk und Fernsehen

Für kleinere Gemeinden vielleicht noch nicht von so großer Bedeutung, für mittlere und größere Städte jedoch von großer Relevanz wird immer mehr ein systematischer Aufzeichnungsdienst für die Sendungen von Funk und Fernsehen.

Die Zunahme privater Anbieter und die Ausweitung regionaler Programme der öffentlich-rechtlichen Anstalten haben die Bedeutung von Hörfunk und Fernsehen für die Kommunen erheblich verstärkt. Gerade über kommunale Themen insgesamt oder den eigenen Lokalbereich betreffende Rundfunk- und Fernsehsendungen herrschen geringe oder gar keine Kenntnisse in der kommunalen Verwaltung. Oft wird nur durch einen Zufall bekannt, daß sich ein Kommentar im Regionalprogramm mit Fragen der eigenen Stadt befaßt hat. Und über den Inhalt des Kommentars gibt es widersprüchliche Aussagen. Weil das gesprochene Wort nicht fixiert worden ist, vergeht Zeit und eigene Reaktionen werden wegen der inzwischen mangelnden Aktualität überflüssig.

Natürlich kann man nicht sämtliche Fernseh- und Rundfunksendungen aufzeichnen und auswerten. Bei den wichtigsten regionalen Sendungen im eigenen Raum sollte man es dennoch tun. In der Regel wird man nur kurze Textauszüge für den Pressespiegel oder die Einzelinformation an ein Amt oder einen Politiker anfertigen. Das Ton- oder Videoband wird für eine womöglich gewünschte „Vorführung" eine bestimmte Zeit aufgehoben. Im Falle von besonderem Interesse kann auch der gesamte Sendebeitrag dem betroffenen Kommunalpolitiker direkt zur Verfügung gestellt werden.

Die notwendige technische Ausstattung

Technisch ist die Auswertung von Funk und Fernsehen heute kein Problem. Programmierbare Aufnahmegeräte erlauben die notwendige Vorauswahl und Speicherung. Thematisch oder regional interessante Berichte stehen somit unabhängig von der Sendezeit zur Verfügung und die notwendige Selektion etwa der aktuellen Nachrichten und Reportagen von Hörfunk und Fernsehen wird durch Suchlauf und Schnellauf erheblich erleichtert, also Auswertungszeit eingespart.

Um interessierende und parallellaufende Sendungen aufzunehmen empfiehlt sich, mindestens zwei Empfänger und zwei Bandgeräte bereitzuhalten. Die aufgenommenen Sendungen sollten außerdem den besonders interessierten oder auch betroffenen Verwaltungsbereichen oder Verwaltungsspitzen angeboten werden. Entsprechende mobile Vorführmöglichkeiten können von Nutzen sein. Einfacher ist es aber, in der Pressestelle selbst etwa im Aufzeichnungsraum oder an anderer Stelle eine Präsentationsmöglichkeit zu schaffen und so eine „Ausleihe" zu vermeiden. Vorübergehend in der Pressestelle und, soweit womöglich „kommunalhistorisch" künftig bedeutsam dann auf Dauer sollten die Aufzeichnungen etwa im Stadtarchiv archiviert werden.

Die interne Funk- und Fernsehprogrammvorschau

Für die Auswertung von Rundfunk und Fernsehen sollte man sich um die Aufnahme in den Presse- und Programmservice der verschiedenen für die Stadt bedeutsamen Sender bemühen und natürlich auf jeden Fall auch eine der Programmzeitschriften abonnieren. Anders als bei den Printmedien, den Zeitungen und anderen Periodika ist bei Fernsehen und Hörfunk eine Vorausschau möglich. Deshalb empfiehlt es sich, auf die Stadt betreffende oder kommunalpolitisch allgemein interessierende Sendungen vorweg aufmerksam zu machen, sei es als Teil des Pressespiegels oder aber als besondere Information.

Der städtische Pressespiegel

Zwei Wege bieten sich für die Information von Kommunalverwaltung und Kommunalverantwortlichen über Presseveröffentlichungen an. Für eine breite und an eine große Zahl adressierte Unterrichtung kommt der regelmäßig erscheinende Pressespiegel in Frage als eine Zusammenstellung von allen die Stadt betreffenden interessanten Presseveröffentlichungen. Ein solcher Pressespiegel kann trennen in eine tägliche nur an eine kleine Zahl gerichtete selektive Zusammenstellung und eine wöchentliche umfassende und allgemeinere Übersicht für den insgesamt interessierten Kreis. Er wird wohl nur in Großstädten notwendig sein, sowohl was die Zahl der Bezieher als auch die Menge des interessanten Materials angeht. Bei einem solchen Pressespiegel ist allerdings zu beachten, daß neben den Auswertungs- und Kopierkosten auch noch durchaus erhebliche Gebühren an die „Verwertungsgesellschaft Wort" zu leisten sind, die die Rechte der Journalisten und Autoren wahrnimmt. Eine derartige Verwertungsgebühr ist zu zahlen, wenn die Vervielfältigung von Artikeln in mehr als sieben Kopien erfolgt.

Die begrenzte Einzelauswertung

In den kleineren und mittleren Städten wird sowieso die „Einzelauswertung" erfolgen, ist doch die Zahl der zu informierenden Partner geringer. Aber auch in großen Städten hat sich der Weg einer zahlenbegrenzten zentralen Auswertung in den unterschiedlichsten Verwaltungsbereichen durchaus bewährt. Sicherzustellen ist hier lediglich eine gegenseitige Information bei herausragenden Ereignissen. Nicht davon betroffen ist der Rundfunk- und Fernsehspiegel. Er sollte stets zentral erstellt und breit gestreut werden.

Die Adressaten von Presseauswertung

Eine Auswertung soll auf jeden Fall an die Mitglieder der „Stadtspitze" gehen, also an Rat oder Magistrat. Gibt es Stadtverordnetenversammlungen so sollten ihr Vorsteher und die Fraktionsvorsitzenden mit einbezogen werden. Wichtig aber ist auch die Unterrichtung der städtischen Amtsleiter und der Chefs kommunaler Gesellschaften und Unternehmen. Schließlich sollten über diesen Grundverteilerkreis hinaus noch die nach Bedarf und Thema voraussichtlich im Einzelfall an einer bestimmten Presseveröffentlichung interessierten Abteilungsleiter oder Sachbearbeiter mit dem entsprechenden Presseausschnitt bedient werden. Hier wie auch bei der Verteilung an Dauerbezieher gilt, daß die Auswertung durch Anregungen und Nachfragen als Basis für eine mögliche Reaktion gegenüber der oder Information an die Presse ergänzt werden kann.

Ein städtisches Pressearchiv und sein Nutzen

Die Presseauswertung dient nicht nur der aktuellen Unterrichtung sondern auch dem Aufbau eines eigenen Pressearchivs, das ein wichtiger Teil von gespeicherter Information für die Verwaltung sein kann. Ein Pressearchiv soll und darf nicht alles enthalten, was über eine Stadt veröffentlicht worden ist. Das Pressearchiv sollte nur Ausschnitte und Aufzeichnungen zu den wirklich wichtigen kommunalen Ereignissen sowie alle Äußerungen der Stadt dazu umfassen. Auch sollte man ein Pressearchiv als aktuelles Instrument auffassen und nach einem bestimmten Zeitablauf das Material an das Stadtarchiv abgeben. Denn: meistens wird ein Pressearchiv ohne Fachkraft „nebenher" geführt werden müssen.

Das Ordnungsprinzip ist weniger wichtig, Hauptsache, es gibt beim Pressearchiv überhaupt eins. Denn nichts ist schlimmer als ein Archiv, das die gestellten Fragen nicht beantwortet.

Grundsätzlich sollten Personenordner mit den Presseveröffentlichungen zu wichtigen Persönlichkeiten geführt werden. Sie sind eine unentbehrliche Hilfe bei Ehrungen, Presseverlautbarungen anläßlich des Todes, Nachfragen der Ämter usw. Genauso wichtig ist das Sacharchiv. Die Gliederung kann an den Haushaltsplan angelehnt und entsprechend weiter differenziert werden, sie kann aber auch aus den sachlichen Erfordernissen heraus sich entwickeln. Eine Abstimmung mit dem allgemeinen Verwaltungsarchiv, Stadtarchiv, Kreisarchiv usw., das das Material späterhin einmal übernehmen soll, erscheint sinnvoll. Auch ist zu klären, ob nicht die Archivauswertung insgesamt durch das allgemeine Archiv mit übernommen werden soll.

Bei mehreren Zeitungen im gleichen Raum wird es, bei der reinen Sachberichterstattung, genügen, den informativsten Artikel aus einer der Zeitungen zu archivieren. Bei Meinungsartikeln sollte man die verschiedenen unterschiedlichen Meinungen repräsentieren. Da die Zeitungen recht gut geführte eigene Archive haben, kann man im Bedarfsfall durch Kopien die über das eigene Archiv nicht zu leistende Information von dort erhalten.

Ein Blick
auf Presse und
Journalisten

Die Rolle
des Lokalteils in
der Zeitung

Wer mit der Presse zusammenarbeiten will oder muß sollte über ihre Organisation und Arbeitsweise in etwa Bescheid wissen. Und wer als Frau oder Mann an der Spitze einer Stadt oder in einem kommunalen Gremium, in der städtischen Pressestelle oder der Kommunalverwaltung arbeitet ist besonders an der Zuordnung des Lokalen in der Presse interessiert. Dabei zeigt sich schon beim ersten Blick, daß vom Sport bis zum Feuilleton in der durchschnittlichen lokalen oder regionalen Zeitung so ziemlich alles auch lokal sein kann. Kommunale Pressearbeit hat also ein umfassendes Aufgabenfeld.

Das Lokale ist in der Lokalzeitung und bei der Regionalzeitung das wohl wichtigste Ressort. Und selbst die großen national verbreiteten Zeitungen wie etwa die Frankfurter Allgemeine Zeitung und die Süddeutsche Zeitung haben einen umfangreichen Lokalteil am Erscheinungsort und einen Regionalteil für das Umland. Viele Großstadtzeitungen sind im Lokalen inzwischen über das eigentliche Stadtgebiet hinausgewachsen und bieten besondere Bezirksausgaben im Umlandbereich an oder ergänzen das Blatt um einen Umlandteil. Interessant auch die Komplettierung des auf die Stadt insgesamt bezogenen Lokalteils durch Stadtteilbeilagen oder Stadtteilseiten.

Regionalzeitungen
sind auch Lokalpresse

Regionalzeitungen gehören ebenfalls zur Lokalpresse. Sie decken ein flächenmäßig größeres Verbreitungsgebiet ab und unterhalten oft in vielen Städten besondere Lokalredaktionen als „Stützpunkte". Regionalzeitungen arbeiten auch mit Kopfblättern für einen engeren Bereich oder eine Stadt. Der sogenannte „Mantel", also Politik, Wirtschaft und Kultur zum Beispiel ist im Gesamtverbreitungsgebiet gleich, nur der Lokalteil ist verschieden. Trotz unterschiedlicher Zeitungstitel also wird bis auf das Lokale stets die gleiche Zeitung angeboten. Die Kopfblätter sind im übrigen zumeist durch Zusammenschluß von früher selbständigen Lokalzeitungen entstanden oder durch Aufkauf.

Rund dreiviertel der über 14 Jahre alten Bundesbürger lesen eine Regional- oder Lokalzeitung. Das liegt weit über der Leserzahl der sogenannten „Kaufzeitungen", die nicht im Abonnement bezogen sondern am Kiosk oder auf der Straße verkauft werden und der überregionalen Tageszeitungen. Und der Lokalteil übertrifft an Seitenumfang in der Lokalzeitung und in der Regionalzeitung bei weitem jedes andere Ressort.

Alle Zeitungsressorts können Ansprechpartner für lokale Informationen sein

Dennoch sind die lokal verbreitete Presse und der Lokalteil einer Zeitung nicht die einzigen Ansprechpartner für kommunale Presseinformationen. Überregional bedeutsame lokale Nachrichten können auch für das Ressort Politik einer Zeitung interessant sein oder, soweit es sie gibt, für die Landesseite. Und der Wirtschaftsteil jeder Zeitung ist von Bedeutung für die Wirtschaftsförderung einer Stadt, sowohl in der Auswertung als auch für den Transport von Wirtschaftsinformationen nach draußen. Das Feuilleton kann die Kulturberichterstattung im Lokalteil der örtlichen Zeitung ergänzen. Und ist auch wichtig, um herausragende kulturelle Ereignisse bundesweit in die Presse zu bringen, wenn sie nicht sogar international vermittelt werden können. Wer erfolgreiche Sportler oder Sportvereine in den eigenen Mauern hat weiß, in welch großem Umfang der Name der eigenen Stadt über sie in die Presse transportiert werden kann. Auch solche Ansätze gilt es zu nutzen durch verstärkende und begleitende Informationsgebung.

Gruppenspezifische Themen überregional unterbringen

Schließlich gibt es noch Beilagen oder Seiten zum Thema Kinder, Jugend, Frauen, Reise, Garten usw. Gerade diese auf besondere Interessen oder Zielgruppen orientierten Teile einer Zeitung benötigen immer wieder Anregungen und Hinweise. Durch eine gezielte Themenansprache oder durch auf den speziellen Bedarf abgestellte Texte ist es hier möglich, Besonderheiten und Erfolge der eigenen Jugend- und Kinderarbeit, der Einbeziehung von Frauen in die Verantwortung und ähnliche grupenbezogene Themen unterzubringen, und zwar überregional. Das gilt auch für den Hörfunk, der bei den öffentlich-rechtlichen Sendeanstalten für genau diese Bereiche eigene Abteilungen unterhält.

Hörfunk und Fernsehen sind ebenfalls kommunale Ansprechpartner

Lokales und Regionales war früher bei Hörfunk und Fernsehen eine zumindest im Vergleich mit den Printmedien eher vernachlässigte Größe. Mit dem Privatfernsehen und Privatrundfunk hat sich dies gewaltig geändert. Die neuen Anbieter sind auch stark ins Lokale und Regionale eingestiegen, und die öffentlich-rechtlichen Anstalten bieten aus Konkurrenzgründen nun ebenfalls ein „regionalisiertes" Programm. Die kommunalen Pressestellen sollten sich auf den Bedarf dieser neuen Sendeteile oder Sender einstellen und vor allem Funk und Fernsehen in ihre Pressearbeit mit einbeziehen.

Und auch die Presseagenturen nicht vergessen

Zu erwähnen sind auch die Nachrichten- und Bildagenturen. Die Deutsche Presseagentur (dpa) verbreitet nicht nur einen bundesweiten und einen internationalen Dienst, sie informiert die Redaktionen auch über ihre sogenannten „Landesdienste". In diesen Landesdiensten ist für das Kommunale durchaus Raum. Und immer wieder auch reicht die Landesdienstredaktion eine Nachricht an die Zentralredaktion zur Aufnahme in den „Basisdienst" weiter. Auf jeden Fall empfiehlt es sich, Kontakt mit dem dpa-Vertreter in der eigenen Stadt oder Region und mit der Landesredaktion zu halten oder aufzunehmen. Nur am Rande sei darauf hingewiesen, daß dpa auch einen Bilderdienst herausgibt, der der Presse aktuelle Pressefotos anbietet. Im übrigen unterhalten die großen internationalen Presseagenturen wie Associated Press, Reuter, Agence France Press zum Beispiel ebenfalls Redaktionen in Deutschland und Spezialdienste etwa für die Wirtschaftspresse sowie Pressebildagenturen kommen noch hinzu.

Die Adressaten kommunaler Pressearbeit insgesamt

Zusammengefaßt hier noch einmal die Hauptadressaten der kommunalen Pressearbeit:

– Die Lokalzeitung
– Das lokale oder regionale Anzeigenblatt
– Die Stadtteil- oder Ortsteilzeitung
– Die Regionalzeitung
– Die bundesweit verbreitete Zeitung
– Die Boulevardzeitung (Kaufblätter)
– Nachrichtenmagazine und Zeitschriften
– Illustrierte und Bunte Blätter (Regenbogenpresse)
– Die internationale Presse
– Die Wirtschaftspresse
– Die sonstige Fachpresse
– Verbandspresse (einschließlich der Gewerkschaftspresse)
– Hörfunk und Fernsehen (insbesondere auch regional und lokal)

Eine gute Grundlage für eine differenzierte Ansprache der Presse ist der „Stamm", das jährlich aktualisierte „Presse- und Medienhandbuch". Es enthält ein gegliedertes umfassendes Verzeichnis aller deutschen Presseorgane von Tageszeitung bis zur Fachzeitschrift, von Hörfunk bis zum Fernsehen, von Nachrichtenagentur bis zur Illustrierten mit Angaben etwa auch der Auflagen, Verbreitungsgebiet, leitende Journalisten und so weiter. Besonders wichtig ist dieses „Adreßbuch" für die Betreuung und Einschätzung der auswärtigen Presse. Bezogen werden kann das Nachschlagewerk beim Stamm-Verlag, Goldammerweg 16, 4300 Essen 1.

Das buntgemischte
Völkchen der Journalisten

Die Presseinformation richtet sich freilich nicht immer an diese Presseorgane selbst, sondern auch direkt an Journalistinnen und Journalisten, die in ihnen oder für sie tätig sind. Sie schließlich entscheiden über die Aufnahme einer Information und sie auch schreiben oder bearbeiten die Artikel, machen oder moderieren die Sendungen.

Journalisten gibt es als Redakteure, als feste Mitarbeiter und als freie Mitarbeiter von Presse, Funk und Fernsehen. Sie haben fachspezifische Kenntnisse und arbeiten dementsprechend etwa für den Kulturteil oder den Wirtschaftsteil. Oder sie sind „All-Round-Journalisten", die von vielem etwas verstehen müssen und zum Beispiel für das Lokale tätig sind. Viele haben ein Volontariat als Ausbildung absolviert, das in der Regel zwei Jahre dauert. Manche haben außerdem Journalistik oder Publizistik studiert. Und eine nicht unbeträchtliche Zahl hat einen Universitätsabschluß. Es gibt aber auch Seiteneinsteiger, die zuerst freijournalistisch tätig waren und dann in eine Redaktion überwechselten. Journalisten wirken in kleinen Lokalblättern und im großen Nachrichtenmagazin, als Auslandskorrespondenten und als Serienschreiber. Kurzum: ein buntgemischtes Völkchen.

Die Legitimation
von Journalisten

Journalistinnen und Journalisten von auswärts etwa, die man nicht kennt sollten sich durch den vom Deutschen Journalistenverband DJV oder von der IG Medien ausgefertigten Presseausweis als Berufsjournalisten legitimieren. Wenn er dann noch durch einen Redaktions- und Verlagsausweis ergänzt wird: um so besser. Bei telefonischen Anfragen von nicht bekannten Journalisten ist im Zweifelsfall der Rückruf in der Redaktion zu empfehlen, wie generell durch einen Anruf bei der Redaktion festgestellt werden kann, ob ein Journalist wirklich im Auftrag recherchiert. Darüber, wer im Zweifel bei einem Presseorgan der verantwortliche persönliche Partner ist gibt im übrigen das Impressum Auskunft. Es enthält die im Sinne des Pressegesetzes „Verantwortlichen". Sie kann man um Auskunft bitten, wenn denn kein Kontakt mit anderen Redaktionsangehörigen besteht.

Hinweise zur Medieneinschätzung

Der praktische Tip

Auflagenhöhe und Streuung der am Ort oder in der näheren Umgebung verbreiteten Zeitung sind wichtige Daten für die Bedeutungseinschätzung des einzelnen Publikationsorgans, denn schließlich ist es wichtig zu wissen, wieviele Menschen durch einen kommunalpolitischen Kommentar oder einen Lokalbericht jeweils erreicht werden. Und bei der Auswahl eines Interviewpartners oder einer Zeitung für die Veröffentlichung eines „Namensartikels" des Bürgermeisters wird man ja nicht das Blatt mit der kleinsten Leserzahl auswählen wollen. Ähnliches gilt für die regional wichtigen Fernseh- und Hörfunksender. Auch hier empfiehlt es sich, die Hörer- und Zuschauerfrequenzen zu kennen und soweit notwendig in der eigenen Pressearbeit mit zu berücksichtigen. Zum Beispiel wird es ja bei der Zusage für eine Hörfunkdiskussion durchaus eine Rolle spielen, ob die entsprechende Sendung nur eine Hörerzahl von vier Prozent erreicht oder wegen des Sendetermins und des Charakters der Gesamtsendung eine sehr große Hörerschaft anspricht. Ergebnisse von Hörer- und Zuschauerbefragungen zumindest bei den Sendern im engeren Bereich der Stadt können hier wichtige Hinweise geben.

In solche Wirkungsanalysen empfiehlt es sich, weitere vorhandene statistische Daten mit einzubeziehen. So ist es etwa nicht unwichtig zu wissen, wieviel Personen auf einen Haushalt in der eigenen Stadt entfallen. Denn von daher bestimmt sich mit die Zahl der durch jeweils ein Fernsehgerät oder eine Zeitung ansprechbaren Bürgerinnen und Bürger.

Grundsätzlich gilt die Regel, daß in ländlichen Gebieten die Zahl der Mitglieder eines Haushaltes größer ist als in den Städten. In den städtischen Metropolen schließlich ist die durchschnittliche Haushaltsgröße wiederum noch kleiner als in den Klein- und Mittelstädten. Es werden also auf dem Lande mehr Menschen mit einem Fernsehgerät oder einer Abonnementszeitung erreicht als in der Stadt.

Setzt man nun in der eigenen Kommune die Zahl der Fernsehgeräte in Korrelation zur Haushaltsgröße und zur Zahl der Haushalte so erhält man Auskunft über die Anzahl der durch Fernsehen und Abonnementszeitung erreichbaren Menschen. Wobei zu berücksichtigen ist, daß es im einzelnen Fall bei Zeitungen auch Doppelbezug geben kann.

Die Grundkenntnisse der Strukturen und Verbreitungszahlen der Medien helfen also bei der Einschätzung der Wirkung von Veröffentlichungen. Wobei natürlich nicht nur die Quantität, also die Zahl der „Konsumenten" eine Rolle spielt, sondern auch die „Qualität" der Leser, Hörer und Zuschauer. Ein Nachrichtenmagazin mag in der eigenen Stadt eine nur vergleichsweise geringe Leserschaft haben. Wenn diese aber wichtige Opinion Leader, Menschen mit Einfluß auf die Meinungsbildung also umfaßt und zudem das Magazin fleißig in der Presse zitiert wird geht die Wirkung weit über die bloße Leserzahl hinaus. Und ähnlich kann es auch mit manchen Hörfunk- und Fernsehsendungen sein, die einen zwar kleinen aber doch sehr wichtigen Kreis ansprechen.

Die Presseliste

Der praktische Tip

Eine wichtige Grundinformation über die Presse ist die auf eine bestimmte Stadt bezogene mehr oder weniger umfangreiche Presseliste. Sie sollte möglichst in jeder Stadt den Kommunalpolitikern und der Verwaltung zur Verfügung stehen und ist Grundlage der Arbeit einer Pressestelle selbst. Darüber hinaus aber wird sie auch Dritten wie etwa Verbänden, Behörden, Unternehmen nützlich sein, die sich über die Möglichkeiten des Kontaktes zur Presse in der Stadt informieren wollen.

Die Presseliste umfaßt Journalistinnen und Journalisten sowie Redaktionen unter besonderer Berücksichtigung der lokalen und regionalen Bedeutung. Die Untergliederung in mehrere Listen kann bei einem großen Einzugsgebiet oder einer breiten ortsansässigen Presse notwendig sein, die Übersichtlichkeit erhöhen und die gezielte Weitergabe verbessern. Solche Unterteilungen können nach den Hauptarbeitsgebieten der Journalistinnen und Journalisten erfolgen, sie können aber auch nach der Zugehörigkeit zur ortsansässigen lokalen Presse oder der Berichterstattung für auswärtige Zeitungen unterschieden werden. Die Gliederung sollte den örtlichen Gegebenheiten und dem Umfang der für die Pressearbeit interessanten Presseorgane, Redaktionen und Journalisten entsprechen. In großen Städten etwa sind Untergliederungen bis hin zur Gruppe von Wirtschaftsjournalisten, Kulturjournalisten, Fachjournalisten und Sportjournalisten sicher unbedingte Notwendigkeit.

Die Presseliste hilft, einen Überblick über die Presse in einem bestimmten Raum mit einiger Verbindlichkeit als Arbeitsgrundlage zu schaffen. Da es keine formelle Akkreditierung bei einer Stadt für den Journalisten gibt, empfiehlt es sich, die Aufnahme in die Presseliste, genauso wie übrigens die Aufnahme in einen Presseverteiler, von einem Anschreiben der zuständigen Redaktion an die amtliche städtische Pressestelle abhängig zu machen. Denn: nicht jeder, der sich als Journalist ausgibt, ist auch tatsächlich einer.

Ähnlich wie die Aufnahme in die Presseliste sollte auch deren Weitergabe an Dritte nicht unkontrolliert erfolgen. Handelt es sich nicht um Behörden oder um politische Institutionen, die einem geläufig und bekannt sind, so sollte auch hier die schriftliche Aufforderung mit Begründung erbeten werden. Besonders groß ist die Möglichkeit eines Mißbrauchs bei der Weitergabe an kommerzielle Unternehmen. Während die Presseliste als Unterlage für die Ausrichtung einer Pressekonferenz durch eine private Firma selbstverständlich zur Verfügung gestellt werden kann, ist es mehr als problematisch, wenn sie an Unternehmungen gegeben wird, die sie dazu nutzen, um ständig mit Werbesendungen an die Presse heranzutreten. Grundsätzlich also sollte die Presseliste nur im Zusammenhang mit direkter Pressearbeit weitergegeben werden.

Mit Journalisten kommunizieren

Begegnung jenseits des Alltagsgeschäftes

Neben der notwendigen alltäglichen Kommunikation zwischen dem Kommunalpolitiker und dem Journalisten bei der Übermittlung von Informationen, in der Beantwortung von Fragen, über die Meinungsäußerung und natürlich auch auf den repräsentativen und anderen öffentlichen Veranstaltungen spielt eine wichtige Rolle auch der persönliche menschliche Kontakt. Wer sich so oft in der öffentlichen Arena gegenübersteht und zudem auch wichtig ist für die politische oder publizistische Karriere des jeweils anderen braucht eine Begegnung jenseits des Alltagsgeschäftes von Informationserteilung und Informationsverbreitung. Wobei auch hier durchaus Gespräche über die gemeinsam interessierenden Fragen nicht nur erlaubt sondern sogar erwünscht sind.

Im großen oder kleineren Kreis

In den Großstädten ist die Zahl der Journalistinnen und Journalisten oft so groß, daß eine individuelle Einzelkommunikation kaum möglich ist. Auch gibt es in ihnen spezialisierte journalistische Gruppen, die jeweils in ihrer Besonderheit anzusprechen sind. Und schließlich sind auch die Kommunikatoren auf Seiten der Stadt zahlreicher und aufgabendifferenzierter als in der kleineren Kommune. Die Presseessen, Pressegespräche und Pressezusammenkünfte mit überwiegendem Kommunikationsziel haben also ihre besondere Bedeutung für das Kennenlernen und gegenseitige Verstehen in der größeren Stadt. Aber auch in kleineren Städten können solche Treffen wirksam genutzt werden. Die Party ist hier eben kleiner und wenn es keinen Schwarm von Kulturjournalisten einzuladen gilt wird das gemeinsame Essen mit dem einzigen Feuilletonjournalisten oder der Theaterkritikerin dennoch genauso wichtig sein. Auf die jeweiligen Verhältnisse zugeschnitten und umgesetzt gilt also: es lohnt sich, Journalistinnen und Journalisten jenseits des Arbeitsalltags einzuladen, mit ihnen zu sprechen, sie in ihrer Besonderheit einzubeziehen und ihnen auf geselliger und gesellschaftlicher Ebene zu begegnen. Einige Anregungen mögen verdeutlichen, in welche Richtung eine derartige Kommunikationsarbeit zielt.

Presseessen mit dem Bürgermeister

Der neu in sein Amt eingeführte Bürgermeister oder Oberbürgermeister sollte nicht nur auf einer Pressekonferenz sich den Journalistinnen und Journalisten vorstellen und seine Ziele erläutern. Unabhängig davon empfiehlt es sich, die wichtigsten Vertreter der lokalen Presse auch zu einem ganz persönlichen „Einstandsessen" einzuladen. Und wenn es möglich ist von den räumlichen und anderen Voraussetzungen her mag dieses Essen am besten bei ihm „zu Hause" stattfinden. Die Pressegäste werden sich dadurch nicht nur geehrt, sondern persönlich und privat einbezogen fühlen.

Einen gleichen ausgewählten Kreis der Presse lädt der Chef der Stadtregierung auch jährlich zu einem Presseessen ein. Am besten, wenn das Jahr zur Neige geht oder das neue Jahr gerade begonnen hat, denn das ist ein guter Ansatz für allgemeine Betrachtungen, einen persönlichen Rückblick und Ausblick sowie einen Dank für die publizistische Begleitung verbunden mit der Hoffnung auf weitere gute Zusammenarbeit. Ein kleines Jahrespräsent kann bei diesem Anlaß außerdem überreicht werden.

Entweder sollte dieses „persönliche Treffen" mit den Journalisten jeweils in dem gleichen besonders geeigneten Lokal oder im Hause des Bürgermeisters stattfinden oder aber als eine „Rundtour" mit jährlichem Wechsel durch die herausragenden gastronomischen Betriebe. Und nicht vergessen: nach dem eigentlichen Essen sollte der Gastgeber von Tisch zu Tisch wechseln und mit möglichst so allen Journalistinnen und Journalisten ein paar Worte sprechen.

Die Presseparty der Stadt

Einen mehr gesellschaftlichen Charakter hat die Presseparty, zu der die Stadt die ortsansässigen Journalisten bittet, mit denen sie ständig zu tun hat. Hier werden die Journalistinnen und Journalisten mit ihren Partnern und Partnerinnen eingeladen. Und für die Stadt sind nicht nur die eigentliche Stadtspitze sondern auch die Leute von der Pressestelle, die wichtigsten Amtsleiter usw. nebst ihren Partnerinnen und Partnern mit dabei. Denn auf der Presseparty sollen sich Presse und Stadtverwaltung insgesamt begegnen und miteinander jenseits des Alltagsgeschäfts der Pressearbeit und der Verwaltungsarbeit zusammensein.

Die Sommerparty draußen im Freien mit einem entsprechenden Buffett und einer abendlichen Illumination ist besonders geeignet, wobei durch ein Zelt oder vorhandene Räumlichkeiten für ein Ausweichen bei Regen gesorgt ist. Der Bürgermeister begrüßt die Gäste und zur Unterhaltung spielt eine kleine Band auf. Nicht zu laut und nicht unentwegt, denn die Gäste sollen ja kommunizieren und das heißt miteinander reden. Wo irgend möglich sollte eine solche Presseparty am geeigneten „städtischen" Ort stattfinden, etwa in einem Museumspark oder im Rathaushof. Aber natürlich bieten sich auch andere attraktive Plätze und Bauten an. Eines aber sollte beachtet werden: die Zahl der städtischen Teilnehmer sollte die der Pressegäste nicht überschreiten.

Im Gespräch mit den Pressebossen

Der persönliche Kontakt mit den regelmäßig über die Stadt berichtenden Journalistinnen und Journalisten ist wichtig. Nicht minder bedeutend ist aber auch die

Kommuinikation mit den für Zeitung, Rundfunk und Fernsehen verantwortlichen Leuten. Sie informieren zwar in der Regel nicht selbst als Journalisten über die aktuellen Ereignisse und man begegnet ihnen auch nur selten auf Pressekonferenzen und Presseveranstaltungen. Letztlich aber wirken sie auf Berichterstattung und Kommentierung mit ein. Gemeint sind die Herausgeber, Intendanten, Chefredakteure und Programmdirektoren.

In der kleineren Stadt wird das individuelle Gespräch mit dem Chefredakteur und Herausgeber des Lokalblattes ausreichend sein. In größeren Gemeinden aber ist die Einladung des bereits umfangreicheren Kreises zu einem Essen mit Hintergrundgespräch durch den Repräsentanten der Stadt sinnvoll. Das Gespräch kann auch unter ein bestimmtes Thema gestellt werden. Es dient im übrigen der Abklärung grundsätzlicher Haltungen von Medien und Stadt und nicht etwa der Detailinformation. Voraussetzung ist nicht, daß eine Zeitung in der eigenen Stadt erscheinen muß oder ein Sender dort seine Zentrale hat. Auch die „Chefs" der Presseorgane, die woanders ihren Sitz haben aber wesentlich in der eigenen Kommune verbreitet sind, sind an einem derartigen Kontakt jenseits des Tagesgeschäfts interessiert, bei dem sie Kritisches und Informatives über die Redaktionsarbeit und die Berichterstattung „vertraulich" erfahren. Grundsätzlich sollte dieser Kreis klein gehalten sein und in regelmäßigen Abständen etwa von einem Jahr eingeladen werden.

Gerade diese Gruppe der Verleger, Herausgeber und Intendanten, Chefredakteure und Ressortchefs sowie anderer herausragender Medienvertreter sollte auch zu allen bedeutenden kulturellen und gesellschaftlichen Veranstaltungen eingeladen werden als Teil der „städtischen Prominenz". Und dies ganz unabhängig davon, wer die Berichterstattung dann wahrnimmt. Merke: Die Leute in den Chefetagen der Zeitungen, Agenturen und Sender wissen es durchaus zu schätzen, wenn sie um ihrer selbst willen dazugebeten werden und gerade jene, die nicht berichten sondern über das zu Berichtende entscheiden werden oft übersehen, sind aber besonders wichtig.

Treffen mit Pressereferenten und PR-Leuten

Pressereferenten und PR-Mitarbeiter gibt es nicht nur in den Stadtverwaltungen. Verbände und Unternehmen, Behörden und Institutionen haben ebenfalls ihre Pressestellen und Öffentlichkeitsarbeiter. Die Pressestelle einer Stadt wird immer wieder auf Zusammenarbeit mit ihnen angewiesen sein. Genauso wie auch sie die Hilfe der Stadt oft benötigen. Zudem transportieren Unternehmen in ihrer Werbe- und Informationsarbeit auch ihren Firmensitz, also die Stadt, mit nach draußen. Und schließlich sind miteinander abgestimmte gemeinsame werbende Aktivitäten denkbar.

Dieser also für kommunale Öffentlichkeitsarbeit wichtige Kreis wird ähnlich wie die bereits aufgeführten Gruppen zu einem Treffen mit der Stadtspitze eingeladen. Ein kurzes einführendes Referat zu einem aktuellen Thema der Öffentlichkeitsarbeit und der Zusammenarbeit eröffnet das Treffen. Bei einem anschließenden gemeinsamen Essen ist dann Gelegenheit zum Meinungs- und Erfahrungsaustausch zwischen den Vertretern der Stadt und den Leitern der Presse- und Werbestellen gegeben.

Kleinere und mittlere Städte sollten ebenfalls auf diese Möglichkeit nicht verzichten. Hier mag sich empfehlen, auch die entsprechenden Pressereferenten und PR-Leute aus dem Bereich des Landkreises oder des Umlandes einmal einzuladen, wenn dorthin eine besondere Bindung besteht oder gesucht wird.

Im übrigen sollte ein derartiges Treffen durchaus gerade in den kleineren und mittleren Städten auch einmal für andere Gruppen von Presse- und Öffentlichkeitsarbeitern stattfinden. Eine Einladung zum Gespräch mit anschließendem Zusammensein an die Presse- und Werbereferenten etwa der Sportvereine oder kulturellen Einrichtungen usw. mag für die Selbstdarstellung einer Stadt nützlich sein, ergeben sich doch daraus weiterdauernde Kontakte und womöglich Chancen für eine positivere Stadtdarstellung in diesem Bereich.

Kontaktaufnahme
mit den „Spezialjournalisten"

Auch in der Presse gibt es thematische Abgrenzungen und dementsprechend spezialisierte Journalisten. Der Lokaljournalist muß sicher von allem etwas in seine Arbeit einbringen. Aber selbst in diesem Bereich leisten sich zumindest größere Zeitungen Mitarbeiter, die sich ganz besonders der lokalen Kulturereignisse annehmen. Nicht nur sie, sondern auch die Mitarbeiterinnen und Mitarbeiter der Feuilletonredaktionen oder wenn das zuviel sind nur ihre „Chefs" einmal zu einem Gespräch im kleinen Kreis mit anschließendem Essen einzuladen kann für beide Seiten ertragreich sein. Natürlich wird neben dem Bürgermeister oder Oberbürgermeister auch der Kulturdezernent mit dabei sein und der Leiter des Kulturamtes.

Gleiche Kommunikationstreffen können aus besonderem Anlaß oder regelmäßig mit Sportjournalisten und mit Wirtschaftsjournalisten veranstaltet werden. Nicht als Pressekonferenz, sondern als Mischung von Informationsgespräch und „privatem" Zusammensein. Dabei kommt es nicht darauf an, daß über das Treffen dann in der Presse berichtet wird. Wesentlich ist das nähere persönliche Kennenlernen, der Austausch von Meinungen und das Werben um Verständnis für die Aufgabe des Partners.

Auch hier gibt es Unterschiede je nach Stadtgröße. Aber selbst eine Stadt, die nicht über „eigene" ressortmäßig aufgeteilte journalistische Gruppen verfügt sollte sich überlegen, ob sie nicht die Feuilletonisten, Sportjournalisten und Wirtschaftsberichterstatter aus der andernorts angesiedelten Regional- oder Zentralzeitung einmal einlädt. Denn die sind womöglich an einer solchen direkten Kontaktaufnahme interessiert.

Und in der größeren Stadt können solche kommunikativen Treffen auch noch für andere journalistische Gruppen angeboten werden. Etwa den Leitern und Mitarbeitern von Stadtteilzeitungen, den Redakteuren der vielen Anzeigenblätter oder auch, wo es das gibt, den Journalisten von Zeitungen und Sendungen für ausländische Bürger. Allein schon, daß ihnen allen eine Stadt Bedeutung schenkt und die Stadtspitze mit ihnen das direkte Gespräch sucht hat eine positive Wirkung. Der Bürgermeister oder Oberbürgermeister, der sie im kleinen Kreis bewirtet, gewinnt gewiß an Sympathie.

Pressegäste von draußen

Die eigene Stadt anschaulich und erlebbar auch der auswärtigen Presse zu präsentieren kann sich durchaus lohnen. Und wenn sich der Pressebesuch nicht direkt in konkreter Berichterstattung niederschlägt wird zumindest Verständnis und Sympathie für die besuchte Stadt geweckt und der Einstieg in künftige Themen sachkundiger und informierter erfolgen.

Die Einladung und Betreuung eines eingeladenen einzelnen „fremden" Journalisten oder auch die Hilfe bei einem Journalistenbesuch aus Eigeninitiative sind selbstverständliche Aufgabe der städtischen Pressearbeit. Darüber hinaus aber sollte eine Stadt auch fest umrissene Journalistengruppen einladen. Etwa Reisejournalisten zur Präsentation eines neuen Tourismusprogramms oder Kulturjournalisten zur Vorstellung der bevorstehenden Festspielsaison oder Sportchefs aus Anlaß der Eröffnung des großen neuen Stadions. Natürlich muß bei weiter Anreise für eine attraktive Übernachtungsmöglichkeit gesorgt werden und auch sonst sollten diese Journalisten wie liebe wichtige Gäste behandelt werden.

Einladung an die Landespressekonferenz

Wenig berücksichtigt werden bisher selbstorganisierte Journalistenzusammenschlüsse. So etwa ist es für eine Stadt, ob groß oder klein, durchaus interessant, einmal die Landespressekonferenz einzuladen. Ein aktuelles und die Landespolitik betreffendes Thema kann im Mittelpunkt stehen. Und überhaupt ist es möglich, den sonst ja mehr mit den Angelegenheiten der höheren Landespolitik befaßten Journalisten auch einmal die Problematik einer von den dortigen Entscheidungen betroffenen Kommune zu verdeutlichen. Neben dem „Arbeitstreffen" ist ein offizieller Empfang der Landespressekonferenz im Rathaus, ein festliches Diner und eine informative Rundfahrt oder ein Rundgang vorzusehen. Termin, Themen und Ablauf sollten mit dem Vorsitzenden der Landespressekonferenz rechtzeitig abgesprochen werden.

Eine ganz große Stadt sollte vielleicht auch einmal die Bundespressekonferenz einladen. Natürlich zu einem Thema, das die Bonner Journalisten interessiert und das einen Bezug zur Bundesrepublik hat. Die kleinere Stadt wiederum kann einmal die Journalisten aus der Kreisstadt zu Besuch haben, die über die Kreispolitik berichten. Freilich nur dann, wenn sie nicht ständig sowieso sich in der eigenen

Stadt umtun. Und die größeren Zentren wieder tun gut daran, die Umlandpresse nicht zu vernachlässigen. Daß sie eine besondere Gruppe im Presseverteiler sind ist klar. Sie sollten aber auch einmal zu einem Pressebesuch eingeladen werden mit dem Ziel, Verständnis für die Situation und die Leistungen der Zentralstadt zu wecken.

Mit den besten Wünschen Ihr…

Auch Journalistinnen und Journalisten haben ihre eher persönlichen Ereignisse, die mit dem Beruf in keinem oder nur in indirektem Zusammenhang stehen. Will eine Stadt über den beruflichen Kontakt hinaus mit ihnen kommunizieren sollten gerade diese privaten oder inoffiziellen Anlässe beachtet werden. So etwa kann der Bürgermeister einem ausgewählten Kreis von wichtigen Journalisten jeweils zum Geburtstag mit einem Schreiben gratulieren und als Präsent ein Buch über die Stadt oder etwas ähnliches beifügen. Zum 50. Geburtstag mag sogar ein Besuch auf der kleinen Feier in der Redaktion angebracht sein, wenn der Pressevertreter besonders wichtig und sympathisch ist.

Ähnlich können Arbeitsjubiläen, Ehrungen durch Dritte und weitere Anlässe zu einem Glückwunsch genutzt werden. Und auch das Ausscheiden eines Journalisten wird in einem Schreiben gewürdigt, das dann zudem als Pressemeldung herausgehen kann. Mit dem Neuanfänger in der Kommunalberichterstattung wird der persönliche Kontakt in einem extra abgesprochenen Treffen gesucht. Aber auch ein paar Zeilen mit dem Wunsch nach guter Zusammenarbeit und mit der Versicherung, soweit möglich stets hilfreich zu sein machen bei dem frisch eingestellten Lokalchef des Regionalblattes einen guten Eindruck. Daß der Tod eines langjährig im Lokalbereich tätigen Journalisten beachtet und der Verstorbene sowohl mit einem Schreiben an die Angehörigen als auch durch einen Brief an den Zeitungsherausgeber gewürdigt wird ist wohl eine Selbstverständlichkeit.

Schließlich sollte auch bei Ehrungen die Presse nicht übergangen werden. Es gibt ja viele städtische Preise und Auszeichnungen für Verdienste um die Heimatstadt. Der Reporter wird sich freuen, wenn eine Kollegin oder ein Kollege oder womöglich er selbst damit bedacht wird. Und der Vorschlag für eine Ehrung auf Landesebene oder für die Verleihung des Bundesverdienstkreuzes kann ein weiterer Beitrag eines Stadtchefs für eine Würdigung der wichtigen öffentlichen Rolle der Presse sein. Die Presse wird's zu schätzen wissen.

Stadt und Presse im Konflikt

**Das Verhältnis
von Stadt zur Presse
ist nicht
immer ungetrübt**

Das Verhältnis von Presse und Stadtregierung sowie Stadtverwaltung ist nicht immer ungetrübt. Da haben die Zeitungen und Journalisten andere Meinungen und Tendenzen als die kommunalpolitisch Verantwortlichen, da schleichen sich Mißverständnisse ein und da gibt es auch Berichte, die nicht so ganz den Tatsachen entsprechen oder die schlicht etwas Falsches behaupten. Vieles davon ist sicher ungewollt oder beruht auf Fehlinformationen. Im einzelnen aber wird die Pressefreiheit auch einmal bewußt mißbraucht. Die Rügen des Deutschen Presserates gegenüber Presseorganen wegen falscher Berichterstattung mögen dafür als Beleg dienen.

Nicht immer also werden die hehren publizistischen Grundsätze durch die Presse auch eingehalten. Bevor man sich allerdings wegen unzureichender, ungenauer oder sogar falscher Berichterstattung in eine ernste und dauernde Auseinandersetzung mit der Presse begibt, sollte man ausreichend prüfen, ob sich die ganze Sache lohnt. Denn oft ist es klüger, auf eine Korrektur überhaupt zu verzichten. Was heute noch aktuell ist, wird morgen schon vergessen sein. Und eine Klarstellung wird vom Leser oft nicht mehr mit dem vor Tagen erschienenen inkriminierten Bericht in Verbindung gebracht. Kommt man, etwa bei einer eindeutig falschen Berichterstattung über ein Ereignis von kommunalpolitischer Bedeutung oder bei einer vollkommen einseitigen Darstellung bestimmter Standpunkte, aber zu dem Schluß, daß eine Richtigstellung erfolgen muß, so ist die Art und Weise des eigenen Vorgehens genau zu überlegen.

**Es gibt
viele Möglichkeiten
der Korrektur**

Zwischen Schweigen und dem Verlangen nach einer Gegendarstellung liegt eine ganze Reihe von Möglichkeiten, falsche Darstellungen zu korrigieren oder auf Kritik zu antworten. Entscheidend für diese Wege im Vorfeld rechtlicher Auseinandersetzungen wird das Verhältnis zur jeweiligen Zeitung und die Berechtigung des eigenen Anspruchs sein. Bei einigermaßen einsichtigen Gründen werden zumindest die lokalen Zeitungen dazu bereit sein, eine Korrektur oder Ergänzung vorzunehmen. Etwas anders sieht die Sache bei fremden Zeitungen, die ihr Verbreitungsgebiet nicht im eigenen Raum haben, aus. Da in diesem Fall keine kontinuierliche Zusammenarbeit gegeben ist – die von keiner Seite aus gern grundsätzlich in Frage gestellt wird – entfällt der Anreiz für ein „Gentlemen's

Agreement". Hier bleibt manchmal als einziger Weg – natürlich nur wenn der Anlaß gewichtig genug ist – die nach dem Presserecht mögliche Gegendarstellung.

Die wichtigsten Möglichkeiten, eine falsche Berichterstattung zu korrigieren, seien hier kurz wiedergegeben:

- **Die Selbstberichtigung**

In einem eigenen neuen Artikel korrigiert sich die Zeitung selbst. Für die Zeitung liegt der Vorteil dieses Verfahrens darin, nicht zu einer Korrektur von außen gezwungen zu werden und dadurch womöglich an Glaubwürdigkeit einzubüßen. Außerdem kann diese Selbstkorrektur in der der Zeitung geeignet erscheinenden Form selbst verfaßt werden.

- **Die abgesprochene Richtigstellung**

Ohne sich erst durch den Gegendarstellungsanspruch rechtlich dazu zwingen zu lassen veröffentlicht die Zeitung eine von der betroffenen Institution, also der Behörde, dem Magistrat, dem Rat usw. oder der betroffenen Person verfaßte Richtigstellung. Diese Richtigstellung sollte vorher mit der Zeitung abgesprochen werden, damit einige Garantie für den unkommentierten und unveränderten Abdruck gegeben ist. Eine Übereinstimmung zwischen Presseorgan und Betroffenen ist auch darüber nötig, daß sich an die Richtigstellung nicht erneute weitere Kommentierungen und Auseinandersetzungen anknüpfen.

- **Der Leserbrief**

In vielen Fällen, vor allem auch dann, wenn eine Redaktion lediglich die – falschen – Informationen Dritter weitergegeben hat, genügt sicher ein entsprechender Leserbrief. Auch hier sollte vorher mit der Zeitung Übereinstimmung über den umgehenden Abdruck dieser Stellungnahme in Form eines „Leserbriefes" hergestellt werden.

- **Ein neuer Bericht**

Handelt es sich um weniger gewichtige Fehlleistungen in der journalistischen Arbeit, die zudem auf mangelhafte Information zurückzuführen sind, so kann häufig ein zweiter Artikel zum gleichen Thema vollauf den Zweck einer neuen richtigen Unterrichtung des Lesers erfüllen, in dem auf die vorherige fehlerhafte Darstellung nicht mehr Bezug genommen wird. Eine solche „Regelung" wird von der Zeitung recht gern gesehen, weil sie sich die Selbstkorrektur ersparen kann und dennoch der Fehler ausgeräumt wird.

- **Die Gegendarstellung**

Alle Landespressegesetze sehen die Möglichkeit einer Gegendarstellung vor. In diesem Fall ist das Presseorgan verpflichtet, den Wortlaut der Gegendarstellung des Betroffenen abzudrucken. Für die Gegendarstellung müssen einige Voraussetzungen inhaltlicher und formaler Art gegeben sein. Sie werden an anderer Stelle erläutert. Grundsätzlich sollte die Gegendarstellung nur im äußersten Notfall, wenn kein anderer Weg gefunden wird, den Schaden auszuräumen, in Anspruch genommen werden.

– **Der Widerruf**

Von der Gegendarstellung zu unterscheiden ist der Widerruf. Wird ein Presseorgan zum Widerruf einer falschen Meldung durch ein Gericht verurteilt, so muß das Presseorgan den Widerruf selbst formulieren und zum Ausdruck bringen. Der Widerruf ist der Endpunkt einer meist lang dauernden harten gerichtlichen Auseinandersetzung und so kaum im Zusammenhang mit der täglichen Pressearbeit zu sehen.

– **Rüge des Presserates**

Zu erwähnen ist schließlich noch die Möglichkeit, sich an den Deutschen Presserat zu wenden. Diese Einrichtung der Selbstkontrolle der Presse spricht bei gravierenden Verstößen gegen die journalistische Ethik eine Rüge aus, die dann auch entsprechend an die Öffentlichkeit geht. Zumindest in der Presse selbst und unter den Journalisten wird eine solche Rüge des Presserates sehr ernst genommen. Allerdings sollte man dieses Organ nur in wirklich bedeutenden Fällen des Mißbrauchs von zudem allgemeiner Bedeutung anrufen.

Die Möglichkeiten einer Berichtigung sind der Gegendarstellung vorzuziehen

Das Gegendarstellungsrecht als die stärkste Form einer Korrektur soll nicht nur dem Betroffenen – sei es eine Person oder eine Behörde – die Möglichkeit zu einer Richtigstellung geben. Es dient vielmehr, ähnlich wie die in den Pressegesetzen festgelegte öffentliche Aufgabe der Presse, einem berechtigten Interesse der Allgemeinheit dadurch, daß auch die andere Seite zu Wort kommt und sich somit der Leser ein ausgewogenes Urteil bilden kann. Es gibt aber, wie bereits erwähnt, die verschiedensten anderen unkomplizierten Möglichkeiten, in der Presse womöglich eine Korrektur eindeutig falscher Informationen zu erreichen.

Diese Chancen einer Richtigstellung über Leserbrief, einen neuen Artikel, eine veröffentlichte Stellungnahme etwa sind der Gegendarstellung auch aus einem anderen Grunde vorzuziehen. Die Redaktion muß zwar eine Gegendarstellung unverändert abdrucken oder in Funk und Fernsehen verlesen, sie kann sie aber mit einem „Schwanz", also einer eigenen Stellungnahme versehen. Und die sieht dann oft so aus, daß die Redaktion erklärt, sie bleibe bei ihren Feststellungen und diese dann noch einmal wiederholt. Womit die Gegendarstellung konterkariert und in ihrer Öffentlichkeitswirkung erheblich gemindert wird. Die Gegendarstellung kann also nur ein seltenes und ganz besonderes Mittel sein, dessen man sich lediglich in wirklich gravierenden Fällen bedienen sollte.

Die Gegendarstellung

Der praktische Tip

Zu einer Gegendarstellung berechtigt sind einzelne natürliche Personen, Personenvereinigungen wie etwa Gesellschaften des bürgerlichen Rechts und Handelsrechts, Stiftungen, Vereine usw. und schließlich Behörden, Gerichte, Anstalten, gesetzgebende Körperschaften und ähnliche Institutionen. Gegendarstellungen können nicht nur gegenüber Veröffentlichungen im redaktionellen Teil gefordert werden, sondern auch bei nichtgeschäftlichen Anzeigen, wie etwa Wahlkampfanzeigen. Auch kann ein Gegendarstellungsanspruch nicht nur gegenüber Wortberichten erhoben werden, sondern auch bei Bildern, worunter Fotos, Zeichnungen, Pläne, Skizzen, Tabellen usw. fallen.

Kein Gegendarstellungsanspruch besteht bei wahrheitsgetreuen Berichten über die öffentlichen Sitzungen der gesetzgebenden oder beschließenden Organe des Bundes, der Länder, der Gemeinden und der Gemeindeverbände sowie der Gerichte. Dabei ist hier unter wahrheitsgetreu nicht etwa wortgetreu zu verstehen, sondern lediglich die sinngemäße Wiedergabe ohne daß der Bericht in einem wesentlichen Punkt falsch, unvollständig, entstellt oder verzerrt ist.

✓ Die formellen Voraussetzungen einer Gegendarstellung

Bei der Abfassung einer Gegendarstellung muß folgendes beachtet werden:

- Die Gegendarstellung muß in Schriftform erfolgen.
- Die Gegendarstellung muß von dem Betroffenen mit Namensunterschrift unterzeichnet sein. Bei Telegrammen, Fernschreiben oder Telefon muß die Identität mit dem Betroffenen als Einsender feststellbar sein. Das in einem Begleitschreiben geäußerte Abdruckverlangen braucht nicht unbedingt von dem Betroffenen, sondern kann auch von einem Beauftragten – etwa Rechtsanwalt – unterzeichnet sein.
- Bei juristischen Personen des Privatrechts und des öffentlichen Rechts muß die Gegendarstellung von dem jeweiligen gesetzlichen Vertreter unterzeichnet sein.
- Der Adressat der Gegendarstellung braucht nicht unbedingt der verantwortliche Redakteur oder der Verleger sein. Es genügen auch Name oder Firma des Presseunternehmens.
- Der Deutsche Presserat sieht etwa 14 Tage als entsprechende Frist auch für ausreichende Überlegungen und Nachforschungen des Betroffenen an. Die meisten Pressegesetze der Bundesländer setzen als äußerste gesetzliche Frist drei Monate, die für besondere Umstände des Einzelfalls gilt.
- Der rechtzeitige Zugang der Gegendarstellung, dessen Zeitpunkt auch für den Ablauf der Frist entscheidend ist, muß durch den Betroffenen sichergestellt werden. Es empfiehlt sich deshalb Übersendung durch Boten oder per Eil-Einschreiben.

Soweit in Kürze die äußeren formellen Voraussetzungen. Sie sind deshalb von besonderer Wichtigkeit, weil immer wieder Gegendarstellungen durch Presseorgane wegen formaler Mängel zurückgewiesen werden. Insbesondere, weil überhaupt eine Unterschrift fehlt oder weil es sich nicht um die Unterschrift des Anspruchsberechtigten handelt. Besonders wichtig für Behörden und politische Institutionen ist es immer zu klären, wer im Sinne des Gegendarstellungsrechts der gesetzliche Vertreter und damit der für die jeweilige Institution dann Berechtigte ist. Eine Frage, die bei einem Gegendarstellungsanspruch einer Person, die von der Presseveröffentlichung betroffen ist, nicht auftaucht. Hier ist der Betroffene als Person, gleich ob er Beamter oder Politiker ist, zur Gegendarstellung berechtigt.

Allerdings kann sich als „betroffen" im Sinne des Gesetzes und damit als anspruchsberechtigt nur die Person oder Institution sehen, auf die eine Tatsachenbehauptung sich individuell und erkennbar bezieht. Es kommt dabei nicht darauf an, ob der Betroffene überhaupt erwähnt worden ist. Es muß aus dem beanstandeten Artikel lediglich erkennbar sein, daß sich die Veröffentlichung auf ihn bezieht. Die Anspruchsberechtigung muß nicht nachgewiesen werden, wenn sie aus dem Zusammenhang insgesamt hervorgeht. Wenn mehrere Personen durch eine Veröffentlichung betroffen sind, so hat, wenn eine Gegendarstellung durch eine dieser Personen erfolgt ist, jeder andere der Betroffenen nur mehr einen berechtigten eigenen Anspruch auf eine weitere Gegendarstellung, wenn er neue Tatsachen geltend machen kann.

☑ *Die inhaltlichen Voraussetzungen*

Des weiteren wird die Gegendarstellung durch die folgenden Voraussetzungen inhaltlich eingegrenzt:

- Eine Gegendarstellung ist ausdrücklich auf tatsächliche Angaben zu von der Presse aufgestellten Tatsachenbehauptungen beschränkt. Als Tatsachen anzusehen sind Vorgänge, Zustände oder Eigenschaften, die wahrnehmbar in Erscheinung getreten und dem Beweis zugänglich sind. Dazu kann auch die Darstellung von inneren Vorgängen gehören – etwa die Schilderung von Beweggründen – soweit sie äußerlich in Erscheinung treten. Tatsachen brauchen nicht nur Vergangenheit und Gegenwart betreffen, sie können sich auch auf die Zukunft beziehen, wie zum Beispiel im Falle von Planungsvorhaben. Schließlich kann eine Tatsachenbehauptung auch darin liegen, daß etwas Wesentliches verschwiegen wird und dadurch ein irreführender Eindruck entsteht.

- Ein Gegendarstellungsanspruch besteht auch gegen von der Presse verbreitete Gerüchte tatsächlicher Natur, also gegenüber Tatsachenbehauptungen, die in der entsprechenden Presseveröffentlichung als nicht ausreichend verbürgt bezeichnet oder mit einem Vorbehalt versehen wurden.

- Die beanstandete Tatsachenbehauptung muß von der Presse nicht selbst aufgestellt worden sein. Es besteht ein Gegendarstellungsanspruch gegenüber dem

Pressorgan auch bei der Wiedergabe von Behauptungen Dritter, also etwa der Veröffentlichung entsprechender Meldungen von Nachrichtenagenturen oder auch bei Leserbriefen.
– Eine Gegendarstellung kann nicht in beliebiger Länge verlangt werden, sie muß vielmehr einen angemessenen Umfang haben. Obwohl hier die Landespressegesetze manchmal ein wenig differieren, wird allgemein doch gefordert, daß eine Gegendarstellung nur im Umfang des beanstandeten Teils einer Presseveröffentlichung erfolgen kann. Zusätzlich zu diesem angemessenen Umfang der Gegendarstellung selbst muß dem Betroffenen weiterer Raum für die zur Bezugnahme auf die vorhergehende Presseveröffentlichung – Überschrift, Datum, Ausgabe – und auf eine kurze Wiedergabe der durch ihn beanstandeten Tatsachenbehauptung gegeben werden.

Grundsätzlich bleibt festzustellen, daß es auf die objektive Wahrheit der von der Presse aufgestellten Tatsachenbehauptung ebensowenig ankommt wie auf die objektive Wahrheit der Gegendarstellung.

Über Gegendarstellungsforderungen wird von den Gerichten ohne Beweisaufnahme über den Wahrheitsgehalt entschieden. Lediglich wenn eine Gegendarstellung offensichtliche Unwahrheiten enthält, die allgemein bekannt sind, kann sie wegen mangelnden berechtigten Interesses abgelehnt werden. Natürlich sollte hieraus kein Freibrief für Gegendarstellungen auch in den Fällen, in denen die Presse wahre Tatsachen mitgeteilt hat, abgeleitet werden. Eine Gegendarstellung soll der verantwortungsbewußte Politiker und Verwaltungsmann nur dann erwägen, wenn es sich um eine unbedingt notwendige Korrektur wesentlicher und folgenreicher falscher Behauptungen handelt.

☑ *Verpflichtungen bei der Veröffentlichung*

Für das Presseorgan, von dem nach diesen Grundsätzen eine Gegendarstellung verlangt wird, bestehen bei der Veröffentlichung eine Reihe von Verpflichtungen:

– Die Gegendarstellung muß im gleichen Teil des Presseorgans – also etwa im Lokalteil oder im Feuilleton – abgedruckt werden, in dem der beanstandete Beitrag veröffentlicht wurde. Beim Abdruck ist außerdem eine vor allem der Größe nach gleiche Schrift zu verwenden.

– Die Gegendarstellung muß in der nächstfolgenden, für den Druck noch nicht abgeschlossenen Nummer erfolgen. Abgeschlossen ist eine Nummer mit dem Umbruch oder mit dem Layout.

– Die Redaktion darf nicht eigenmächtig eine Änderung der Gegendarstellung, etwa durch Einschaltung, neue Formulierungen, Hervorhebungen usw., vornehmen, es sei denn, der Einsender hat dies in die Entscheidung der Redaktion gestellt.

– Die Gegendarstellung muß mit dem Namen des Betroffenen veröffentlicht werden.

- Einleitende oder abschließende Bemerkungen zu einer Gegendarstellung sind in der gleichen Nummer nur zulässig, wenn sie keine Wertung und Meinung enthalten und sich lediglich auf tatsächliche Angaben beschränken. Insbesondere ist eine Unterbrechung der Gegendarstellung durch Kommentierung unzulässig.
- Lehnt das Presseorgan die Gegendarstellung ab, weil es der Auffassung ist, daß sie formal und inhaltlich nicht den hier aufgeführten Anforderungen entspricht, so muß die Gegendarstellung dem Betroffenen zurückgeschickt werden.

Mit dieser Ablehnung braucht es nicht sein Bewenden haben, vor allem dann nicht, wenn der Betroffene gute Gründe dafür hat, daß seine Gegendarstellung den rechtlichen Anforderungen durchaus entspricht. Der Gegendarstellungsanspruch kann dann im Verfahren der einstweiligen Verfügung geltend gemacht werden. Der Antrag auf eine einstweilige Verfügung darf nicht schuldhaft verzögert werden. Örtlich zuständig ist das Landgericht, in dessen Bezirk sich der Sitz des Verlagsunternehmens oder seiner Niederlassung, der Wohnsitz des Verlegers oder des verantwortlichen Redakteurs befinden. Weitere Einzelheiten zum Thema Gegendarstellung sind der einschlägigen Literatur zu entnehmen.

Zehn Tips
für eine
offene Pressearbeit

Es gibt Vorurteile zwischen den Partnern Presse und Stadt. Kommunale Pressearbeit wird dies zu berücksichtigen haben. Gegen manche negative Vorstellungen der Öffentlichkeit von Verwaltungshandeln und kommunaler Politik setzt eine offene Pressepolitik der Stadt die Anerkennung der wichtigen Rolle von Presse in einer kommunalen Demokratie. Die folgenden Tips sollen helfen, die Presse in diesem Sinn als ein wesentliches Instrument der öffentlichen Meinungsbildung und als notwendigen Partner einer demokratischen Auseinandersetzung zu akzeptieren.

– Die städtische Pressestelle ist der zentrale Kommunikator zwischen der Stadt und der Presse.

Wo es eine solche Mittlerstelle hin zu den Journalisten und Redaktionen noch nicht gibt sollte sie schleunigst eingerichtet werden. Und in kleineren Städten, die sich eine besondere Pressestelle nicht leisten können, soll ein fähiger und direkt an die Verwaltungs- oder politische Spitze angebundener Mitarbeiter/in diese Aufgabe neben seiner sonstigen Tätigkeit mit wahrnehmen.

– Die geeignete Information der Presse liegt im ureigensten Interesse einer kommunalen Verwaltung und ihrer Spitze.

Für die aktuelle Unterrichtung der Presse genauso wie für die kontinuierlichen Kontakte mit ihr muß eine ausreichende Arbeitskapazität bereitstehen. Die Vorbereitung von Pressematerial, die Erteilung von Presseauskünften und die Kontaktpflege zur Presse sind nicht zweitrangig, sie haben Vorrang vor vielen anderen Aufgaben.

– Der gute Informationsfluß aus der Verwaltung hin zur Pressestelle ist Grundvoraussetzung für eine erfolgreiche Pressearbeit.

Eine Pressestelle darf kein Fremdkörper in der Verwaltung sein, sondern muß mit ihr zusammenarbeiten und in sie hineinwirken. Umgekehrt auch sollen sich die Ämter und Einrichtungen der Stadtverwaltung der Pressestelle bedienen und sie über alle Entwicklungen und Ereignisse in ihrem Bereich auf dem Laufenden halten. Eine schlechte Pressearbeit resultiert oft nicht aus böser Absicht wie etwa der Mißachtung der Presse oder einer Gegnerschaft zu ihr. Sie hat ihre Ursache vielmehr zumeist in der Uninformiertheit über die Bedürfnisse der Presse.

– Für die Presse liegt der Wert einer Information nicht nur in ihrem Gehalt sondern auch in ihrer Aktualität begründet.

Die Nachricht von gestern ist schon oft keine Meldung mehr wert, geschweige denn einen umfangreichen Bericht. „Gut Ding will Weile haben" mag sonst im Verwaltungshandeln ja durchaus manchmal gelten. Bei der Zusammenarbeit mit der Presse aber ist es falsch. Die kommunale Verwaltung und auch jeder Kommunalpolitiker muß sich an das Gesetz der Aktualität als Grundvoraussetzung der Presse gewöhnen.

– Auch sachkundige und mit bestimmten Aufgaben betraute Mitarbeiter sollen der Presse einfache Auskünfte über ihre Arbeit geben.

Nicht immer muß bei einer Frage der Presse die Pressestelle oder der jeweilige Chef eingeschaltet werden. Einfache Sachauskünfte können auch von jedem Mitarbeiter im Rahmen seiner Aufgaben und Kenntnisse gegeben werden. Wenn ein Journalist etwa wissen will, wie hoch die Feuerwehrleiter ist, so kann ihm dies sicher auch der Löschzugführer draußen beim Einsatz beantworten und wenn auf der Straßenbaustelle nach der Breite der künftigen Verbindungsstraße gefragt wird mag dies der sachkundige städtische Bauleiter direkt erklären. Kompliziertere Fragen allerdings müssen vorher mit der Pressestelle abgeklärt oder durch die verantwortlichen Dezernenten, Ratsmitglieder oder Amtsleiter beantwortet werden.

– Die Kenntnis der Presseveröffentlichungen ist für die Mitarbeiterinnen und Mitarbeiter einer Stadtverwaltung von Wichtigkeit.

Alle in Verantwortung für die Stadt tätigen Mitarbeiterinnen und Mitarbeiter und natürlich auch die Mitglieder der „Stadtregierung" sollen sich über die Berichterstattung in den Medien und insbesondere auch über die Medienkritik zu kommunalen Angelegenheiten informieren. Aus einer derartigen Medienbeobachtung ergeben sich Ansatzpunkte für das künftige eigene Handeln, aber auch Grundlagen für eine Reaktion gegenüber der Öffentlichkeit.

– Mitarbeiterinnen und Mitarbeiter, die häufiger mit der Öffentlichkeit zu tun haben, brauchen Grundkenntnisse über den Umgang mit der Presse.

Die Fähigkeit zum mündlichen Formulieren auf eine aktuelle Anfrage ist für diesen Mitarbeiterkreis genauso wichtig wie das Umsetzen fachlich komplizierter Abläufe in allgemeinverständliche Sprache. Aber auch das Mindestwissen über den Partner Presse, also etwa über Redaktionsstrukturen, Arbeitsabläufe in den Medien, Leser-, Hörer- und Zuschauerpotentiale der unterschiedlichen Medien und Zuordnung des nachfragenden Journalisten oder der Journalistin ist wichtig.

– Das Verschweigen unangenehmer Fakten nutzt zumeist nichts oder verstärkt die negativen Reaktionen.

Bekanntermaßen werden schlimme Nachrichten ja oft eher bekannt als gute und sind zudem womöglich auch noch für die Presse interessanter. Es ist deshalb durchaus vernünftiger, solche „bad news", also schlechten Nachrichten, in der geeigneten und selbstgewählten Form der Presse mitzuteilen. Die Verwaltung und die kommunale Spitze gewinnen dadurch sogar an Glaubwürdigkeit, zeigen sie doch, daß sie nichts verbergen wollen. So wird mit dem Negativen noch ein Positives verbunden.

- Eine „schlechte Presse" ist noch lange kein Grund dafür, die weitere Zusammenarbeit mit ihr aufzukündigen.

Pressekommentare oder auch Meldungen mögen einem nicht passen weil sie ungerecht erscheinen oder sogar zum Teil falsch sind. Es ist aber stets besser, sich an der Diskussion darüber zu beteiligen als sich in den Schmollwinkel zurückzuziehen. Richtig ist, die verantwortlichen Journalisten oder die Redaktion über den wahren Sachverhalt zu informieren oder die eigene Meinung dazu mitzuteilen. Und einen gemeinsamen Weg zu finden, um diese Korrektur und Erwiderung entsprechend zu publizieren.

- Die in der Presse veröffentlichten Meinungen oder Tatsachenbehauptungen Dritter sind nicht mit der Zeitung oder dem Sender selbst gleichzusetzen.

Natürlich gibt es auch in der Presse Tendenzen und Richtungen, denen eine Zeitung oder auch ein Sender mehr oder weniger stark zuneigt. Und das kann sich neben den Meinungsartikeln wie Kommentar und Glosse auch auf die „reine" Berichterstattung auswirken. Grundsätzlich aber gilt, daß die Wiedergabe der Meinung oder Behauptung eines Politikers, einer Partei, einer Vereinigung, einer Initiative oder von wem auch immer nicht mit der Meinung der Zeitung selbst gleichgesetzt werden kann. Der eigene Zorn über eine solche Veröffentlichung mag sich also erst einmal auf die zitierte Person oder die zitierte Organisation richten. Und entsprechend auch ist ihm direkt oder über die Presse zu antworten.

*Geschäftsanweisung
für die Unterrichtung
der Presse*

Der praktische Tip

Soll kommunale Pressearbeit zentral und abgestimmt durchgeführt werden ist eine Geschäftsanweisung unbedingt nötig. Sie bindet alle Teile der Verwaltung und regelt die innere Abstimmung sowie Übermittlung nach draußen von Presseinformationen. Hier eine derartige Geschäftsanweisung, die nach den Bedürfnissen der jeweiligen Stadt zu ergänzen, zu kürzen oder zu ändern wäre.

1. Der gesamte ausgehende schriftliche Verkehr der Stadtverwaltung mit der Presse, den Nachrichtenbüros, dem Rundfunk und dem Fernsehen wird durch das Presse- und Informationsamt vermittelt. Soweit ein Dezernent/Ratsmitglied eine schriftliche Stellungnahme an die Presse gibt, ist er gehalten, einen Abdruck an das Presse- und Informationsamt/an die Pressestelle zu geben.

2. Mündliche Auskünfte sind grundsätzlich von den Dezernenten/den Ratsmitgliedern, den von ihnen ermächtigten Amtsleitern/Amtsleiterinnen oder vom Presse- und Informationsamt zu erteilen.

3. Sachauskünfte einfacher Art, insbesondere solche, die bei bestimmten Anlässen erbeten werden, können alle genügend unterrichteten sachkundigen Mitarbeiter/innen geben. Hat ein/e Mitarbeiter/in Zweifel, ob er/sie im Rahmen dieser Ermächtigung eine Auskunft geben darf oder bei Sachauskünften nicht einfacher Art, ist der/die Fragende an den zuständigen Dezernenten/das zuständige Ratsmitglied oder eine/n von diesem/dieser bestimmte/n Mitarbeiter/in oder an die Pressestelle/das Presse- und Informationsamt zu verweisen. Über erteilte Sachauskünfte nicht einfacher Art sind die Dezernenten/Ratsmitglieder von den dazu besonders befugten Mitarbeiterinnen und Mitarbeitern umgehend zu informieren.

4. Das Presse- und Informationsamt ist rechtzeitig, bei aktuellen Anlässen unverzüglich, über alle Ereignisse, Maßnahmen und Entscheidungen, die von Bedeutung für Presse und Öffentlichkeit sein können, zu unterrichten. Im Eilfall kann die Unterrichtung telefonisch erfolgen.

5. Pressekonferenzen werden vom Oberbürgermeister/Bürgermeister und – in Angelegenheiten Ihres Aufgabenbereiches – von den Dezernenten/Ratsmitgliedern abgehalten.

6. Die Pressekonferenzen werden vom Leiter/in des Presse- und Informationsamtes/Leiter/in der Pressestelle geleitet.

7. Vorgesehene Termine und der wesentliche Inhalt von Pressekonferenzen sind rechtzeitig mit dem Presse- und Informationsamt/der Pressestelle abzustimmen.

8. Die Einladungen zu Pressekonferenzen erfolgen durch das Presse- und Informationsamt/die Pressestelle.

9. Schriftliche Unterlagen, die bei Pressekonferenzen ausgegeben werden sollen, werden vom Presse- und Informationsamt/von der Pressestelle im Benehmen mit der Stelle, die sie entworfen hat, überarbeitet oder erstellt und auf der Pressekonferenz verteilt. Die Entwürfe sind rechtzeitig dem Presse- und Informationsamt zuzuleiten. Diese Regelung gilt sinngemäß auch für andere Anlässe, wie Pressebesichtigungen, Einweihungen und dgl.

10. Auskünfte gegenüber der Presse in schwebenden Gerichtsverfahren, in Haftpflichtfällen, Versicherungsangelegenheiten und anderen Rechtsangelegenheiten sollen nur im Einvernehmen mit dem Rechtsamt/der Rechtsstelle erteilt werden.

11. Die Übermittlung personenbezogener Daten an die Presse richtet sich nach den Bestimmungen des Datenschutzes.

IV

Von Stadtimage und Corporate Identity oder Etwas Theorie kann nicht schaden

Wer sind
wir eigentlich?

„Corporate Identity"
oder die Stadtidentität

Es ist garnicht so leicht, eine Stadt oder Landschaft letztendlich für Aufgaben der Öffentlichkeitsarbeit zu definieren. Es wirken die Vorwegurteile ein, historisch gewachsene Zuordnungen spielen eine Rolle und schließlich vor allem auch die Sonderfunktion der Stadt oder die Vielzahl ihrer Funktionen. Alle diese Fixierungen und Einschätzungen fließen in eine „Corporate Identity" ein.

Dieser Begriff bezieht sich auf eine „Unternehmensidentität", die als Voraussetzung für Werbung, Public Relations, Öffentlichkeitsarbeit und Pressearbeit in der wirtschaftlichen Konkurrenz eine Bedeutung hat, soll doch über eine solche positive und verständliche Identität auch das Ansehen des Unternehmens transportiert und das angebotene Produkt letztlich besser verkauft werden. In einem übertragenen Sinne ist eine Corporate Identity aber auch für das „Unternehmen Stadt" wichtig, das ich ja hin zum Bürger und hin zu allen Interessierten „draußen" bestmöglichst anbieten möchte.

Die Umdefinierung
von Stadtidentität
hat ihre Grenzen

Eine solche Corporate Identity als für den Absender und die Adressaten akzeptable Identifikationschance ist notwendige Basis der kommunalen Öffentlichkeitsarbeit. Das „Selbstbild" einer Stadt kann freilich nicht nur von der historischen Prägung oder gegenwärtigen Realität bestimmt werden. Will ich eine zurückgebliebene Industriestadt zu einem regionalen Zentrum im tertiären Bereich, also im Sektor Dienstleistungen entwickeln, darf ich meine Stadtidentität nicht über die „gewachsene" Voraussetzung definieren. Und will ich ein typisches regionales Einkaufszentrum zu einer Attraktion für Wirtschaftsansiedlung machen so kann ich die Stadt zwar auch, aber nicht nur über das geschäftliche Angebot fixieren.

Grundsätzlich gilt, daß starke Akzentuierungen nicht „geleugnet" oder „umdefiniert" werden können. Wolfsburg wird die „Volkswagenstadt" bleiben und Weimar weiter Honig aus der „Goethestadt" saugen. Gegen eine derartige Monoidentität anzugehen ist kaum möglich. Sie sollte aber durch auch andere Facetten soweit irgend möglich ergänzt werden.

Unterschiede zwischen
großer und kleinerer Stadt

Es ist schwer, eine große Stadt auf einen „Nenner" zu bringen. Für ihre Außendarstellung werden eher „Symbole" aus Geschichte und Tradition, die auch in gegenwärtigen Funktionen noch deutlich werden, gute Ansatzpunkte sein etwa in dem Bereich Messe, Handelswege, Kaufmannschaft, Freie Stadt, Internationalität, Börse. Sie lassen sich fast immer mit der heutigen Bedeutung verbinden. In den kleineren Gemeinden mit nur einem herausragenden geschichtlichen Ereignis, ein oder zwei historischen bedeutenden Baudenkmälern, eindeutiger Wirtschaftsstruktur, ortsbezogenem Gemeinschaftsleben, geringer Bevölkerungsfluktuation ist überschaubar das Gemeinwesen bereits in eine bestimmte Richtung gewichtet und leicht erfaßbar.

Für kleine, mittlere und größere Städte gemeinsam allerdings gilt, daß die „Corporate Identity" aus Geschichte, Gegenwart und für die Zukunft anvisierten Zielen immer wieder neu zu definieren und also nicht statisch und stets unveränderbar gültig ist. Wobei nicht nur „objektive" Fakten sondern auch „subjektive" Einschätzungen eine Rolle spielen. Und hier auch sind emotionale Zuwendungen und Ablehnungen, die mit der Wirklichkeit einer bestimmten Stadt wenig oder nichts oft zu tun haben, von Bedeutung. Sie zu kennen und soweit nötig zu ändern ist wichtiger Teil der kommunalen Informationsarbeit.

Der „Zeitgeist" bestimmt die Form der Bürgeransprache mit

Inhalte und Ziele einer auf eine ganz bestimmte Stadt abstellenden Grundidentifikation können im übrigen durch Besonderheiten, durch Exotik, durch Personalisierung – kurzum durch die Heraushebung aus dem „bloß" Alltäglichen – interessanter und ansprechender vermittelt werden als durch bloße Auflistung. Womit eine Stadt sich identifiziert und wie sie dann entsprechend in Selbstdarstellung und Umsetzung handelt hängt weitgehend aber erst einmal von ganz bestimmten Grundtrends ab. Der „Zeitgeist" darf vor allem in der Bürgeransprache nicht unberücksichtigt bleiben. Werbende Akzentuierungen der Stadt haben die sich wandelnden Bedürfnisse und Einschätzungen der Menschen entsprechend zu berücksichtigen, sollen sie erfolgreich sein.

Was nun hat es mit unserem „Zeitgeist" auf sich? Nach 1945 deckte „der Wiederaufbau", gekoppelt mit dem Gefühl „es kann nur besser werden" einen gut Teil der Bedürfnisse der Menschen nach Identifizierung mit der Stadt, in der sie lebten, ab. Von der „Stunde Null" ausgehend, zudem oft als Flüchtlinge nach dem Verlust der „wirklichen" Heimat, waren die Erwartungen gering und erst einmal auf die bloße Sicherung des Lebens und Überlebens reduziert.

Erwartungen an die Stadt in den fünfziger Jahren

Der wirtschaftliche Aufstieg der alten Bundesrepublik änderte die Erwartungen an „die Stadt" in den 50er Jahren bis in die 60er hinein. Der „american way of life" wird beschritten und jeder will nicht nur seinen Kühlschrank sondern auch sein Auto haben. Die Wirtschaft boomt und die ersten Verwaltungshochhäuser werden gebaut. Die Wohnansprüche steigen, Satellitenstädte wachsen an den Stadträndern. Einkaufszentren entstehen und wer „verspätet" nach langer Abwesenheit in seine Heimatstadt zurückkehrt erkennt sie kaum wieder. Weil es sich aber um einen allgemeinen Trend handelt und jeder sein Auto haben und in die Neubausiedlung oder das Eigenheim im Grünen ziehen will, stehen die Bürger fasziniert vor den großen Modellen mehrspuriger Stadtautobahnen mit dreigeschossigen Zubringerschleifen und der Satellitenstadt mit den zwölfgeschossigen Wohnhochhäusern und realisieren garnicht, daß dies alles dicht vor ihrer Haustür passieren wird. Jene Stadtverwaltung, die diesen Zeitgeist am cleversten zu präsentieren und umzusetzen weiß, erhält den größten Beifall.

Geänderte Stadtentwicklung und Stadtpräsentation

Ende der 60er Jahre ist dann die Grenze dieser Art von Wachstum erreicht, kommt der kritische Reflex. Die Negativfolgen werden sichtbar, treffen immer mehr die Bürger selbst. Die Schnellstraße führt vor ihrer Haustür vorbei, und das Verwaltungshochhaus verdunkelt die Wohnung. Bricht dann auch noch Dank der gestiegenen PKW-Zahlen der Autoverkehr zusammen und der Bürger steht im Stau ist das Maß voll.

Dementsprechend auch ändert sich Stadtentwicklung und mit ihr Stadtpräsentation. Fußgängerzonen werden geplant und in den großen Städten U- und S-Bahnen gebaut. An die Stelle der Siedlung auf der grünen Wiese treten Stadterneuerung und Stadtarrondierung. Das Stadtgrün darf nicht mehr in jedem Fall den Verkehrserfordernissen weichen. Dies alles wird Bestandteil einer Öffentlichkeitsarbeit, die die „menschliche Stadt" nach „menschlichem Maß" propagiert. Begleitet auch wird die Kehrtwende von der notwendigen Auseinandersetzung mit einer Vielzahl von Bürgerinitiativen, von der direkten Kommunikation mit Einzelgruppen und einzelnen Bürgern.

Identifikationsbedürfnis mit der Heimat Stadt

Diese Phase hält noch an. Sie wird ergänzt und teilweise bereits überlagert durch eine zunehmende Sinnsuche, durch ein Bedürfnis nach Orientierung gerade im engeren Bereich der Heimatstadt.

1945 ließen viele Menschen zusammen mit der NS-Vergangenheit gleich die ganze Geschichte hinter sich. Und verloren damit wichtige Anknüpfungen an „ihre" Stadt. Es war auch in diesem Sinne der „Punkt Null", an dem etwas ganz Neues zu beginnen hatte auf einem neuen Feld mit neuen Ansätzen und neuen Zielen.

In den Städten scheint heute wieder die Anknüpfung an ein Gestern wichtig zu werden. Das ist wohl nicht nur und vor allem nicht bei allen Menschen ein Stolz auf das Geleistete, sondern auch ein Stück Widerstand gegen eine sich schnell ändernde Welt. Öffentlichkeitsarbeit sollte dieses Identifikationsbedürfnis unterstützen, wirkt es doch stabilisierend auf eine Corporate Identity ein und stärkt zudem die Übereinstimmungs- und Zustimmungsfaktoren der Bürger gegenüber ihrer Stadt. Auch für das Fernbild ist eine solche Anbindung an Vergangenheit nicht zu unterschätzen, nehmen doch gerade Fremde eine Stadt stark unter ihrer historisch gewachsenen Bedeutung wahr und beurteilen sie von daher.

**Freizeit- und Genußwert
der Stadt
wurde wichtig**

Weitere Gesichtspunkte sollten in die Suche nach einer bestimmten Stadtidentität heute mit einbezogen werden neben der Anknüpfung an Geschichte und Kontinuität. Waren die Deutschen früher wohl kaum unter die Gourmets und unter die Genießer zu rechnen, so hat sich hier das Bild zumindest in der Mittel- und Oberschicht gewandelt. Arbeiten ja, aber dann auch genießen ist die Grundhaltung der „Enkel" und „Urenkel" der Wiederaufbaugeneration. Eine Stadt sollte sich deshalb heute auch für Genießer anbieten. Selbstbescheidenheit und Puritanismus sind kaum gefragt, sondern der Lukullus-Tempel, der Spezialitäten-Laden, die Exklusiv-Boutique.

Von diesem Wandel her auch ist der Freizeitwert insgesamt neu zu definieren. Turnvater Jahns karge Sportauffassung der Ertüchtigung reicht nicht mehr aus, es muß in der Werbung auch hier lustbetonter zugehen. Und Kultur als stetige Schwerarbeit ist ebenso nur noch begrenzt gefragt. Anspruchsvoll kann ja schließlich durchaus auch eine mit intellektuellen Pfiff arrangierte Ausstellung sein. Dies gilt für Kataloge und Programmhefte, Plakate und Einladungen in gleicher Weise, die heute immer noch oft stinklangweilig und mit wenig Phantasie gestaltet daherkommen. Dem eher lockeren, frechen, offenen Zeitgeist entsprechen sie nicht.

Alles in allem sollte Öffentlichkeitsarbeit in unserer Zeit die Identität der eigenen Stadt möglichst mit Esprit und Witz ausfüllen. Denn eines sollte das Bild von einer Stadt nicht mehr sein: langweilig, stur, einfarbig. Sondern interessant, abwechselungsreich und bunt. Wie's der Zeitgeist denn nun einmal gerne will.

Welche Rolle spielt das Stadtimage?

Ein Vorstellungsbild mit Wirkung auf das Verhalten der Menschen

Eine Stadt hat ein „gutes Image", eine Stadt hat ein „schlechtes Image", eine Stadt startet eine Imagekampagne, will ihr Image verbessern: Vom „Image" des Gemeinwesens wird viel gesprochen, aber was ist das eigentlich.

Weil das „Stadtimage" für jeden Ansatz von Öffentlichkeitsarbeit durchaus zentrale Bedeutung hat soll hier etwas tiefer auf diesen vielgebrauchten Begriff eingegangen werden. Das Image ist ein „Vorstellungsbild", das Individuen oder auch Gruppen und Gemeinschaften von einer Sache haben. Und es steuert im positiven oder negativen Sinne auch mit das Verhalten der Menschen.

Image gibt also nicht unbedingt die Wirklichkeit wieder. Es ist zum einen der Versuch, über den Verstand eine Sache und bestimmte Gegebenheiten zu erfassen, zu erkennen und wahrzunehmen. Zum anderen baut es auch auf den gefühlsmäßigen Grundlagen von eigenen Bedürfnissen, Motivationen und Wünschen auf. Und das ist ja doch arg subjektiv.

Eine Hilfe um Fremdes einzuschätzen

Für die Menschen ist das Image eine gewisse Hilfe, wenig Bekanntes zuzuordnen und einzuschätzen. Es erspart die mühsame Auseinandersetzung mit einer fremden und oft nicht überschaubaren Wirklichkeit und erleichtert entweder den Zugang zu wenig Bekanntem oder aber auch dessen Ablehnung. Dabei durchläuft ein Image verschiedene Entwicklungsstufen: Zuerst verändert es sich, bis es dann kaum mehr wandelbar und schließlich stereotyp verfestigt ist.

Mischung richtiger und falscher Vorstellungen und Erfahrungen

Die Informationen, auf denen sich das Image aufbaut, können durchaus unterschiedlicher Natur sein. Quellen sind Medien, eigene oft kurze und flüchtige Erfahrungen, Wunschprojektionen und vieles mehr wirken ein. So wird denn die Wirklichkeit einer Stadt durch ihr Image nur teilweise richtig widergespiegelt. Denn ein Image besteht eben aus objektiven und subjektiven, aus „richtigen wahren" und aus häufig auch „falschen" Vorstellungen und Erfahrungen mit dem Meinungsgegenstand. Am verfestigten Image einer Stadt kann sich so ein (Vor-)Urteil bilden, bevor man überhaupt in die Auseinandersetzung mit ihrer Wirklichkeit eintritt.

**Ein Image ist
nur schwer zu ändern**

Es ist nun natürlich nicht leicht, ein solches verfestigtes Image zu verändern. Da es auch eine bereits positiv gewandelte Wirklichkeit einer Stadt überdauern kann sind bei dem Versuch einer Wandlung besondere Anstrengungen nötig. Zum Beispiel werden Städte im Ruhrgebiet noch lange darunter leiden, daß in ihrer Umgebung früher die Fabrikschlote rauchten und der Kohlenstaub sozusagen zum „Imagebestandteil" geworden ist. Und dieses Image wird zumindest in Teilen weiterwirken, selbst wenn es heute jeder Realität entbehrt und dort unten die Kommunen so sauber oder so schmutzig sind wie anderswo auch.

**Langfristig kann
das Image
sich wandeln**

Dennoch, ein Image kann verändert werden. Als ein „mehrdimensionales, verfestigtes System" stellt das Image eine Gesamtheit dar, eine Ganzheit, die mehr ist als die Summe ihrer Teile. Entsprechend auch wirken sich längerfristig durchaus Änderungen von Imagedetails wie etwa eines bestimmten Angebotes, eines Signets, eines Begriffes und der informierende Transport der veränderten Wirklichkeit hin zu den Trägern dieses verfestigten Vorstellungsbildes aus.

Es gilt als gesicherte Erkenntnis in der Werbung, daß genau die gleiche Schokolade bei einem positiven Markenimage dem Konsumenten „besser schmeckt" als wenn sie unter einem anderen Namen angeboten wurde. Entsprechend kann auch die Fremdenverkehrswerbung einer Stadt oder das Bemühen um Wirtschaftsansiedlung bei positivem Image erfolgreicher sein als die Konkurrenzkommune, selbst wenn die objektiven Voraussetzungen voll identisch sein mögen.

Für die Öffentlichkeitsarbeit einer Stadt ist die Kenntnis des Eigenimage eine wichtige Vorbedingung. Zum einen kann aus dieser Kenntnis eine neue Imagekonzeption mit womöglich veränderter Zielorientierung abgeleitet werden. Grundsätzlich aber wird auch zu überlegen sein, ob ein womöglich negativ akzentuiertes Image nicht auch die Inhalte der eigenen kommunalen Arbeit und ihrer Organisation berührt. Imagedefizite können ja sehr häufig nicht nur durch eine andere Öffentlichkeitsarbeit beseitigt werden. Sie bedürfen vielmehr oft auch der Korrektur der Eigenrealität, also der Verstärkung von Aktivitäten in einem ganz bestimmten Bereich von Planung, Kultur, Wirtschaft usw.

**Positivauffüllung
des Gesamtbildes
einer Stadt**

Schließlich auch ist zu berücksichtigen, daß einzelne Teile des Image erst durch die Gesamtheit des Image womöglich eine Negativbedeutung bekommen. Hat eine Kommune etwa das Image einer „Geschäftsstadt" oder einer „Industriegemeinde" so ist das für sich natürlich noch nicht negativ zu bewerten. Wird dies jedoch verbunden mit mangelndem Sinn für Lebensart, Vernachlässigung der Kultur und Abgeschlossenheit gegenüber Außeneinflüssen kann womöglich sich außen das Image einer nüchternen, erwerbsorientierten und unfreundlichen Stadt herausbilden.

Eine Ergänzung, falls notwendig auch in der Wirklichkeit, auf jeden Fall aber in der Außendarstellung um Elemente der Kultur, der sympathischen Lebensart, der Offenheit gegenüber der Außenwelt wäre notwendig. Es hätte wenig Sinn, etwa gegen jene Schwerpunkte allein anzugehen, die das Image draußen einmal bestimmt haben. Die Imageverbesserung ist langfristig nur möglich durch die „Positivauffüllung" des Gesamtbildes.

Um etwas über das „Image" der eigenen Stadt zu erfahren sind nicht unbedingt aufwendige Imageuntersuchungen notwendig. Sie liefern zwar detaillierte und genauere Hinweise auf Ursachen und Einzelbestandteile des eigenen Stadtimages. Das generelle Image allerdings kann man durchaus auch zum Beispiel in der auswärtigen Presse ablesen oder durch sogenannte „Expertenbefragungen" verdeutlichen. Zumindest die Grundtendenzen können dadurch erfaßt werden. Im einzelnen wird dies im Kapitel „Der Meinung auf der Spur" erläutert.

**Eigenidentität
als Ansatz für eine
Imageverbesserung**

So ist es möglich, erste Ansätze für eine Imageverbesserung zu gewinnen. Die Erarbeitung einer „eigenen Identität" erleichtert dabei den Kampf gegen im Image verfestigte Vorurteile und kann als Zielprojektion auf ein neues Image hin sogar identitätsstiftend für die eigene Stadt und die eigene Bürgerschaft sein. Es ist ein häufiger Effekt, daß die „Ingroup", also die Bürgerschaft einer Gemeinde durch ein Negativbild bei der „Outgroup", also aller sozusagen Fremden in der Positivhinwendung zur eigenen Stadt eher bestärkt wird. Es entsteht eine Art Burgmentalität, die die eigene Gemeinde nach außen verteidigt und über Schwächen hinwegsehen läßt.

Diese Burgmentalität kann aber insofern gefährlich sein, als der Kampf gegen „Fehleinschätzungen" von draußen die eigene Wandlung und die positive Ergänzung des Image selbst verhindert. Die Eigenidentifikation der Bürger bei „Angriffen" von draußen ist zwar eine wichtige Möglichkeit zu einer Imageverbesserung insgesamt. Sie darf aber nicht in einem „Abschotten" bestehen, sondern in einer Diskussion dessen, was notwendigerweise zu ändern ist, um das Ansehen der Stadt insgesamt zu verbessern.

Das Image –
ein verhaltenssteuerndes
Vorstellungsbild

- Das Image ist ein „Vorstellungsbild" von Individuen oder Gruppen, das verhaltenssteuernd im sozialen Feld wirkt.

- Das Image einer Stadt erweckt bestimmte positive und negative Erwartungshaltungen. Bei einem positiven Stadtimage zum Beispiel wird die Fremdenverkehrswerbung oder das Bemühen um Wirtschaftsansiedlung erfolgreicher sein.

- Das Image hat eine kognitive Komponente, die auf Erfassen, Erkennen und Wahrnehmen von Gegebenheiten bezogen ist und eine affektive Komponente, die auf den gefühlsmäßigen Grundlagen von Bedürfnissen, Motivationen und Wünschen aufbaut.

- Das Image ist für Individuen und Gruppen eine Hilfe, wenig Bekanntes zuzuordnen und einzuschätzen. Es erspart die mühsame Auseinandersetzung mit einer schwer überschaubaren Wirklichkeit und erleichtert scheinbar den Zugang zu Fremdem oder seine Ablehnung.

- Als ein „mehrdimensionales, verfestigtes System" stellt das Image eine Ganzheit dar, die mehr ist als die Summe ihrer Teile. Entsprechend wirken auch Änderungen von Imagedetails, etwa des Stadtsignets, bestimmter kommunaler Angebote, des Stadtlayouts immer auf das Gesamtimage zurück.

- Ein Image durchläuft verschiedene Entwicklungsstufen von der dynamischen Phase zu einer relativ stereotypen Verfestigung.

- Ein Image spiegelt die Wirklichkeit nur teilweise wieder. Es besteht aus objektiven und subjektiven, aus „richtigen wahren" und aber auch häufig aus „falschen" Vorstellungen und Erfahrungen von einem Meinungsgegenstand, also auch von einer Stadt.

- Dem einzelnen oder auch Gruppen dient es durch die mit ihm verbundene Typisierung und Reduzierung – das Image bringt einen komplexen Sachverhalt sozusagen auf einen gemeinsamen Nenner – zur vorweggenommenen Bewertung. Am verfestigten Image kann sich so ein (Vor-) Urteil bilden, bevor die Auseinandersetzung mit dem Sachdetail überhaupt erst beginnt.

- Ein Image, insbesondere ein stereotyp verfestigtes, ist nicht leicht zu verändern. In einem bestimmten Rahmen kann es allerdings korrigiert, ja sogar manipuliert werden.

- Das Image ist in seinen Grundstrukturen oft dem, der aus ihm Urteile ableitet, gar nicht voll bewußt. Es erhält seine volle Bedeutung dadurch, daß es Meinungen bildet und Handeln ganzer gesellschaftlicher Gruppen bestimmen kann.

- Bei dem Versuch, Voraussetzungen, Notwendigkeiten, Schwierigkeiten kommunalen Handelns der Öffentlichkeit deutlich zu machen, ist die Kenntnis des Images der eigenen Stadt wichtige Vorbedingung. Eine daraus womöglich abgeleitete neue Imagekonzeption dient zur Zielorientierung, läßt aber auch die Inhalte der eigenen Arbeit und ihrer Organisation nicht unberührt.

Städte haben
ihre Gesichter

Fernbild
mit einem bestimmten
Schwerpunkt

Die Universitätsstadt konkurriert mit der Festspielstadt, die Sportstadt will auch Kulturstadt sein, die Kurstadt möchte genausoviel Gäste anziehen wie die Fremdenverkehrsstadt, die Hafenstadt sieht sich nicht als Grenzstadt und die Industriestadt, die Handelsstadt, die Bankenstadt streiten sich um wirtschaftliche Rangplätze. Allen gemein ist, daß jede eine besondere Art von Stadt sichtbar nach draußen verkörpert.

Wobei sich die Funktionen ja oft mischen. Dennoch, viele Städte können sich in ihrem Fernbild über einen ganz bestimmtem Schwerpunkt akzentuieren. Und so auch wird der Ansatz ihrer Öffentlichkeitsarbeit sein. Das Grundmotiv mag in verschiedenen Farben und mit unterschiedlichen Materialien gemalt sein, es kann im Hintergrund und am Rande ergänzt und variiert werden: insgesamt bleibt es sich gleich.

Werbung für eine derart in eine bestimmte Richtung bereits akzentuierte geprägte Stadt hat es, soweit es die breite Ansprache betrifft, leichter. Das „Produkt" ist klar abgrenzbar, wird unverändert oder nur mit wenigen Korrekturen über eine längere Zeit anzubieten sein und der „Konsument" – die Zielgruppe – kann produktspezifisch ausgewählt werden. Bei der typischen Fremdenverkehrsstadt die Touristen, bei der Einkaufsstadt die Kundschaft aus dem Umland, bei der Kurstadt die Kurbedürftigen und so fort.

Städtekonkurrenz
um das
bessere Image

Es streiten aber die Städte gleicher Art miteinander um das beste Image, das ja immer mit über die Zukunft der eigenen Gemeinde entscheidet. So kommt denn in der Konkurrenz von Kurstadt zu Kurstadt, von Festspielstadt zu Festspielstadt und von Tourismuszentrum zu Tourismuszentrum der Öffentlichkeitsarbeit eine besondere Bedeutung zu. Wer sich gut verkauft, der hat auch bessere Chancen.

Und besser verkauft sich die Stadt mit der größeren Produktpalette. So kommt es also nicht darauf an, jeweils nur das „Hauptangebot" herauszustellen. Auch die übrigen Attraktionen gilt es zu vermarkten. Wie etwa historische Bezüge, Freizeitmöglichkeiten, kulturelles Umfeld, die Menschen und die Landschaft.

Die Ansprache von „Mittlern" in der Tourismuswerbung

Hauptbeispiel für diese außengerichtete Präsentation ist die Tourismuswerbung. Wichtig hier zuerst einmal die Ansprache von „Mittlern", also von Reisebüros und Reiseunternehmen etwa, aber natürlich im Kurbereich auch der Krankenkassen, Versicherungen und Ärzte.

Ganz ähnlich sollten bei Sonderveranstaltungen die entsprechenden Meinungsführer eingebunden werden. Diese Experten bringen zum Angebotsthema Sachverstand mit und können nur über eine spezifisch auf sie abgestellte qualifizierte und fachlich kompetente Informationsarbeit gewonnen werden. Die üblichen Fremdenverkehrsprospekte helfen hier wenig. Persönliche Kommunikation durch Besuch oder Einladung, durch das individuelle Anschreiben und durch das Einzelgespräch kann wesentlich mehr bewirken als eine Menge bedrucktes Papier. Und wenn schon Gedrucktes, dann die detaillierte Präsentation der eigenen Angebote.

Einbindung in die überregionale Werbung

Derartige Außenwerbung wird nur zu einem Teil durch die Städte selbst geleistet. Fremdenverkehrsverbände auf den unterschiedlichsten Ebenen bieten eine Landschaft, eine Region und natürlich auch ihre Städte an. Die Einbindung in solche Art überregionaler Werbung ist wichtig. Deshalb auch sind diese Institutionen in die eigene städtische Opinion-Leader-Arbeit voll mit einzubeziehen. Hier im richtigen Zusammenhang und an der richtigen Stelle die eigene Stadt präsentieren heißt sie kostengünstig in eine weiter gefaßte Werbekampagne einzubringen.

Kenntnis des Eigenproduktes als Voraussetzung

Voraussetzung für Fremdenverkehrswerbung ist die Kenntnis des eigenen „Produktes". Will ich Menschen für den Besuch in einer ihnen nicht oder wenig bekannten Stadt gewinnen, dann spielen in meinem Angebot die eigenen Bürgerinnen und Bürger eine wichtige Rolle. Ihre Besonderheiten, ihre Geselligkeit, ihr Umgang miteinander und mit Fremden, ihre Tracht, ihre Neigungen, ihre positiven und negativen Seiten sind ja Teil der Stadt, machen deren Leben mit aus.

Positivwerte und Negativwerte

Positiv- und Negativwerte liegen da oft dicht beieinander, die richtige Akzentuierung verschiebt das Bild in die gewünschte Richtung. Das Fernbild beruht zumeist nicht, wie wir gesehen haben, auf einer wirklichen Kenntnis des Objektes.

Es lebt vom Hörensagen, von den Berichten in Fernsehen und Presse, von wenigen eigenen Erfahrungen, von Vorbeurteilungen, von Drittinformationen und kaum von eigener Erfahrung. Es enthält zwar auch richtige Ansatzpunkte, die Interpretationen und Zuordnungen sind aber oft entstellend. So können in etwa gleiche „Grundhaltungen" zu ganz verschiedenen Wertungen führen.

„Der Deutsche" gilt „draußen" oft als perfektionistisch und organisationswütig aber auch als ordentlich und zuverlässig, als hinterwäldlerisch und provinziell aber auch als heimatverbunden und romantisch, als subaltern und untertänig aber auch als ehrlich und offen, als stur und unbeweglich aber auch als sauber und pünktlich, als unfreundlich und uncharmant aber auch als gesellig und kollegial, als genußfeindlich und unbeholfen aber auch als trinkfreudig und hilfreich. Was auf den ersten Blick wie ein Widerspruch erscheint ist eigentlich jeweils nur die andere – positive oder negative – Seite der gleichen Einschätzung.

Die Besonderheiten herausheben

Die werbende Außenpräsentation der eigenen Stadt sollte im Wissen um die beiden Seiten jeder Medaille in den Menschen, der Landschaft, der Stadtgestalt und der lokalen Geschichte die vorhandenen Ambivalenzen berücksichtigen und aufgreifen und mit ihrer Positivakzentuierung in die Werbung einbinden. Es wäre grundfalsch, das womöglich zurückhaltendere Naturell des eigenen Bürgers in den weltgewandten Metropolenbewohner umzudeuten. Seine Stärke ist gerade die bedächtige langsamere aber zuverlässige und treue Art.

Ähnlich auch verhält es sich mit dem Psychogramm der eigenen Stadt. Auch hier gilt es die Besonderheiten herauszuheben und nicht Positionen der Konkurrenz zu imitieren. Draußen vorhandene Vorstellungen von der eigenen Stadt können als Anknüpfung in die Selbstdarstellung mit einbezogen werden durch eine Umgewichtung, soweit sie nicht sowieso schon auf der Plusscala angesiedelt sind.

Unterschiede im Fernbild kleinerer und größerer Städte

Nun haben es ja mittlere und kleine Städte mit ihrem Fernbild leichter. Der Kurort definiert sich primär über eben diesen Akzent und ein gleiches machen auch die Einkaufstadt in einer ländlichen Region, der Festspielort und oft auch die Universitätsstadt. Und wo es Überschneidungen gibt ist eine der Stadtfunktionen so herausragend, daß auf sie in der Außenwerbung abgestellt werden kann.

Anders bei den großen Städten. Universität und Hochschulen, Theater und Museen, Zoo und botanischer Garten, Stadion und Vergnügungsviertel, Bibliotheken und Konsulate und was sonst noch alles zu einer Metropole gehört sind eine

Selbstverständlichkeit. Jede Gewichtung nur in eine Richtung würde zudem die Breite von Angeboten und Funktionen schmälern. Und ein Beharren auf dem herkömmlichen Ruf etwa einer großen Industriestadt wäre heute sicher auch nicht gerade das richtige.

Wie Städte draußen wahrgenommen werden

Die Menschen draußen assozieren mit den bekannten Großstädten zumeist im ersten Augenblick sowieso nicht eine ganz bestimmte Funktion, zu Köln fällt ihnen der Dom ein, zu Hamburg noch immer der Hafen, der heute nun wahrlich international nicht mehr in der Spitzengruppe mitmarschiert und im Zeitalter des Flugzeugs die Funktion des „Tor zur Welt" verloren hat, zu Frankfurt ist es Bankfurt und Mainhattan und bei München das Hofbräuhaus.

Zweierlei wird hier deutlich: Städte werden oft nach interessierenden aktuellen Entwicklungen wie etwa zum Bankenviertel in Frankfurt, nach lange Zeit prägenden Hauptfunktionen wie etwa Hamburger Hafen, nach eher folkloristischen Ansätzen wie etwa Münchner Hofbräuhaus oder nach einer tradierten Dominante historischer Art wie etwa Kölner Dom wahrgenommen und nicht nach ihrer wirklichen funktionalen Bedeutung. Und dies, weil offensichtlich die Vielzahl von Ausprägungen einer Stadt ihre Identifizierung eher erschwert.

Stadtidentifizierung über den „Stadtcharakter"

Nun wird denn die erste Assoziation sehr bald von einer genaueren und sachbezogeneren Charakterisierung abgelöst zumindest bei jenen, die sich mehr über die einzelne Stadt informiert haben. Aber die auch ins Detail gehende Auflistung sagt dann über „die spezifische" Stadt wenig aus, sie bleibt allgemein und ist kein Ansatzpunkt für eine einprägsame Werbeaktivität.

Da weisen eher schon die ersten Antworten in die richtige Richtung: Stadtidentifizierung findet offensichtlich über einen bestimmten „Charakterzug" eines Gemeinwesens statt. Und dies ist nicht nur bei den großen Städten so, sondern wohl bei allen Kommunen. Und das gilt je nachdem für die Einschätzung nur in der engeren Umgebung, bundesweit oder sogar international. Einen ersten Ansatz zur Vertiefung, Verbreiterung und auch Korrektur eines Stadtcharakters geben solche Urteile also durchaus.

Fernbild
und Nahbild
einer Stadt

Wesentliche
Unterschiede von Nahbild
und Fernbild

Wie eine Stadt eingeschätzt wird, welches Bild sich die Menschen von ihr machen, was Bürger oder Fremde mit ihr in Verbindung bringen, ist schließlich durchaus unterschiedlich. Sind die Erwartungshaltungen an eine „Idealstadt" bereits verschieden – der junge Mensch zum Beispiel sucht mehr Betriebsamkeit und Unterhaltung, der ältere eher Ruhe und Nachbarschaft – so driftet die Beurteilung ganz konkreter Städte noch weiter auseinander.

Wesentlich zu differenzieren ist von vornherein zwischen dem „Nahbild" und „Fernbild" einer Stadt, also grobgesagt zwischen der Einschätzung durch die eigenen Bürger und der durch Fremde.

Das Nahbild ist von ganz konkreten Erfahrungen mit der jeweiligen Stadt bestimmt, in der man lebt. Entsprechend gewichtet sind auch die Urteile zu spezifischen Bereichen wie etwa Wohnen, Kultur und Verkehr. Ein Einfluß der veröffentlichten Meinung ist zwar sicher vorhanden, wird aber durch eigene Kenntnis korrigiert.

Anders beim Fernbild, das man sich „draußen" von einer Stadt macht. Eine eigene Erfahrung mit der „fremden" Stadt ist nicht vorhanden oder wurde lediglich durch wenige kurze Besuche geprägt. Entsprechend ist das Fernbild durch Medien, Urteile anderer Menschen, pauschale Zuordnung zu einer Landschaft oder zur Mentalität der Regionalbevölkerung weitgehend bestimmt. Und dies im positiven wie im negativen Sinne.

Andere Fernbilder
trotz
ähnlicher Voraussetzungen

So hat München im Fernbild ein, verglichen mit anderen großen Städten, außerordentlich positives Image, obwohl die Stadt sicher mit Problemen wie anderswo – Wohnungsnot, Verkehr, Kriminalität – belastet ist und sich das „Nahbild" bei weitem nicht so stark unterscheidet von jenem, das sich die Bewohner einer Ruhrgebietsgroßstadt von ihrer Kommune machen. Diese Ruhrgebietsstädte aber stehen beim Fernbild von vornherein am unteren Ende der Scala in den bundesweiten Meinungsbefragungen zum Städtebild.

Ganz ähnlich verhält es sich mit dem Fernbild von Klein- und Mittelstädten. Rothenburg ob der Tauber und Heidelberg haben draußen, und das kann auch heißen weltweit, durch die Einbindung in ein romantisches Deutschland- und

Städtebild ein grundsätzlich positives Image. Etwas, was im Fernbild andere Städte gleicher Größenordnung nur schwer erreichen können, obwohl die Bürger womöglich „ihre Stadt" genauso oder noch stärker lieben und akzeptieren.

**Bessere Information
bringt
besseres Fernbild**

Das verfestigte Negativimage einer Stadt oder einer Region wird sich draußen mit dadurch hin zum Positiven wandeln, daß die „Fremden" das Objekt der Beurteilung selbst näher kennenlernen. Denn: je nach Kenntnis der beurteilten Stadt verändert sich das Fernbild. In einer Untersuchung zum Fernbild der Stadt Frankfurt etwa wurde festgestellt, daß sich am negativsten die Befragten äußerten, die die Stadt noch nie besucht hatten. Etwas besser wurde es dann bei jenen, die einige Male in Frankfurt waren und wer sich bereits sehr häufig dort aufhalten mußte hatte ein abgewogeneres und deutlich positiveres Urteil.

Eine bessere Information bewirkt also auch ein besseres Fernbild. Und dies kann ja nur selten durch den persönlichen Besuch, sondern muß vor allem über eine gezielte Öffentlichkeitsarbeit mit geleistet und ergänzt werden.

**Je länger je lieber:
Altbürger haben
positives Nahbild**

Gleiche Unterschiede finden wir im Nahbild. Auch hier führt eine größere Vertrautheit mit der Heimatstadt zu einem positiven Urteil. Jene etwa – so das Ergebnis einer Untersuchung –, die erst seit bis zu fünf Jahren in der Stadt leben, haben eine eher negative Einstellung. Wesentlich zustimmender nehmen dann schon jene ihr städtisches Umfeld wahr, die bis zu 20 Jahren ansässig sind und wer noch länger in der Kommune wohnt ist an Stadtliebe kaum zu übertreffen. Die Stadt ist seine Heimat geworden, er ist dort „zu Hause" und identifiziert sich mit ihr. Interessant, daß auch das Alter eine Rolle spielt: je jünger, desto kritischer (und negativer) und je älter, desto bejahender (und positiver) ist das Urteil über die eigene Stadt.

**Korrektur durch
Veränderungen**

Negative Teile des Nahbildes lassen sich durch entsprechendes kommunalpolitisches Handeln korrigieren. Jeder Bürger wird, wenn schon nicht gleich so doch nach einer gewissen Zeit, Verbesserungen im Wohnungswesen, im öffentlichen Nahverkehr, im kulturellen Angebot wahrnehmen und auch honorieren. Die einheimische Presse kann daran nicht einfach vorbeischreiben und die eigene Öffentlichkeitsarbeit hat ihre Ansatzpunkte für eine Positivdarstellung. Verbunden mit dem grundsätzlich vorhandenen Harmoniestreben des Menschen gegenüber dem engeren Umfeld ist eine Imageverbesserung sehr wahrscheinlich. Ganz anders ist es mit dem Wandel des Bildes der Stadt draußen in weiter Ferne.

Hier ist es nicht gerade leicht, gegen die verfestigten Vorurteile und Stereotypen anzugehen. Eine außengerichtete und zudem ja teure Werbung vermag oft nur wenig zu ändern, wenn sie zum Beispiel durch den wiederholten Transport eines negativen Image über Medien konterkariert wird. Und nur im begrenzten Umfang kann man „Fremde" in die Stadt einladen, um sie durch eigene Anschauung und eigene Erfahrung „zu bekehren".

**Die Bürger
als glaubwürdige
Transporteure**

Ein Weg zur Verbesserung des Fernbildes der eigenen Stadt bietet sich zuerst einmal in der verstärkten Umsetzung eines positiven Nahbildes an. Die wichtigsten „Botschafter" einer Stadt sind ihre Bürger und deren positive Einstellung transportiert am glaubwürdigsten ein besseres Bild auch nach draußen.

Gerade in einer „Kommunikationsgesellschaft", in der Kontakte über Stadtgrenzen hinaus für die meisten Bürger durchaus etwas Normales sind, ist dies ein erfolgversprechender Weg. Hinzu kommt, daß die Haltung der eigenen Bürger zu „ihrer" Stadt auch auf die Stadtbesucher abfärbt. Am Anfang aller Versuche, das Außenimage einer Stadt zu ändern, sollte erst einmal also die Verbesserung des Nahbildes stehen.

**Einstellungsunterschiede
zwischen
alt und jung**

Die älteren Bürgerinnen und Bürger leben in weitgehender Übereinstimmung mit ihrer Stadt, sie identifizieren sich mit dem Gemeinwesen. Es gilt, sie in ihrer Liebe und Zuneigung zur Heimatstadt zu bestärken, wobei eine emotionale Ansprache durchaus erfolgversprechend ist. Die jüngeren Bürger stehen freilich ihrer Stadt negativer gegenüber. Sie besser in das Gemeinwesen zu integrieren, sie besonders anzusprechen und über die spezifischen Stadtangebote zu informieren ist so eine primäre Aufgabe. Daß die geringere Bindung an die „Heimatstadt" nicht womöglich nur eine Frage der Dauer des Aufenthalts dieser jungen Menschen in der Stadt, sondern auch generationsbedingt zu sehen ist, sei nur am Rande vermerkt.

**In Umfeldimage
einbinden**

Neben der Verbesserung des Fernbildes über ein besseres Nahbild sollte es aber auch durch direkte Aktivitäten verändert werden. Die kleinere nicht so bekannte Stadt kann sich dabei in das Image des näheren Umfeldes mit einbinden, denn sie wird als „eigenes Wesen" draußen nur unzureichend wahrgenommen. Als Teil eines bestimmten historisch, landschaftlich, wirtschaftlich, geistig und folkloristisch geprägten Raumes aber ist sie für den Fremden positiv identifizierbar.

**Wichtige
Multiplikatoren**

Besondere Zielgruppen, die übrigens auch für das Nahbild eine wichtige Funktion haben, sind etwa Journalisten, Politiker, Wirtschaftler, Lehrer und kulturell Tätige. Sie regional, national oder international mit besonderen auch gruppenspezifischen Informationen über die eigene Stadt zu versorgen, zu einem Besuch einzuladen oder zum Beispiel zu „Tagungen" in die Stadt zu locken kann im Multiplikatoreffekt viele Positiverfahrungen und Positivmeinungen an eine größere Zahl von „Nichtkennern" transportieren. Der ihnen gewidmete Aufwand muß zwar sehr persönlich und sehr spezifisch sein, zahlt sich jedoch oft stärker aus als breitgestreute Werbeaktivitäten, deren Wirksamkeit nur schwer einzuschätzen ist.

**Die überregionale
Werbekampagne**

Natürlich hat auch eine überregionale Werbung durch Anzeigenschaltungen, Werbespots in Funk und Fernsehen, Plakate usw. ihren Sinn. Da sie zumeist an bestimmte Themen und Anlässe gebunden ist und nicht – allein schon aus finanziellen Gründen – über Jahre hinweg gleichmäßig durchzuhalten ist wird hier in der Regel die Form der „Kampagne" gewählt, die in einem begrenzten Zeitraum zu gezielten Themenbereichen und in einer in sich geschlossenen Form für eine Stadt wirbt. Auch hier ist kleineren Städten zu empfehlen, mit anderen Kommunen oder kommunalen sowie regionalen Körperschaften zusammen eine derartige Werbeaktion durchzuführen und entweder zum gleichen Thema im Wechsel diese Städte zu präsentieren oder im Städteverbund mit gemeinsamen Angeboten aufzutreten.

**Fernbildwerbung ist Teil
zentraler
Öffentlichkeitsarbeit**

Fremdenverkehrswerbung mit dem Ziel eines guten „Fernbildes" wird ja seit langem von großen und kleineren Gemeinden betrieben. Aber nicht nur die touristischen Zentren liegen untereinander in Konkurrenz um die „Fremden". Kaum eine Stadt kann heute genügsam für sich leben, ihr „Fernbild" hat schließlich Einfluß auf eine positive und negative Entwicklung in den verschiedensten Bereichen. Es sind also nicht nur traditionelle Touristenstädte an einem guten Außenimage interessiert. Die Entscheidungen über eine Industrieansiedlung, über den eigenen privaten Wohnsitz, über die Aufnahme einer Geschäftsbeziehung, über die Zusage zu einer Kulturveranstaltung werden mit nach dem guten oder schlechten Bild getroffen, das man sich von der jeweiligen Stadt macht. Entsprechend kann, von reinen Fremdenverkehrsorten einmal abgesehen, auch nicht das Fremdenverkehrsbüro und das Fremdenverkehrsamt für das gute Fernbild allein werben.

Diese Aufgabe ist vielmehr Teil der übergeordneten zentralen Öffenlichkeitsarbeit, die die verschiedenen Erfahrungen und Potentiale der Wirtschaftswerbung, Fremdenverkehrswerbung, Stadtwerbung und Pressearbeit zusammenführt und bündelt.

Der Meinung
auf der Spur

Meinungsumfragen
als kommunalpolitisches
Instrument

Vor großen Wahlen und manchmal durchaus auch vor Kommunalwahlen werden sie von den Parteien in Auftrag gegeben: die Meinungsumfragen. Zuerst einmal um die eigenen Wahlchancen zu erfahren. Man freut sich schließlich, wenn die Umfrageergebnisse Hoffnung auf den Wahlsieg machen. Der Puls wird aber dem Wähler nicht nur deshalb gefühlt. Oft detailliert interessiert seine Haltung zu politischen Themen, der Zusammenhang von sozialer Schichtung und Meinungspräferenz, die Verbindung von Regionalbezug und Wahlverhalten, um nur einige Beispiele zu nennen. Gerade hier können Umfrageergebnisse hilfreich in einem Wahlkampf sein.

Was sich in derartigen Umfragen an Schwachpunkten oder an Positivbeurteilungen abzeichnet liefert Ansätze für die eigene Argumentation und das eigene Handeln. Eine bessere Zielgruppenansprache und eine geeignetere Themenübermittlung werden durch die Kenntnis aktueller Meinungstrends und spezifischer Verhaltensänderungen leichter. Und selbst wenn dieses alles nur wenig oder sogar nichts zu einem Wahlerfolg oder Wahlverlust beiträgt und der Politiker schlicht nach seinem „guten" oder „schlechten" Handeln beurteilt wird: über den Wähler erfährt man in einer derartigen Untersuchung so einiges an Interessantem.

Demoskopie auch
für Kommunen
ein Instrument

Natürlich wird die Meinungsbefragung nicht nur in der politischen Auseinandersetzung benutzt. Wirtschaftsunternehmen genauso wie die Kommunikationswissenschaft, Werbeagenturen genauso wie die Presse, Regierungen genauso wie Verbände führen derartige Untersuchungen durch. Noch recht wenig bedienen sich die Kommunen der Meinungs- und auch Marktforschung. Und entsprechend schlecht abgesichert ist denn auch das Wissen um die „wirklichen" Vorstellungen und Meinungen der Bürger. Um so größer oft das Erstaunen wenn sich herausstellt, wie ganz anders als erwartet die Einschätzungen und Urteile der Bürger ausfallen und wie wenig die Selbstdarstellung der Stadt dies bislang berücksichtigte.

Die veröffentlichte Meinung
als weitere Quelle

Die Demoskopie liefert, wenn ausreichend statistisch abgesichert, zwar recht zuverlässige, aber nicht die einzigen Informationen über Meinungsbilder und Meinungstrends. Die Presse wird zwar von den Journalisten gemacht, richtet sich aber durchaus auch nach den Erwartungen der Leser, Hörer und Zuschauer. Ihre systematische Auswertung bringt also ebenfalls Erkenntnisse über bestimmte Meinungstrends. Die verschiedenen gesellschaftlichen Gruppen artikulieren Zustimmung und Kritik, Erwartungen und Hoffnungen, Forderungen und Ablehnung in eigenen Medien und auf Veranstaltungen. Kirchen und Schulen, Kammern und Verbände, Vereine und Berufsorganisationen sind weitere ernstzunehmende „Quellen" bei der Vorbereitung von öffentlichkeitswirksamen Kampagnen.

Meinungen von Gruppen und Institutionen sind allerdings immer an das besondere Interesse gebunden, sie werden in einem ganz bestimmten Sinne und in eine ganz bestimmte Richtung in die öffentliche Diskussion eingebracht. Wie „der Bürger" denkt erfährt man so nicht oder nur zum Teil. Die Summe der „veröffentlichten" und „öffentlichen" Meinung ist insofern allein kein zuverlässiger Ratgeber für Öffentlichkeitsarbeit.

Einbeziehung von vorliegenden Daten und Untersuchungen

Grundlage bei der Erarbeitung eines Konzeptes für Öffentlichkeitsarbeit sind des weiteren allgemeinverfügbare statistische Daten und Untersuchungen. Strukturanalysen des Umlandes der Stadt oder des entsprechenden städtischen Verdichtungsgebietes gehören genauso dazu wie die Ergebnisse von Meinungs- oder Marktforschung, die im Auftrag Dritter wie etwa Unternehmen, Körperschaften usw. zu womöglich auch ganz anderen Themenbereichen für den Bereich der Stadt oder Region durchgeführt wurde. Gerade bei letzterem fallen „nebenbei" manchmal wichtige Hinweise auch zum Stadtimage mit an, zumindest allgemeine Meinungstrends lassen sich oft ablesen.

Und schließlich lohnt es sich, durch Nachfrage bei anderen vergleichbaren Städten an dort durchgeführte Imagestudien heranzukommen. Ihre Ergebnisse liefern Ansätze für eine gezieltere eigene Werbe- und Informationsarbeit. Auf jeden Fall aber sind sie auch, genauso wie alle anderen vorher angeführten Materialien, eine wertvolle Hilfe für die Erarbeitung einer eigenen Meinungsuntersuchung.

Die eigene repräsentative Umfrage

Soll eine kommunale Informations- und Werbearbeit nicht durch falsche Themenselektion, falsche Zielgruppenansprache und falsche Medienwahl zum Teil ins Leere laufen bedarf sie gesicherter Hinweise auf Zusammensetzung, Meinungsspektrum und Informationsgewohnheiten ihrer Adressaten. Geht es um wichtige konzeptionelle Entscheidungen, wird etwa eine räumlich und inhaltlich weitgefaßte Werbekampagne vorbereitet, oder sind ganz erhebliche Imageverluste zu registrieren bleibt die Meinungsumfrage durch ein geignetes Institut wohl die einzige Möglichkeit, einigermaßen solide Erkenntnisse über die Einschätzung des Eigenproduktes „Stadt X" und damit für die notwendigen Ansätze zu einer Korrektur zu erhalten.

Die sogenannte „Expertenbefragung" hilft oft auch

Nicht immer bedürfen im übrigen derartige Umfragen einer repräsentativen Auswahl, die die Struktur der Bevölkerung in dem befragten Gebiet, etwa der eigenen Stadt oder auch der Bundesrepublik, genau widerspiegelt. Brauche ich ein Meinungsbild zu einem begrenzten Thema so kann auch eine nicht repräsentative „Expertenbefragung" ergiebig sein.

Hinweise auf das touristische Image einer Stadt sind durch die Intensivbefragung von Tourismusexperten oft genauso gut oder sogar besser – wenn auch nicht statistisch „repräsentativ" – zu gewinnen als über die „klassische" Meinungsbefragung. Ist der kulturelle Ruf der Stadt defizitär wird eine Expertenbefragung von Kulturmachern hilfreich sein und wenn es sich um die wirtschaftliche Entwicklung handelt gibt die systematische Abfragung der Bänker und der Handelsleute notwendige Hinweise.

Das Intensivinterview

Eine solche nichtrepräsentative Expertenbefragung kann, da sie ja zahlenmäßig einen kleinen Kreis umfaßt, sehr viel mehr in die Tiefe gehen als die übliche Meinungsumfrage. Das „Intensivinterview" begnügt sich nicht nur mit der „Ja-Nein-Entscheidung" oder der „Plus-Minus-Einschätzung" des Befragten sondern gibt die Möglichkeit zur offenen Antwort. Es kann sogar, wenn dies sinnvoll erscheint, in die Gesprächsform übergeleitet werden. Entsprechend auch erhält der Auftraggeber ein Resultat mit nicht nur positiven oder negativen Beurteilungen sondern Anregungen für Aktivitäten, vertiefende Einblicke in die Problematik und Hinweise auf Lösungsmöglichkeiten. Gerade bei dieser Form der offen und intensiv geführten Befragung hängt die Ergebnisqualität nicht unwesentlich von der Formulierung der Fragen und der Auswahl der Interviewer ab. Das Beste sollte hier gerade gut genug sein.

Vorstufe der eigentlichen Umfrage

Die Expertenbefragung kann auch die Vorstufe einer großen repräsentativen Umfrage sein. In einem solchen Fall dient sie der Klärung themenrelevanter Bereiche als Basis der Erarbeitung des Fragenkataloges. Darüber hinaus ergänzt sie die „quantitative" Meinungserhebung mit ihrer Mengenverteilung ganz bestimmter Auffassungen durch den „qualitativen" Aspekt der Gewichtung. Denn es spielt ja bei der Einschätzung einer Stadt nicht nur die zahlenmäßige Aufteilung von Meinungen eine Rolle, sondern auch die qualitative Einstufung einer befragten Gruppe. Leitende Angestellte, Akademiker, Gewerkschaftsfunktionäre, Unternehmer, kurzum in bestimmten Bereichen dominante oder sonstwie herausgehobene gesellschaftliche Gruppen haben besonderen Einfluß. Als „Meinungsführer" sind ihre Antworten in spezifischen Zusammenhängen stärker zu gewichten.

Rund 2000 Befragte als Spiegel der Gesamtheit

Die Repräsentativbefragung selbst spiegelt einen Querschnitt der Bevölkerung. Für das Bundesgebiet geben die Meinungsforschungsinstitute zumeist etwa eine Zahl von rund 2000 Befragten vor. Je differenzierter freilich eine Fragestellung und eine Auswertung nach Alter und Beruf, regionaler Gliederung und anderen Zuordnungen gewünscht wird, um so größer muß die repräsentative Gruppe der Befragten sein. Andernfalls würde man ja so kleine Untergruppen von Befragten bekommen, daß das „Zufallsprinzip" in der Verteilung nicht mehr gewährleistet wäre. Grundsätzlich gilt im übrigen, daß das „Sample" für eine Millionenbevölkerung kaum größer sein braucht als für eine nur nach hunderttausenden von Menschen zählende Population, benötige ich doch die stets gleiche Widerspiegelung der gesellschaftlichen Zusammensetzung.

Einige der größeren Städte haben in den letzten Jahren Imageuntersuchungen durchgeführt und daraus auch Konsequenzen für ihre Öffentlichkeitsarbeit gezogen. Bereits vorhandene Meinungen und Einschätzungen wurden durch derartige Untersuchungen bestätigt. Es gab aber auch immer wieder überraschende Ergänzungen und Verschiebungen, vor allem in jenen Teilbereichen der Untersuchungen, die sich mit der Binneneinschätzung befassen, also die Beurteilung der Stadt durch die eigene Bevölkerung zu eruieren suchten.

An einer „Omnibusbefragung" teilnehmen kommt billiger

Die speziell für eine Stadt angefertigte Imagestudie in Form einer bundesweiten Befragung ist nicht gerade billig. Preiswerter ist es, in eine sogenannte „Omnibusbefragung" mit einzusteigen. Derartige Untersuchungen, in die verschiedenste Auftraggeber ihre speziellen Fragenkomplexe einbringen können, werden von den meisten der renommierten Meinungsforschungsinstitute immer wieder bundesweit durchgeführt. Die Kosten für den Auftraggeber sind geringer, liefert doch jedes Einzelinterview Antworten auf die Fragen mehrerer Interessenten. Ein weiterer Vorteil besteht aber auch in der Durchmischung verschiedener Befragungsbereiche. Taucht eine ganz neue und unerwartete Frage in einem Interview auf, so ist die Antwort in der Regel spontaner und damit auch „ehrlicher".

Imagestudie
in Partnerschaft mit anderen

Ein anderer Weg führt über die „Partnerschaft" mit den an einer Imagestudie oder einer mehr themenbezogenen begrenzten Befragung in der eigenen Stadt interessierten Gruppen. Die Wirtschaft mag durchaus Interesse an Informationen über ihren „Ruf" innen und draußen haben, für andere Behörden mögen Kenntnisse der Einschätzungen durch ihre Klientel wichtig sein und der Regionalverband, der Landkreis oder auch die Landesregierung wollen vielleicht mehr über das Regionalbewußtsein der Bürgerinnen und Bürger wissen um darauf die eigene Arbeit aufbauen zu können. Sie alle und noch manch anderer können Partner und Mitfinanziers einer Meinungsbefragung sein, deren Kosten sich durch die Aufteilung ganz erheblich vermindern.

Die Einbeziehung
von Vergleichsstädten
in die Studie

Sowohl bei der „Spezialstudie" als auch bei der Omnibusbefragung sollte natürlich nicht nur die Einschätzung der eigenen Stadt abgefragt werden, sondern auch jene von Vergleichsstädten. Nur so erhält man ja Bezugspunkte für die Zuordnung nach „oben oder unten". Manchmal mag es ausreichen, wenn als Vergleichsstädte zwei ganz anders eingeschätzte Kommunen mit extrem positiver/negativer Austarierung ausgewählt werden, zwischen denen dann die Positionierung der eigenen Stadt deutlich wird. Sinnvoll aber ist es und in der Regel nicht kostensteigernd, wenn man mehrere Städte zur Meßlatte macht.

Die direkte
Öffentlichkeitswirkung
des Ergebnisses

Eine Meinungsbefragung kann im übrigen durchaus auch, bei entsprechendem Ergebnis, selbst zu einem Stück Öffentlichkeitarbeit werden. Denn soweit sie konkrete Fragen stellt, ist sie immer auch so etwas wie eine Abstimmung mit Mehrheiten und Minderheiten, mit „Wahlgewinnern" und „Wahlverlierern". Und wenn die eigenen Bürger in dieser Meinungsumfrage ihre Stadt besser einschätzen als erwartet oder das Stadtimage draußen in der weiten Welt positiver ausfällt als man es sich gedacht hat ist dies selbst bereits ein möglicher Inhalt für die Stadtwerbung. Für den Kommunalpolitiker wichtig ist wegen dieser Wirkung die Terminierung einer Umfrage.

Dennoch, zum geeigneten Zeitpunkt durchgeführt gibt die genauere Kenntnis der Ursachen und Gruppenbezogenheit von Bürgermeinung gute Ansätze für die „Regierungsarbeit". Und auf der Grundlage der festgestellten Imagedefizite oder Positivakzentuierungen kann die Öffentlichkeitsarbeit einer Stadt besser geplant und wirksamer umgesetzt werden.

V

Anhang

Leitsätze zur städtischen Presse- und Öffentlichkeitsarbeit

Ein ganz wesentlicher Schritt in der Aufgabenklärung für städtische Pressearbeit waren die im Jahre 1955 vom Hauptausschuß des Deutschen Städtetages in Hannover verabschiedeten „Leitsätze zur städtischen Pressearbeit". Die Entwicklung der „Neuen Medien", die Einrichtung von Lokalfunk, insbesondere aber die wachsende Notwendigkeit von Bürgerinformation und Bürgerbeteiligung machten eine Neufassung notwendig. Auf Initiative des Pressesprechers des Deutschen Städtetages Dr. Ewald Müller und unter seiner wesentlichen Beteiligung wurden diese neuen Leitsätze erarbeitet und am 8. März 1988 vom Hauptausschuß des Deutschen Städtetages gebilligt. Sie sind als Grundlage für die Aufgabenverteilung, organisatorische Einbindung und Informationsverantwortlichkeit eine wichtige Hilfe nicht nur für die größeren Städte, sondern für alle Gemeinden und kommunalen Einrichtungen.

Die Leitsätze des Deutschen Städtetages zur städtischen Presse- und Öffentlichkeitsarbeit

Kommunale Presse- und Öffentlichkeitsarbeit ist aus dem Demokratieprinzip des Grundgesetzes verpflichtend geboten. Sie ist eine Pflichtaufgabe der Städte.

Nur der informierte Bürger kann gestaltend die Entwicklung seiner Stadt bestimmen. Kommunale Selbstverwaltung ist ohne ihn nicht denkbar. Von daher kommt der Presse- und Öffentlichkeitsarbeit der Stadt eine besondere Bedeutung zu.

Die Entwicklung der elektronischen Medien, insbesondere im lokalen und regionalen Bereich, bedingt neue und zusätzliche Informationsangebote. Zugleich sind auch die Forderungen nach einer unmittelbaren Bürgerinformation und Bürgerbeteiligung gewachsen.

Diesen neuen Aufgaben müssen die Städte gerecht werden.

1. Wichtigste Aufgabe der städtischen Presse- und Öffentlichkeitsarbeit ist eine sachliche, umfassende und ständige Information der Bürger. Sie geschieht sowohl über Presse, Nachrichtenagenturen, Funk und Fernsehen, als auch durch eine selbstgestaltete und sich unmittelbar an den Bürger richtende Informationsarbeit.

2. Im Interesse der Bürger wie auch der Städte liegt es, die Presse nicht nur auf Anfrage, sondern auch von sich aus regelmäßig zu informieren. Vermittler solcher Information ist das städtische Presse- und Informationsamt. Es ist dafür verantwortlich, daß alle publizistischen Organe gleich behandelt werden. Dabei ist auf besondere Bedürfnisse unterschiedlicher Medien Rücksicht zu nehmen.

3. Um diese Aufgabe erfüllen zu können, ist eine frühzeitige, umfassende und unaufgeforderte Unterrichtung des Presse- und Informationsamtes über sämtliche Vorgänge durch alle städtischen Dienststellen notwendig. Über wichtige Entwicklungen, Planungen und Entscheidungen ist das Presse- und Informationsamt wegen der notwendigen publizistischen Umsetzung und einer begleitenden Öffentlichkeitsarbeit frühzeitig zu informieren. Nur so wird es in die Lage versetzt, über Zusammenhänge und Hintergründe zu informieren.

4. Die Städte sind gesetzlich verpflichtet, den Vertretern der Medien die der Erfüllung ihrer öffentlichen Aufgaben dienenden Auskünfte zu erteilen. Die Pflicht zur Information besteht grundsätzlich für alle Bereiche und Vorgänge der Stadt. Zwingende Gründe, wie sie insbesondere in den Landespressegesetzen aufgezählt sind (z.B. Personal- und Grundstücksangelegenheiten), beschränken die Auskunftspflicht. Der Datenschutz ist zu beachten.

Über nichtöffentliche Sitzungen städtischer Gremien sollte die Presse in vertretbarem Umfang unterrichtet werden.

5. Eine weitere Aufgabe des Presse- und Informationsamtes ist die laufende Beobachtung von Presse, Hörfunk und Fernsehen sowie die Unterrichtung der Verwaltungsspitze und der betroffenen Dienststellen über die entsprechenden Ergebnisse.

6. Das Presse- und Informationsamt stellt Informationsmaterial in Form von Publikationen, Filmen, Videos, Ausstellungen usw. her. Soweit andere städtische Dienststellen Maßnahmen der Öffentlichkeitsarbeit durchführen, sind diese mit dem Presse- und Informationsamt abzustimmen und so in das gestalterische Gesamtkonzept der Stadt einzubeziehen.

7. Das Presse- und Informationsamt ist eine selbständige Organisationseinheit, die unmittelbar dem Verwaltungschef (Hauptgemeindebeamten) unterstellt ist. Dies umfaßt den Zugang zu allen Vorgängen in der Verwaltung und das Recht, an allen Sitzungen, auch vertraulichen, teilzunehmen, insbesondere an Sitzungen des Magistrats, der Beigeordneten/Dezernenten, Ausschüsse, Kommissionen usw.

Das Presse- und Informationsamt, dessen Leiter über journalistische und/oder administrative Erfahrungen verfügen sollte, hat eine Mittlerfunktion zwischen Verwaltung und Öffentlichkeit. Der Erfolg seiner Arbeit hängt daher wesentlich vom ständigen, vertrauensvollen Gespräch mit der Presse und von den engen Kontakten in alle Bereiche der Verwaltung hinein ab.

8. Die zentrale Zuständigkeit des Presse- und Informationsamtes für die Presse- und Öffentlichkeitsarbeit sollte durch eine Dienstanweisung geregelt werden.